Christiane Petri

Potsdam
und Umgebung

Sinnbild von Preußens Glanz und Gloria

DUMONT KUNST REISEFÜHRER

In der vorderen Umschlagklappe:
Übersichtskarte Potsdam

In der hinteren Umschlagklappe:
Liniennetzplan Potsdam

Die wichtigsten Sehenswürdigkeiten auf einen Blick

☆☆
keinesfalls versäumen

☆
Umweg lohnt

Ohne Stern
sehenswert

Inhalt

Tipps & Adressen

Für Dirk und Wieland

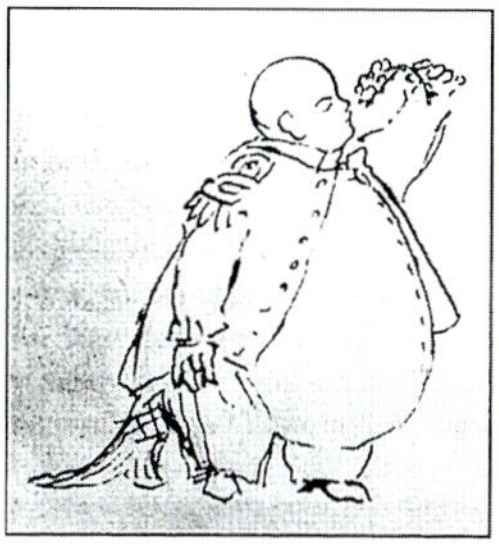

Friedrich Wilh. IV., Selbstkarikatur

Verzeichnis der Pläne

Potsdamer Stadtschloss mit Kurfürstlicher Freiheit. Kupferstich (um 1675), J. G. Bartsch nach J. G. Memhardt (Architekt) ▷

Potsdams Geschichte und Kultur

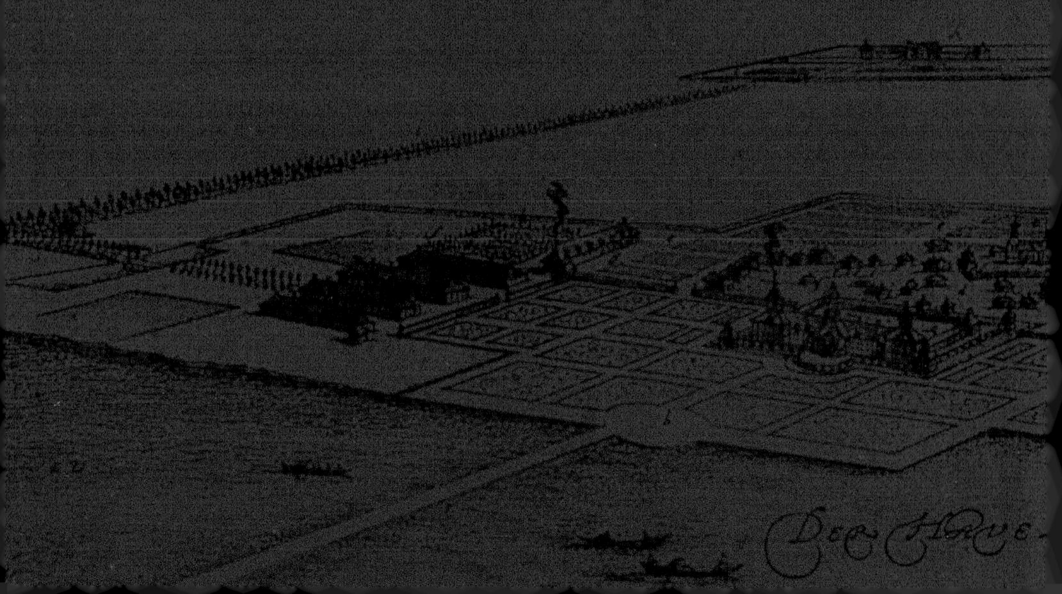

Zum Geleit

1959 bat Ägypten die UNESCO um Hilfe bei der Rettung der nubischen Tempel, unter ihnen Abu Simbel. Fünfzig Länder beteiligten sich an den Rettungsaktionen; auch die Bundesrepublik Deutschland. Aus diesem konkreten Projekt erwuchs eine neue Idee, die beispielhaft für den künftigen Umgang mit dem historischen Erbe werden sollte: Die herausragenden Kultur- und Naturstätten der Welt gehören nicht allein den Staaten oder Völkern, auf deren Boden sie sich befinden, sondern sie sind Eigentum der gesamten Menschheit.

Die UNESCO-Welterbeliste, die im Januar 2000 630 Stätten aus 118 Staaten umfasst, ist die erfolgreiche Umsetzung dieser Idee. Das zwischenstaatliche Übereinkommen von 1972, auf das diese Liste gegründet ist, wurde inzwischen von 158 Staaten unterzeichnet. Der Stolz, eigene Kultur- und Naturstätten von herausragender Bedeutung und universellem Wert auf dieser Liste zu verankern, verbindet sich mit der Einsicht, dass diese Stätten zum gemeinsamen Erbe der Völkergemeinschaft gehören. Sie stellen historische Wegmarken dar, an denen wir die vielfältigen Stationen der Menschheitsgeschichte ablesen können.

Die Schlösser und Parks von Potsdam-Sanssouci und Berlin wurden 1990 in die UNESCO-Welterbeliste aufgenommen. Daraus ergibt sich für uns eine dreifache Verantwortung: Wir müssen alle erforderlichen Anstrengungen auf uns nehmen, um dieses kulturelle Erbe in seiner authentischen Form zu bewahren. Auch müssen wir es in sinnvoller Weise denen zugänglich machen, die es kennen lernen möchten – wozu dieser Führer einen Beitrag leistet. Die Auszeichnung der Welterbestätte Potsdam weist uns jedoch auch auf eine noch bedeutendere dritte Aufgabe hin: nämlich die, dem Erbe aller Völker dieser Erde mit Interesse und Aufgeschlossenheit zu begegnen.

Bonn, Januar 2000

Prof. Dr. Klaus Hüfner
Präsident der Deutschen
UNESCO-Kommission

Tausend Jahre Stadtgeschichte

Eiszeit und erste germanische Besiedlung

Geologisch hat sich das Gebiet um Potsdam nach der letzten Eiszeit vor etwa 12 000 Jahren gebildet. Sanfte Hügelketten begleiten seitdem das Tal der Havel und umgeben Potsdam wie einen Kranz. Gestein oder Fels gibt es hier kaum, der Boden ist sandig. Etwa 10 000 v. Chr. besiedelten die ersten Menschen das Potsdamer Havelland; in Grüppchen lebende Nomaden, die nur sporadisch die Wälder an den Ufern von Havel und Nuthe bewohnten. Wie Grabungsfunde beweisen, lebten in der Mittleren Steinzeit, um 8000 bis 3000 v. Chr., vereinzelte Gruppen im Gebiet der heutigen Altstadt, in Rehbrücke, Am Schlaatz und in Drewitz.

Um 650 v. Chr. legten Germanen auf der Sacrower Halbinsel einen riesigen Ringwall aus Holz und Erde an, der erste Burgmittelpunkt des Havellandes. Die Menschen wurden sesshaft, betrieben Ackerbau und Viehzucht. Um 200 v. Chr. hatten sich germanische Stammesverbände gebildet, die sich verstärkt gegen die nordwärts vordringenden Römer wehren mussten.

Potsdams Geburtsstunde am 3. Juli 993

Zwischen 500 und 700 n. Chr. wanderten Slawen aus dem Odergebiet ein und gründeten das bedeutendste slawische Stammeszentrum östlich der Elbe, Stodor (Helvedun). An der Großen Fischerstraße, dort, wo mehr als tausend Jahre später die Heiliggeistkirche errichtet werden sollte, entstand eine Burg von etwa 80 m Durchmesser. In ihrem Schutz entwickelte sich eine offene Vorburgsiedlung, Burgfischerei genannt. Von der Westelbe und aus den Niederlanden kamen Einwanderer und vergrößerten die Ansiedlung bis in die Nähe des Alten Marktes. Der slawische Stammesadlige hatte gut gewählt, denn von seiner Burg im Havel-Nuthe-Dreieck konnte er alle Wasserwege zwischen Havelland, Zauche und Teltow kontrollieren. Eine andere Gruppe von Slawen zog an die Neustädter Havelbucht und gründete dort eine Fischersiedlung, den Kiez. Hier bildete sich ein abgesonderter Ortsteil heraus, der über Jahrhunderte hinweg, bis 1772, selbständig bleiben sollte.

928/29 unterwarf König Heinrich I. (919–36) die Slawen im Verlauf der deutschen Ostexpansion. Sein Sohn Otto I., der Große (936–73), wollte das frisch eroberte Gebiet erschließen und begründete das Bistum Brandenburg. Zwar konnten sich die Slawen 983 in einem mächtigen Aufstand befreien, doch schon zwei Jahre später wurden sie von den Ottonen erneut bedrängt. Aber auch für die Ottonen selbst tauchte eine Bedrohung auf: Von Osten her drang das polnische Herrschergeschlecht der Piasten bis nach Köpenick vor und versuchte zeitweilig sogar bis auf Potsdamer Territorium zu expandieren.

Da unternahm das ottonische Herrscherhaus einen klugen kirchenpolitischen Schachzug, mit dem die hereindrängenden Polen abgehalten und die ansässigen Slawen aus dem Bistum vertrieben werden sollten – man übertrug einzelne Gebiete an Verwandte: Im zehnten Jahr seiner Regierung unterschrieb der erst 13-jährige König Otto III. (980–1002) eine Urkunde, mit der er »auf Veranlassung und Wunsch« seiner »geliebten Großmutter Adelheid, der großmächtigen Kaiserin«, der »lieben Tante Mathilde«, Äbtissin des Klosters Quedlinburg, die beiden Orte Poztupimi (Potsdam) und Geliti (Geltow) vermachte. Die einflussreiche Adelheid war seit dem Tod von Ottos Mutter, der Kaiserin Theophano, Vormund des minderjährigen Königs, und die Äbtissin Mathilde eine ihrer Töchter. Die ›Schenkung‹ sollte folglich der Machtvergrößerung des eigenen Herrscherhauses dienen. Doch da der König auf dem Papier ein Gebiet verschenkte, das ihm gar nicht unterstand, blieb die Schenkung ohne faktische Auswirkung und die Äbtissin ohne Land! Bis in das 12. Jh. verteidigten die Slawen ihre Unabhängigkeit im Potsdamer Raum.

Das Schenkungsdokument vom 3. Juli 993 aber ist die erste erhaltene schriftliche Erwähnung Potsdams, gleichsam die Geburtsurkunde, auf die sich Potsdams Tausendjahrfeier von 1993 bezog.

Im Mittelalter unter Askaniern, Wittelsbachern und Luxemburgern

Im Zuge der deutschen Ostexpansion unter dem Askanier Albrecht dem Bären (1136–70), Graf von Ballenstedt-Aschersleben, gelang es den Deutschen Herrschern endgültig, sich neben den Slawen an der Havel festzusetzen: Durch Kreuzzüge und eine geschickte Erbschaftspolitik weitete Albrecht seine Macht bis an die polnische Grenze aus und gründete das brandenburgische Landesfürstentum, dessen Markgraf er 1157 wurde. Zur Grenzsicherung baute er Burgwarde entlang der Linie Spandau–Potsdam–Drewitz–Saarmund–Beuthen–Trebbin.

In Potsdam setzte er einen Burgvogt in die alte Slawenburg und ließ ihn um 1160 weiter südlich, direkt am Havelufer bei der heutigen Langen Brücke, eine Befestigung aus Holz und Erde mit Havelübergang errichten. Unter Markgraf Johann II. wurde die Anlage kurz vor 1237 als Steinburg mit Ringmauer und Viereckstum ausgebaut. An der Stelle der heutigen Nikolaikirche entstand 1245 aus Feld- und Backsteinen die erste Stadtkirche, St. Marien. Um die Burg wuchs allmählich eine halbkreisförmige Siedlung aus schlichten stroh- und schilfgedeckten Häusern.

In der Folgezeit empfing das Städtlein Potsdam weder unter den Wittelsbachern (1323–73) oder den Luxemburgern (1373–1411) noch unter den frühen Hohenzollern (vor 1640) bedeutsame Impulse. Bis ins 17. Jh. hinein blieb ›Bostam‹ eines der kleinsten märkischen Städtchen und wurde auf Landtagen von der größeren Mutterstadt Brandenburg vertreten. Auch am Stadtbild änderte sich wenig. Aufgrund der strategisch uninteressanten Lage – vom Flussübergang einmal abgesehen – war die Burg nie umkämpft.

Dafür wurde Potsdam in den folgenden 300 Jahren mindestens 17-mal verpfändet und wechselte damit häufiger den Besitzer als jede andere Stadt der Mark. Die Burg gehörte dem jeweiligen Landesherrn, und wenn sie verpfändet wurde, blieben auch Stadt und Kiez als ›Anhängsel‹ nicht verschont. Die großen Adelsgeschlechter betrachteten ihr Pfandobjekt hauptsächlich als Finanzquelle, dementsprechend wurden die Bürger vom Amtshauptmann in der Burg kräftig ausgepresst. Doch immer blieb die paradiesische Wildnis um Potsdam von den Verpfändungen ausgenommen. Die vielfältige Havellandschaft mit ihren Seen, Wäldern und Hügeln barg einen enormen Fisch- und Wildreichtum, den Jäger sehr zu schätzen wussten. Unter dem Wittelsbacher Markgraf Ludwig V. der Ältere (1323–61) erhielt Potsdam 1345 Stadtrecht. Ein Schulzengericht löste kleinere Streitigkeiten zwischen den Bürgern, in größeren Angelegenheiten holte man sich Rat und Urteil beim Schöffenstuhl in Brandenburg. Große wirtschaftliche Bedeutung besaß das ›Stedeken‹ nicht; die Bauern hatten es mit der Bewirtschaftung des sumpfig-sandigen Ackerlandes schwer, und auch die Kaufleute und Handwerker waren nicht eben wohlhabend. Traditionsreichstes Gewerk war die Fischerei.

Unter den Potsdamer Fischern herrschten im 14./15. Jh. ausgeprägte soziale Differenzierungen. Neben den zahlreichen Kleinfischern, die immerhin einen Kahn ihr eigen nennen konnten, gab es die Garnmeister, auch Wasserherren genannt, die eine Großfischerei mit Tagelöhnern betrieben

1409 stellten die Wollweber und Gewandschneider des Gebiets erstmals ihre Handwerkerstatuten auf. 1468 verfassten die Schuhmacher den ersten Innungsbrief, später zogen die Schneider, Tischler, Leineweber, Weißbäcker, Grobschmiede und Knochenhauer nach. Etwa seit dieser Zeit wurde in und um Postdam Landwein angebaut, der sogar über Hamburg nach England verschifft worden sein soll. Die schlechteren Qualitäten kamen in die Essigfabrik nach Zossen.

Machtentfaltung des Hauses Hohenzollern

Noch als Burggraf von Nürnberg hatte Friedrich I. (1417–40) den deutschen König Sigismund bei dessen Bewerbung um die deutsche Kaiserkrone unterstützt. Zum Dank übertrug ihm Sigismund 1415 auf dem Konstanzer Konzil die Markgrafschaft Brandenburg und belehnte ihn 1417 sogar mit dem Kurfürstentum. Damit hatte der erste Regent des Hauses Hohenzollern den brandenburgischen Thron bestiegen. Die über 500 Jahre dauernde Regentschaft dieses Herrscherhauses sollte Potsdam stärker als jede andere Stadt in der Mark prägen. Zur Durchsetzung seiner kurfürstlichen Macht richtete Friedrich den ersten Amtmannsitz auf der Burg für einen gewissen Sigismund Weyher ein. Weyher und seine Nachfolger waren nicht beliebt, denn sie schröpften die Bürger und übten Eigennutz und Willkür aus. 1559 wurde einmal dem Magistrat der Stadtschlüssel entzogen, weil ein Nachtwächter dem Amtshauptmann Abraham von Rochow nicht schnell genug das Tor geöffnet hatte. Ein anderes Mal, im Jahr 1598, soll sogar der gesamte Magistrat eingekerkert worden sein.

Während der Minkwitz-Fehde von 1528 setzte Kurfürst Joachim I. (1499–1535) die Potsdamer Burg notdürftig in Verteidigungszustand: er ließ die Mauern verstärken und die Stadt mit Wall und Graben umziehen. Ihm und auch seinem Sohn Joachim II. (1535–71) diente die Burg als Jagdschlösschen. 1536 wütete eine Feuersbrunst in Potsdam und äscherte das Rathaus sowie einen Großteil der Wohnhäuser ein.

Kurfürst Joachim III. Nach einer Zeichnung von Lucas Cranach d.Ä.

Für sein Kurfürstentum vollzog Joachim II. den Wechsel von der römisch-katholischen Lehre zum Protestantismus. Während der Vater als hasserfüllter Gegner der Reformation Martin Luther noch als »Satan von Wittenberg« beschimpft hatte, konvertierte der Sohn am 1. November 1539 zum neuen Glauben. Im gleichen Jahr berief der Rat Potsdam den ersten evangelischen Pfarrer, Mattheus Grothe, einen ehemaligen Stadtschreiber. In den Jahren nach Einführung der Reformation wirkte Luthers Wittenberger Schüler und Vertrauter, der Adlige Caspar von Köckritz († 1567), als Potsdamer Amtshauptmann. Luther selbst hat nie in Potsdam Station gemacht; zu den ›Höhepunkten‹ für die Mark zählten 1530 und 1532 seine kurzen Kirchenvisitationen in den nahen Orten Belzig, Brück und Niemegk.

Das große Sterben im Dreißigjährigen Krieg

1598 überließ Kurfürst Joachim Friedrich (1598–1608) die verfallene Burg seiner Gemahlin Katharina. Sie begann sogleich mit einer Modernisierung und richtete die Burg völlig neu ein. Nachdem Katharina 1602 verstorben war, unterbrach der Dreißigjährige Krieg (1618–48) die sich anbahnende Sympathie der Regenten gegenüber Potsdam für lange Zeit. Hilflos lavierte Kurfürst Georg Wilhelm (1619–40) das Land durch die Kriegswirren. Bald paktierte er mit den kaiserlichen, bald mit den schwedischen Truppen oder ging eigensinnige Zwischenwege. Ab 1626 wurde die Mark ununterbrochen zum Hauptschlachtfeld des Dreißigjährigen Krieges und nach der völligen Verwüstung zum Armenhaus Deutschlands.

Auch in Potsdam tobte der Krieg, und die Einwohner mussten Ausplünderung und Brandschatzung der Soldateska über sich ergehen lassen. Den Bauern und Bürgern wurden hohe Kriegskontributionen abgepresst, obwohl Missernten und Pestepidemien die Stadt entvölkerten. Was durch die Kriegsfurie nicht zerstört wurde, ruinierte die Inflation. Die Kriegsjahre verminderten die Stadtbevölkerung drastisch, um 1640 zählte der Raum Potsdam nur noch etwa 700 Einwohner.

Auf dem Weg in die Schlacht bei Breitenfeld kampierte König Gustav II. Adolph von Schweden (1611–32) vom 8. bis zum 12. Mai 1631 mit einem 16 000-Mann-Heer auf dem Potsdamer Brauhausberg. Auch die Schweden waren nicht zimperlich; im Kiez, der durch keinen Verteidigungswall geschützt war, machten sie einige Häuser dem Erdboden gleich. Während sich der Adel hinter den Mauern der verstärkten Burganlage verschanzen konnte, blieb dem einfachen Volk nur die notdürftig befestigte Stadt. Wiederholt diente sie der Landbevölkerung als letzte Zuflucht vor der Massakrierung durch feindliche Truppen.

Der Große Kurfürst tritt auf den Plan – Potsdam wird Residenz

1640 übernahm Kurfürst Friedrich Wilhelm (1640–88), gerade 20 Jahre jung, die Regierung. Er fand ein verwüstetes und machtloses Kurfürstentum vor, »darin weder Katz, noch Maus leben wollen«, wie ein Berliner Ratsmitglied es beschrieben haben soll. Mit großer Leidenschaft begab sich der Souverän an seine neue Aufgabe, obwohl sein Vater, mit dem er sich zeitlebens nicht verstanden hatte, ihn systematisch von allen Staatsgeschäften ferngehalten hatte. Friedrich Wilhelm fasste seine vom Krieg zerrissenen Länder zu einem einheitlichen Staat nach französisch-absolutistischem Vorbild zusammen. Zur Aufrichtung seiner fürstlichen Gewalt entmachtete er innenpolitisch die starken Landstände und stärkte außenpolitisch die unabhängige Stellung Brandenburgs zwischen den europäischen Mächten. Ein stehendes Heer sicherte die brandenburgisch-preußische Vormachtstellung innerhalb des zerrütteten Deutschen Reiches.

»Tue mir kund den Weg, darauf ich gehen soll.«

Psalm 143 – Wappenspruch des Großen Kurfürsten

Für die Geschichte Potsdams war das Wirken Friedrich Wilhelms von entscheidender Bedeutung, denn mit dem Wiederaufbau der gesamten Mark Brandenburg fasste er die Stadt langfristig als kulturelles und politisches Zentrum ins Auge. Mit seinem Regierungsantritt setzte eine neue Zeitrechnung ein – es gab nur ein Davor und ein Danach! Mit diesem neuen Regenten begann, was die Stadt über Jahrhunderte charakterisieren und von anderen Residenzen unterscheiden sollte: Potsdam wurde zu einer ausschließlich durch kurfürstlichen, später königlichen Willen gestalteten Stadt.

Nach 14-jährigen Verhandlungen erwarb Friedrich Wilhelm 1660 das oft verpfändete, aber nie zersplitterte Potsdamer Stadtgebiet. Nach und nach gewann er auch die benachbarten Dörfer Nedlitz, Grube, Eiche, Golm, Bornim, Bornstedt, Geltow, Caputh und Glienicke aus dem Besitz der adligen Familien hinzu. Als neuer Eigentümer des gesamten Potsdamer Werders konnte der Große Kurfürst, wie er sich seit der erfolgreichen Schlacht bei Fehrbellin nannte, seine weit reichenden Pläne umsetzen: Er erhob Potsdam zur zweiten Residenz neben Berlin. Damit begann die Entwicklung der spät-

1643 verlegte der Große Kurfürst seine Hofhaltung von Königsberg nach Berlin – und damit geriet auch Potsdam in sein Blickfeld

Die Regentschaft des Hauses Hohenzollern über Potsdam begann 1415 mit Kurfürst Friedrich I. (1417-40) und endete 1918 mit Kaiser Wilhelm II., dauerte also insgesamt 503 Jahre an

Die preußischen Könige und deutschen Kaiser aus dem Hause Hohenzollern (1640–1918)

1640–88	**Friedrich Wilhelm, der Große Kurfürst** (1620–88) ∞ Luise Henriette von Oranien (1627–67) ∞ Dorothea von Holstein-Glücksburg (1636–89)
1688–1713	**Kurfürst Friedrich III./König Friedrich I.** (1657–1713) ∞ Elisabeth von Hessen-Kassel (1661–83) ∞ Sophie Charlotte von Hannover (1668–1705) ∞ Sophie Luise von Mecklenburg-Schwerin (1685–1735)
1713–40	König **Friedrich Wilhelm I., der ›Soldatenkönig‹** (1688–1740) ∞ Sophie Dorothea von Hannover (1687–1757)
1740–86	**König Friedrich II., der Große** (1712–86) ∞ Elisabeth Christine von Braunschweig-Bevern (1715–97)
1786–97	**König Friedrich Wilhelm II.** (1744–97) ∞ Elisabeth Christine Ulrike von Braunschweig (1712–86) ∞ Friederike von Hessen-Darmstadt (1751–1805)
1797–1840	**König Friedrich Wilhelm III.** (1770–1840) ∞ Luise von Mecklenburg-Strelitz (1776–1810) ∞ Gräfin Auguste von Harrach (morganatisch), spätere Fürstin von Liegnitz (1800–73)
1840–61	**König Friedrich Wilhelm IV**. (1795–1861) ∞ Elisabeth von Bayern (1801–73)
1861–88	**König/Kaiser Wilhelm I.** (1797–1888) ∞ Augusta von Sachsen-Weimar (1811–90)
1888	**Kaiser Friedrich III.** (1831–88) ∞ Victoria von Großbritannien und Irland (1840–1901)
1888–1918	**Kaiser Wilhelm II.** (1859–1941) ∞ Auguste Viktoria von Schleswig-Holstein-Sonderburg-Augustenberg (1858–1921) ∞ Hermine Prinzessin Reuß (1887–1947)

mittelalterlichen Stadt von eher dörflichem Charakter zu einem Schnittpunkt europäischer Politik.

Mit Beratung des befreundeten Johann Moritz von Nassau-Siegen (1604–79), dem Statthalter des niederrheinischen Kleve, wurde ab 1652 ein umfassendes Programm erarbeitet, das die ganze Landschaft rund um Potsdam verschönern sollte. Anziehend wirkte zweifellos die reizvolle Lage am Wasser, die Nähe zu Berlin und die Unberührtheit der Landschaft. Als leidenschaftlicher Jäger war auch der Große Kurfürst vom Wildreichtum der Gegend angetan. 1664 forderte ihn Fürst Moritz auf: »Das gantze Eyland muß ein Paradies werden [...].«

»Das ganztze Eyland muß ein Paradies werden (...).«

Aufforderung an den Großen Kurfürsten durch Fürst Moritz von Nassau-Siegen, der Potsdam ab 1652 mehrmals besuchte

Als Erstes wurde ab 1662 die jämmerlich verfallene Burg zu einer würdigen Residenz überformt, vermutlich nach Entwürfen von Johann Gregor Memhardt († um 1678). Später folgten die Fasanerie, der Kutschstall, die Orangerie und nach 1685 der Lustgarten. Seit 1671 hielt der Große Kurfürst regelmäßig Hof im Potsdamer Stadtschloss, das mehr und mehr zu seinem Lieblingsaufenthalt wurde.

Die Empfänge, Bälle und Jagden bei Hofe belebten Handwerk und Handel; neue Bürgerhäuser wurden benötigt. Daher legte der kurfürstliche Planteur Dietrich van Langelaer († 1713) 1668 die lange, schnurgerade Allee zwischen Stadtschloss und Kiez an, die heutige Breite Straße. Entlang dieser ›Kurfürstlichen Freiheit‹ entstanden barocke Wohngebäude. Im rechten Winkel dazu zweigte eine weitere Allee, die spätere Lindenstraße, in Richtung auf die Fasanerie ab. Nicht hauptsächlich als Verkehrsführung waren diese Alleen gedacht, sondern als Teil eines Landschaftspanoramas, in dessen Mitte der Schlossbau stand. Zur Anbindung an die Umgebung wurden bei Baumgartenbrück, Nedlitz und Glienicke Brücken errichtet.

Konsequent strebte der Große Kurfürst für seine Residenz eine Synthese von pragmatischem Nutzen und repräsentativer Schönheit nach holländischem Vorbild an. Als junger Kurprinz hatte er 1634 eine vierjährige Bildungsreise in die Vereinigten Provinzen der Niederlande unternommen und an der führenden Universität Leiden Staatsrecht, Geschichte und Politik studiert. Das kleine Land war der fortschrittlichste Staat Europas. Sein Verwaltungswesen, die blühenden Künste, Geistes- und Naturwissenschaften und – nicht zuletzt – das starke Militärwesen zogen all jene an, die sich für Neuerungen einsetzten. Hier erfuhr der Prinz außerdem eine Bestätigung seines calvinistischen Glaubens. Seine erste Heirat mit der oranischen Prinzessin Luise Henriette (1620–88) hatte die Bindung an Holland noch enger werden lassen. Berater, Handwerker, Landwirte, Kaufleute und Künstler aus den Niederlanden traten in seine Dienste. In Potsdam etablierte er eine Delfter Fayence- sowie eine holländische Seiden- und Damastfabrik.

Die Potsdam-Planungen des Großen Kurfürsten zeichneten sich durch Langfristigkeit und Weiträumigkeit aus

Mit den Bauaufgaben einher ging auch die Gartengestaltung. Aus Italien, Frankreich, Holland und England ließ der Große Kurfürst Sämereien, Gewächse und sogar ganze Bäume kommen. Die Gärten der Insel Potsdam wurden zu Pflanzschulen für die gesamte Umgebung. Hier liegen die Anfänge der Potsdamer Kulturlandschaft, die

Empfang der Refugiés durch den Großen Kurfürsten im Potsdamer Stadtschloss. Holzstich nach Gemälde, von Hugo Vogel, 1885, später koloriert

Peter Joseph Lenné gute 200 Jahre später zur vollen Blüte entfalten sollte. Man beschränkte sich aber nicht nur auf Zierpflanzungen, sondern etablierte auch den Obst- und Weinanbau, womit der desolaten Landwirtschaft auf die Beine geholfen wurde. Maßgeblich beteiligt an Planung und Aufzucht war seit 1686 der Holländer Heydert, dessen Nachkommen noch in mehreren Gärtnergenerationen in Potsdam wirkten.

Auf Wunsch des Großen Kurfürsten sollte sich das zentrale Stadtschloss am Rande eines größeren Panoramas widerspiegeln. Deshalb entstanden nach 1662 in schneller Abfolge Schloss Caputh im Südwesten, Schloss Bornim im Nordwesten und das Jagdschloss Glienicke im Nordosten. Der aus Italien stammende Hofgeschichtsschreiber des Hauses Brandenburg, Gregorio Leti (1630–1701), berichtet von einer breiten Sichtschneise, »so daß man vermittels eines Weges, den man mitten durch den Wald gehauen, von Caputh aus bis auf das Schloss in Potsdam sehen« konnte.

Vor allem mit dem ›Chur-Brandenburgischen Edict‹, das der Große Kurfürst am 8. November 1685 in seinem Potsdamer Stadtschloss erließ, schrieb sich der Regent in die europäische Geschichte ein. Es gewährte den in Frankreich verfolgten Hugenotten ein neues Zuhause in Brandenburg. Bereits Anfang Januar des folgenden Jahres empfing der Große Kurfürst 15 Franzosen im Stadtschloss. Zuerst ließen sich nur wenig Flüchtlinge in Potsdam nieder, später immer mehr – etwa 20 000 Hugenotten kamen insgesamt in die Mark Brandenburg. Zuvor hatte der Regent bereits durch Edikte die Einwanderung von Niederländern gefördert und 1671 die ersten jüdischen Familien gegen Entrichtung eines Schutzzolls wieder in sein Land gelassen. Auf seinen Befehl war 1683 im Golmer Luch das Kolonistendorf Nattwerder für Schweizer Emigranten angelegt worden. So machte die kurfürstliche ›Peuplierungspolitik‹ Potsdam, mitten in der Mark, zum Schmelztiegel.

Die menschenfreundliche Großtat verfolgte allerdings eine ökonomisch weitsichtige und daher nicht ganz uneigennützige Absicht, denn die Refugiés brachten höchst willkommene handwerkliche Fertigkeiten mit. Und die Rechnung ging auf: Die Hugenotten hatten wesentlichen Anteil an der wirtschaftlichen und kulturellen Blütezeit des Staates. Diese planvolle Politik legte den Grund für Preußens Entwicklung zum Industriestaat.

Als der Große Kurfürst am 9. Mai 1688 im Potsdamer Stadtschloss starb, verlor die Stadt den ersten Herrscher, der sie nicht nur benutzt, sondern auch in sie investiert hatte. Der Leichnam wurde nach Berlin überführt und dort im alten Dom beigesetzt.

»Messieurs, der hat viel getan.«

Friedrich der Große am Sarkophag seines Urgroßvaters, des Großen Kurfürsten, bei dessen Umbettung in die neue Domgruft im Jahre 1750

Potsdam avanciert zum preußischen Königshof

Nach dem Tod des Großen Kurfürsten erbte seine Witwe, Kurfürstin Dorothea (1636–89), die ›Herrschaft Potsdam‹; da sie aber schon ein Jahr später verstarb, konnte sie nichts mehr für die Stadt bewirken. Nach Regelung der Erbansprüche delegierte ihr Stiefsohn, Kurfürst Friedrich III. (1688–1713), sogleich größere Summen für Bauarbeiten am Schloss.

Schon als Kind hatte sich Friedrich zu Potsdam hingezogen gefühlt. Ansonsten entwickelte sich die Stadt während Friedrichs Regierungszeit nur geringfügig. Die Berliner Straße wurde neu angelegt und damit eine gerade Verbindung zur Glienicker Brücke geschaffen.

Das wichtigste politische Ereignis der Zeit war Friedrichs Selbsterhebung zum preußischen König am 18. Januar 1701 in Königsberg. Um seiner Rangerhöhung ein Denkmal zu setzen, beauftragte er, der erste seines Namens, seinen fähigsten Architekten, den gebürtigen Pariser Jan de Bodt (1670–1745), mit der Schöpfung eines neuen Schlossportals. Nach der bekrönenden Figur Fortunaportal genannt, beschloss es den halbkreisförmigen Nordtrakt zum Alten Markt. 1705 bekam Andreas Schlüter (um 1660–1714) die Leitung der Schlossarbeiten übertragen. Doch als 1706 sein Münz-Turm am Berliner Schloss einstürzte, entließ Friedrich ihn aus seinen Diensten und berief Johann Friedrich Eosander von Göthe (1670–1729) an seiner Stelle.

»Mein Herr Vatter hat Potsdam sehr lieb./ Es ist ein lüstiger ohrt;/ Ich bin gern da undt mein bruder auch [...].«

Eintrag des kleinen Friedrich in sein Schulheft, 1666

Im Stadtschloss entfaltete Friedrich I. eine prunkvolle Hofhaltung, für die er ständig neue und immer kompliziertere Zeremonielle erfand. Dem ›schiefen Fritz‹, der als Kind aus den Armen seiner Amme gefallen und daher schwächlich und verwachsen war, würde man heute wohl die Kompensation von Komplexen nachsagen. Wie fast alle Fürsten seiner Zeit eiferte er dem glanzvollen Hof des Sonnenkönigs Ludwig XIV. nach. Der höfische Prunk hob jedoch kaum den Lebensstandard der ärmlichen Potsdamer Bevölkerung – zwar scharte Friedrich zahlreiche Künstler und Wissenschaftler um sich, diese wohnten jedoch zumeist in Berlin.

Im Nordischen Krieg trafen am 2. Juli 1709 August der Starke und Friedrich IV. von Dänemark in Potsdam ein, um Friedrich für ein Bündnis gegen die Schweden zu gewinnen. Galatafeln im Marmorsaal des Stadtschlosses, allabendliche Bälle und Theaterspiele in der Orangerie bildeten das festliche Begleitprogramm des Dreikönigstreffens; Höhepunkt war eine Lustpartie über die Havel nach Caputh auf dem königlichen Prachtschiff Liburnica, das der Holländer Madersteg gebaut hatte. Am Ende seiner Regierungszeit hinterließ Friedrich ein von Finanznot geschütteltes und durch Günstlingswirtschaft zerrissenes Land. Seine Sucht nach Prunk und Lob hatte den königlich-brandenburgischen Hof zu einem splendiden Huldigungsapparat aufgebläht.

Ausbau zur Garnisonstadt unter dem Soldatenkönig

»Die Seele ist für Gott, der Rest muß für mich sein.«

Friedrich Wilhelm I.

Als Friedrich Wilhelm I. (1713–40) im Alter von 24 Jahren den Thron bestieg, fanden höfische Repräsentation und künstlerische Gestaltungsfreude ein jähes Ende. Die elterliche Verschwendungssucht hatte den Kronprinzen zutiefst abgestoßen. Rigoros reduzierte er den üppigen Hofstaat und führte ein Regime strengster Sparsamkeit ein, die auf sein Volk geradezu penetrant wirken musste.

Ausgenommen davon war das Militär, dem Friedrich Wilhelm so viel Aufmerksamkeit schenkte, dass er den Beinamen ›Soldatenkönig‹ erhielt. Noch im Jahr seines Regierungsantritts holte er die ersten 600 Roten Grenadiere seines in Mittenwalde stationierten Leibregiments nach Potsdam. Besondere Vorliebe hegte er für seine Langen Kerls, eine Elitetruppe von Hünen, die mindestens 1,90 m groß waren. Das ging so weit, dass der Leipziger Buchhändler und Verleger Johann Heinrich Zedler (1706–51) 1745 in seinem berühmten Universal-Lexikon schrieb: »Potzdamer, darunter pflegt man zu itzigen Zeiten eine Person von gantz besonderer Länge zu verstehen [...].« Franzosen, Italiener, Spanier, Iren, Russen, Türken, Schweden und Dänen wurden mehr oder weniger freiwillig rekrutiert; oft halfen List und Gewalt nach. Teuerster Grenadier soll der Ire James Kirland gewesen sein, für den der König schlanke 9000 Reichstaler an dessen Landesherrn bezahlte.

Jeder Potsdamer Haushalt musste zwei oder drei Grenadiere aufnehmen, des Weiteren für Holz, Licht und Schlafstatt sorgen. Der König nahm sich selbst von dieser Pflicht nicht aus und quartierte sechs Mann im Stadtschloss ein. Für die etwa 1500 Bewohner der 220 Häuser war das eine starke Belastung, die auch optisch das Stadtbild geprägt haben muss. Ein Besucher wunderte sich nicht wenig, »vor den ansehnlichsten Häusern Wehrgehänge, Hosen und Westen hangen zu sehen zum trockenen«. 1715 brach aufgrund der beengten und unhygienischen Verhältnisse Fleckfieber aus.

Zwar wurden bis 1720 einzelne Häuser erneuert, doch da dies bei weitem nicht ausreichte, ließ der König die Stadt bis 1722 auf Kosten der Krone vergrößern. 130 Neubauten umfasste die erste planmäßige Stadterweiterung, vom Kiez über die Linden- bis zur Charlottenstraße. Am Stadtrand schloss eine 3,70 m hohe Mauer, die ›Accise- und Desertations-Communikation‹, das Terrain ab. Sie sollte Warenschmuggel und Fluchtversuche der Soldaten verhindern; letzteres war an der Tagesordnung. Durch den Zuwachs an Quartieren konnten die Nauener Kompagnien nach Potsdam verlegt werden. Allmählich siedelten sich Bürger an, die durch ihr Gewerbe dem Militär zuarbeiteten. Vom König durch Subventionen gefördert, entstanden Manufakturen, wie 1722 die Gewehr- und 1730 die Samtfabrik. Die Gebrüder Samuel und Pierre Schock aus Basel betrieben in Potsdam die erste Tabakfabrik Preußens.

»Travailler pour le roi de Prusse«, für den Preußenkönig arbeiten: so nennen die Franzosen noch heute uneigennützige, dem Staate zu Gute kommende Arbeit!

So war schon bald die Notwendigkeit einer zweiten Stadterweiterung abzusehen. Entlang des heutigen Straßenzuges Schopenhauerstraße, Hegelallee, Hebbel-, Charlotten- und Türkstraße zog man eine zweite Mauer bis zum Kellertor. Spöttisch notierte Dr. Moore, der Arzt und Reisebegleiter des Herzogs von Hamilton, seinen Eindruck ob dieses planerischen Vorgehens: »Städte pflegen insgemein nach und nach zu entstehen, in dem Maaße, wie die Anzahl der Ein-

König Friedrich Wilhelm I. zu Pferde. Gemälde, D. Dägen, um 1755

wohner zunimmt [...]; hier aber ist's umgekehrt. Man führet die Häuser zuerst auf, in der Hoffnung, ihr schönes äußerliches Ansehen werde, wie Circe's Nymphen, Reisende anlocken und Einwohner hinziehen.«

Der König half höchstpersönlich beim Abstecken eines regelmäßigen Systems von Straßen, die sich im schiefen Winkel kreuzten; so entstand auch das Holländische Viertel. Zwischen 1733 und 1742 bebauten der Ingenieurkapitän Berger, der französische Hauptmann beim Ingenieurcorps und Hofbaumeister Peter von Gayette († 1747) sowie der holländische Zimmer-, Tischler- und Schiffsbaumeister Jan Bouman (1706–76) die Gevierte nach einheitlichem Muster: zweigeschossige Häuser mit zehn Fenstern, darüber eine Giebelstube.

Größte Probleme bereitete die Trockenlegung der drei großen unbebauten Flächen am Bassinplatz, am Platz der Einheit und an der Plantage. Potsdam war von Wasser umgeben, der Boden daher sumpfig. Wie hartnäckig Friedrich Wilhelm die Trockenlegung des ›Faulen Sees‹ am Platz der Einheit verfolgte, schildert der Potsdam bereisende Professor Salomon Jacob Morgenstern (1706–85) aus Halle: »Der König ließ unzählige Schiffe voll Sand und Steine hineinschmeißen. Da dieß wenig fruchtete, wurden Bäume hineingerammelt, welche sich bald im Morast verloren; auf diese wurden andere aufgesetzt und mit der Ramme nachgetrieben, die, weil sie ebenfalls unsichtbar wurden, auf jeden noch einen dritten erforderten. Ehe aber noch zu bemerken war, ob diese zureichten, hören die in der Nachbarschaft wohnenden in der Nacht eine starke Erschütterung, und finden beym Anbruch des Tages alles, was jemals hinein geschüttet [...], dermaßen umgekehrt, daß die Spitzen der zu unterst in die Tiefe getriebenen Bäume mit den Steinen und Sand nun zu oberst waren. Friedrich Wilhelm besahe den Umsturz [...] und befahl sogleich das Wegräumen anzufangen, damit man desto eher wieder zum Ausfüllen schreiten möge [...].«

Das Jagdschloss Stern gleicht eher einem niederländischen Reihenhaus als einem königlichen Palast

1738 konnte dann das ganze dritte Bataillon auf einen Schlag nach Potsdam kommen. Um 1740 trug hier jeder vierte Mensch den bunten Rock. Allmählich zog die Atmosphäre einer Garnisonstadt ein, nach der sich die gesamte Infrastruktur ausrichtete.

In persönlichen Dingen war der König weitgehend anspruchslos. Für seine zweite große Leidenschaft, die Parforce-Jagd, ›erlaubte‹ er sich nur das Jagdschloss Stern, das mit seinen fünf Zimmern eher einem niederländischen Reihenhaus gleicht als einem absolutistischen Schloss. Seine Regierungsgeschäfte führte er im Stadtschloss, bereicherte es aber in keiner Weise. Im Gegenteil, das kostbare Mobiliar seines Vorgängers wurde verkauft oder magaziniert. Seine Möbel waren einfach und schwer, allerdings von guter handwerklicher Qualität.

In keine bedeutende Schlacht schickte Friedrich Wilhelm sein stehendes Heer von 83 000 Mann Friedensstärke, stattdessen vermittelt er das Bild eines innenpolitisch ausgerichteten Herrschers. Selbst ungeheuer fleißig, war er in haushälterischer Fürsorge um Wehrhaftigkeit und Wohlstand seines Landes bemüht. Die Ausbildung seiner Soldaten brachte er zu nie da gewesener Vollkommenheit. Ohne Bedenken ließ er den schönen Lustgarten vor dem Stadtschloss zum Exerzierplatz planieren und die Orangerie in einen Pferdestall verwandeln. Als erster europäischer Monarch trug Friedrich Wilhelm selbst ständig Uniform. Er verbot Plünderungen, die bis dahin gang und gäbe gewesen waren, und führte stattdessen den festen Wehrsold ein. Seine Offiziere entstammten fast ausschließlich alteingesessenen Adelsfamilien, deren Privilegien er auf diese Weise bestätigte. Der von ihm aufgebaute militärische Apparat funktionierte mit absoluter Präzision. Aber nicht nur militärisch wurden die Soldaten gedrillt, sie mussten auch als Handwerker bei Potsdams Häuserbau mit anfassen.

Oberstes Gebot für Friedrich Wilhelm war religiöse Toleranz. Als die Garnison um 1720 die tausend Mann überstieg und die Schlosskapelle zu eng wurde, bekam die Militärgemeinde ihr eigenes Gotteshaus – die Garnisonkirche auf der Plantage. Die französische Gemeinde konnte die Schlosskapelle nutzen. Den Bewohnern des Französischen Quartiers, das in der Nähe des Wilhelmsplatzes lag, garantierte der König 1720 politische, juristische und religiöse Autonomie. Die Lütticher Arbeiter und die katholischen Grenadiere erhielten 1722 eine Fachwerkkirche auf dem Gelände der Gewehrfabrik. 1726 fand die Einweihung der heute nicht mehr vorhandenen Heiliggeistkirche an der Burgstraße statt. Peter von Gayette hatte das Kirchenschiff entworfen. Nach seinem Tod führte Friedrich Grael (1708–40) die Turmarbeiten zu Ende.

Durch die Gründung des Großen Militärwaisenhauses im Jahre 1722 und der Großen Stadtschule 1739 wurde Friedrich Wilhelm auch zum ›Vater des Potsdamer Schulwesens‹. Zwar mussten die verwaisten Soldatenkinder oft bis an den Rand der Erschöpfung in Manufakturen mitarbeiten und wurden so nicht eben zimperlich in den Aufbau eingespannt. Doch setzte sich erstmals ein Regent nach dem Vorbild des Hallenser Pietisten August Hermann Francke (1663–1727) für die Unterbringung und Erziehung der sonst dem Bettelstab überlassenen Waisen ein.

Wirtschaftlichkeit war für Friedrich Wilhelm der Maßstab, nach dem er Angelegenheiten zu beurteilen pflegte. In zahlreichen Bittbriefen seiner Untertanen finden sich Randkommentare wie »itzo kein geldt« oder »zahle nits«. Als stille Reserve legte er eine große Menge Tafelsilber an, um es notfalls einschmelzen zu lassen – anzugreifen brauchte er diesen Staatsschatz nie!

»Denn was man selber hat, verlangt man nicht zu borgen (...).«

Friedrich Wilhelm I.

Vom Geld bestimmt war auch sein Verhältnis zur Kunst. Schriftsteller betitelte er abfällig als »Tintenklekser«, seinen eigenen Sohn doppeldeutig als »Querpfeifer«. Keine großen Baumeister beschäftigte er, sondern gut ausgebildete und talentierte Ingenieure. Seine Entscheidung für einen bestimmten Architekten wurde mehr von dessen Fähigkeit zur sparsamen Bauweise bestimmt als von seinem künstlerischen Genie. Im Grunde stagnierte unter Friedrich Wilhelms Ägide die geistig-kulturelle Entwicklung Potsdams. Dass der König nicht grundsätzlich kunstfeindlich war, bezeugt zwar seine eigene Beschäftigung mit der Malerei, wie man im Jagdschloss Stern noch sehen kann, doch war ihm die Kunst eben niemals Selbstzweck. Nur in ganz wenigen Ausnahmen, wie bei Antoine Pesne (1683–1757) und Philipp Gerlach (1679–1748), akzeptierte er überdurchschnittliche Gehälter. Andere Künstler suchten das Weite; oft gingen sie ins Ausland, wo man ihnen durch angemessene Behandlung zeigte, dass man sie schätzte. So ging Eosander von Göthe 1713, gleich nach Friedrichs Regierungsantritt, in seine Heimat Schweden, und Jan de Bodt siedelte 1728 nach Dresden über.

»Lebewohl Berlin, in Potsdam will ich sterben!« Mit diesen Worten nahm Friedrich Wilhelm Abschied von seiner ersten Residenz. Von Gicht und Wassersucht geplagt, starb er am 31. Mai 1740 im Stadtschloss. Dieser Regent, der bei seinen Offizieren auf spartanische Zucht hielt und von seinen Beamten unpolitische Pflichttreue forderte, stellte das preußische Tugendideal auf, das in den folgenden Jahrhunderten bewundert und gefürchtet wurde und bis zum Ende der Monarchie Gültigkeit behielt. Im ›Sparta des Nordens‹, wie Potsdam seitdem auch genannt wurde, lebten nun etwa 11 000 Einwohner in 1150 Häusern, hinzu kamen 8000–9000 Soldaten. Damit war Potsdam eine der größten Städte der Mark.

Die Eleganz der friderizianischen Ära

»Alle Religionen seindt gleich und guth./ wan nuhr die leute [...] Ehrliche leute seindt/ und wen Türken und Heihden kämen und wollten das Land pöpliren,/ so wollen wir sie Mosqueen und Kirchen bauen.«

Friedrich der Große 1740 auf die Anfrage, ob ein Katholik das Bürgerrecht erwerben dürfe

Glanz und Mythos verdankt Potsdams Stadtkern König Friedrich II. (1740–86), der im Alter von 28 Jahren den Thron bestieg und die kleine Stadt fast ein halbes Jahrhundert lang nahezu ständig bewohnte. Viele Untertanen atmeten auf, erschien der musisch und philosophisch interessierte Nachfolger des Soldatenkönigs doch als Ideal eines fortschrittlichen Regenten im Sinne der französischen Aufklärung. Und tatsächlich führte Friedrich II. Potsdam zu europäischer Bedeutung in wirtschaftlicher Hinsicht und auf diplomatischem Parkett. Gleichermaßen gefürchtet und geliebt, gehasst und bewundert, wurde er schon zu Lebzeiten zur Legende. Als Herrschaftsideal vertrat er einen aufgeklärten Absolutismus; er selbst lebte das Schlagwort vom König als erstem Diener seines Staates. Mit dem Beinamen ›der Große‹, zu dem er sich selbst nie äußerte, ehrte ihn 1742 zuerst Voltaire, und drei Jahre später, nach seinem Triumph im Zweiten Schlesischen Krieg, wurde er auch in der Bevölkerung unter diesem Namen populär.

Die Langen Kerls hatten noch die Beisetzung seines Vaters in der Garnisonkirche umrahmt; tags darauf löste Friedrich die Garde auf. Er verfügte nun über einen gefestigten Staat mit 8,7 Mio. Reichstalern Barvermögen und der bestausgebildeten europäischen Armee von 83 000 Soldaten. Wie seine Vorgänger widmete auch er sich dem Ausbau des Heeres, das mit zuletzt 180 000 Mann einen innen- wie außenpolitisch wirksamen Machtfaktor darstellte.

Friedrichs Kriegsführung sicherte Preußen einen Platz unter den europäischen Großmächten: Aus den drei Schlesischen Kriegen gegen Österreich (1740–42, 1744/45 und 1756–63) ging Preußen stärker denn je hervor, brauchte aber Jahrzehnte, um die Kriegskosten zu verkraften. Beim Militär schaffte der König die Folter ab, die Strafe für Fahnenflucht und das barbarische Spießrutenlaufen jedoch blieben erhalten.

Über seinen Vater, den Soldatenkönig, sagte Friedrich der Große, dieser habe das Militärsystem »so innig mit der ganzen übrigen Organisation (verknüpft), daß man an das Heerwesen nicht rühren konnte, ohne den Staat selbst der Gefahr des Umsturzes auszusetzen.«

Lange fühlte sich Friedrich so verbunden mit Schloss Rheinsberg, dem Refugium seiner Kronprinzenzeit, dass er sich erst 1745 für Potsdam entschied. Dann aber beauftragte der Ungeduldige seinen hervorragendsten Architekten, Georg Wenzeslaus von Knobelsdorff (1699–1753), mit zwei großen Bauvorhaben fast gleichzeitig: dem Umbau des barocken Stadtschlosses zur königlichen Winterresidenz und der Anlage des Sommerschlosses auf dem Weinberg, das unter dem Namen Sanssouci Weltberühmtheit erlangen sollte. Und doch zeigt die Architektur in beiden Fällen, dass Rheinsberger Erinnerungen noch nachklangen. Kunsthistorisch markieren Knobelsdorffs Bauwerke den Beginn des Klassizismus in Potsdam.

Da in Potsdam und Berlin keine eigene Bildhauerschule existierte, musste der König zahlreiche Künstler aus anderen Städten und Ländern an seinen Hof binden, um seine großen Bauvorhaben in die Tat umsetzen zu können. Aus Dresden und Wien kamen die Bildhauerbrüder Johann Christian († um 1778) und Johann Michael Hoppenhaupt (1709 bis um 1755), aus Straßburg der Innenarchitekt und Dekorationsbildhauer Johann August Nahl (1710–81), aus der Schweiz die Bildhauer Johann Kaplunger († 1773) und Johann Melchior Kambly (1718–83) sowie ihre Berufsgenossen Georg Franz Ebenhech († 1757) aus Leipzig und Johann Peter Benckert (1709–65) mit Joachim Matthias Heymüller (1710–63) aus Bamberg. Als 1758 seine geliebte Schwester, die Markgräfin Wilhelmine von Bayreuth, starb, übernahm Friedrich sogleich einen Teil der dort beschäftigten Künstler, darunter so geschätzte Männer wie die Architekten Carl von Gontard (1731–91) und Georg Christian Unger (1743–1804/12) sowie die Bildhauer Johann David (1729–83) und Johann Lorenz Räntz (1733–76).

Wie in seiner Jugendzeit in Rheinsberg umgab sich Friedrich auch in Sanssouci anfangs gern mit Gästen, mit denen er eine geistvolle und anregende Unterhaltung pflegen konnte. Unter anderen verbrachte auch der französische Philosoph und Aufklärer Voltaire knapp drei Jahre in Potsdam. Später reichten die Fremdenzimmer in Sanssouci nicht mehr aus. Um seine Gäste zwar auf Distanz, aber dennoch in der Nähe zu haben, ließ Friedrich 1771 die benachbarte alte Orangerie von Unger in die Neuen Kammern umbauen.

An all seinen Bauvorhaben nahm Friedrich persönlich großen Anteil. Eigenhändig durchkreuzte er die Entwürfe seiner Künstler, fühlte sich kompetent in der Lösung architektonischer Grundsatzfragen und setzte starrsinnig seine Pläne durch. So ist es nicht verwunderlich, dass häufig Differenzen auftraten und ein so hochrangiger

Künstler des preußischen Rokoko wie Johann August Nahl bei Nacht und Nebel aus Potsdam entfloh.

Friedrich wollte die Kasernenstadt seines Vaters durch eindrucksvolle Bauten qualitativ bereichern. Auf seinen Wunsch wurde der Alte Markt zu einer Platzanlage mit römischen Architekturelementen. Das Rathaus errichtete Jan Bouman 1753–55 nach einem nicht verwirklichten Entwurf Andrea Palladios für den Palazzo Angarano in Vincenza. Den Platz rahmte auch der Palast Barberini, ein prachtvolles Wohn- und Geschäftshaus, für das die römischen Palazzi Barberini und Borghese Pate standen (1945 abgetragen).

Der König liebte paradierende Schaufassaden, im Volksmund ›Vorhemdchen‹ genannt, hinter deren Pracht und Vornehmheit sich ein bescheidenes Innenleben verbarg. Musterbeispiele solch ›friderizianischen Kulissenbaus‹ sind die Hiller-Brandtschen Häuser und der Lange Stall in der Breiten Straße.

Überhaupt ließ Friedrich in Potsdam architektonische Vorbilder aller möglichen Kunstepochen kopieren oder abwandeln, ob chinesisch, barock, gotisierend oder renaissancehaft. Er bevorzugte nicht konsequent eine bestimmte Stilrichtung oder Modeströmung, sondern folgte mehr oder weniger zufälligen Anregungen. So erklärt sich die Vielfalt an Bauten, die nach seinem Geschmack entstanden. 1748 war es der antikisierende Ruinenberg gegenüber von Sanssouci, 1751–53 die Französische Kirche nach Vorbild des römischen Pantheons, 1754–56 das Chinesische Teehaus, 1763–69 das dem englischen Palladianismus verpflichtete Neue Palais mit den barocken Communs, 1769/70 der Antiken- und der Freundschaftstempel als eine Mischung aus barocken und klassizistischen Elementen, 1770–72 das chinesische Drachenhaus in Sanssouci und das antikisierende Belvedere auf dem Klausberg. Einen roten Faden in Friedrichs Geschmacksentwicklung gab es nicht – was ihm gefiel, ließ er bei passender Gelegenheit erbauen. 1750 begann der König mit der Anlage von fünf neuen Vierteln außerhalb der Zollmauer. Die Brandenburger-, Jäger-, Nauener-, Berliner- und die Teltower Vorstadt umgaben die zweite barocke Neustadt wie ein Kranz.

Einer besonderen Protektion des Königs erfreute sich die Seidenraupenzucht, da aus Kostengründen möglichst wenig Seide importiert werden sollte. Zu diesem Zweck ließ Friedrich in Potsdam 20 000 Maulbeerbäume pflanzen.

Ab 1750 war Voltaire (1694–1778), der Hauptvertreter der französischen Aufklärung, für knapp drei Jahre zu Gast bei Friedrich dem Großen. Am 10. Juli traf François-Marie Arouet, wie Voltaire mit bürgerlichem Namen hieß, in Potsdam ein. Bislang hatte er mit seiner Geliebten als schwerreicher Kammerherr Ludwigs XV. auf Schloss Cirey gelebt. Der plötzliche Tod seiner Gefährtin traf ihn so hart, dass er Ablenkung suchte und die wiederholt ausgesprochene Einladung Friedrichs des Großen annahm.

Der Preuße schwärmte für den Franzosen, machte ihn mit stattlichem Gehalt, freier Unterkunft und Kost zu seinem Kammerherrn

Flötenkonzert Friedrichs des Großen. Gemälde, Adolph von Menzel, 1850/52

und verlieh ihm den Orden ›Pour le mérite‹. Dafür erteilte ihm Voltaire täglich zwei Stunden Unterricht in Rhetorik, Stil und Poetik. Sein satirischer Geist machte ihn in kürzester Zeit zum glänzenden Mittelpunkt der gelehrten Tafelrunde von Sanssouci. Regelmäßige Teilnehmer dieses auserwählten Kreises waren der Berliner Akademiepräsident Pierre-Louis Moreau de Maupertuis (1698–1759), der Italiener Francesco Graf Algarotti (1712–64), der französische Schriftsteller Jean-Baptiste de Boyer, Marquis d'Argent (1704–71), und der Arzt Julien-Offray de la Mettrie (1709–51). Über seine dreijährige Potsdam-Episode schrieb Voltaire 1759 in seinen ›Denkwürdigkeiten‹: »Die Tafelrunden waren sehr angenehm, denn der König hatte Geist und regte zu Geist an.« Doch schon nach kurzer Zeit bildete sich ein gehässiger Umgangston zwischen Voltaire und dem arroganten Maupertuis. Zudem flogen undurchsichtige Geldgeschäfte des cleveren Franzosen auf. Friedrich fühlte sich »ausgequetscht wie eine Orange«. Als Voltaire 1752 trotz Friedrichs Verbot eine bissige Spottschrift gegen Maupertuis veröffentlichte, war der Bruch nicht mehr aufzuhalten.

Unter dem Vorwand, Urlaub zu nehmen, reiste Voltaire am 26. März 1753 aus Potsdam ab. Auch die Tafelrunde löste sich bald auf. Friedrich und Voltaire haben sich nie wieder gesehen, die Korrespondenz nach kurzer Zeit aber wieder aufgenommen und sich bis an ihr Lebensende weiterhin aus der Ferne verehrt.

Der Alte Fritz. Zeichnung von Adolph von Menzel, 1780

Doch noch ein anderer, nicht minder bekannter Literat hielt sich – von Friedrich völlig unbemerkt – 1755 in Potsdam auf: Gotthold Ephraim Lessing (1729–81). Im stillen Marquisat in der Zeppelinstraße 168 (abgetragen) schrieb er das Trauerspiel ›Miss Sara Sampson‹. Ohne dass der frankophil veranlagte König Notiz davon genommen hätte, vollzog sich direkt in seiner Nähe eine literarische Entwicklung: es entstand die erste deutschsprachige Tragödie nach englischem Vorbild. Der mit Lessing befreundete Potsdamer Dichter Ewald von Kleist war enttäuscht: »Herr Lessing ist sieben Wochen in Potsdam gewesen; allein weder Herr Ewald noch ich haben ihn gesehen. Er soll hier verschlossen eine Komödie gemacht haben [...].«

Kurz vor Friedrichs Tod war die Militärbelegung in Potsdam vier Mal so hoch wie in anderen Städten. Ledige Soldaten wohnten in Bürgerquartieren, weil sie dort Kost und Logis erhielten, die so genannten Beweibten lebten in einer der vielen Kasernen.

Im Alter zunehmend einsam und daher immer kauziger geworden, widmete Friedrich auch seiner äußeren Erscheinung keine Aufmerksamkeit mehr. Zum Schluss soll er sogar nachts die Uniform nicht mehr ausgezogen haben. Der reisende irische Arzt Dr. Moore, der sich 1777 durch das Stadtschloss führen ließ und bei dieser Gelegenheit die Garderobe Sr. Majestät in der Kleiderkammer zu sehen bekam, wusste verwundert der Nachwelt zu berichten: »Die ganze Garderobe bestand aus zwei blauen Röcken mit rothen Aufschlägen, das Futter des einen ein wenig zerschlissen; – zwei gelben Westen, ziemlich dicht mit Spanischem Schnupftabak bepudert; – drei Paar gelben Hosen, und einem blauen sammtenen mit Silber gestickten Kleide für wichtige Gelegenheiten [...]. Man versicherte mir, das erwähnte, nebst zweier Uniformen, die er zu Sanssouci habe, mache die ganze Garderobe des Königs von Preußen aus.«

Da Friedrich II. kinderlos blieb, bestimmte er den ältesten Sohn seines Bruders zum Thronfolger. Der kleine Wilhelm führte nun den Titel Prinz von Preußen, den Friedrich selbst für einen Thronfolger eingeführt hatte, der nicht Sohn des regierenden Monarchen war. In den frühen Morgenstunden des 17. August 1786 verstarb der König in seinem geliebten Schloss Sanssouci. Sein Sterbesessel ist dort heute noch zu sehen. Der große Alte wurde neben dem ungeliebten Vater in der Gruft der Garnisonkirche beigesetzt. Seinen letzten Willen, die Bestattung auf der Terrasse von Sanssouci, gewährte ihm der Nachfolger nicht.

Die Bürgernähe des ›dicken Wilhelm‹

Auf Erden lebt kein Menschenkind, an dem man keinen Mangel find't. Sprichwort

Die Potsdamer begrüßten den Thronwechsel des Jahres 1786, denn das friderizianische Regime hatte sich überlebt. Den umgänglichen Friedrich Wilhelm II. (1786–97) hatte nie eine besondere Neigung mit seinem Onkel verbunden. Dementsprechend wählte er nicht Sanssouci als Sommerresidenz, sondern ließ sich durch Carl von Gontard

(1731–91) zwischen 1787 und 1790 das Marmorpalais am Heiligen See im Neuen Garten erbauen. Zu seinem zweiten Lieblingsaufenthaltsort wurde die stimmungsvolle Pfaueninsel, die seine bevorzugte Mätresse Wilhelmine Encke mit dem Bau eines pittoresken Schlösschens aus dem Dornröschenschlaf weckte.

Während seiner kurzen elfjährigen Regierungszeit hat Friedrich Wilhelm Potsdam nicht allzu viele Impulse geben können, doch machten ihn seine Gutherzigkeit und sein menschenfreundliches Gemüt, die zugleich seine Schwächen verursachten, recht beliebt. Bedeutsam war jedoch, dass die Stadt weiterhin zwar erste Garnison des Staates blieb, den Kasernencharakter aber abzustreifen begann.

Die Eingriffe des Königs ins Potsdamer Leben waren vor allem sozialer Art. Gleich nach seiner Thronbesteigung entfernte er den übelsten Stachel im Fleisch der Bürger, indem er die Einquartierungspflicht für Soldaten aufhob. Er praktizierte ein Rechtsdenken, das die Kommunalverwaltung von seiner Person unabhängiger machte. Als erster schaffte er die Anrede in der dritten Person ab und führte als Zeichen gegenseitiger Achtung das ›Sie‹ ein. Auf Spaziergängen suchte er sogar persönlichen Kontakt zu seinen Untertanen. 1793 gab er, vermutlich bei Carl Gotthard Langhans (1732–1808), ein Opernhaus in Auftrag, das er per Inschrift über dem Portal in deutscher (!) Sprache eigens »Dem Vergnügen der Einwohner« widmete. Der joviale, große und korpulente Mann, den das Volk den ›dicken Wilhelm‹ nannte, liebte die Musik und war selbst ein ausgezeichneter Cello-

Lebenslang blieb König Wilhelm II. seiner Geliebten, Wilhelmine Encke, verbunden. Die Gesellschaft rümpfte die Nase über die Potsdamer Pompadour. Gemälde von A. D. Therbusch, 1776 (links), und A. Graff, um 1792

Die Regierungszeit Friedrich Wilhelms II. ist das Zeitalter der bürgerlichen Umgestaltung der Gesellschaft

spieler. Er unterstützte bedeutende Komponisten in ganz Europa, weshalb ihm Mozart, Haydn und Beethoven mehrere Werke widmeten.

1794 befahl er, die gepflasterte Chaussee zwischen Berlin und Zehlendorf bis nach Potsdam zu verlängern. Damit verringerte sich die Fahrzeit der Postkutsche Berlin–Potsdam von knapp sechs auf vier Stunden. Zur Finanzierung wurden erhebliche Straßenbenutzungsgebühren, das so genannte Chausseegeld, kassiert. Zum ersten Mal seit der Römerzeit gab es wieder mit Steinplatten befestigte Straßen. Nur – während den Römern eine Breite von 4,80 m genügte, pflasterten die Preußen 11,30 m breit!

In der Nacht des 3. September 1795 brach in der barocken Nikolaikirche durch Fahrlässigkeit bei einer Turmreparatur ein Brand aus, der in Windeseile auf den Alten Markt übergriff. Trotz verzweifelter Löschversuche konnte niemand den Niederbrand der Kirche bis auf die Schaufassade und den Verlust von sieben Bürgerhäusern verhindern. Noch in der Nacht war Friedrich Wilhelm zur Stelle, um sich ein Bild von dem Unglück zu machen. Was darauf folgte, war bezeichnend für das Architekturverständnis dieses Monarchen: unter Berücksichtigung der Wünsche der Bewohner wurden auf königliche Kosten neue Häuser errichtet. Im Gegensatz zu seinem Onkel verzichtete er auf äußere Pracht, sondern befahl maßvolle, der Innengestaltung entsprechende Fassaden.

Insgesamt aber litt das gesellschaftliche Klima in Potsdam unter der Mätressen- und Günstlingswirtschaft des Königs, seinem politischen Dilettantismus und seiner Glaubensschwärmerei für den Geheimbund der Rosenkreuzer. Die schärfste Verurteilung stammte von dem Berliner Bildhauer Gottfried Schadow (1764–1850): »[Es] herrschte die größte Liederlichkeit. Alles besoff sich in Champagner, fraß die größten Leckereien, frönte allen Lüsten. Ganz Potsdam war wie ein Bordell; alle Familien dort suchten nur mit dem Könige [...] zu tun zu haben; Frauen und Töchter bot man um die Wette an, die größten Adeligen waren am eifrigsten. Die Leute, die das wüste Leben mitgemacht haben, sind alle früh gestorben, zum Teil elendiglich, der König an der Spitze.« Tatsächlich starb der an Wassersucht leidende Monarch am 16. November 1797 einen langsamen, qualvollen Tod und wurde in der Gruft des Berliner Doms bestattet. Seinem Nachfolger hinterließ er ein hochverschuldetes Land.

Befreiungskriege und neue Blüte unter Friedrich Wilhelm III.

»... bau'n Se billig, Schinkel!« Friedrich Wilhelm III. zum Entwurf der Nikolaikirche

Friedrich Wilhelm III. (1797–1840) wurde als erster Hohenzollernregent in Potsdam, im Kronprinzenpalais (heute Schwertfegerstraße 8), geboren. Sein Königsamt versah er mit Ernst und unerschütterlicher Gewissenhaftigkeit. Er war kein Mann von großem Durchsetzungsvermögen und Selbstvertrauen, aber klug genug, um seine Schwächen wahrzunehmen, anstatt wie seine Vorgänger den eigenen Horizont zum Maßstab aller Dinge zu machen.

Sein Privatleben war ein Musterbeispiel häuslichen Glücks und strahlte bis in die Politik aus. 1793 heiratete er die anmutige und kluge Luise von Mecklenburg-Strelitz, eine herausragende Frauengestalt jener Zeit, vom Volk über alle Maßen verehrt. Mit dem Bau des Schlösschens in Paretz durch David Gilly (1748–1808) offenbarte sich schon bald nach der Eheschließung die Neigung des Paares zur ländlichen Idylle, die sich später mit dem Ausbau der Pfaueninsel fortsetzen sollte.

Allmählich verschmolz die Altstadt mit den fünf Vorstädten, Potsdam bekam prachtvolle Villen. Ansonsten bestimmten weiterhin Militär und Gewerbe die Infrastruktur der Havelresidenz. Um 1800 lebten hier 17 600 Einwohner. Der russische Beamte Immanuel Truhart, der unter dem Pseudonym Anton Zailonow schriftstellerte, befand: »Überall Soldaten und Uniformen [...]. Einer meiner Freunde erzählte mir: er habe in Potsdam eine Viertelstunde am Fenster gestanden. Während der Zeit giengen die Gasse entlang: fünfzehn Soldaten, zwei Kinder und ein Bettler. – Das kann doch wohl nicht der Maaßstab der Bevölkerung dieser zweiten Residenz seyn?«

Am 17. Mai 1804 hielt sich Friedrich von Schiller (1759–1805) mit seiner Familie in Potsdam auf. Er erwog, eine Stelle am Berliner Hoftheater anzunehmen, und besprach sich mit dem königlichen Kabinettsrat Karl Friedrich Beyme (1765–1838). Schon am Nachmittag konnte der einflussreiche Beyme den König für Schiller gewinnen, worauf der Dichter dem Monarchen in Schloss Sanssouci einen Dankesbesuch abgestattet haben soll. Abends besuchten die Schillers eine Vorstellung im Theater. Der geplante Weggang aus Weimar erübrigte sich letztlich, denn im Jahr darauf verstarb Schiller.

Durch Friedrich Wilhelms übervorsichtige Neutralitätspolitik wurde Preußen in die Napoleonischen Kriege verwickelt und verlor die Schlachten bei Jena und Auerstedt. Das preußische Heer hatte sich überschätzt und »auf seinen friderizianischen Lorbeeren ausgeruht«, wie Königin Luise es ausdrückte. Am 24. Oktober 1806 zog Napoleon Bonaparte (1769–1821) in Potsdam ein und besetzte die Stadt. Zwei Tage lang nahm er höchstpersönlich Quartier im Stadtschloss, ließ seine Garden im Lustgarten paradieren und besuchte in Begleitung seiner Offiziere Schloss Sanssouci, das Neue Palais und die Garnisonkirche. Seine besondere Aufmerksamkeit galt dem kriegerischen Genius Friedrichs des Großen, an dessen Sarkophag er huldigungsvoll gesagt haben soll: »Wenn Du noch lebtest, stünde ich nicht hier.« Der große Korse war erstaunt, Friedrichs Ringkragen, Schärpe, Degen und Ordensband in Potsdam vorzufinden, die die preußische Königsfamilie bei ihrer Flucht offenbar vergessen hatte. Hocherfreut schickte er die Trophäen sowie zahlreiche Kunstgegenstände aus Potsdamer Schlössern nach Paris.

Während der zweijährigen Okkupation war Potsdam wichtiger Etappenort der Franzosen. 12 000 Pferde, 6000 Mann Garnison,

Das Privatleben König Friedrich Wilhelms III., der mit Königin Luise verheiratet war, galt als Musterbeispiel häuslichen Glücks. Gemälde von W. Böttner, 1799 (links), und Franz Krüger, um 1835

Notlazarette und Hilfsmagazine waren hier stationiert. Bis auf die Garnisonkirche wurden alle Gotteshäuser als Pferdeställe und Munitionslager missbraucht. Die Stadt musste erhebliche Kriegskosten tragen, was wirtschaftlich katastrophale Folgen hatte. Am 3. Dezember 1808 war die Besatzung beendet; Napoleon benötigte seine Truppen in Spanien und zog sie aus Potsdam ab.

Die schon vor 1806 von Freiherr vom Stein eingeleiteten Reformen führte nun Staatskanzler von Hardenberg fort – Preußen entwickelte sich zum modernsten europäischen Staat. Neu war die Selbstverwaltung der Städte, die Umorganisation des Behördenwesens, Gewerbefreiheit, Säkularisation des Kirchenguts und die staatsbürgerliche Gleichheit. Eine wirtschaftliche Besserung für Potsdam zeichnete sich ab, als der Landesvater dort 1809 die neue kurmärkische Regierung etablierte und 1817 die Oberrechnungskammer hierher verlegte. Mit dem Zuzug von Behörden erhielt Potsdam allmählich Züge einer Beamtenstadt. Das Ethos von Pflicht und Freiheit und das Streben nach Überwindung des friderizianischen Preußen förderten das Reformwerk – fürstlich-adliges Misstrauen gegenüber der drängenden bürgerlichen Bewegung standen ihm entgegen: ein Zwiespalt, der die Geschichte Preußens von nun an bis 1918 bestimmen sollte.

Nach den Befreiungskriegen von 1813–15 legte Friedrich Wilhelm III. den Keim zu einer neuen Blüte der Kunst, indem er die herausragenden Talente seiner Epoche – vor allem Karl Friedrich Schinkel und Peter Joseph Lenné – förderte und mit zahlreichen Aufträgen bedachte. Der König hatte zwar den Ruf, spröde und zutiefst sparsam zu sein, aber geizig war er nicht. Kein anderer preußischer Monarch stattete seine Söhne so großzügig mit Schlössern und Landhäusern aus wie er. Nur mussten die Prinzen eben, mit Rücksicht auf den Staatshaushalt, teilweise sehr lange auf ihre Liebhabereien warten. Als Erster durfte sich 1824 der drittgeborene Prinz Carl (1801–83) das Anwesen in Klein-Glienicke erbauen. Schon Ende des folgenden Jahres erhielt Kronprinz Friedrich Wilhelm das Gut Charlottenhof südlich vom Park Sanssouci als Weihnachtsgeschenk. 1834 konnte Wilhelm, der zweite Sohn und spätere deutsche Kaiser, mit dem Schlossbau in Babelsberg beginnen.

Bei allen Projekten arbeiteten Schinkel und Lenné eng zusammen. Mit dem begeisterungsfähigen und fantasievollen Kronprinzen bildeten sie ein Triumvirat, das über zwei Jahrzehnte das reiche Potsdamer Kunstschaffen maßgeblich bestimmte. Selbst wo der Kronprinz nicht offizieller Bauherr war, hatte er fast immer beratend seine Hand im Spiel. So ab 1826 beim Bau der Nikolaikirche am Alten Markt und bei Schloss Babelsberg, das nach Schinkels frühem Tod im Jahr 1841 von seinem Meisterschüler Ludwig Persius (1803–45), von Johann Heinrich Strack (1805–80) und Ludwig Ferdinand Hesse (1781–1869) fortgeführt wurde. Höfische Intrigen und Missstimmigkeiten während des Babelsberger Projekts beendeten Lennés Laufbahn und bereiteten dem großen Gartenarchitekten Hermann Fürst von Pückler-Muskau (1785–1871) das Feld, der den Park zu einer grandiosen Schöpfung nach dem Vorbild der späten englischen Landschaftsgärten machte.

Schinkel war der Herr aller Häuser, Lenné der Herr aller Gärten. Durch die einzigartige Zusammenarbeit entstand die Potsdamer Kulturlandschaft, das preußische Arkadien

Aber nicht allein durch höfische Repräsentation steigerte Potsdam sein Ansehen in dieser Zeit, sondern auch durch wichtige technische und soziale Neuerungen: 1817 ließ sich Karl Christian Wilhelm von Türk (1774–1846) in Potsdam nieder. Der Königlich-Preußische Regierungs- und Schulrat nutzte sein Amt, um das Schulwesen nach dem Vorbild des berühmten Pädagogen Johann Pestalozzi zu reformieren, bei dem er drei Monate in der Schweiz gelebt hatte. Auf Türks Betreiben wurden soziale Einrichtungen gegründet, wie 1822 das Civil-Waisenhaus in der Berliner Straße, das Türksche Waisenhaus in Klein-Glienicke und 1829 eine Suppenverteilungsanstalt.

Noch im November 1832, als sich der Siegeszug der Elektrizität längst andeutete, ließ der König eine optische Telegrafenlinie bauen, die die durch Hannover und Braunschweig getrennten preußischen Landesteile nachrichtentechnisch verbinden sollte. Alle 10–15 km wurde auf natürlicher Anhöhe eine Station errichtet, ein Backsteinhäuschen mit Turmstumpf und Mast. Sechs paarweise angebrachte Signalarme konnten von unten aus dem Arbeitsraum über Ausrückhebel im Winkel von 0, 45, 90 und 135 Grad zum Mast gestellt wer-

Optische Telegrafenstation

den. Auf diese Weise wurden innerhalb von zehn Minuten verschlüsselte Depeschen über 61 Stationen befördert. Die vierte Station dieser Kette stand in Potsdam auf dem danach benannten Telegrafenberg. Obwohl die Berliner Telegrafenanstalt schon 1847 auf Elektroleitungen staatliche und öffentliche Nachrichten übermittelte, blieb der optische Telegraf bis 1852 in Betrieb.

In den 30er Jahren erlangten der Berliner Bankier Arons und der Justizkommissar Robert die Konzession für den Eisenbahnbau in Preußen und gründeten die Berlin-Potsdamer-Eisenbahngesellschaft mit Sitz in Potsdam. Innerhalb von 14 Monaten wurde eine eingleisige Trasse von der Berliner Station ›Potsdamer Tor‹ bis zum Potsdamer Haltepunkt an der Langen Brücke (heute Potsdam-Hauptbahnhof) gelegt. Am 22. September 1838 wurde die Strecke unter Volkstrubel mit Tausenden von Schaulustigen eröffnet. Zuerst kamen die Dampfwagen, Personenwagen und Schienen noch aus England, doch schon bald baute der Berliner Stahlmagnat August Borsig wesentlich preiswertere Waggons. Der König aber vermochte keinen enormen Fortschritt darin zu erkennen, »ob man eine Stunde früher in Potsdam ankommt oder nicht«, und reiste am liebsten weiterhin mit der Kutsche.

Friedrich Wilhelm IV. komponiert das havelländische Arkadien

»Kreuzschock Schwerenoth! Ich genehmige alles […].«

Friedrich Wilhelm IV. zu Lenné, als dieser ihm einen neuen Entwurf vorlegt

Als Friedrich Wilhelm IV. (1840–61) die Königswürde übernahm, legte er die Sparpolitik seines Vaters sogleich ad acta und führte in den 18 Jahren, in denen er sein Amt ausübte, die umfassende künstlerische Gestaltung Potsdams zum Höhepunkt. Die Wurzeln seiner Geisteshaltung gehen zurück auf den Großen Kurfürsten, der schon im 17. Jh. aus dem »gantzen Eyland ein Paradies« machen wollte.

Der ›Romantiker auf dem Thron‹, wie Friedrich Wilhelm wegen seiner Bauleidenschaft schlagwortartig oft charakterisiert wird, hatte Talent zum großen Wurf. Schon während seiner Kronprinzenzeit hatte er sich eng mit Karl Friedrich Schinkel und Peter Joseph Lenné zusammen getan. Oft genug wurde der Vater, Friedrich Wilhelm III., bekniet, die Mittel für eine neue geniale Schöpfung dieses Triumvirats auszugeben. Scherzhaft hatte Friedrich Wilhelm erklärt, wenn sein Vater ihn nach Rom ließe, käme er gewiss nicht wieder. Als er 1828 und 1835 tatsächlich in den Süden reiste, vertiefte sich seine Begeisterung für frühchristliche Kirchen, Renaissance-Palazzi, römische oder florentinische Villen zu einer wahren Italiensehnsucht.

Kaum auf dem Thron, erteilte er einen Auftrag nach dem anderen, um Potsdam mit den umliegenden Seen und Wäldern in eine fantastisch-romantische Parklandschaft zu verwandeln. Gezielt eingestreute und feinsinnig gruppierte italianisierende Bauten schufen die Atmosphäre eines südlichen Panoramas, die noch heute zu spüren ist. Seither wird Potsdam gern mit Arkadien verglichen, jener altgriechischen Landschaft, die in der barocken Hirten- und Schäferdichtung das Symbol für heiter-gelassene Lebensfreude war, und, um im Bild zu bleiben: die sich müßig dahinschlängelnde Havel mit ihren ausgefransten Ufern und heimlichen Buchten wird als preußischer Alpheios (der Hauptfluss Arkadiens) empfunden. Vervollkommnen ließ Friedrich Wilhelm sein Arkadien noch durch die Berliner Bildhauerschule Christian Daniel Rauchs (1777–1857), die er mit zahlreichen Aufträgen für den Garten Sanssouci bedachte. Fast alle Rauch-Schüler hatten einige Zeit in Italien verbracht, um sich am Schönheitsideal der klassischen Antike zu schulen.

Friedrich Wilhelm IV. Gemälde von Franz Krüger, 1844

Den heute noch spürbaren Glanz der nachnapoleonischen Zeit hat Potsdam vor allem Friedrich Wilhelm IV., Schinkel und Lenné zu verdanken, durch deren ›Triumvirat‹ ein Gesamtkunstwerk von unbeschreiblicher Schönheit entstand. Über Jahrzehnte arbeiteten die beiden Künstler Schinkel und Lenné eng zusammen – ein Baumeister und ein Gartenpoet in Übereinstimmung. Schinkel war acht Jahre älter als Lenné, beide waren etwa gleichzeitig in preußische Dienste getreten, und jeder hatte sich schnell auf seinem Gebiet durchgesetzt. Beide Männer waren von bescheidenster Lebensweise, extremem Fleiß und schier unerschöpflicher Fantasie – zwei Genies im preußischen Beamtendienst. Nichts fassten sie an, ohne auf die großen Zusammenhänge zu achten. Der eine baute ein Haus, der andere gestaltete den Garten. Von ihrem fast zweihundertjährigen Erbe, einem unschätzbaren Vermögen, lebt Potsdam bis heute.

»Diejenigen Naturen, die sich beim Zusammentreffen einander schnell ergreifen und wechselseitig bestimmen, nennen wir verwandt.«

Goethe, ›Wahlverwandtschaften‹

Als Schinkel 1841 starb, bedeutete dies für Friedrich Wilhelm einen schweren Verlust. Zur Umsetzung seiner weit reichenden Pläne zog er nun den talentierten und überaus fleißigen Schinkel-Schüler Ludwig Persius heran. Zunächst ließ ihn der König die von seinem Vater mit einem Flachdach belassene Nikolaikirche durch eine imposante Kuppel bekrönen. Damit war der landschaftsbestimmende Mittelpunkt des Stadtbildes am Alten Markt fixiert, um den sich alle künftigen Bauschöpfungen scharen sollten.

Nach Persius' frühem Tod im Jahre 1845 begann mit seinen Nachfolgern August Stüler (1800–65), Ludwig Ferdinand Hesse (1795–1876) und Ferdinand von Arnim (1814–66) die letzte große klassische Periode der Potsdamer Baukunst bis zur Jahrhundertwende. Nun waren diese drei bemüht, in architektonisch vollendete Formen zu kleiden, was sich in der Fantasie des Königs unablässig aufs Neue zusammenbraute. Einige seiner hochfliegenden Pläne blieben Vision. So scheiterten die Träume von einem neugotischen Prinzenschloss Belriguado auf der Halbinsel Hermannswerder; von einer Triumphstraße über die Hügel hinter Sanssouci und von einer neuen Heiliggeistkirche, deren Chor sich im Havelwasser spiegeln sollte. Auch das 1847 von Hesse begonnene Belvedere auf dem Pfingstberg, dessen Treppen und Kaskaden zum Neuen Garten hinunterführen sollten, wurde nur zum Teil ausgeführt.

»Gegen Demokraten helfen nur Soldaten!«

Friedrich Wilhelm IV., 1848

Friedrich Wilhelm war ein gemütvoller, nach Harmonie strebender Mann von übersprudelndem Geist und Witz. Bei der Nachwelt allerdings hatte er oft eine miserable Presse als Schwächling, Frömmler und Größenwahnsinniger. Schwach und begabt zugleich, versagte er politisch im entscheidenden Augenblick: Dem wachsenden Elend der Arbeitermassen sowie den liberalen und nationalen Ideen des zunehmend selbstbewussten Bürgertums begegnete er mit dem Festhalten am monarchischen Prinzip im romantisch-konservativen und kirchlich-orthodoxen Sinn von ›Thron und Altar‹. Die absolute Königsherrschaft war für ihn unantastbar. Zwar zog er unter dem Druck der Volksmassen bei den Barrikadenkämpfen der Berliner Märzrevolution 1848 seine Truppen ab und verneigte sich öffentlich vor den Märzgefallenen, doch die Frankfurter Nationalversammlung wurde wegen ihrer progressiven Tendenzen wieder aufgelöst; es war die Ministerialregierung, die nun die Verfassung ausarbeitete. Der preußische Staat hatte sich der Revolution verweigert, ihr Erfolg beschränkte sich auf Presse- und Versammlungsfreiheit.

In Potsdam bildete der Stadtkommandant von Prittwitz am 19. März zwar vorsorglich eine bewaffnete Bürgerwehr von 2145 Mann »zum Schutz von Ruhe und Ordnung«, doch als das erregte Volk tags darauf das Berliner Palais Unter den Linden stürmte, blieb es in der Havelresidenz vergleichsweise ruhig. Der Hofstaat und einige monarchietreue Bürger, wie der beliebte Schauspieler Louis Schneider (1805–78), zogen sich sogar bewusst nach Potsdam zurück. So floh auch die Familie des Kronprinzen, des späteren Kaisers Wilhelm I., am Vorabend des 20. März aus Berlin und ließ sich heimlich zur Pfaueninsel rudern, wo ihr der Hofgärtner Fintelmann Unterschlupf gewährte. Da der König ein Attentat fürchtete, versammelte er königstreue Regimenter in Potsdam und ließ den Garten Sanssouci für die Öffentlichkeit sperren.

Abgesehen vom Volk gab es auch einige Militärs, die die Republik herbeisehnten. Am 12. September wurde die Mopke, wie der Exerzierplatz zwischen Neuem Palais und Communs heißt, Zeuge eines Aufstandes der Grenadiere und Füsiliere des 1. Garderegiments zu Fuß. Das Begehren nach Demokratie verlief jedoch im Sande. Da vermochte auch der revolutionäre Potsdamer Jurastudent Max Dortu (1826–49) nicht viel auszurichten: Wegen seiner Hetzrede während der Unruhen in Berlin war er vorübergehend inhaftiert worden; danach veranlasste er die Potsdamer Arbeiterschaft zur Zerstörung der Eisenbahnlinie Potsdam–Nowawes und der Telegrafenleitungen, um Militärtransporte nach Berlin zu verhindern. 1849 geriet er bei Freiburg i. Br. in preußische Gefangenschaft und wurde standrechtlich erschossen.

Am 5. Dezember 1848 fiel in den Räumen von Schloss Sanssouci eine innenpolitische Entscheidung von historischer Tragweite: Friedrich Wilhelm unterzeichnete die Verfassung, die Preußen in eine konstitutionelle Monarchie umwandelte. Die Revolution aber hatte des Königs märchenhafte und enthusiastische Baupläne nicht zu stören vermocht. In dieser Zeit liefen die Vorbereitungen zum Bau der neuen Orangerie, und er dachte gar nicht daran, auf sein imposantes Gästeschloss zu verzichten.

Um 1850 war Potsdam eine der reizvollsten Städte Norddeutschlands – eine stille und vornehme Residenz- und Kunststadt. Unzählige Exzellenzen, Rentiers, Geheimräte, Hofbeamte, adlige Offiziere und Hoflieferanten prägten das Bild. Für Besucher aus aller Welt gewann die Stadt zunehmend an Attraktivität.

Im Laufe der Jahre hatte Friedrich Wilhelm mehrere Schlaganfälle erlitten und war in den letzten Lebensjahren nicht immer im Vollbesitz seiner geistigen Kräfte. Da seine Ehe kinderlos geblieben war, musste sein jüngerer Bruder Wilhelm im Oktober 1858 kommissarisch die Regierungsgeschäfte übernehmen. Als der ›Romantiker auf dem Thron‹ 1861 starb, wurde er in der Friedenskirche, einer seiner Lieblingsschöpfungen, beigesetzt.

Das Dreikaiserreich um die Jahrhundertwende

Kaiser Wilhelm I. (1861–88)

Die Regentschaft Wilhelms I. war eine Zeit der politischen Umbrüche. Mit dem Thronwechsel wurde Schloss Babelsberg zum königlichen Sommersitz. Hier empfing der Monarch am 22. September 1862 Fürst Otto von Bismarck (1815–98) zu einer Unterredung, die tags darauf zu dessen Ernennung zum Ministerpräsidenten führte. Als schroffer Royalist setzte sich der äußerst konservative ›Stockpreuße‹ für die Sache der Monarchie ein. Entschlossen versuchte er, den Verfassungskonflikt für den König durchzufechten, regierte gegen die Mehrheit des Abgeordnetenhauses und ging scharf gegen die Presse- und Versammlungsfreiheit vor.

»Wenn eine stilistische Eigenart in der Baukunst unter Wilhelm I. registriert werden kann, so ist es eine zunehmende akademische Trockenheit der Formgestaltung.«

Friedrich Mielke, 1981

Der neue König hatte wenig Interesse an künstlerischen Dingen. Er entwickelte keine eigenen Baupläne, sondern führte lediglich die von seinem Bruder begonnenen Bauten Schloss Lindstedt und das Belvedere auf dem Pfingstberg zu Ende. Im Stadtbild änderte sich nur wenig. In erster Linie begriff sich Wilhelm als engagierter Militär; so entstand 1868 die große Ulanenkaserne an der Jägerallee. Auch einige öffentliche Bauten reihten sich in die bestehenden Strukturen ein. Dazu gehört am Bassinplatz die 1870 geweihte katholische Kirche St. Peter und Paul von Wilhelm Salzenberg (1803–87).

Im August 1870 verließen Potsdamer Garderegimenter die Stadt und marschierten gemeinsam mit anderen deutschen Armeen in Frankreich ein. Nach der Niederlage Frankreichs im Deutsch-Französischen Krieg traten die süddeutschen Staaten dem Norddeutschen Bund bei, und am 18. Januar 1871 wurde Wilhelm I. im Spiegelsaal von Versailles zum deutschen Kaiser ausgerufen. Die Reichsverfassung verlangte eine monarchisch-föderalistische Ordnung. Die Stellung des Kaisers beruhte auf seiner Macht als König von Preußen, ihm zur Seite stand Bismarck als Reichskanzler.

Kaiser Wilhelm I. Stich, um 1875

Die französischen Reparationsleistungen in Milliardenhöhe führten zum wirtschaftlichen Boom der Gründerzeit. Diese Entwicklung machte die kleine Zweitresidenz Potsdam neben der neuen Metropole Berlin zu einem der wichtigsten Zentren des deutschen Kaiserreichs. Infolge der rasanten Bodenspekulation entstand ab 1871 in nächster Nähe zu Schloss Babelsberg die Villenkolonie Neubabelsberg. In dieser großbürgerlichen Idylle am Griebnitzsee bauten Architekten wie Ludwig Mies van der Rohe (1886–1969), Hermann Muthesius (1861–1927), Heinrich Kayser (1842–1917), Karl von Großheim (1841–1911) und Paul Bonatz (1877–1956) hochherrschaftliche Villen und intime Landhäuser der verschiedensten Stilrichtungen.

1871 überzeugte Wilhelm Julius Foerster (1832–1921), der Direktor der Königlichen Sternwarte Berlin, den Kaiser von der Notwendigkeit, auf dem Potsdamer Telegrafenberg ein astrophysikalisches Observatorium zu errichten. Es war das erste der Welt. Dieser Einrichtung folgten das Geodätische und das Meteorologische Institut.

Potsdams Stadtcharakter hingegen blieb eher bürgerlich. Noble Villenvororte, wie die Berliner und die Nauener Vorstadt, wurden dichter bebaut. 1871 hatte Potsdam ohne Militär knapp über 38 000 Einwohner. Es etablierte sich nur wenig Industrie, kleine und mittlere Firmen beherrschten das Gewerbe.

1878 nahm Bismarck die Attentate auf Kaiser Wilhelm zum Anlass, die Sozialistische Arbeiterpartei Deutschlands zu verbieten. Am 21. Oktober unterzeichnete der Kaiser in Potsdam das Sozialistengesetz gegen die »gemeingefährlichen Bestrebungen der Sozialdemokratie«, das immerhin volle zwölf Jahre den organisierten Einsatz für die Arbeiterschaft unterband. Notgedrungen bildeten Potsdamer Parteimitglieder unverdächtige Tarnorganisationen mit so malerischen Namen wie ›Maiblume‹, ›Rauchclub‹ und ›Gesangsverein Schneeglöckchen‹. Traditionelle Treffpunkte waren die Gaststätte Glaser in der heutigen Hegelallee und der Viktoriagarten in der Zeppelinstraße. Im März des Jahres 1888, dem so genannten Dreikaiserjahr, verstarb Wilhelm I. im Alter von 91 Jahren. Er wurde in Berlin im Mausoleum von Park Charlottenburg beigesetzt.

Kaiser Friedrich III. (reg. 1888)

»Der Vater pochte auf das Erbe der Ahnen. Die Mutter erhoffte sich Bewegung auf den neuen Bahnen, der Sohn sah freudig zu beiden auf und hörte auf sie beide.«

Franz Herre sarkastisch über den jungen Kronprinzen Friedrich

Auf den Thron gelangte sein liberal gesonnener Sohn, Kronprinz Friedrich Wilhelm, der sich nun Kaiser Friedrich III. nannte. Schon vor seinem Amtsantritt war der 57-Jährige schwer krebskrank. Man hatte ihm den Kehlkopf entfernen müssen; er konnte nicht mehr sprechen. Die Geschichte beurteilt ihn als liebenswürdigen und gutmütigen, aber politisch glücklosen und zwischen den völlig unterschiedlichen Eltern zerrissenen und zutiefst unsicheren Menschen, der letztlich das Zepter nur 99 Tage gehalten, aber nicht geführt hatte.

In London war Friedrich mit Victoria, Princess Royal von Großbritannien und Irland (1840–1901), eine echte Liebesheirat eingegangen. Victoria, die älteste Tochter der englischen Königin und des Prinzen Albert, war zu Selbstbewusstsein und politischem Denken erzogen worden. Sie brachte berechtigten Stolz auf den Liberalismus ihres Heimatlandes, das durch die Industrielle Revolution zur modernsten Industrie- und Handelsmacht der Welt aufgestiegen war, nach Preußen mit. Zum Abscheu Bismarcks war sie als Ratgeberin ihres Gemahls ständig darum bemüht, das englische Modell des parlamentarischen Liberalismus auf Deutschland zu übertragen.

Seit Ende der 50er Jahre lebte das Paar im Neuen Palais, das nun Friedrichskron genannt wurde, am Westende des Parks Sanssouci. Hier pflegte Victoria, die schon aufgrund ihrer Herkunft Gärten liebte, einen freundschaftlichen Umgang mit Emil Sello (1816–93), einem Mitglied der traditionsreichen Potsdamer Gärtnerfamilie. Wiederholt schickte sie Sello nach England, um von den elterlichen Gärten in Osborne House, Windsor Castle, Frogmore und Balmoral zu lernen. Sello widmete ihr dafür seine schönsten Schöpfungen, wie den Rosengarten und das Parterre vor dem Neuen Palais.

In den 30 Jahren der Anwärterschaft auf den Thron widmete sich das tief gläubige Kronprinzenpaar dem Kirchenbau in den ländlichen Regionen um Potsdam. 1881 wurden die Gotteshäuser in Bornstedt und Eiche erweitert. 1883 stiftete Friedrich dem Dorf Golm eine neue Kirche; sie steht bewusst in der märkischen Backsteinbautradition, von der es in der Mark zahlreiche weitere Beispiele aus dem 19. Jh. gibt.

Friedrich starb am 15. Juni 1888 an dem Ort, an dem er geboren worden war, im Neuen Palais zu Potsdam. Als Grablege diente das Mausoleum neben der Friedenskirche, das er sich eigens für diesen Zweck von Julius Carl Raschdorff (1823–1914), dem Architekten des

Kronprinz Friedrich Wilhelm (der spätere Kaiser Friedrich III.) leitet die Löscharbeiten beim Brand in Eiche (5. Juli 1854). Aquarell von Ernst Henseler, 1854

Berliner Doms, hatte erbauen lassen. Victoria ließ sich aus Loyalität zu ihrem geliebten Mann fortan nur noch ›Kaiserin Friedrich‹ nennen.

Kaiser Wilhelm II. (1888–1918)

»Was der Mensch widerstrebend tut, kann genauso danebengehen wie das, was er partout will.«

Mark Twain

Die Macht ging nun an den 29-jährigen Wilhelm II. Er fühlte sich als Erbe Friedrichs des Großen und bevorzugte demgemäß das Neue Palais, im übrigen auch seine eigene Geburtsstätte, als kaiserlichen Sommerwohnsitz. Es schien, als sei das Motiv Friedrichs des Großen zum Bau dieses Schlosses ein Jahrhundert später auch das Leitmotiv der Politik seines Nachfahren geworden: une Fanfaronade, eine Prahlerei, ein Großtun. Barockisierendes Imponiergehabe und der Wille zur Weltmacht ließen nun einen anderen Wind in Potsdam wehen.

Allen Absichten zum Trotz hatte das Sozialistengesetz die Arbeiterschaft gestärkt. Der Kaiser suchte vorübergehend die Lösung der sozialen Gegensätze in einer Aussöhnung, ließ den Arbeiterschutz ausbauen und das Sozialistengesetz aufheben. Demzufolge überwarf er sich mit Bismarck und entließ seinen Kanzler 1890. Die wiedergegründete Sozialdemokratische Partei Deutschlands ging gestärkt aus der Verfolgungszeit hervor und gewann immer mehr Mitglieder.

Noch im Jahr seiner Amtsübernahme erteilte der technisch und naturwissenschaftlich sehr interessierte Kaiser Wilhelm den Auftrag, die von seinem Großvater begonnenen Wissenschaftsbauten auf dem Telegrafenberg um den Großen Refraktor mit einem riesigen Fernrohr – dem damals größten der Welt – zur Erforschung des Weltalls zu ergänzen.

Wilhelms Vorliebe für die friderizianische Ära fand in einer Reihe neubarocker Nutzbauten im Potsdamer Stadtbild ihren Niederschlag. Der Kaiser fühlte sich in architektonischen Geschmacksfragen als Richtungsweiser und förderte den Barock als städtischen ›Amtsstil‹: 1897 ließ er den Grundstein für die Oberpostdirektion am heutigen Platz der Einheit legen. Direkt daneben bekam die jüdische Gemeinde 1903 eine Synagoge. In gleichem Sinne entstanden 1907 das monumentale königliche Regierungsgebäude für die Mark Brandenburg in der heutigen Friedrich-Ebert-Straße sowie 1908 der Rechnungshof des Deutschen Reiches schräg gegenüber der Garnisonkirche. Wichtige städtische Einrichtungen, wie eine Kläranlage, ein moderner Schlachthof sowie ein Wasser- und Elektrizitätswerk, folgten.

Erfolgreichster Industriebetrieb dieser Zeit wurde die 1899 gegründete Firma Orenstein & Koppel in Drewitz zur Herstellung von kleineren Dampf- und Grubenlokomotiven für Industriebahnen. Um den markantesten Teil der großen Fabrikanlage, einen runden Kuppelbau, gruppierten sich wie Bienenwaben sechseckige Werkhallen. Im Rundbau, wegen seiner Form auch Circus genannt, wurden die in den umliegenden Hallen gefertigten Maschinenteile zu jeweils einer Lok montiert. Später belieferte die Firma nicht nur die preußische

Kaiser Wilhelm II. im Jahr 1913 auf dem Kaiserbahnhof

Staatsbahn mit großen Personenzug-Tenderlokomotiven, sondern verkaufte weltweit.

Auch die Luftschifffahrt des Ferdinand Graf von Zeppelin (1838–1917) verbindet sich mit dem Namen Potsdam, denn nachdem der Graf 1908 mit einem Rundflug über den Bodensee die Brauchbarkeit seines umstrittenen starren Luftschiffs demonstriert hatte, baute die Luftschiff-Zeppelin AG 84 Stützpunkte in ganz Deutschland, einen davon in Potsdam. Dafür vermietete die Stadt ein fast 17 ha großes Gelände, seitlich der Zeppelinstraße, am Ufer des Templiner Sees. Der Hafen diente Motorluftschiffen als Lande- und Umschlagplatz für die Personen- und Güterluftschifffahrt. In Potsdam bewohnte Graf Zeppelin in den Jahren 1910 und 1911 die Villa Stadtheide. Da während des Ersten Weltkriegs in den großen Hallen am Luftschiffhafen auch Kriegsluftschiffe gebaut wurden, sollten die Alliierten später – im Versailler Vertrag – den Abriss der Gebäude verfügen.

Im Neuen Palais unterzeichnete Kaiser Wilhelm am 31. Juli 1914 die deutsche Mobilmachung und Kriegserklärung an Russland; damit begann der Erste Weltkrieg. In den gleichen Gemäuern empfahl die oberste Heeresleitung dem Kaiser vier Jahre später den Waffenstillstand und die Abdankung. Kriegs- und Obrigkeitsüberdruss hatten Aufstände im ganzen Reich und die Novemberrevolution unter Führung der Linken entzündet. Die widerwillige Bekanntgabe des Thronverzichts von Kaiser und Kronprinz erfolgte am 9. November 1918, tags darauf ging Wilhelm ins holländische Exil nach Doorn. Kaiserin Auguste Viktoria (1858–1921) folgte ihrem Gemahl am 27. November in aller Heimlichkeit vom Bahnhof Wildpark, auch Kaiserbahnhof genannt. Damit endete die nahezu 500-jährige Hohenzollernherrschaft für die kleine Stadt Potsdam.

Leben mit dem verlorenen Nimbus: die Weimarer Republik

»Erst im Unglück weiß man wahrhaft, wer man ist.«

Stefan Zweig

Noch am Tag des Untergangs der Monarchie rief der Sozialdemokrat Philipp Scheidemann (1865–1939) die Republik aus; der SPD-Vorsitzende Friedrich Ebert (1871–1925) wurde Reichskanzler, und bereits vor der Jahreswende gründete sich die Kommunistische Partei Deutschlands. 1919 wurde die sozialistische Räterepublik von Regierungstruppen niedergeschlagen, die Führer des Spartakusbundes, Rosa Luxemburg und Karl Liebknecht, wurden ermordet. Damit hatte sich die parlamentarische Form der Republik endgültig etabliert. Das bis dahin von königlichem Willen bestimmte und wohlbehütete Potsdam hatte nun seinen Protektor verloren und war auf sich gestellt. Bestand hatten in der Folgezeit vor allem Engagement und Leistungsfähigkeit der Bürger.

Etwa ab 1923 nahm der Fremdenverkehr in Potsdam einen beispiellosen Aufstieg. Die ehemalige Hohenzollernresidenz wurde zu einer der meistbesuchten Städte Deutschlands

Das kaiserliche Vermögen wurde von der preußischen Regierung beschlagnahmt. Unter Aufsicht des Finanzministeriums transferierte die Hohenzollernsche Hausverwaltung 50 Eisenbahnwagons und 25 Möbelwagen mit persönlichen Einrichtungsgegenständen Wilhelms nach Doorn. Das verlorene Inventar hinterließ große Lücken im Bestand der Potsdamer und Berliner Schlösserausstattung. Die Potsdamer Schlösser und Gärten blieben nach 1918 größtenteils ungenutzt. Kronprinzessin Cecilie (1886–1954) bewohnte mit ihren sechs Kindern noch zwei Jahre den Landsitz Cecilienhof im Neuen Garten. Danach besuchten nur noch die beiden ältesten Söhne, Wilhelm (1906–40) und Louis Ferdinand (1907–94), das Realgymnasium in der Hegelallee bis zum Abitur. Sie gingen mit Helmuth James Graf von Moltke (1907–45) in eine Klasse – dem späteren Hitler-Gegner und Initiator des Kreisauer Kreises.

Erst am 29. Oktober 1926 setzte ein Vergleichsvertrag fest, dass die Schlösser Cecilienhof, Lindstedt und Babelsberg sowie die Villen Liegnitz, Quandt, Alexander und Ingenheim dem Hause Hohenzollern als Privateigentum verbleiben sollten; auf alle anderen Liegenschaften erhob der Staat Anspruch. Das war die Geburtsstunde der heutigen Stiftung Preußische Schlösser und Gärten Berlin-Brandenburg.

Potsdam blieb weiterhin ›Pflanzschule des Heeres‹, wenn auch, durch die im Versailler Vertrag aufgezwungene Heeresdezimierung, in vermindertem Maße. Das Infanterieregiment 9 sowie das Reiterregiment 4 und das Artillerieregiment 23 waren hier kaserniert.

Im April 1921 starb die letzte deutsche Kaiserin, Auguste Viktoria, in Doorn. Die Anteilnahme der Berliner und Potsdamer an ihrer Beisetzung offenbarte die große Beliebtheit der ehemaligen Kaiserin und das Bedauern um den Untergang der Monarchie. Vom Bahnhof Wildpark, wo der Zug aus Doorn angekommen war, bis zur Grablege im Antikentempel von Park Sanssouci stand die Bevölkerung geschlossen Spalier, um der Kaiserin die letzte Ehre zu erweisen. Der aus pommerscher Gutsbesitzerfamilie stammende Alexander von Stahl-

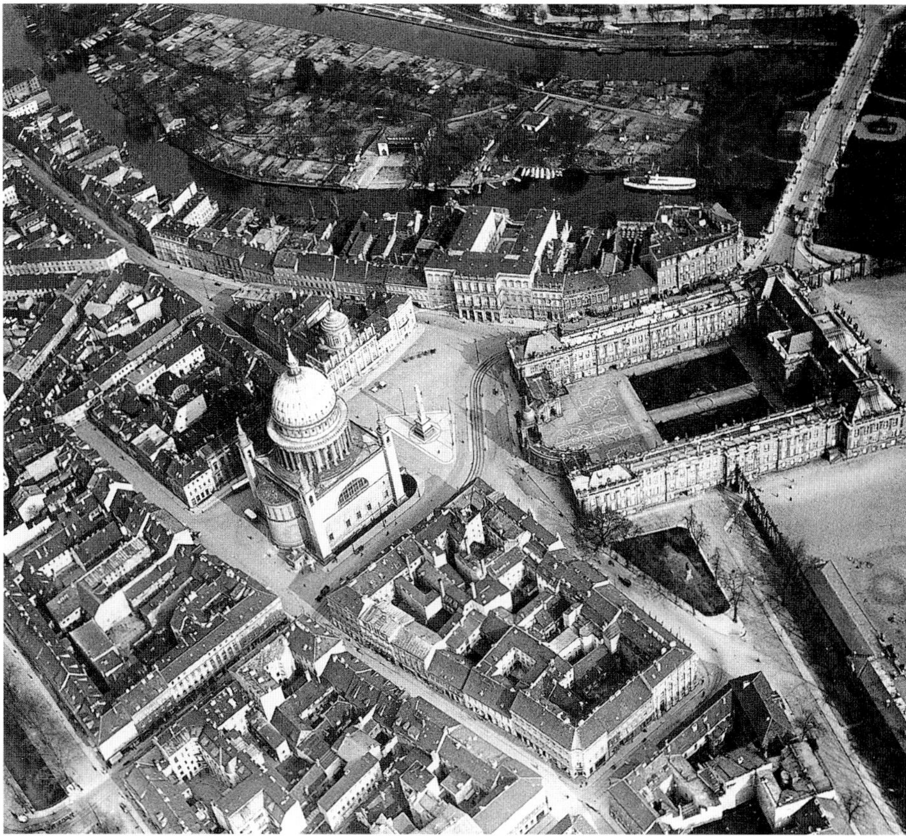

Potsdam um 1930. Das Luftbild zeigt den Alten Markt mit Nikolaikirche und Stadtschloss; oben die Freundschaftsinsel

berg erlebte die Trauerfeierlichkeiten als neunjähriger Junge mit. In seinen Lebenserinnerungen ›Als Preußen noch Preußen war‹ (1992) berichtet er, dass die Menschen dabei vor allem die Frage bewegte, ob der Kaiser seiner Gemahlin auf ihrem letzten Weg das Geleit geben würde? – Er tat es nicht, er blieb lieber in Holland!

Potsdam unter dem Hakenkreuz

Am Beginn der neuen Zeit stand der Tag von Potsdam, ein peinlicher Tag in der Stadtgeschichte: Mit Absicht war Potsdam als Kulisse für die Reichstagseröffnung am 21. März 1933 ausgewählt worden, denn es galt als Heimstatt der deutschnationalen und monarchistischen Fronde, um deren Gunst die NSDAP warb.

Goebbels hatte den Tag sorgfältig inszeniert. Frühmorgens ertönte im Lustgarten ein Platzkonzert der beiden Kapellen des Infanterieregiments 9. Vormittags schloss sich ein Kirchgang an. Dem protestantischen Gottesdienst in der Nikolaikirche wohnte der alte Reichspräsident Paul von Hindenburg bei, das katholische Hochamt in der Kirche St. Peter und Paul besuchte der SS-Reichsführer Heinrich Himmler. Derweil zog Hitler in Berlin einen Friedhofsgang zu den Gräbern einiger Parteianhänger vor.

Als Festort des anschließenden Staatsaktes füllte sich die Garnisonkirche mit Abgeordneten und geladenen Gästen. Darunter befanden sich der ehemalige deutsche Kronprinz Wilhelm, Generalfeldmarschall August von Mackensen, der die Totenkopf-Husarenuniform trug, des Weiteren Vertreter von Reichswehr und SA sowie der Kirchen. Reichstagsabgeordnete der SPD waren erst gar nicht geladen, und die KPD-Fraktion war wegen des Verdachts, den Reichstag in Berlin angezündet zu haben, ohnehin ausgeschlossen. Hindenburg hielt eine kurze Eröffnungsrede, bevor Hitler zu einer Regierungserklärung anhob.

Der zur Schau gestellte Bund zwischen Preußentum und Nationalsozialismus gipfelte im Händedruck zwischen dem greisen Reichspräsidenten und dem aufstrebenden Hitler. Anschließend nahmen beide die Parade an der Breiten Straße ab. Potsdam war ein Meer von Hakenkreuz- und schwarz-weißen Preußenfahnen; dicht gedrängt harrten die Menschen stundenlang am Straßenrand. Ein Feuerwerk und ein Fackelzug beendeten den Tag. So wurde in Potsdam das Ende der ersten deutschen Republik eingeleitet, deren Nachfolge zwei Tage später mit der Verabschiedung des Ermächtigungsgesetzes konkrete Gestalt annehmen sollte.

Durch Wiedereinführung der allgemeinen Wehrpflicht wurde Potsdam wieder verstärkt Garnisonstadt. Neue Kasernenbauten und Vor-

Der Tag von Potsdam: Nach dem Festakt in der Garnisonkirche verabschiedet sich der greise Reichspräsident Hindenburg vom Reichskanzler Hitler

ortsiedlungen sprengten den Rahmen des Stadtgebiets. Die militärischen Belange erforderten 1935 die Eingemeindung der Ortschaften Bornstedt, Bornim, Nedlitz und Eiche. Einen unbestechlichen Blick für seine Zeit behielt der Dichter und Historiker Reinhold Schneider (1903–58), der von 1932 bis 1937 in Potsdam lebte, unter anderem in der Dachstube der Villa Birkenstraße 1. Hier vollendete er sein Werk ›Die Hohenzollern, Königtum und Tragik‹. Dem katholischen Glauben auf eine schwermütige Art verbunden, begriff Schneider die Geschichte als Leidens- und Unheilsgeschehen und kam zu dem Schluss: »Das Recht muß über dem Staat stehen, nicht der Staat über dem Recht.« Nachdem ihm die Nazis Schreibverbot erteilt und ihn des Hochverrats angeklagt hatten, wurden seine glaubensstarken Sonette illegal verbreitet.

In der Reichspogromnacht vom 9. auf den 10. November 1938 verwüsteten die Nationalsozialisten in Potsdam zuerst mitten in der Stadt die Synagoge am Wilhelmsplatz 1, dem heutigen Platz der Einheit. Anschließend zog ein Mob von zwanzig Leuten zum jüdischen Friedhof und zerstörte die Inneneinrichtung der Trauerhalle. Alle jüdischen Knaben und Männer wurden inhaftiert und später nach Sachsenhausen deportiert; nur die über Siebzigjährigen sowie Mädchen und Frauen durften vorläufig bleiben. Anschließend beschlagnahmten die Nazis das Vorderhaus der Synagoge, in der Schulräume und Verwaltung untergebracht waren, und machten daraus einen Hörsaal für die Deutsche Reichspost, die nebenan ihren Sitz hatte.

Der Schriftsteller Hermann Kasack (1896–1966), ein gebürtiger Potsdamer, war einer derjenigen, die ihr Entsetzen über die Ausschreitungen der ›Kristallnacht‹ äußerten. 1933 bereits hatten ihn die Nazis mit Schreibverbot belegt. Während des Dritten Reiches arbeitete Kasack unter anderem als Lektor für Gustav Kiepenheuer, der seinen Verlag für Schöne Literatur, Kunst, Geistes- und Literaturwissenschaften 1919 von Weimar nach Potsdam verlegt hatte.

Schon seit 1933, vor allem aber nach Ausbruch des Zweiten Weltkrieges, formierte sich in staatstragenden Schichten Deutschlands, wie der Wehrmacht, dem hohen Beamtentum, der Diplomatie und dem Adel, eine Opposition gegen das Unrechtsregime der Nazis. Auf Initiative führender militärischer Persönlichkeiten, wie Generalmajor Henning von Tresckow (1901–44), Oberleutnant Fritz-Dietlof Graf von der Schulenburg (1902–44), Hauptmann Ulrich-Wilhelm Graf Schwerin von Schwanenfeld (1902–44), General-Oberst Ludwig Beck († 1944), General-Feldmarschall Erwin von Witzleben (1881–1944) oder dem Leutnant Peter Graf Yorck von Wartenburg (1904–44), entstand ein vorsichtig geknüpftes Netz von Ansprechpartnern.

Dabei gingen einige Impulse direkt von Potsdamer Militärs aus: 1943 bastelte der Oberleutnant Helmuth von Gottberg in seiner Wohnung in der Mangerstraße 26 eine Bombe im Hosentaschenformat und versah sie mit dem Zünder einer Handgranate. Die Reste der Handgranate warf er von der Glienicker Brücke in die Havel. Mit der

»Vom wahren Preußentum ist der Begriff der Freiheit niemals zu trennen. Wahres Preußentum heißt Synthese zwischen Bindung und Freiheit, zwischen Stolz auf das eigene und Verständnis für anderes.«

Henning von Tresckow in einer Tischrede anlässlich der Konfirmation seiner beiden Söhne, 1943. Zu diesem Zeitpunkt war Tresckow längst bereit, den Eid zu brechen, den er auf die Person Adolf Hitlers hatte leisten müssen: das Attentat auf den Diktator war beschlossene Sache

Die Innenstadt bis 1945

Stadtgebiet bis 1722
Stadterweiterung 1722
Stadterweiterung 1733
Holl. Viertel 1737-42
Stadterweiterung 1753
Stadtmauern

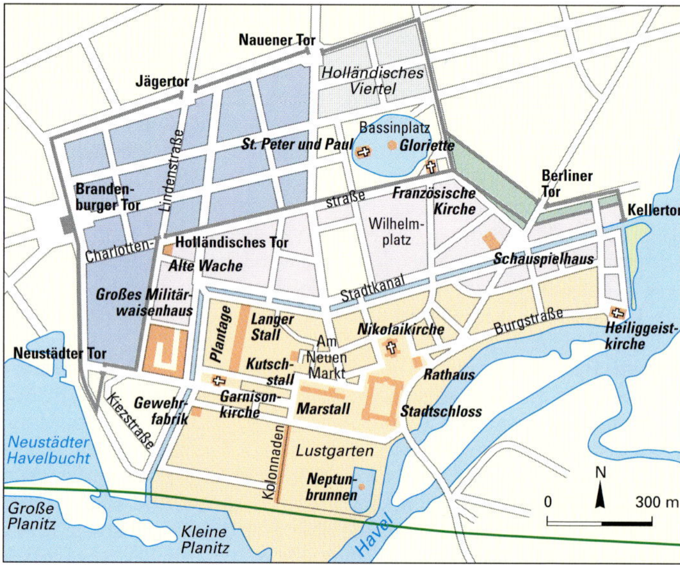

Bombe wollte sich der 23-jährige Hauptmann Axel Freiherr von dem Bussche-Streithorst (1920–93) auf einer Vorführung der neuen Winterbekleidung des Heeres zusammen mit dem Diktator in die Luft jagen. Der Anschlag kam jedoch nicht zustande, denn Hitler sagte die Vorführung im letzten Moment ab.

Nachdem mehrere Attentate auf Hitler gescheitert waren, plante Claus Graf Schenk von Stauffenberg (1907–44), Stabschef des Befehlshabers des Ersatzheeres, persönlich die Beseitigung des Diktators. Eine Bombe wurde in Potsdam, in der Jugendstilvilla des Oberstleutnants Fritz von der Lancken (1890–1944), Gregor-Mendel-Straße 26, versteckt. Am Vorabend des 20. Juli 1944 brachte man sie nach Berlin-Wannsee, in die Wohnung der Brüder Stauffenberg, bevor sie tags darauf in Hitlers Hauptquartier, der Wolfsschanze bei Rastenburg, explodierte. Der Anschlag schlug fehl, Hitler kam mit geringen Verletzungen davon.

In den folgenden Monaten traf Hitlers Rache Tausende von Menschen; es wurde verhaftet, gefoltert und ›gereinigt‹. Zahlreiche Spuren führten nach Potsdam, zu Mitgliedern des Infanterieregiments 9, kurz IR 9 genannt, das seine Stammkaserne im heutigen Ministerium für Stadtentwicklung, Wohnen und Verkehr in der Henning-von-Tresckow-Straße 2–8 hatte. Der an der Ostfront im polnischen Ostrow, nahe Warschau, stationierte Henning von Tresckow wählte am 21. Juli den Freitod. Von der Lancken, von Schwerin, Yorck von Wartenburg und von der Schulenburg wurden in entehrender Weise im August des gleichen Jahres durch den Freislerschen Volksgerichtshof zum Tode verurteilt und sofort hingerichtet. In die Vorbereitungen zum Staatsstreich war auch Gottfried Graf von Bismarck-Schönhausen († 1955), der Präsident des Regierungsbezirks Potsdam und Enkel des ›Eisernen Kanzlers‹, verwickelt. Über die heimlichen Gespräche im Hause Bismarck berichtete der in Berlin-Plötzensee hingerichtete Diplomat Ulrich von Hassell (1881–1944) in seinen 1946 erschienenen Tagebüchern ›Vom anderen Deutschland‹. Die Geschichte der jüngeren Generation der Widerständler schilderte Detlef Graf von Schwerin, der heutige Polizeipräsident von Potsdam, in seinem Buch ›Die Jungen des 20. Juli 1944‹.

Dass die Stadt Potsdam weltweit als Stätte des Preußentums par excellence galt, wurde ihr in der Nacht des 14. April 1945 zum Verhängnis. Ein Luftangriff der Royal Air Force legte weite Teile des historischen Kerns in Trümmer. Die Bombardierung geschah – eine Ironie der Geschichte – auf den Tag genau 200 Jahre nach der Grundsteinlegung von Sanssouci. Der Krieg war längst entschieden, die Kapitulation der Deutschen nur noch eine Frage der Zeit. So war es in erster Linie eine Strategie, mit der die Stadt Friedrichs des Großen und damit der preußische Militarismus demoralisiert werden sollte.

Innerhalb von 20 Minuten ging Potsdam in Flammen auf – als der Ausgang des Zweiten Weltkriegs längst entschieden war

Innerhalb von 20 Minuten gingen 1750 t Spreng- und Brandbomben auf Potsdam nieder. Die Stadt loderte auf – 3576 Menschen fanden den Tod. Stadtschloss, Garnisonkirche, Nikolaikirche, Heiliggeistkirche, Altes Rathaus, Großes Militärwaisenhaus, Neustädter Tor, Berliner Tor und Kellertor sowie Tausende von Bürgerhäusern wurden zu Ruinen. Der Schwerpunkt der Zerstörung lag in der Altstadt und in der ersten Stadterweiterung. Anders als von den Engländern beabsichtigt, blieben jedoch die Parkgebiete Sanssouci, Neuer Garten und Babelsberg verschont.

Die Kämpfe der letzten Apriltage zwischen Deutschen und Sowjets forderten weitere Verluste. Bei Kriegsende bot Potsdam ein unbeschreibliches Bild: ganze Stadtteile, darunter wertvolle historische Straßenzüge und architektonische Ensembles, waren verwüstet. Von 5166 Gebäuden waren 3549 beschädigt und 856 unwiederbringlich verloren.

Auf Befehl des letzten Nazi-Gauleiters von Brandenburg sollte Schloss Sanssouci beim Herannahen der Sowjets in die Luft gesprengt werden – Politik der verbrannten Erde. Doch dazu kam es nicht mehr: Am 30. April 1945 eroberte die Rote Armee die Stadt. Allein der Absprache zwischen dem Kunsthistoriker und Oberleutnant der Roten Armee, Prof. Jewgenij Fjodorowitsch Ludschuweit (1899–1966), und dem deutschen General Walther Wenck ist die Unversehrtheit Sanssoucis zu verdanken.

Die sozialistische Bezirkshauptstadt

Zwei Monate nach Ende des Zweiten Weltkriegs wurde Potsdam erneut Schauplatz der Weltgeschichte. Vom 17. Juli bis zum 2. August 1945 verhandelten die alliierten Mächte in Schloss Cecilienhof über die Zukunft Deutschlands. Obwohl das Potsdamer Abkommen

Das erste entscheidende Nachkriegsdatum für die Stadt: die Potsdamer Konferenz

Deutschland als Einheit gestalten wollte, begann die politische und ökonomische Spaltung.

Nach 1945 wurde Potsdam Sitz der Provinzialregierung des Landes Brandenburg. Durch die Lage in der russischen Besatzungszone geriet die Stadt zunehmend unter sowjetischen Einfluss. Eine erste Ausreisewelle von alteingesessenen Potsdamer Familien führte in Richtung Westdeutschland. Es waren vornehmlich Aristokraten und konservative Bürgerliche, die nun als Junker und Reaktionäre diffamiert wurden und in der sich bildenden sozialistischen Gesellschaft keinen Platz mehr fanden. Geschäftsinhaber und Kaufleute, die oft auf ein traditionsreiches Wirken über mehrere Familiengenerationen bis in Kaisers Zeiten zurückblicken konnten, mussten sich der HO-Kette anschließen. Meist blieb nur die Alternative zwischen Anpassen oder Auswandern.

Die Sowjets hinterließen ihre Spuren im Stadtbild. Sie räumten die Gloriette auf dem Bassinplatz aus der Zeit des Soldatenkönigs ab und errichteten an ihrer Stelle einen Ehrenfriedhof für ihre Gefallenen des Zweiten Weltkriegs. Auf Wunsch von Vertretern der sowjetischen Streitkräfte errichtete die SED-Bezirksleitung etwa 1970 ein Lenindenkmal vor dem Haus der Offiziere in der Hegelallee. Am anderen Ende der Allee residierte der sowjetische Stadtkommandant. Die sowjetischen Truppen wurden in den vormals preußischen, dann nationalsozialistischen Kasernen an der Berliner Straße, der Pappelallee, der Jägerallee, der Großen Weinmeister- und der Nedlitzer Straße stationiert.

Nach dem Krieg herrschte anfangs eine durchaus traditionsorientierte Grundhaltung gegenüber der Stadtsanierung vor. Bis 1957, dabei zuletzt gegen immer größere Widerstände, rekonstruierte die Denkmalpflege unter Leitung des Bauhistorikers Friedrich Mielke zahlreiche wertvolle Bürgerhausfassaden nördlich des Stadtkanals. Noch wurde bei Neubauten Rücksicht auf den alten Verlauf der Straßen genommen.

Ab Anfang der 50er Jahre kursierte das Schlagwort vom ›Geist von Potsdam‹, worunter man den kriegslüsternen preußischen Militarismus verstand, den es ein für alle Mal zu eliminieren galt. Für die Stadt selbst sollte die plakative Formel tragische Folgen haben: 1952 wurde Potsdam Bezirkshauptstadt des gleichnamigen größten Bezirks der DDR. Damit läutete sich eine neue Phase des Wiederaufbaus ein und zwar unter politischer Direktive. Anliegen der neuen Stadtplaner war es, die sozialistische Bezirkshauptstadt erkennbar zu machen. Dazu gehörte die Liquidierung aller Bauten, die nach Ansicht des Regimes das preußisch-militaristische Potsdam symbolisierten.

Auf den historischen Stadtgrundriss wurde nun keine Rücksicht mehr genommen: Als erster der kulturhistorisch wichtigen Bauten wurde 1954 die Ruine der jüdischen Synagoge am Platz der Einheit ›geschliffen‹, ohne dass den Juden zu DDR-Zeiten je eine Entschädigung für ihr Gotteshaus angeboten worden wäre. Stattdessen entstanden dort nüchterne Wohnblocks in Großblockbauweise. 1960 wurde die durchaus wieder aufbaufähige Stadtschlossruine am Alten Markt gesprengt. Ideologische Vorbehalte paarten sich hier mit dem – auch im Westen durchaus gängigen – Argument, man müsse eine moderne innerstädtische Verkehrslösung anbieten. Die Stadtschlosstrümmer kippte man in die Neustädter Havelbucht oder verbaute sie anderweitig.

Am schärfsten diskreditiert wurde der Lustgarten als ›Vater aller preußischen Exerzierplätze‹. Hier entstand 1948/49 das Ernst-Thälmann-Stadion. Zur Einweihung kamen Rosa Thälmann, die Frau des von den Nazis ermordeten KPD-Vorsitzenden, sowie Staatspräsident Wilhelm Pieck persönlich. Später entstanden auf dem Gelände noch der ›Bettenturm‹ des Interhotels Potsdam, heute Hotel Mercure, und 1982 das Karl-Liebknecht-Forum mit dem Denkmal ›Flamme der Revolution‹ von Kurt-Hermann Kühn (1926–89).

Trotz der Proteste aus aller Welt verfügte Walter Ulbricht höchstpersönlich 1968 die Sprengung der Garnisonkirche. An ihre Stelle wurde ohne jede Anbindung an die historische Umgebung der architektonisch banale Bau des Rechenzentrums eingeblendet. Der damals in Potsdam lebende Maler Fritz Eisel (* 1929) aus dem Verband Bildender Künstler der DDR versah die Fassade mit 18 bunten Mosaiktafeln zum Thema ›Mensch und Wissenschaft‹. In zentraler Lage schuf er damit das auffälligste Potsdamer Beispiel für die Monumentalität der Kunst des Sozialistischen Realismus.

»Dann muß man sich eben eine neue Dominante ausdenken.«

Walter Ulbricht auf die Bemerkung des Potsdamer Stadtarchitekten, dass es sich bei der Garnisonkirche um eine städtebauliche Dominante handele

Als 1974 die Ruine der Heiliggeistkirche abgetragen wurde, war der Stadt – bis auf die Kuppel der Nikolaikirche – ihre charakteristische Silhouette genommen. In seinem 1991 veröffentlichen Buch ›Abschied von Preußen‹ konstatiert Wolf Jobst Siedler, dass »Potsdam erst in den fünfziger und sechziger Jahren wirklich vernichtet worden [sei], als man die ausgeglühten Ruinen all der Kirchen, Palais' und Bürgerhäuser abtrug, um den überbreiten ›Magistralen‹ nach Moskauer Vorbild Platz zu machen.«

International lautete seit Ende der 60er Jahre die neue Bauaufgabe, möglichst viele Menschen auf möglichst wenig Raum unterzubringen. In der Absicht, aber nicht in der Bauqualität mit dem Märkischen Viertel in Berlin vergleichbar, entstanden in Potsdams Außenbezirken die Satellitenstädte Zentrum-Ost, Stern, Am Schlaatz sowie Waldstadt I und II. Ab 1967 wuchsen auch mitten im Zentrum an der Neustädter Havelbucht monströse Massensiedlungen im Plattenbaustil gen Himmel. Direktiven aus dem Politbüro legten die Architekten auf die Anwendung der Typenbauweise fest und ließen kaum noch Gestaltungsspielraum. Vielfach wäre in dieser Zeit gern abwechslungsreicher mit anderen Materialien gebaut worden, hätte nicht aus Geld- und Materialmangel das ›Diktat der Platte‹ geherrscht.

Am 13. August 1961 wurde die Glienicker Brücke unpassierbar

Mit dem Bau der Mauer im Oktober 1961 wurde die einzigartige Potsdamer Kulturlandschaft brutal zerschnitten. Der östliche Uferstreifen der Insel Potsdam fiel der Grenzsicherung zum Opfer – von Sacrow über den Neuen Garten, die Berliner Vorstadt bis Babelsberg und Klein-Glienicke. Die Glienicker Brücke war für die Bürger

Blick über die Neustädter Havelbucht auf die Breite Straße (Foto von 1983). Hochhausriesen erdrücken Persius' Moschee, die ihre malerische Wirkung nicht mehr entfalten kann (am oberen linken Zipfel der Havelbucht)

unpassierbar, die Verbindung nach Berlin nur über die südliche Umgehungsbahn mit dem so genannten Sputnik möglich.

Die Verleugnung der eigenen kulturellen und gesellschaftlichen Wurzeln führte zu einer unsachgemäßen Nutzung der alten Hohenzollernresidenzen. So bezog 1963 das Museum für Ur- und Frühgeschichte die ungeeigneten Räume des Babelsberger Schlosses. Im Park des Fürsten Pückler-Muskau richtete man ein Strandbad, einen Reitstall und die Akademie für Staat und Recht ein. Das Marmorpalais im Neuen Garten fungierte ungeachtet der kostbaren Inneneinrichtung ab 1961 als Militärmuseum.

Insgesamt setzte sich in Potsdam zu DDR-Zeiten die schon in der Kaiserzeit eingeleitete Hinwendung zu Bildung und Wissenschaft fort. Neben zahlreichen Grund-, Ober- und Fachschulen etablierten sich die Verwaltungsakademie, die Akademie für Staat und Recht, die Pädagogische Hochschule, die Filmhochschule Babelsberg und zehn wissenschaftliche Institute, wie das Deutsche Zentralarchiv.

Gegen Ende der 70er Jahre lockerte die SED-Führung ihr Verhältnis zum missliebigen Preußentum. Eine Folge dessen war die Rückführung des Reiterstandbilds Friedrichs des Großen von Christian Daniel Rauch nach Berlin Unter den Linden. Jahrelang hatte das Denkmal im Hippodrom des Gartens Sanssouci ein Schattendasein gefristet, bevor es anlässlich der 750-Jahr-Feier Berlins wieder an seinen ursprünglichen Platz gelangen durfte.

1975 beschloss die Potsdamer Stadtverordnetenversammlung, die Wilhelm-Külz-Straße (heute Breite Straße) zur sozialistischen Magistrale auszubauen. Sogar die komplette Liquidierung der Barockbauten längs der Breite Straße wurde zeitweise in Erwägung gezogen, was jedoch teils an der eigenen Courage, teils am beherzten Widerstand von Potsdamer Historikern scheiterte. Zumindest aber wurden hier rigoros kriegsbedingte Baulücken gefüllt, ohne auf die historisch gewachsene Struktur einzugehen. Ein typisches Opfer dieser Politik ist das Wasserwerk in der Moschee an der Neustädter Havelbucht. Das Persius-Bauwerk, von Hochhausriesen erdrückt, kann seine malerische Wirkung heute nicht mehr entfalten.

Nach jahrelangem Hadern wurde noch im Januar 1989 auf dem Stadtschlossgelände der Grundstein für einen Theaterneubau gelegt. Er war als krönender Abschluss für politische Umzüge und Willenskundgebungen auf der Magistrale gedacht. Die unvorhergesehene Wende im Herbst 1989 verhinderte letztlich die Ausführung, denn 1992 wurde per Magistratsbeschluss der Abriss des deplatzierten Rohbaus erwirkt.

Durch die Kriegszerstörungen und die Politik der SED hat Potsdam, das zur Zeit der Wende 142 000 Einwohner zählte, seinen Charme und den besonderen architektonischen Charakter als eines der bedeutendsten barocken Stadtbaukunstwerke Deutschlands verloren. Zwar ist die sozialistische Stadtplanung unvollendet geblieben, aber sie ließ ein zerrissenes Stadtgebilde zurück.

»Ein Erbe kann man verleugnen, aber man wird es nicht los!«

Günter Branch, ehem. Generalsuperintendent des Kirchenkreises Potsdam, 1993

Aufbruch in die Zukunft

»Was uns gefällt und scheinet fein, muß erst mit Müh' erworben sein.«

Johann Wolfgang von Goethe

Seit der Wende erfuhr Potsdam eine starke Bevölkerungsumschichtung, denn viele Ostdeutsche sind abgewandert, viele Westdeutsche hinzugezogen. Auch die Einwohnerzahl ist innerhalb der ersten zehn Jahre um 10 % gesunken, obwohl sich die Lebensbedingungen sehr verbessert haben. Doch die fallende Tendenz scheint sich nun einzupendeln – 1999 waren es 127 600 Einwohner –, denn die Zahlen stagnieren seit einiger Zeit.

Wie einst zu Kaisers Zeiten bekommt die Hauptstadt des Landes Brandenburg allmählich wieder den Ruf des Kleinen, aber Feinen – nur 25 km entfernt von der großen und trubeligen Bundeshauptstadt Berlin. Überhaupt nimmt sich Potsdam für die Berliner wie ein kleines Paradies, wie der ›schönste Vorort‹ aus. Gemunkelt wird: was den Bonnern einst Bad Godesberg war, wird Potsdam nun den Berlinern. Insofern ist der weiter gezogene Vergleich zu Versailles bei Paris, Nymphenburg bei München oder Schönbrunn bei Wien gerechtfertigt. Er offenbart bei näherem Hinsehen aber auch, dass keine Zweitresidenz neben ihrer größeren Hauptstadt so komplex und vielgestaltig ist wie Potsdam.

Unmittelbar nach der Wende hatte der Magistrat manches ungeheuerliche Erbe zu bereinigen. Peinlich betroffen hob die Stadtverwaltung 1990 die Ehrenbürgerschaft Adolf Hitlers auf, die 1933 unter dem Eindruck des Tages von Potsdam zustande gekommen und merkwürdigerweise zu DDR-Zeiten unangetastet geblieben war.

Unter großer Anteilnahme der Weltöffentlichkeit und auf persönlichen Wunsch Prinz Louis Ferdinands (1907–94), dem Chef des Hauses Hohenzollern, wurden am 17. August 1991 die sterblichen Überreste des Soldatenkönigs Friedrich Wilhelm I. und seines Sohnes, Friedrich des Großen, von der Christuskapelle auf der Burg Hohenzollern nach Potsdam überführt. Während der Sarkophag des Soldatenkönigs im Mausoleum der Friedenskirche seinen Platz fand, wurde Friedrich der Große in der Gruft auf der Terrasse von Sanssouci beigesetzt. Anlässlich dieser Umbettungen und auch noch einmal zwei Jahre später, zur Tausendjahrfeier Potsdams 1993, entbrannte wiedermals eine Diskussion um Sinn und Unsitte des ›Geistes von Potsdam‹, an der sich alle Medien beteiligten.

Während der ersten Nachwendedekade entschied in Potsdam ein Stadtparlament, das in die Schlagzeilen geriet durch schwachen Führungsstil, vermutete Günstlingswirtschaft und einen skandalösen Mangel an Einsicht in die Verpflichtung gegenüber dem kulturellen Erbe dieser Stadt. Aufgrund schlecht kalkulierter Finanzen schlitterte Potsdam 1995 nur knapp am Konkurs vorbei.

1991 nahm die UNESCO die gesamte Potsdamer Schlösser- und Parklandschaft als Denkmal Nummer 532 in ihre Liste des Kultur- und Naturerbes der Welt auf. Damit stehen beispielsweise der Park Sanssouci, die Pfaueninsel, Sacrow mit der Heilandskirche oder der

Babelsberger Schlosspark auf einer Stufe mit den Ausgrabungen von Delphi, dem Kreml, dem Westminster Palace oder der Kirche Notre Dame. Seitdem stehen die Gebiete unter internationaler Beobachtung und damit natürlich unter ganz besonderem Schutz.

Doch der dann von der Stadtregierung geduldete Bauboom ohne Rücksichtnahme auf gewachsene historische Strukturen löste große Bestürzung aus und hätte Potsdam beinahe auf die Rote Liste der UNESCO gebracht. Genehmigte Bauten wie die ›Stadtvillen‹ auf der Landzunge Glienicker Horn an der Berliner Straße entstanden zu nah am Babelsberger Schlosspark und wirken nun schädigend auf das Denkmal ein. Die optische Bedrohung der schönen barocken Innenstadt durch den 3 km entfernten Neubau des monströsen Potsdam-Centers am Hauptbahnhof, einer 330-Millionen-Mark-Investition, in der hauptsächlich große Filialisten vertreten sind, ist ebenfalls ein nicht umkehrbares Verhängnis. Skeptiker sprachen schon 1992 von einer »dritten Stadtzerstörung« nach der Bombennacht vom April 1945 und dem SED-Vandalismus der Nachkriegszeit.

Doch mit den Kommunalwahlen 1998 kam der Wechsel, den viele Potsdamer als die zweite Wende bezeichnen. Oberbürgermeister ist nun der bei der Bevölkerung angesehene frühere brandenburgische Umweltminister Matthias Platzeck. Von den 50 Sitzen der Stadtverordnetenversammlung gingen 20 an die SPD, 16 an die PDS, 6 an die CDU, 4 an die Grünen/Bündnis 90, 1 an die FDP und 3 an die übrigen Parteien. Einigkeit besteht insofern, dass man um ein praktikables und kulturhistorisch angemessenes städtebauliches Gesamtkonzept ringt, das den wirtschaftlichen Aufschwung sichert. Doch nach wie vor ist das Geld knapp und Potsdam hoch verschuldet. Das spürt vor allem die Kultur. In der gegenwärtigen Phase ist eine kulturelle

»Potsdams Zukunft liegt in seiner Vergangenheit.«

Kursierendes Bonmot zur 1000-Jahr-Feier 1993

Am 17. 8. 1991 kehrt Friedrich der Große nach Potsdam zurück. Das Bild zeigt die Aufbahrung seines Sarges im Ehrenhof von Sanssouci, umgeben von einer Ehrenwache der Waffengattungen der Bundeswehr

Während der letzten Jahre wurde Potsdam zu einer Wallfahrtsstätte des Preußentums. Bis zu acht Millionen Besucher bestaunen jährlich das imponierende Erbe der Stadt. Die durchschnittliche Aufenthaltsdauer beträgt zwei Tage. Die größte ausländische Gruppe bilden die Amerikaner, gefolgt von den Japanern. Mit Abstand die meisten Besucher zieht allerdings der Filmpark Babelsberg an, gefolgt von Schloss Sanssouci

Austrocknung in brandenburgischen Landen zu befürchten. 1998 wurde sogar das Brandenburgische Philharmonische Orchester aufgelöst, womit sich Brandenburg in den Rang des einzigen deutschen Bundeslandes ohne eigenes Landesorchester katapultierte.

Die Rückgewinnung Potsdams als organische Einheit wird sicher nicht überzeugend gelingen, wenn sein markantester Bezugspunkt nicht wiederhergestellt wird. Momentan ist keine Mitte, nirgends! Gemeint ist das Stadtschloss am Alten Markt, von dem die Struktur der ganzen Stadt ausging. Debattiert wird freilich, ob die möglichst originalnahe Wiederherstellung oder ein zeitgenössischer Neubau auf altem Grundriss wünschenswert sei. Sehr zu begrüßen ist auch die Wiederausgrabung des unter dem Straßenpflaster noch vorhandenen Stadtkanals, der für eine romantische Atmosphäre in der Altstadt sorgte und nun zur Bundesgartenschau 2001 zumindest streckenweise wiederhergestellt werden soll.

Kaum ein historisches Bauwerk der Potsdamer Kulturlandschaft kann isoliert betrachtet werden, denn alle stehen, manchmal quer durch die Stadt, in einem Beziehungsgeflecht miteinander, und sei es durch eine der Lennéschen Sichtachsen, die zwischen Bauten und Landschaftspunkten vermitteln – man muss das nur wissen!

Zeittafel von der Frühgeschichte bis zur Gegenwart

Ur- und Frühgeschichte

12 000 v. Chr.	Ende der letzten Eiszeit, Entstehung der Landschaft um Potsdam
10 000 v. Chr.	Sporadische Besiedlung des Havellandes
650 v. Chr.	Bau des Königswalls, der Holz-Erde-Burg auf der Sacrower Halbinsel, durch Germanen
500 n. Chr.	Einwanderung von slawischen Stämmen aus dem Odergebiet und Gründung einer Burganlage an der Großen Fischerstraße

Mittelalter

928/29	Verdrängung der Slawen durch König Heinrich I. und seinen Sohn Otto I., Gründung des Bistums Brandenburg
993	Unterzeichnung einer Urkunde durch König Otto III. am 3. Juli, erste schriftlich überlieferte Erwähnung Potsdams
1147	Wendenkreuzzug: Sieg des Askanierfürsten Albrecht des Bären über die slawischen Stämme

	der Obotriten und Liutizen, Gründung des brandenburgischen Landesfürstentums
1157	Albrecht der Bär, Markgraf von Brandenburg
1345	Potsdam erhält Stadtrecht

Hohenzollernherrschaft

1415	Vergabe der Markgrafschaft Brandenburg an den Hohenzoller Friedrich I., Burggraf von Nürnberg, auf dem Konstanzer Konzil
1417	Friedrich I. wird zum Kurfürsten erhoben
1539	Einführung der Reformation am 1. November durch Kurfürst Joachim II.
1618–48	Dreißigjähriger Krieg. 1631: Rast des schwedischen Königs Gustav Adolph mit seinem 16 000-Mann-Heer vom 8. bis 12. Mai auf dem Brauhausberg. Am Ende des Krieges ist Potsdam völlig verwüstet
1640–88	Friedrich Wilhelm, der Große Kurfürst. 1660: Erhebung Potsdams zur Zweitresidenz neben Berlin und Beginn der umfassenden Stadt- und Landesverschönerung. 1685: Edikt von Potsdam am 8. November im Potsdamer Stadtschloss, dadurch Einreise der in Frankreich wegen ihres reformierten Glaubens verfolgten Hugenotten
1701	Krönung des Kurfürsten Friedrich III. in Königsberg, fortan König Friedrich I. von Preußen (reg. bis 1713)
1713–40	Friedrich Wilhelm I., der Soldatenkönig. Einführung der rigiden Sparpolitik und Aufbau des Heeres unter dem Ideal der Zucht und Pflichttreue. 1733: Baubeginn im Holländischen Viertel
1740–86	Friedrich II., der Große. Friderizianischer Ausbau der Stadt. 1744: Baubeginn von Schloss Sanssouci. 1750–53: Aufenthalt Voltaires in Potsdam
1797–1840	König Friedrich Wilhelm III. 1806: Zusammenbruch Preußens im Krieg gegen Napoleon Bonaparte, Flucht der königlichen Familie nach Königsberg und Memel. 1809: Verlegung der kurmärkischen Regierung nach Potsdam, Entwicklung zur Kasernen- und Beamtenstadt. 1810: Tod der Königin Luise (19. Juli). 1839: Eröffnung der ersten preußischen Bahnlinie auf dem Streckenabschnitt Berlin–Potsdam
1840–61	König Friedrich Wilhelm IV., der Romantiker auf dem Thron. Ausbau der Insel Potsdam zum märkischen Arkadien zusammen mit Karl Friedrich Schinkel und Peter Joseph Lenné. 1848: Gewaltsame Unterdrückung der Märzunruhen, Unter-

	zeichnung der Verfassung in Schloss Sanssouci durch Friedrich Wilhelm IV. und Umwandlung Preußens in eine konstitutionelle Monarchie
1861–88	König/Kaiser Wilhelm I.
1888–1918	Kaiser Wilhelm II. 1897: Übermittlung des ersten Funktelegramms quer über den Jungfernsee durch Adolf Slaby und Georg Graf Arco. 1910–11: Graf Zeppelin wohnt in Potsdam, Errichtung eines Motor-Luftschiffhafens am Ufer des Templiner Sees. 1912: Wahlsieg Karl Liebknechts für die SPD

1947: Trümmerfrauen in Potsdam; im Hintergrund die zerstörte Nikolaikirche

	in Potsdam, Einzug in den Reichstag. 1918: Abdankung Kaiser Wilhelms II. am 9. November im Neuen Palais, Ausrufung der Republik

Nationalsozialismus

1933	Tag von Potsdam am 21. März, Festakt in der Garnisonkirche, Händedruck zwischen Hitler und Reichspräsident Paul von Hindenburg
1938	Verwüstung der Synagoge und Plünderung der Trauerhalle auf dem Jüdischen Friedhof in der Reichspogromnacht am 9. November
1945	Totale Bombardierung Potsdams durch die Royal Air Force in der Nacht des 14. April
1945	30. April, Einzug der Roten Armee, russische Besatzungszone

Potsdam nach 1945

1945	Potsdamer Abkommen im Schloss Cecilienhof, Verhandlung der alliierten Mächte England, Sowjetunion, USA vom 17. Juli bis 2. August über das Schicksal Deutschlands, Trennung in Ost und West
1952	Verwaltungsreform: Potsdam wird Bezirkshauptstadt des größten DDR-Bezirks
1961	Zerschneidung der Potsdamer Kulturlandschaft durch den Bau der Berliner Mauer
1989	9. November, Fall der Mauer, turbulentes Wiedersehen zwischen West und Ost auf der Glienicker Brücke
1990	Wiederherstellung des Bundeslandes Brandenburg mit veränderten Grenzen, Potsdam wird Landeshauptstadt
1991	Eintragung weiter Teile Potsdams in die Liste des Kultur- und Naturerbes der Welt der UNESCO
1992	Wiederaufnahme der S-Bahn-Verbindung nach Berlin am 1. April
1993	Tausendjahrfeier
1996	Ablehnung der Länderfusion zwischen Berlin und Brandenburg per Volksabstimmung, in Potsdam werden 65,2 % Nein-Stimmen gezählt
2001	Bundesgartenschau

Galerie bedeutender Persönlichkeiten

Friedrich Wilhelm, der Große Kurfürst (1620–1688)

Der im Stadtschloss zu Cölln geborene Regent war der Begründer Brandenburg-Preußens, der erste Preuße des Staates sozusagen – ein rastloser, leidenschaftlicher barocker Herrscher. Während seiner 48jährigen Amtszeit vereinigte er die Hohenzollern-Territorien. Nach nutzloser Beteiligung an Kriegen gegen Ludwig XIV. kämpfte er erfolgreich gegen die mit Frankreich verbündeten Schweden, die er nach dem Sieg von Fehrbellin, 1675, aus der Mark vertrieb. Friedrich Wilhelm war ein zutiefst religiöser, vom Calvinismus geprägter Mensch. Er ließ sich umfassend beraten, doch seine Entscheidungen traf er allein, verantwortungsbewusst und mit Augenmaß. Ihm, dem leidenschaftlichen Jäger, hat das fisch- und wildreiche Potsdam die Erhebung zur Residenz, den damit verbundenen Schlossbau und die intensive landschaftliche Verschönerung zu verdanken. Seine erste Gemahlin, Louise Henriette von Oranien, beeinflusste ihn im progressiven Sinne, denn die Niederlande galten im 17. Jh. als der fortschrittlichste Staat Europas. Ein Jahr nach ihrem Tod vermählte er sich 1668 mit der ebenfalls verwitweten Herzogin Dorothea von Lüneburg aus dem Hause Holstein-Glücksburg. Die wichtigsten innenpolitischen Ergebnisse seiner Regierungszeit waren zum einen das Potsdamer Edikt (1685), durch das Tausende französischer Hugenotten ins Land kamen, und zum anderen der erzwungene Wandel vom frondierenden zum dienenden Adel, womit die Voraussetzung für das brandenburg-preußische Offiziers- und Beamtentum geschaffen wurde. Der Historiker Leopold Ranke beschrieb ihn als einen »Menschen größter Einfachheit, der, wenn er über den Markt geht, wohl ein paar Nachtigallen kauft [...], denn er liebt Singvögel in seinen Gemächern; [der] in seinem Küchengarten den aus der Fremde gebrachten Reis mit eigener Hand pfropft, in Potsdam die Trauben im Weinberg lesen, die jungen Karpfen im Teiche fischen hilft.«

Kurfürst Friedrich III./König Friedrich I. (1657–1713) s. S. 17

Antoine Pesne (1683–1757)

Als der Soldatenkönig Friedrich Wilhelm I. den in Paris geborenen und an der dortigen Akademie ausgebildeten Pesne (dt. gesprochen: Peen) 1710 an den preußischen Hof berief, siedelte er gleich mit seiner ganzen Familie nach Berlin über. 1711 wurde er zum preußischen Hofmaler ernannt, mit Aufträgen überschüttet und hoch geehrt. Als Bildnis- und Genremaler traf er den Geschmack der führenden Repräsentanten und Damen des Hofes und des Adels in hervorragender Weise. Wegen seiner schönen Koloristik und der warmen

Menschlichkeit, mit der er ihm nahe stehende Personen und auch religiöse Themen schilderte, erfreute sich Pesne auch der besonderen Gunst Friedrichs des Großen. In Potsdam sieht man von ihm die drei Seitenaltargemälde in der Kirche St. Peter und Paul sowie mehrere Gemälde in den Kammern des Neuen Palais.

Friedrich Wilhelm I., der Soldatenkönig (1688–1740)

Der wegen seiner Vorliebe für alles Militärische unter dem Beinamen Soldatenkönig berühmt-berüchtigte Monarch war eine der eigenwilligsten und bedeutendsten Gestalten des Absolutismus. Seine größte geschichtliche Bedeutung liegt in seiner typenbildenden Kraft, denn *der* preußische Offizier und *der* preußische Beamte sind seine Schöpfungen. Erholung fand er in den Tabakskollegien und der Jagd. Seine kindliche Frömmigkeit stand dem Pietismus nahe. Er war ein Feind jeder Mätressenwirtschaft, jeden Prunkes und – mit Ausnahme seiner Achtung für den französischen Maler Antoine Pesne – auch ein Feind des Schöngeistigen. Auf seine Anordnung lebte der gesamte Hof bürgerlich einfach. Seiner Kusine und Gemahlin, Sophie Dorothea von Hannover, die er Fiekchen nannte, soll er abends im Stadtschloss die Kerzen abgezählt haben. Aus der Ehe gingen 14 Kinder hervor. Mit seinem ältesten Sohn und Thronfolger Friedrich stand er in einem dramatischen Vater-Sohn-Konflikt. Die eher frankophil-leichte und künstlerischen Dingen zugeneigte Wesensart des Sohnes erfüllte ihn mit Sorge, die 1730 in einem missglückten Fluchtversuch des jungen Friedrich gipfelte.

Georg Wenzeslaus von Knobelsdorff (1699–1753)

Der auf Gut Kuckädel bei Crossen an der Oder geborene Knobelsdorff schlug als Adliger erst den Offiziersdienst ein, bevor er sich mit 30 Jahren bei Antoine Pesne zum Maler ausbilden ließ. Bald darauf wandte er sich der Bautätigkeit zu. Schon während seiner Kronprinzenzeit in Rheinsberg wurde der junge Friedrich der Große auf ihn aufmerksam, befreundete sich mit dem umgänglichen Architekten und machte ihn 1740, gleich nach seiner Thronbesteigung, zum ›Surintendanten aller Königlichen Schlösser und Gärten, Directeur en chef aller bauten in sämtlichen Provinzen‹. Ab sofort entschied Knobelsdorff über die Mitarbeit anderer Künstler am preußischen Hof. »Da er ein liebenswürdiger und ehrlicher Mann war und jedes Genie in seiner Arbeit schätzte und forthalf, so hörte man wenig Klagen über Begünstigungen oder Härten, und Jeder war mit ihm zufrieden.« So lobt ihn der König 1752 in einem ›Reglement wegen des Bauwesens‹. In der Folgezeit erbaute Knobelsdorff das Berliner Opernhaus und leitete den Um- und Ausbau von Schloss Charlottenburg sowie des Potsdamer Stadtschlosses. Oft wurde Friedrichs zunehmende Eigensinnigkeit zum Prüfstein für die Beziehung zwischen König und Baumeister, so zum Beispiel 1744 beim Bau von Schloss Sanssouci.

Georg Wenzeslaus von Knobelsdorff. Gemälde von Antoine Pesne, 1738

Knobelsdorffs ausgewogene und fein abgestimmte Proportionen wurden durch den Starrsinn des sich in Kunstfragen kompetent fühlenden Souveräns häufig ins Gegenteil verkehrt, verkamen manchmal sogar zur Kulisse. In Knobelsdorffs Bauten durchdringen sich Rokokohaftes und klassizistische Elemente palladianischer bzw. englischer und teils französischer Herkunft.

Jan Bouman (1706–1776)

Jan Bouman, ein eher künstlerisch überaus fruchtbarer als bedeutender Baumeister, wurde in Amsterdam geboren. Er erlernte erst das Schiffszimmermeister-, später auch das Tischler- und Zimmererhandwerk. Im Oktober 1732 kam er aus den Niederlanden nach Potsdam und wurde Kastellan im Stadtschloss. Dort gründete er den ›Potsdamer Baucomtoir‹, der die Verwaltungs- und Planungsarbeiten zu großen Bauvorhaben betriebswirtschaftlich begleitete. 1734 übertrug ihm der Soldatenkönig Friedrich Wilhelm I. die Aufgabe, das Holländische Viertel zu errichten – die este große Herausforderung für Bouman. Ihm zu Ehren wurde 1997 das einzige komplett öffentlich zugängliche Giebelhaus des Holländischen Viertels, die Mittelstraße 8, Jan Bouman Haus benannt. Sein Bruder Abraham bewohnte das Holländerhaus Friedrich-Ebert-Straße 28. Allein in Potsdam gestaltete Jan Bouman unter Knobelsdorffs Anleitung später noch Schloss Sanssouci, den Portikus der Nikolaikirche, einige Tore, das Alte Rathaus, die Französische Kirche und über 200 Privathäuser. Als Bouman nach einem intensiven Arbeitsleben am 6. September 1776 in Berlin starb, hatte er es bis zum Königlich Preußischen Oberbaudirektor gebracht.

Friedrich II., der Große (1712–1786)

Schon als Kronprinz geriet der musisch begabte und humanistisch-idealistisch interessierte Fritz in scharfen Gegensatz zur hartnüchternen, lieblosen Erziehung seines Vaters, des Soldatenkönigs. Auch die Mutter scheint dieser Strenge nicht ausgleichend entgegen getreten zu sein. Nach seiner Flucht und der darauf folgenden Festungshaft in Küstrin fügte er sich äußerlich allen Anordnungen, wie 1733 in die auferzwungene Heirat mit Elisabeth Christine von Braunschweig-Bevern. Innerlich kapselte er sein Gefühlsleben allerdings so ab, dass er niemals willens und fähig war, diese Ehe oder eine andere Liebesbeziehung wirklich einzugehen. Seit seinem Regierungsantritt 1740 lebte er von Elisabeth in kinderloser Ehe getrennt. Nach dem Sieg in den Schlesischen Kriegen im Jahr 1745 arbeitete Friedrich reformerisch am inneren Aufbau seines Staates und lebte als ›Philosoph von Sanssouci‹ in geistvollem Umgang mit auserwählten Freunden, darunter besonders Voltaire. Unter seiner Ägide vollzog Potsdam den Sprung zu einer glanzvollen und repräsentativen Residenz. Im Alter traten zynischer Realismus und Skeptizismus immer stärker hervor.

Trotzdem blieb die Gestalt des Alten Fritz auch über Preußens Grenzen hinaus volkstümlich.

Friedrich Christian Glume (1714–1752)

Friedrich Christian Glume. Radierung von J. G. Glume, um 1745

Der in Berlin geborene und auch gestorbene Hofbildhauer Friedrichs des Großen war der bedeutendste Figurenbildhauer des Rokoko in Preußen. Zu seinen noch vorhandenen Werken zählen die Portalfiguren der Französischen Kirche, die Pferdegruppen auf dem Marstall, die Ringerkolonnade am Hotel Mercure und die Bacchanten an der Gartenfassade von Schloss Sanssouci. Von seinem Vater erlernte er den sehr körperlich empfundenen Stil Andreas Schlüters. Große Sandsteinfigurengruppen gliederte er so wirkungsvoll, dass der Gesamteindruck oft stärker war als die Einzelheit. Glume gehörte das Haus Mittelstraße 25 im Holländischen Viertel, wo er von 1744 bis 1752 wohnte und seine Bildhauerwerkstatt betrieb.

Carl Philipp Christian von Gontard (1731–1791)

Gontard trug als einer der bedeutendsten Architekten Friedrichs des Großen den Titel Ingenieurcapitain. Er wurde in Mannheim geboren, bildete sich in seiner Jugendzeit durch Reisen nach Italien und Frankreich und ging dann erst nach Bayreuth, 1764 nach Potsdam. Zunächst wohnte er im Büringschen Vorwerk, dem späteren Schloss Charlottenhof, im Park Sanssouci. 1777 kaufte er das Haus Benckertstraße 16 im Holländischen Viertel und lebte dort zwei Jahre lang. Im Garten ließ er sich einen noch in Resten erhaltenen Pavillon errichten. Gontard fungierte als Direktor des Potsdamer Baucomtoires. Als Ehrenmitglied der Akademie der Künste begründete er dessen Architektonische Lehranstalt mit. 1779 zog er nach Berlin um, weil Friedrich der Große ihn zum Bau der Türme der Französischen Kirche und des Deutschen Doms am Gendarmenmarkt berufen hatte. Gontard blieb aber weiterhin für Potsdam tätig. Hier war er am Ausbau des Neuen Palais beteiligt, errichtete die Communs, den Freundschafts- und Antikentempel, das Brandenburger Tor, den Palast Barberini und insgesamt 100 Bürgerpalais sowie für den Thronfolger Friedrich Wilhelm II. einige Bauten im Neuen Garten.

Friedrich Wilhelm II. (1744–97) s. S. 26ff.

Wilhelmine Encke (1753–1820)

Schon als Dreizehnjährige lernte die Tochter des Hofmusikers Encke den jungen Kronprinzen und späteren König Friedrich Wilhelm II. kennen. Der Kronprinz hat sich augenblicklich in das schön gewachsene Mädchen verliebt. Über die unstandesgemäße Liaison war Friedrich der Große sehr verärgert, und in den adeligen Salons war die Potsdamer Pompadour heiß diskutiert. Zwar war sie zeitlebens des Königs Favoritin, und auch das Unglück der beiden ihm aufgenötigten Ehen war offenes Geheimnis, doch galt sein Interesse hie und da auch anderen Schönen. Sie war diplomatisch genug, solches mit Takt zu übergehen. Gesellschaftlichen Triumph erbrachte 1795/96 ihre italienische Bildungsreise, denn als man sie am neapolitanischen Hof wegen ihres geringen Standes nicht vorlassen wollte, erhob Friedrich Wilhelm sie kurzerhand zur Gräfin von Lichtenau. Der Skandal in Potsdam war perfekt. Erst 1797, im Todesjahr des Königs, bezog Wilhelmine mit ihren fünf unehelichen Kindern das Palais Lichtenau in der Behlertstraße 31. Doch mit dem Thronwechsel kam der Sturz: Eine der ersten Amtshandlungen des Nachfolgers war, der verhassten väterlichen Geliebten einen Hochverratsprozess anzuhängen, der sie zehn Jahre Kerkerhaft auf der Festung Glogau kosten sollte. Ein beachtlicher Teil ihres Grund- und Hausbesitzes sowie eine Pension auf Lebenszeit verblieben ihr immerhin. Später stillschweigend begnadigt, verbrachte sie den Rest ihres Lebens in Berlin.

Alexander von Humboldt (1769–1859) s. S. 130

Friedrich Wilhelm III. (1770–1840) s. S. 28ff.

Karl Christian Wilhelm von Türk (1774–1846) s. S. 237f.

Luise von Mecklenburg-Strelitz (1776–1810)

Die Tochter Herzog Karls von Mecklenburg-Strelitz wurde am Weihnachtsabend des 25. Dezember 1793 im Potsdamer Stadtschloss mit dem preußischen Thronfolger, dem späteren König Friedrich Wilhelm III., vermählt und ist die Mutter König Friedrich Wilhelms IV. und Kaiser Wilhelms I. Die Verbindung beruhte auf echter und tiefer Zuneigung. Luisens oft gerühmte Herzensgüte, Anmut und helle Fröhlichkeit ergänzten die spröde und ernsthafte, zuweilen schwermütige Wesensart ihres Gemahls auf glückhafte Weise. Nach der schweren Niederlage gegen Napoleon stand sie dem König menschlich bei. Um mildere Friedensbedingungen für Preußen zu erreichen, ließ sie sich 1807 in Tilsit zu einer – vergeblichen – Unterredung mit Bonaparte bewegen. In den innenpolitischen Auseinandersetzungen stand sie auf der Seite der Reformer, ohne größeren Einfluss zu suchen. Luise war als einzige Frauengestalt aus dem Herrscherhaus der Hohenzollern bereits zu Lebzeiten populär, und ihr Andenken wird bis heute besonders in Paretz und auf der Pfaueninsel gepflegt.

Karl Friedrich Schinkel (1781–1841)

Der in Neuruppin als Sohn eines evangelischen Pfarrers geborene und früh zum Halbwaisen gewordene Schinkel war Schüler bei den Baumeistern David und Friedrich Gilly. 1803 bereiste er Italien und kehrte 1805 über Paris nach Berlin zurück. Während der französischen Besatzungszeit betätigte er sich als Maler von Gemälden, Panoramen und Dioramen, die dem romantischen Geist der Gotik verpflichtet waren. Durch Vermittlung Wilhelm von Humboldts wurde er 1810 in die preußische Oberbaudeputation aufgenommen, wo er schnell zum Oberlandesbaudirektor avancierte. Ab 1838 hatte Schinkel alle Bauvorhaben in den preußischen Provinzen unter sich. Wie Berlin wurde auch Potsdam zu einer wahren Schinkel-Stadt. Die Pläne für jedes Schloss, jedes Haus gingen, falls nicht sogar von ihm selbst entworfen, zumindest über seinen Tisch. Friedrich Wilhelm III. war das oft zu viel und zu teuer: »Dem muss man einen Zaum anlegen.« Doch Schinkel muss die Gabe der mitreißenden Rede gehabt haben, denn nur so konnte man den zögerlichen König zu großen Bauaufgaben bewegen. Seine Italienbegeisterung einte Schinkel mit dem Kronprinzen, dem zukünftigen Friedrich Wilhelm IV., der ihn unterstützte, wo er konnte. Schinkels Bestreben, Schönheit und Zweckmäßigkeit auf das Edelste miteinander zu verbinden, schuf einen selbständigen Stil, der in der Baukunst die reifste Ausprägung der deutschen Klassik darstellt. Mit seiner Ehefrau Susanne und den vier Kindern wohnte Schinkel zeitlebens in Berlin. Dieser universelle Künstler war Architekt, Stadtplaner, Maler und Zeichner, Schöpfer von Bühnenbildern, Entwerfen von Möbeln und Gebrauchsgegenständen. Sogar das Eiserne Kreuz, Ehrenzeichen aller Dienstgrade für die Befreiungskriege, hat er entworfen. Gestorben ist er vermutlich an Überarbeitung; die Häufung der Ämter und das jahrelange Arbeiten von frühmorgens bis spät in die Nacht hat seine eigentlich robuste Natur nicht verkraftet. Sein Schwiegersohn August von Wolzogen beziffert die Summe der Schinkelschen Bauten, die in den 22 Jahren von 1816 bis 1838 zwischen Rheinland und Ostpreußen entstanden, auf die titanenhafte Anzahl 83 – die mehr als dreimal so vielen unausgeführten Entwürfe und zahllosen Korrekturen an Bauplänen anderer Architekten nicht mitgezählt!

Karl Friedrich Schinkel, Preußens berühmtester Architekt. Nach einer farbigen Zeichnung von Franz Krüger, 1836

Peter Joseph Lenné (1789–1866)

Im Frühjahr 1816 berief Friedrich Wilhelm III., dem Rat des Oberlandforstmeisters Hartig folgend, den jungen Peter Joseph Lenné aus Bonn an seinen Hof. Gleich beim ersten Auftrag, der Umgestaltung des Neuen Gartens in einen englischen Landschaftsgarten, offenbarte sich das Talent. Von allerhöchster Stelle gefördert, nahm Lenné innerhalb kürzester Zeit einen kometengleichen Aufstieg. Schon 1828 war er Königlicher Gartendirektor, alleiniger Chef aller Potsdamer Residenzgärten. Zum gärtnerischen Talent kamen die Fähigkeiten als Organisator und Verwaltungsfachmann. Lenné lebte fast fünfzig Jahre lang, bis zu seinem Tod, auf eher sparsame, beinahe unscheinbare Art in kinderloser Ehe mit seiner Frau Friederike, einer Tochter des Hofgärtners Voss, im Potsdamer Gartendirektionshaus, einer Dienstwohnung an der Allee nach Sanssouci, die direkt in den

Peter Joseph Lenné Nach F. Krüger, 1837

Park führt. Hier klopfte ihn der Kronprinz, der spätere Friedrich Wilhelm IV., morgens um sechs aus den Federn, um über Nacht ersonnene Pläne direkt anhand der Natur mit ihm zu besprechen. Neben Hermann Fürst von Pückler-Muskau gilt Lenné als der bedeutendste Gartenarchitekt des 19. Jh. im deutschen Sprachraum. Ein Gartenpoet, von dem Goethe sagte: »Ich möchte wohl mit einem solchen Mann das Feld durchwandern.« 1833 entwarf Lenné den ›Verschoenerungsplan der Umgebung von Potsdam‹: ein ehrgeiziges Vorhaben, mit dem er die gesamte Insel Potsdam von Baumgartenbrück bis zur Pfaueninsel verschönern wollte – und zwar so, dass sich Kunst und Natur harmonisch vereinten. 1840 begann das Werk: In schier titanenhafter Anstrengung entstand um die Stadt ein Kranz von Gärten, miteinander verbunden durch die berühmten Sichtachsen. Bestattet sind er und seine Frau auf dem Bornstedter Friedhof.

Hermann Fürst von Pückler-Muskau (1785–1871)

Als junger Mann unternahm Pückler weite Studienreisen in zahlreiche Länder Europas, Afrikas und Vorderasiens, unter anderem auch nach England, wo er sich den englischen Gartenstil aneignete. Seine Meisterstücke, mit denen er Weltruf erlangte, sind die Parkanlagen von Muskau und Schloss Branitz bei Cottbus, wo er sich mit der Seepyramide ein Denkmal setzte. 1817 zog er sich aus seiner Adjutanten-Stellung beim Herzog von Sachsen-Weimar ins Privatleben zurück und vermählte sich mit seiner ›Schnucke‹ Lucie, der Tochter des Staatskanzlers Fürst von Hardenberg. Pücklers Wesen schillert facettenreich: er war ein vielfach begabter, eleganter und witziger Mann, schwankend zwischen Minderwertigkeitsgefühlen und Selbstüberhebung, als Feinschmecker auch Erfinder der gleichnamigen Eistorte; exzentrischer Menschenfreund und snobistischer Weltverächter, charmant werbender Kavalier, der ganz Berlin in Aufregung versetzte, als er Lucie in einer mit zahmen Hirschen bespannten Kutsche im Café Kranzler abholte. Sein Lebensverständnis, mit dem er über Geschäftsklugheit, Besitzdenken und Standesvorbehalte hinweg seine Gärten plante, lautete: »Kunst ist das Höchste und Edelste im Leben, denn es ist Schaffen zum Nutzen der Menschheit.« Für Potsdam wurde Pückler vom Prinzenpaar Wilhelm und Augusta als Schöpfer des Babelsberger Parks engagiert – ein schillernder Paradiesvogel, der mit seiner Grandezza die spröde Mark bereicherte. In den neun Jahren, die Pückler im Berlin-Potsdamer Raum arbeitete, traf er gezwungenermaßen auf den vier Jahre jüngeren Lenné. Beide verband eine angespannte Beziehung, von der man heute sagen würde, dass »die Chemie nicht stimmte«. Wo immer möglich, machte sich Pückler über Lenné lustig, indem er ihn brieflich mit Herrn Laine (frz. = Wolle) ansprach. Die ursprünglich aus dem Lütticher Land stammende Familie Lenné hatte ihren früheren Namen Le Nain geändert, denn *nain* bedeutete auf Französisch winzig, zwergenhaft. Ursache für das Rivalenverhältnis war die Genialität zweier gleich bedeutender Männer, von denen jeweils einer von dem zu viel hatte, wovon der andere zu wenig besaß: Bescheidenheit und Lebenstollheit. Pücklers vierbändige Reiseberichte ›Briefe eines Verstorbenen‹ und seine ›Andeutungen über Landschaftsgärtnerei‹ werden heute noch gerne gelesen.

Friedrich Wilhelm IV. (1795–1861) s. S. 32ff.

Wilhelm I. (1797–1888) s. S. 35f.

Auguste Fürstin von Liegnitz (1800–1873)

Vierzehn Jahre nach dem Tod der Königin Luise, im Jahr 1824, willigte Auguste Fürstin von Liegnitz, geborene Gräfin Harrach, ein in die Vermählung mit Friedrich Wilhelm III. Der König bestand auf einer morganatischen Heirat, was hieß, dass er seine zweite Eheschließung als »ganz persönliche Privatsache« betrachtet wissen wollte und nicht beabsichtigte, seine 30 Jahre jüngere Frau offiziell zur Königin zu erheben. Ausschlaggebend für diese seltsame Zwischenlösung waren sicherlich die Gefühle des Königs gegenüber seiner ersten Gemahlin sowie der Respekt gegenüber dem Andenken an die auch im Volk noch immer unvergessene Königin. Dadurch aber konnte Auguste die ihr eigentlich gebührende Stellung bei Hofe niemals einnehmen: An der Festtafel saß sie ganz unten, im Theater in einer separaten Loge; sogar von der Beisetzung ihres Gemahls im

Die Fürstin Liegnitz zu Pferde. Gemälde von Franz Krüger

Jahre 1840 hielt sie sich fern, denn das Protokoll wusste nicht, welcher Platz ihr zukam! Die königliche Familie und die Bevölkerung empörten sich über die kränkende Haltung des Königs, er aber hatte alles vor Eheschluss in einem Gespräch unter vier Augen mit ihr geklärt, und Auguste nahm die Hintansetzung mit größter Gelassenheit. Eine feine, zurückhaltende Person, die das biedermeierlich geprägte Frauenideal ihrer Zeit konsequent lebte. Nach dem Tode Friedrich Wilhelms III. bewohnte sie die Villa Liegnitz an der Allee nach Sanssouci, direkt am Parkeingang.

Ludwig Persius (1803–1845)

Persius war der bedeutendste Schüler Karl Friedrich Schinkels an der Bauakademie zu Berlin. Bis zu Schinkels Tod im Jahr 1841 arbeiteten beide eng zusammen. Danach zum Preußischen Oberbaurat befördert, war er in architektonischen Dingen der Hauptansprechpartner für König Friedrich Wilhelm IV., mit dem er sich auch menschlich gut verstand. Zur Ausführung kamen von ihm die Sacrower Heilandskirche, die Römischen Bäder, die Friedenskirche und das Dampfmaschinenhaus in der Moschee sowie zahlreiche Villen in Potsdam und Umgebung. Bei seinen Werken gruppierte er die Gebäudekuben, Laubengänge, Türme und Eingangshallen so geschickt zueinander und verknüpfte alles so harmonisch mit der Umgebung, dass er als Meister der Potsdamer Landschaftsbaukunst gilt. Nicht umsonst findet sich seine Grabstätte auf dem privaten Begräbnisplatz der Hofgärtnerfamilie Sello auf dem Bornstedter Friedhof, denn er war mit der fast gleichaltrigen Charlotte Thusnelde Pauline Sello verheiratet. Die schöne palmettenbekrönte Grabstelle aus Carraramarmor schufen ihm August Stüler und August Kiß. Einer seiner Söhne, Reinhold Persius (1835–1912), war ab 1867 Hofbaumeister in Potsdam und leitete eine neue Phase in der Geschichte der Denkmalpflege ein, indem er die feste Anstellung von Provinzialkonservatoren und die stete Inventarisierung der Baudenkmäler durchsetzte.

Hermann von Helmholtz (1821–1894)

Das Potsdamer Geburtshaus des berühmten Physikers am Platz der Einheit 14 ist seit dem Zweiten Weltkrieg nicht mehr vorhanden. Stattdessen wurde nach dem Krieg irrtümlicherweise das Haus Wilhelm-Staab-Straße 8 über viele Jahre für sein Geburtshaus gehalten. Der ausgebildete Militärarzt hatte große Bedeutung für die Stadt, da er sich nach einer kurzen Tätigkeit an der Berliner Charité dem Militärdienst in Potsdam verpflichtete. Von Oktober 1843 bis Juli 1848 erforschte er, parallel zu seinem Dienst im Regiment Garde-du-Corps, in seinem kleinen Labor in der Kaserne an der Berliner Straße das Naturphänomen von der Erhaltung der Energie. Als spektakulär galt seine Erfindung des Augenspiegels, die erstmals eine Untersuchung des Augenhintergrundes ermöglichte. Mit 28 Jahren erreichte ihn ein Ruf der Universität Königsberg, später wurde er Rektor der Berliner Humboldt-Universität. Drei Jahre vor seinem Tod wurde Helmholtz zum Ehrenbürger Potsdams ernannt.

Friedrich III. (1831–88) s. S. 36ff.

Ernst Haeckel (1834–1919) s. S. 86

Ferdinand Graf von Zeppelin (1838–1917) s. S. 39

Wilhelm II. (1859–1941) s. S. 38f.

Karl Liebknecht (1871–1919)

Die Bedeutung des in Berlin ansässigen Rechtsanwalts und Sozialdemokraten für Potsdam liegt in seinem Partei-Engagement für den Kaiserwahlkreis, wie Potsdam als Regierungssitz der Hohenzollern genannt wurde. Von 1901 bis 1916 hat Liebknecht hier kandidiert. Temperamentvoll und redebegabt führte er 15 Jahre lang Partei- und Wahlkampfveranstaltungen in Potsdam durch. Dabei soll er im Haus Hegelallee 38 im November 1914 von seinen Genossen angeblich den Auftrag erhalten haben, im Reichstag gegen die Kriegskredite zu stimmen. »Potsdam ist schwarz, doch Potsdam muss rot werden«, lautete Liebknechts Parole. Die Gegner schimpften: »Wer in Potsdam, fast im Angesicht unseres geliebten Kaiserpaares, einem Sozen seine Stimme gibt, hat das Recht verwirkt, sich noch ein guter Deutscher zu nennen.« Völlig überraschend gewann er hier 1912 gegen die Polemik monarchietreuer und konservativer Bürger die Wahl. Zusammen mit Rosa Luxemburg wurde Liebknecht immer mehr zu einem anerkannten Führer der äußersten Linken in der Sozialdemokratie. Seine honorige und dabei volksnahe Art verschaffte ihm hohes Ansehen bei der Arbeiterschaft. Und sein radikales und uneigennütziges Engagement für die längst fällige Durchsetzung der Anliegen der Arbeiterklasse hat ihm eine Aura verliehen, die sich durch seinen unwürdigen Tod noch verstärkte: Als er 1919 mit Rosa Luxemburg gegen die mehrheitssozialistischen Volksbeauftragten den Januaraufstand in Berlin anführte, wurde er von Regierungstruppen festgenommen und ohne Gerichtsverfahren im Tiergarten erschossen.

Karl Foerster (1874–1970) s. S. 167f.

Albert Einstein (1879–1955) s. S. 241f.

Henning von Tresckow (1901–44) s. S. 43f., 78, 161

Reinhold Schneider (1903–58) s. S. 43

Die Lange Brücke. ▷ Gemälde von Carl Daniel Freydanck, um 1838

Reisen in und um Potsdam

Die Innenstadt

Altstadt und erste barocke Stadterweiterung

Besonders sehenswert in diesem Unterkapitel:
Nikolaikirche ☆
Altes Rathaus
Freundschaftsinsel
Zinnfigurenkabinett Potsdam ☆
Filmmuseum im Marstall ☆
Glockenspiel der ehemaligen Garnisonkirche
Dampfmaschinenhaus in der Moschee ☆☆
Stadtkanal (ehemaliger Verlauf) ☆
Neuer Markt ☆☆

Seit jeher galt der **Alte Markt** als Potsdams Herzstück, um das sich einst prachtvolle Repräsentationsbauten sowie Bürgerhäuser aus dem 18. Jh. in harmonischer Einheit gruppierten. Allein durch seine zentrale Lage war der Platz immer in die Alltagsgeschichte der Stadt einbezogen. Der Zusammenklang aus Nikolaikirche, Altem Rathaus, Knobelsdorffhaus, dem Palast Barberini und dem Stadtschloss bildete ein historisches Ensemble von unvergleichlicher Schönheit. Leider haben nur die Nikolaikirche, das Alte Rathaus und das Knobelsdorffhaus die Bombennacht des 14. April 1945 halbwegs überstanden.

Das architektonische Ensemble am Alten Markt beherrscht die **Nikolaikirche** (1; Öffnungszeiten siehe ›Tipps & Adressen‹: Kirchen), stolz und erhaben, ein kompakter Großbau des Klassizismus. Ihre einzigartige, weithin sichtbare Kuppel, mit der auffallenden Ähnlichkeit zu St. Peter in Rom, St. Paul's in London und dem Dom in Florenz, bestimmt weithin sichtbar die Stadtsilhouette von Potsdam.

Nikolaikirche ☆
Von Schinkel erbaute Hauptpfarrkirche der Stadt; mit gewaltiger Kuppel von Schinkels Schüler Ludwig Persius

Der heutige Bau Karl Friedrich Schinkels hat zwei Vorgänger, eine märkische Dorfkirche namens Marien- und später Katharinenkirche, vermutlich aus der ersten Hälfte des 15. Jh., und einen barocken Prachtbau, der in Anlehnung an den Schutzheiligen der Kaufleute und Handelsreisenden wohl schon St. Nikolai hieß. Nachdem er 1795 abgebrannt war, verhinderte erst Preußens Zusammenbruch, dann die sparsame Regierung Friedrich Wilhelms III. 30 Jahre lang einen Neubau. Erst 1826 konnten Bischof Eylert und der Kronprinz den König dazu überreden.

Von Anfang an setzte sich Schinkel im Einvernehmen mit dem Kronprinzen für einen mächtigen, zentralen Kuppelbau ein – der König hingegen wünschte eine doppeltürmige Basilika. Schinkel brachten die Meinungsverschiedenheiten zwischen dem spröden Monarchen und seinem fantasiebegabten Sohn schier zur Verzweiflung. Mit Mühe konnte er die beiden Türme verhindern und ein Giebeldreieck mit vorgelagertem Portikus durchsetzen. Für eine Kuppel aber wollte der König einfach kein Geld haben. Aber eine Kuppel bekam sie doch: der findige Architekt griff nun – mit voller Rückendeckung des Kronprinzen – zu einer List und baute eine Kirche mit flachem Satteldach, bei der nachträglich jederzeit eine Kuppel eingefügt werden konnte. 1837 wurde die neue Nikolaikirche eingeweiht. Die schlechte Akustik aber – zeitlebens ein Problem für Schinkel – muss selbst den König so verärgert haben, dass er während der Feier laut von einer »Dorfkirche« sprach.

◁ Das Pumpwerk in der Moschee an der Neustädter Havelbucht

Kaum hatte der Kronprinz 1840 als Friedrich Wilhelm IV. den Thron bestiegen, beauftragte er den Schinkel-Schüler Ludwig Persius – und später August Stüler – mit dem Einbau der großen Kuppel.

Mit dem Bau der großen Kuppel an St. Nikolai suchte Friedrich Wilhelm IV. den Vergleich zu den Kathedralen anderer europäischer Hauptstädte – Rom, Florenz, London, Paris und St. Petersburg

Schinkel aber, der aufgrund von Überarbeitung einen Schlaganfall erlitten hatte und nach einjährigem Koma 1841 verstarb, erlebte die Vollendung seines bedeutendsten Sakralbaus nicht mehr. Vier Glockentürme wurden als Sicherungsausgleich für die Kuppellast auf dem sumpfigen Baugrund angefügt. Aus Gewichtsgründen verzichtete Persius auf die ursprünglich vorgesehene Holzkonstruktion der Innenkuppel und verwendete stattdessen hohle Tongefäße. Für die Außenkuppel wurde erstmals in Deutschland eine walzengelagerte Eisenkonstruktion gebaut, die der Berliner Stahlmagnat August Borsig herstellte.

Von der Innenraumgestaltung gingen in der Bombennacht des 14. April 1945 große Partien der Wandgemälde, die schönen Farbverglasungen, das kostbare Gestühl und die Orgel verloren. Bernhard Wilhelm Rosendahl (1804–46) malte die Apsis nach Entwürfen Schinkels mit den zwölf Aposteln, den vier Evangelisten und dem thronenden Christus in der Konche aus; Fragmente davon sind noch vorhanden. Die plastischen Arbeiten, wie Kanzel, Altar, Chorschranken und Empore, wurden nach Schinkels Vorgaben von den Rauch-

Altstadt und erste barocke Stadterweiterung
1 Nikolaikirche 2 Altes Rathaus 3 Knobelsdorffhaus 4 Marmorobelisk 5 Stadt- und Landesbibliothek 6 Pappel- und Heckenreihe des alten Stadtschlosses 7 Hans-Otto-Theater 8 Lange Brücke 9 Freundschaftsinsel 10 Potsdamer Zinnfigurenkabinett 11 Ehemalige Heiliggeistkirche 12 Ringerkolonnade 13 Filmmuseum 14 Torhäuschen 15 Langer Stall 16 Ministerium für Stadtentwicklung, Wohnen und Verkehr 17 Rechenzentrum (ehem. Standort der Garnisonkirche) 18 Glockenspiel der Garnisonkirche 19 Ochsenkopfhaus 20 Hiller-Brandtsche Häuser (Potsdam Museum) 21 Predigerwitwenhaus 22 Kiezstraße 23 Pumpmaschinenhaus in der Moschee 24 Neustädter Tor 25 Großes Militärwaisenhaus 26 Alte Wache 27 Stadtkanal 28 Nikolaisaal 29 Königlicher Kutschstall 30 Kronprinzenpalais

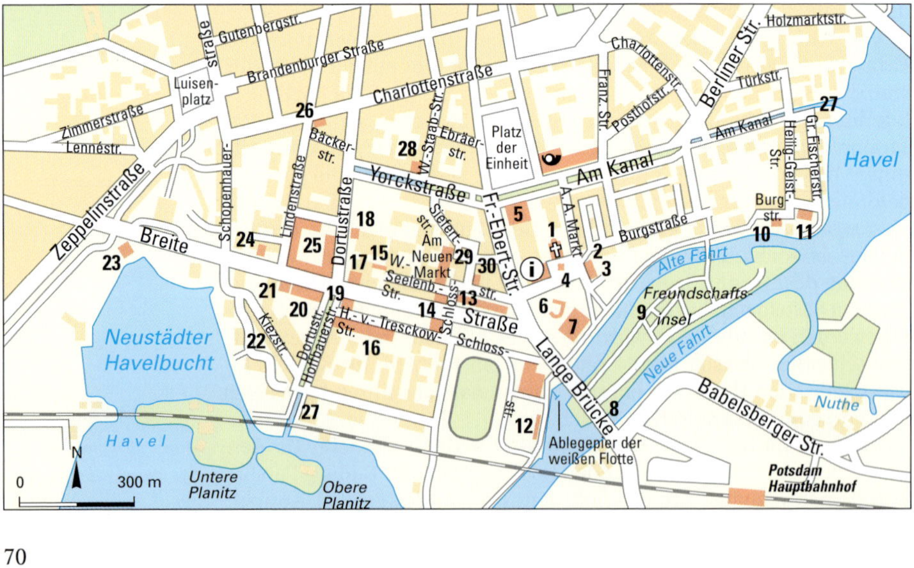

Schülern August Kiß, Ludwig Wichmann, Friedrich Wilhelm Holbein und Eduard Stützel ausgeführt. Peter Cornelius (1783–1867), der kraftvollste Vertreter der deutschen romantischen Monumentalmalerei, entwarf die Bemalung der Kuppel, der Pendentifs und der Gewölbe.

Die Nachkriegsrestaurierung verzichtete auf die Wiederausmalung der Kuppel und der Altarkonche und brachte wegen der schlechten Akustik Stuckkassetten an. Umstritten ist die Ästhetik der großen Glaswände unter den Emporen, zur Trennung von Haupt- und Nebenraum.

Altes Rathaus Bauwerk des 18. Jh. von Jan Bouman, dem Architekten Friedrichs des Großen

Das **Alte Rathaus** (2; Öffnungszeiten siehe ›Tipps & Adressen‹: Multikulturelles) hingegen, das Friedrich der Große 1753 bis 1755 von seinem Amsterdamer Architekten Jan Bouman anstelle eines alten Fachwerkrathauses mit Holzturm errichten ließ, demonstriert des Königs Wunsch, den Alten Markt als römischen Platz zu gestalten. Die Fassade geht auf einen nicht zur Ausführung gekommenen Entwurf Andrea Palladios für den Palazzo Angarano in Vicenca zurück. Der massive Turmaufsatz trägt die vergoldete Figur des mit der Weltkugel beladenen Atlas; sein Vorbild steht auf dem Amsterdamer Rathaus. »Puppe« nannten die Gefangenen, die in dem bis 1875 hier etablierten Stadtgefängnis einsaßen, den Atlas respektlos. »Er sitzt unter der Puppe«, hieß es dann gegebenenfalls. Die sandsteinernen Attikafiguren in luftiger Höhe personifizieren Bürgertugenden, in der Mitte prunkt eine Kartusche mit dem Potsdamer Stadtwappen. In der Eingangshalle und im Treppenhaus sind fünf vergoldete Bronzereliefs des friderizianischen Bildhauers Benjamin Giese und eine Dachskulptur Johann Gottfried Heymüllers zu sehen, die aus der Stadtschlossruine geborgen wurden.

»Ich will nicht wie die Römer bauen, es soll nur bey meinem Leben dauern.«

Friedrich der Große im Disput mit seinem Bauinspektor Neuffer über die Belange der Nachwelt

Im Zweiten Weltkrieg schwer beschädigt, wurde das Alte Rathaus 1960 beim Wiederaufbau durch die Architekten Horst Görl und Ernst Pfrogner durch einen unansehnlichen modernen Gang mit dem benachbarten **Knobelsdorffhaus** (3) zu einem Ensemble verbunden. Anschließend wurde es nach dem kommunistischen Arbeiterschriftsteller in Kulturhaus Hans Marchwitza umbenannt. Zur Zeit ist die Rückführung des Alten Rathauses zu seinem ursprünglich geplanten repräsentativen Zweck als Sitz des Oberbürgermeisters im Gespräch.

Das römische Flair des Platzes sollte auch der 16 m hohe **Marmorobelisk** (4) vor der Nikolaikirche unterstreichen. Knobelsdorff errichtete ihn 1753; es war sein letztes Werk für Potsdam. Er versah den Obelisken mit den Bildnissen des Großen Kurfürsten und seiner Nachfolger bis zu Friedrich dem Großen, um die fürstlichen Stadtprotektoren zu verherrlichen. Doch beim Wiederaufbau 1976 nutzte man die Gelegenheit, sich von den großen Hohenzollern zu trennen. Stattdessen wurden ideologisch unverfängliche Porträtmedaillons der vier bedeutendsten Potsdamer Baumeister Karl Friedrich Schinkel, Carl von Gontard, Georg Wenzeslaus von Knobelsdorff und Ludwig Persius angebracht.

Alter Markt mit Nikolaikirche und Altem Rathaus; rechts daneben das Knobelsdorffhaus

Für den flachen Eckbau, der 1977 als Institut für Lehrerbildung eröffnet wurde, verlieh die DDR einen Architekturpreis. Heute sind das Kulturministerium, ein Teil der Universität, die Potsdam-Information und zahlreiche Geschäfte in dem Gebäude untergebracht. Herausragend ist die Literatursammlung ›Brandenburgica‹ der **Stadt- und Landesbibliothek** (5) – eine der bedeutendsten Kollektionen zu den Themen Potsdam und Brandenburg. Der Eingang liegt am nördlichen Teil des Gebäudes am Platz der Einheit.

Früher war der Alte Markt die gute Stube Potsdams. Damals wirkte der Platz geschlossen durch das Stadtschloss, das ihn im Süden begrenzte. Das Schloss war nicht nur räumliche Dominante am Alten Markt, sondern das Herzstück des gesamten Stadtgrundrisses und Ausgangspunkt der Straßen. Die Schlüsselposition dieser Anlage beruhte vor allem auf ihrer städtebaulichen Funktion. Zur Zeit aber bietet der Alte Markt dem Auge eine herzlose Mischung aus friderizianischer und klassizistischer Bausubstanz, sozialistischer Gemütlichkeit und kalter Gegenwartsarchitektur.

Wenn man auf den Stufen der Portaltreppe zur Nikolaikirche steht, hat man den besten Überblick über die **Pappel- und Heckenreihe** (6), die das Grünflächenamt 1993 entlang der östlichen Baulinie des **Stadtschlosses** vorläufig pflanzte, damit man die Konturen der verlorenen Hohenzollernresidenz nacherleben kann. So werden die Menschen auf sanfte Weise an die früheren Dimensionen der 1959/60 abgetragenen Hohenzollernresidenz herangeführt.

So, wie das Schloss zuletzt aussah, hatte es Friedrich der Große bei seinem Baumeister Knobelsdorff 1744 als Erweiterung des kurfürstlichen Stadtschlosses in Auftrag gegeben. Knobelsdorff muss Jan de Bodts Fortunaportal (1701) zum Alten Markt hin so imponiert haben, dass er es unverändert in sein Umbauprogramm mit einbezog. Er beließ auch den Grundriss, stockte aber die Seitenflügel auf bis zur Höhe des zweigeschossigen Mittelbaus. Friedrich gab den Befehl zum Abputz und Anstrich der Fassaden in leuchtendem Karminrosa, gegliedert durch korinthische Pilaster in Sandsteinweiß. Das Fortunaportal mit Bogengalerie erhielt eine erdgrüne Färbung. Alles überragte das preußischblaue Kupferdach mit seinen vergoldeten Ornamenten. Eine stattliche Anzahl von Sandsteinskulpturen bekrönte die Attika. Führend beteiligt an der Gestaltung des umfangreichen Figurenprogramms war der Bildhauer Friedrich Christian Glume (1714–52).

1751 war der große Umbau abgeschlossen, nur einzelne Gästezimmer wurden noch bis 1756 eingerichtet. Als einzigartig galt die Ausstattung der Innenräume, mit dem Marmorsaal von Andreas Schlüter und den friderizianisch gestalteten Gemächern von Johann August Nahl. Von der Langen Brücke bot die Residenz dem Ankommenden nun ihre Hauptansicht. Wie eine großartige Ouvertüre zur Potsdamer Architektur ruhte das Schloss am Flussübergang. Hinter dem östlichen Schlossflügel, in einer Kurve der ehemaligen Humboldtstraße, stand die berühmte Bittschriftenlinde, ein jahrhundertealter, niedriger Baum, an dessen selten dickem Stamm die Bevölkerung ihre Petitionen so anheftete, dass der Alte Fritz sie lesen konnte, ohne vom Pferd absitzen zu müssen.

In den folgenden Jahrhunderten haben alle Hohenzollernherrscher und viele berühmte Gäste im Schloss logiert. Friedrich Wilhelm III.

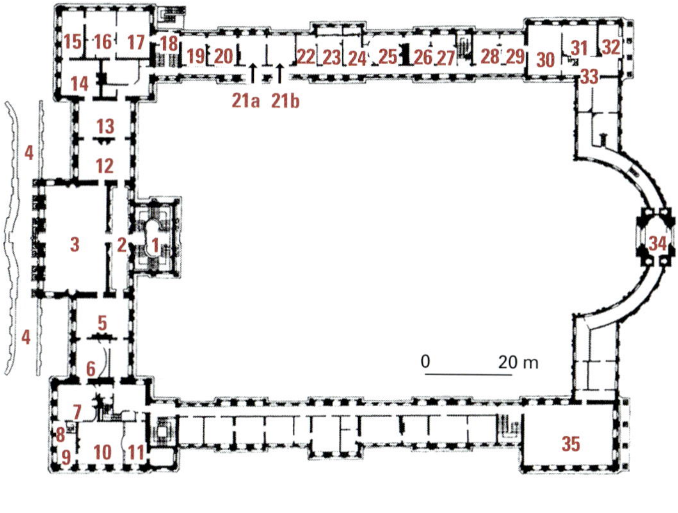

Das Stadtschloss, Grundriss des ersten Obergeschosses
1 Haupttreppenhaus
2 Marmorgalerie
3 Marmorsaal
4 Doppelrampe vom Lustgarten zum Marmorsaal
5 -11 Wohnung von Friedrich II.
12 Bronzesaal
13-20 Räume von Friedrich Wilhelm III. (Neue Kammern)
15 Ursprüngliches Kabinett des Großen Kurfürsten
16-18 Im 17. Jh. Roter Saal
21a, b Tabakskollegium Friedrich Wilhelms I.
22-24 Wohnung von Friedrich Wilhelm I.
25-27 Wohnung von Prinz Heinrich
28-33 Wohnung der Königin Luise
30-32 Ehemalige Kirche (bis 1750)
34 Fortunaportal
35 Raum des Theaters (1748-1801)

und Königin Luise bewohnten nach ihrer Heirat den Westflügel. Räume in der Südwestecke wurde zu den ›Staatszimmern‹, den ›Neuen Kammern‹ und den ›Papierkammern‹ umgebaut. Napoleon übernachtete hier mit seinen Offizieren, und Alexander von Humboldt, der jahrelang eine eigene kleine Wohnung im Ostflügel hatte, schrieb dort an seinem ›Kosmos‹.

Nach dem Untergang der deutschen Monarchie wurde der repräsentative Bau als Museum und Verwaltungssitz genutzt. Im April 1945 erlitt das Schloss schwerste Kriegsschäden und brannte völlig aus. Erhalten blieb nur das Mauerwerk, für alles andere galt: Totalverlust. Die Abneigung des SED-Regimes gegen die preußisch-monarchische Prachtentfaltung führte sozialistischen Stadtplanern die Feder, als sie beim Neubau der Langen Brücke die Pläne so gestalteten, dass die Verkehrsführung nur über den Platz des Stadtschlosses geleitet werden konnte. In mehreren Schüben erfolgte zwischen 1959 und 1960 der Abriss dieser Hohenzollernresidenz, die leicht wieder aufzubauen gewesen wäre.

Noch kurz vor der Wende im Jahr 1989 begannen die Stadtoberen an gleicher Stelle einen gigantischen Theaterneubau, der noch in Rohfassung bald nach der Wende wieder abgeräumt wurde. So wurde erst einmal der Blick auf die Nikolaikirche und das Alte Rathaus wieder frei. Der Platz sollte nicht gleich wieder bebaut werden, denn zu Recht wollten sich geschichtsbewusste Stadt- und Landesregierende die einmalige Chance für eine ausgereifte Platzgestaltung der Zukunft erhalten.

Doch Potsdams **Hans-Otto-Theater** (7) brauchte kurzfristig Raum, und deshalb entstand 1992 an dieser Stelle ein viel zu großes Theaterprovisorium; wegen seiner Form, seiner Außenhaut und seiner schlechten Geräuschisolierung von den Potsdamern selbst als Blechbüchse verspottet. Doch dass das Theater ein angemessenes Haus an anderer Stelle braucht, ist klar, und so bleibt – wie in Berlin – auch in Potsdam der Nachbau des Stadtschlosses in der Diskussion. Von der Finanzierung einmal abgesehen, wird noch erbittert diskutiert, ob man ein zeitgenössisches Schloss auf dem alten Grundriss bauen will oder sich sogar nach den historischen Bauplänen an einen möglichst originalgetreuen Nachbau heranwagt. Auch die Nutzung ist fraglich. Kommunal- und Landespolitiker plädieren seit längerem für den Einzug des Landtages, der im ›Kreml‹ auf dem Brauhausberg sowieso aus allen Nähten platzt und dann sinnvollerweise bürgernah mitten in der Stadt säße.

Die **Lange Brücke** (8) führt über die Alte und Neue Fahrt – wie die beiden Havelstromrinnen hier heißen – und verbindet die Potsdamer Innenstadt mit der Teltower Vorstadt und Babelsberg. Sie ist bereits die sechste Brücke an dieser Stelle. Ihre schöne Vorgängerin aus sandsteinverblendetem Klinker, die Kaiser-Wilhelm-Brücke, schmückten acht Soldatenstandbilder und ein imposantes Reiterdenkmal Kaiser Wilhelms I. Pioniere der deutschen Wehrmacht hatten sie am 24. April 1945 gesprengt, als sich feindliche Verbände der ersten Ukrainischen Front näherten. Auf eine erste notdürftige Reparatur der sowjetischen Armee folgte 1958 der heutige Stahlbetonübergang. Schon im Mittelalter hatte sich an dieser strategisch günstigen Stelle eine Zollkontrolle befunden, bei der der Markgraf Brückengeld kassieren ließ.

Freundschaftsinsel: Volkspark und Pflanzenschule von vorbildlicher Natürlichkeit

In der Mitte der Langen Brücke gibt es einen Zugang zur **Freundschaftsinsel** (9). Diese innerstädtische grüne Lunge und Anlage der Ruhe und Besinnung war einer der vier BUGA-Schauplätze des Jahres 2001. Die 6,5 ha große Fläche am Fluss, die viele Jahre im Dornröschenschlaf verbracht hatte, wurde gartendenkmalpflegerisch so rekonstruiert, dass die drei Hauptgestaltungsepochen der Insel in den 30er, 50er und 60er/70er Jahren wieder erlebbar werden: Während der 30er Jahre schuf der Potsdamer Staudengärtner Karl Foerster (1874–1970) jenseits einer Steinpergola einen einmaligen Schau- und Sichtungsgarten mit 2200 Arten von Stauden und Sommerblumen sowie 270 Arten Rosen und Ziergehölzen – ein völlig neuer Gartentyp in Deutschland. Die Pflanzpläne erstellten die Gartengestalter Hans Mattern und Hermann Göritz.
Auf der Freundschaftsinsel gestaltete Karl Foerster 1937 den ersten Sichtungsgarten Deutschlands. Nach den Zerstörungen und der Grabelandnutzung im Zuge des Zweiten Weltkrieges regte der Gärtner Peter Altmann 1953 eine Neugestaltung der Insel an, die sich an Foersters Grundkonzeption mit Sichtungsgarten anlehnte. Von der dritten Phase stehen noch heute zahlreiche Skulpturen auf der Insel, Exponate der Ausstellung ›Plastik im Freien‹ (1966). In dieser Zeit wurden auch Einrichtungen für Kinder- und Erwachsenenspiel, ein Gondelhafen, eine Freilichtbühne und ein Musikpavillon mit Inselcafé errichtet. Zudem wurde die Insel 1973 anlässlich der X. Weltfestspiele der Jugend für Massenveranstaltungen überformt; dabei ging Foersters Intention fast verloren. 1977 erhielt sie den Status eines Flächendenkmals, die Pflanzungen, vor allem der Rosengarten wurden seitdem erneuert und erweitert.

Zinnfigurenkabinett Potsdam ☆

Auf der Nordseite der Freundschaftsinsel führt eine schmale Fußgängerbrücke zur Uferpromenade und weiter zum ältesten Teil Potsdams, von wo man binnen fünf Minuten einen kurzen Abstecher in die Burgstraße 30/31 machen kann. Im renovierten ehemaligen Königlichen Hauptsteueramt stellt das **Potsdamer Zinnfigurenkabinett** (10) seit 1994 seine bunten und feinst bemalten Schätze aus (Öffnungszeiten siehe ›Tipps & Adressen‹: Museen und Schlösser). Es ist das kleinste und zugleich einzige private Museum der brandenburgischen Landeshauptstadt. Unter den offen sichtbaren Holzbalken des Dachgeschosses präsentiert dieses ungewöhnliche, 150 m² kleine Privatmuseum eine Auswahl seiner insgesamt 200 000 Zinnfiguren und 50 Guckkästen und Tischdioramen, eingebunden in längerfristige Sonderausstellungen. Da kann man z. B. eine beeindruckende Nachbildung des englischen Globe Theatre aus Shakespeares Zeiten bewundern. Aber auch dem Genius Loci wird mit anekdotischen Begebenheiten aus der brandenburgischen

Friedrich der Große und Voltaire; Exponate des Zinnfigurenkabinetts

Geschichte oder dem Hause Hohenzollern gehuldigt. Unterhaltsamer kann man Geschichte kaum lernen.

Auf dem Platz, einen Steinwurf weit entfernt, steht ein kubisches Gebäude der neunziger Jahre, in das ein Altenpflegeheim eingezogen ist. Die Architekten haben sich die Mühe gemacht, durch den auffälligen, hohen Turm die charakteristische Silhouette stilisiert nachzuempfinden, die einst die **Heiliggeistkirche** (11) exakt an dieser Stelle geboten hatte. Das 1726 unter der Ägide des Soldatenkönigs geweihte Gotteshaus war 1974 aufgrund schwerer, aber reparabler Beschädigungen abgetragen worden. Die Gegend um die Burg- und die Große Fischerstraße ist der älteste Siedlungsflecken Potsdams, auf dem etwa um 700 n. Chr. eine Burg von 80 m Durchmesser errichtet wurde.

Dekorative Erinnerung an die einstige Verbindung zwischen Marstall und Stadtschloss: die Ringerkolonnade

Zurück zur Langen Brücke: ein Wahrzeichen des sozialistischen Potsdam sollte der 54 m hohe Bettenturm des Hotel Mercure sein, 1969 als Interhotel Potsdam eröffnet. Auf dem hinteren Teil des Hotelgeländes, am Ablegepier der Weißen Flotte, steht, zwar räumlich versetzt, aber noch in alter Pracht, ein Fragment der **Ringerkolonnade** (12). Diese elegante korinthische Säulenreihe stammt im Entwurf von Knobelsdorff und diente zusammen mit der einstigen Havelkolonnade als Verbindungselement zwischen Stadtschloss und Marstall. Die eine wurde im Westen, die andere im Süden an das Stadtschloss angebaut. Dadurch entstand das weite Terrain des **Lustgartens** für Truppenparaden und Aufmärsche. Monarchischer und bürgerlicher Bezirk, Repräsentation und Stadtverkehr waren nun klar und würdig voneinander abgegrenzt. Von dem reichen Skulpturenschmuck der Ringerkolonnade sind noch vier beeindruckende Ringerfiguren vorhanden, Werke von Friedrich Christian Glume (1714–52), dem bedeutendsten Hofbildhauer des friderizianischen Rokoko.

Filmmuseum im Marstall* ☆ *Geschichte der UFA und DEFA in Plakaten, Requisiten und Kostümen – ein Mekka für Filmfreunde

Die nördliche Begrenzung des Lustgartens vor dem Schloss bildete der lang gestreckte, eineinhalbgeschossige Marstall, in dem sich heute das **Filmmuseum** (13; Öffnungszeiten siehe ›Tipps & Adressen‹: Museen und Schlösser) befindet. Auf Befehl des Großen Kurfürsten wurde er 1685 von Johann Arnold Nering als Orangerie erbaut. 1714 machte der praktische Sinn des Soldatenkönigs Friedrich Wilhelm I. aus der Orangerie einen königlichen Marstall, sprich Pferdestall; die stürmisch bewegten Reiter- und Pferdegruppen Friedrich Christian Glumes über der Attikazone nehmen darauf Bezug. 1746 erfolgt nach den Plänen Knobelsdorffs eine Gebäudeverlängerung nach Westen und die Risalitgliederung der Süd-, Ost- und Westfassade. Die Innenräume des Filmmuseums erhielten 1993 wieder den Charakter einer lichtdurchfluteten Orangerie. Im Obergeschoss des Ostflügels zeigt eine Dauerausstellung die Babelsberger Spielfilmgeschichte der UFA und DEFA von 1912 bis 1992. Die Bild- und Schriftdokumente, UFA-Requisiten, Originalkostüme und Plakate sowie alte Filmaufnahme- und Wiedergabeapparate sind ein Erlebnis. In der Etage darunter gibt es mitunter politisch unerschrocken-enga-

Attikafiguren am Marstall, dem heutigen Filmmuseum

gierte Wechselausstellungen über kineastische Themen, 1999 beispielsweise über Leni Riefenstahl, die umstrittene Filmregisseurin der Hitlerzeit. Im Kinosaal des Westflügels finden ausstellungsbegleitend, anlässlich der Filmwochen oder zu Ehrentagen von Künstlern Filmvorführungen statt. Der Clou ist eine echte Welte-Kinoorgel, wie sie die Stummfilme der 20er Jahre mit Musik und Geräuschen begleiteten. Sie kommt bei Stummfilmabenden regelmäßig zum Einsatz.

An dieser Stelle öffnet sich die großzügig angelegte **Breite Straße,** ursprünglich die begrünte kurfürstliche ›Landschaftsallee gegen den Pannenberg‹ und seit den späten 40er Jahren des 18. Jh. von Friedrich dem Großen mehr und mehr zu einer königlichen Prachtstraße bestimmt, an deren Ausgestaltung er sich durch eigene Skizzen zu den Wohnhausfassaden beteiligte. Die geschichtliche Entwicklung von der kurfürstlichen Landschaftsallee zur sozialistischen Magistrale ist der Straße nicht gut bekommen. Kriegs- und nachkriegsbedingte Verluste haben große Lücken in den Baubestand geschlagen und der Allee ihre einzigartige Atmosphäre genommen. An dieser Potsdamer Hauptmeile stehen unscheinbare, aber interessante und kulturhistorisch bedeutende Militär- und Zivilbauten des 17. und 18. Jh. Den Abschluss des königlichen Lustgartens und zugleich Auftakt zur Allee bildeten die beiden **Torhäuschen** (14) rechts und links.

Leicht zurückgesetzt und eingezwängt zwischen Plattenbauten ist der so genannte **Lange Stall** (15), von dem nur noch die prachtvolle Fassade steht! Friedrich der Große ließ sie 1781 durch Georg Christian Unger dem dahinter gelegenen länglichen Reit- und Exerzierhaus im wahrsten Sinn des Wortes vorblenden, weil ihm die schlichte Fachwerkfront des Stalls nicht imposant genug erschien. Der Zusammenhang mit Militärischem ist noch anhand des preußischen gekrönten Adlers über dem trophäengeschmückten Giebelrelief erkennbar.

Im Langen Stall leistete die Garnison ihre winterlichen Übungen ab

Blick über die Breite Brücke auf die Garnisonkirche und das Stadtschloss. Gemälde von Carl Georg Hasenpflug, 1827

Das IR 9 war das Wehrmachtsregiment, aus dem die meisten Hitler-Gegner hervorgingen

Schräg gegenüber, in der Henning-von-Tresckow-Straße 2–8/Ecke Hoffbauerstraße, erinnert das denkmalgeschützte Gebäude des **Ministeriums für Stadtentwicklung, Wohnen und Verkehr** (16) indirekt an das fehlgeschlagene Attentat auf Adolf Hitler am 20. Juli 1944. Hier hatte einer der führenden Köpfe des Widerstandes, Generalmajor Henning von Tresckow (1901–44) sein Büro, denn diese ehemalige Kaserne des Ersten Garderegiments zu Fuß war Stammhaus des 1921 daraus hervorgegangenen Infanterieregiments 9 (IR9). Wegen der vielen Adligen aus alteingesessenen preußischen Offiziersfamilien wurde das Regiment auch scherzhaft ›Graf Neun‹ genannt. Das Potsdam Museum hat eine kleine Ausstellung im Haus organisiert, die die Begebenheiten des 20. Juli 1944 in Erinnerung ruft (Öffnungszeiten siehe ›Tipps & Adressen‹: Museen und Schlösser).

Überhaupt trug dieser Umsturzversuch des Nazi-Regimes einen deutlichen Potsdamer Akzent, denn insgesamt zwanzig der beteiligten Offiziere kamen aus dem IR 9. Neben von Tresckow waren sein Bruder Gerd, Ewald Heinrich von Kleist, Carl-Hans Graf von Hardenberg-Neuhardenberg und Ludwig Freiherr von Hammerstein Schlüsselfiguren aus den Reihen der ›Neuner‹. Die Widerständler bildeten keine homogene Gruppe, es herrschten die unterschiedlichsten Beweggründe und Ziele. Aber der Wunsch nach Beseitigung der Militärdiktatur und nach Herstellung eines auf Recht und Freiheit begründeten Staates einte die Verschwörer.

An der Kreuzung Breite Straße/Dortustraße steht das **Rechenzentrum** (17) mit seinen auffälligen Mosaiktafeln an den Außenwänden. Es handelt sich um einen 18-teiligen Zyklus mit dem Titel ›Mensch und Wissenschaft‹ des Malers Fritz Eisel (* 1929) von 1972. Von links nach rechts thematisiert die Bilderreihe das Anfang der 70er Jahre hochaktuelle Schlagwort von der ›wissenschaftlich-technischen Revolution‹, mit dem sich besonders die beiden politischen Machtblöcke gegenseitig zu übertrumpfen suchten. Eisels Werk kündet vom ideologischen und technologischen Sieg des Sozialismus über den Kapitalismus. Offizielles künstlerisches Schaffen stand zu DDR-Zeiten eben vorrangig im Dienst der politischen Aufgabe.

Dies ist zugleich das Gelände, auf dem die 1968 gesprengte **Garnisonkirche** stand, das bis heute symbolträchtigste Wahrzeichen Preußens. Den einen ist sie unangenehme Erinnerung an einen Militärstaat, der seinen Bürgern eine Treue ohne Freiheit aufzwang, den anderen die symbolische Verkörperung der preußischen Tugenden Pflichtbewusstsein und Ordnungssinn, Fleiß und Disziplin.

Nur zwei Mal, so heißt es, habe Friedrich II. die Garnisonkirche besucht – zur Beerdigung seines Vaters und bei seiner eigenen Bestattung in der Königsgruft der Kirche

Fontane befiel Unbehagen beim Anblick der Garnisonkirche, wie er in seinen ›Wanderungen durch die Mark Brandenburg‹ bekannte: »[...] und am Horizont stand in scharfer Linie steifgrenadierhaft die Garnisonkirche von Potsdam: das Symbol des Jüngstgeborenen im alten Europa, des Militärstaats Preußen.« Das Thema war wohl niemals frei von erhitzter Kontroverse, und so wird auch seit der Wende um den Wiederaufbau der Hof- und Garnisonkirche erbittert gerungen.

Das Bauwerk mit seinem markanten Turm prägte schon aus der Ferne die Stadtsilhouette. Es ist das Hauptwerk des Baumeisters Johann Philipp Gerlach, zwischen 1731 und 1735 auf Befehl Friedrich Wilhelms I. errichtet. Zeitgenössischen Berichten zufolge mussten dazu »Millionen Steine« und zahlreiche Holzpfähle in den sumpfigen Untergrund gerammt werden. Es entstand ein querelliptischer Emporensaal mit so auffallend mächtiger Turmfassade, dass der Schriftsteller Georg Hermann (1871–1943) fast 200 Jahre später schrieb, der Turm säße »an dem kleinen Bau, wie ein Giraffenhals an dem viel zu kleinen Körper«.

Stolz verkündete die Inschrift über dem Portal: FRIEDRICH WILHELM KÖNIG IN PREUSSEN HAT DIESEN THURM NEBST DER GUARNISONKIRCHE ZUR EHRE GOTTES ERBAUEN LASSEN. 365 Stufen führten zur Spielkammer des 88,40 m hohen Glockenturms. An Sonn- und Feiertagen pflegte der König die Kirche mit all seinen Angehörigen, der ganzen Armee und seinen Bediensteten vor- und nachmittags zu besuchen. In einer Gruft unter der hochbarocken Kanzel wurde der Regent am 22. Juni 1740 in einem Marmorsarkophag beigesetzt; 46 Jahre danach folgte der Sarg Friedrichs des Großen. Hier besiegelte das preußische Königspaar Friedrich Wilhelm III. und Luise in einer Novembernacht des Jahres 1805 mit dem russischen Zaren Alexander I. seinen Freundschaftsbund gegen Napoleon.

Der kleine Innenraum war betont schlicht. Fahnen und Standarten, die preußische Truppen aus den napoleonischen Feldzügen sowie aus den Kriegen von 1864, 1866, 1870/71 mitgebracht hatten, waren aufgestellt. Erst später befahl Kaiser Wilhelm II. eine »geschmackvolle Umbildung« in neubarockem Prunk, nach der das

Kirchenschiff 2300 Sitzplätze fasste! Hier hielt Hitler am 21. März 1933, dem Tag von Potsdam, seine Festrede zur Konstituierung des neuen Reichstages: Die Verknüpfung nationalsozialistischen Terrors mit dem Preußentum belastet den Ruf der Garnisonkirche bis heute.

Beim englischen Luftangriff in der Nacht des 14. April 1945 hatte das Gotteshaus nicht einmal eine Bombe abbekommen. Erst Stunden später waren Funken vom brennenden Langen Stall übergesprungen. Den Geistlichen hatte man mit den Worten geweckt: »Herr Pfarrer, Ihre Kirche brennt!« Zurück blieb eine Ruine. Die historisch falsche Gleichsetzung von Nationalsozialismus und Preußentum lieferte dem SED-Regime den Vorwand, die durchaus wiederaufbaufähige Kirche aus dem Stadtbild zu tilgen. Am 23. Juni 1968 rückten die Sprengkommandos an. Trotz Verbots hielten einige Potsdamer die Vorgänge in Fotos und Amateurfilmen fest. Fast schien es, als wehre sich der Garnisonkirchturm gegen seine Vernichtung, denn als sich die Staubwolken der ersten Sprengung verzogen hatten, stand die eine Hälfte noch. Erst nach mehreren Anläufen gelang die totale Beseitigung.

Glockenspiel: spielt die beiden Melodien der verlorenen Garnisonkirche

Auf dem freien Gelände dahinter, An der Plantage, erklingt seit dem 14. April 1991, genau 46 Jahre nach dem Bombenangriff auf Potsdam, ein Nachguss des weltbekannten **Glockenspiels** (18) der Garnisonkirche. 40 Glocken läuten nun wieder zur vollen und zur halben Stunde den Choral ›Lobe den Herren‹ und das Lieblingslied der Königin Luise, ›Üb immer Treu und Redlichkeit‹, mit dem Text von Friedrich Hölty und der Mozart'schen Papageno-Melodie. Die Iserlohner Traditionsgemeinschaft Potsdamer Glockenspiel e. V. hatte seit 1984 für den Nachguss des Carillons gesammelt.

Gegenüber vom Rechenzentrum steht ein unauffälliges Wohnhaus, dessen knöcherner Ochsenkopf Relikt eines früheren Verwaltungsgebäudes ist, das wegen der vielen Ochsenschädel unter dem Gesims **Ochsenkopfhaus** (19) genannt wurde. Seit 1722 stand die von Friedrich Wilhelm I. gegründete **Gewehrfabrik** an dieser Stelle. Hier wurden aber nur die Gewehre ausgefertigt; die Läufe schmiedete man in Spandau. Gottfried A. Daum (1679–1743), einer der beiden Eigentümer des Berliner Hohenzollern-Bankhauses Splittgerber und Daum, warb hierfür Büchsenmacher aus Solingen und dem katholischen Lüttich an. Eigens für diese Facharbeiter wurde auf dem Fabrikgelände die erste katholische Kirche in Potsdam errichtet.

In der Breite Straße 8–12 stehen die drei **Hiller-Brandtschen-Häuser** (20), benannt nach ihren Bauherren, dem Stadtrat und Kaufmann Johann Friedrich Hiller und dem Schneider Brandt. Unter Friedrich dem Großen wurden die Häuser 1769 zu Wohnzwecken durch Georg Christian Unger erbaut. Der palladianische Klassizismus der monumentalen und reich geschmückten Palastfassade hat das Londoner Schloss Whitehall von Inigo Jones zum Vorbild. Das Mittelhaus diente zeitweilig als Kaserne und beherbergte später die Galerie Sozialistische Kunst. Heute werden die repräsentativen Gebäude vom **Potsdam Museum** genutzt. Die beiden Abteilungen

Mietwohnungen im Gewand palladianischer Paläste: die Hiller-Brandtschen Häuser

Geschichte und Naturkunde wechseln sich ab mit Sonderausstellungen zur Stadt-, Landes- oder Kunstgeschichte (Öffnungszeiten siehe ›Tipps & Adressen‹: Museen und Schlösser).

Von der Garnisonkirche stammt das schmiedeeiserne Portalgitter am Predigerwitwenhaus

Rechts nebenan steht das **Predigerwitwenhaus** (21). Dorothea von Holstein-Glücksburg, zweite Gemahlin des Großen Kurfürsten, stiftete es vermutlich 1674 zugunsten der Witwen und Waisen reformierter Prediger. Wegen aufsteigender Feuchtigkeit und Schwammbildung wurde es 1826 neu gefasst und auf 23 Witwenstuben erweitert. In seiner Fassadengestaltung verbindet das eher unauffällige Haus auf ganz geschickte Weise Barockes mit klassizistisch Feingliedrigem. Kaum jemand bemerkt die geglückte Verbindung zwischen dem alten, von Pflanzenornamenten geschmückten Giebelrelief und der gequaderten Sockelzone mit römisch-dorischer Kolossalordnung in den Obergeschossen, die aus den 30er Jahren des 19. Jh. stammt. Die barocke Büste des Großen Kurfürsten in der Nische ist das einzige Potsdamer Hohenzollerndenkmal, das den Zweiten Weltkrieg und die DDR-Zeit unbeschadet überstanden hat.

Gegenüber führt die **Kiezstraße** (22) in den gleichnamigen kleinen Siedlungskern, dessen 22 Häuser, im Mittelalter selbständig, außerhalb von Potsdam lagen. Kiez heißt im Berliner Raum soviel wie ›ursprünglicher Siedlungskern‹. Für die slawischen Fischer war der Kiez aufgrund des freien Zugangs zum Wasser attraktiv. Erst 1722 wurde das Terrain eingemeindet und gehört nun zur Neustadt. Ihr heutiges Gesicht erhielt die Kiezstraße zwischen 1770 und 1780. In der heute mit Rasen und Bäumen bepflanzten Mitte floss der Stadtkanal. Eines der schönsten Barockhäuser dieser Zeit ist das **Haus Nummer 5.** Die bekanntesten Bewohner dieses zauberhaft abgeschiedenen Fleckchens waren die friderizianischen Baumeister Johann Gottfried Büring und Carl von Gontard, die in Haus Nummer 23 lebten (1945 zerstört). In den 70er Jahren wurden alle Gebäude innen zum Teil stark verändert, nur die Fassaden blieben weitgehend bewahrt.

Dampfmaschinenhaus in der Moschee ☆☆
Das schönste Wasserwerk Europas mit einer der ersten deutschen Dampfmaschinen beeindruckt selbst Technik-Muffel

Am westlichen Ende der Breite Straße erhebt sich malerisch das schönste Wasserwerk Europas, ein technisches Denkmal des 19. Jh. in orientalischen Gewande: als islamische Moschee verkleidet (Abb. S. 68; Öffnungszeiten siehe ›Tipps & Adressen‹: Museen und Schlösser). Das historische **Dampfmaschinenhaus in der Moschee** (23) am Ufer der Neustädter Havelbucht ist die Krönung einer langen Reihe von Versuchen, die Wasserspiele in Sanssouci in Gang zu bringen. Schon Friedrich der Große hatte sich unter großem Kostenaufwand darum bemüht, aber erst im Zeitalter der Dampfmaschine sollte es endlich gelingen: 1843 entwarf Ludwig Persius die Moschee auf Wunsch Friedrich Wilhelms IV. – der einfallsreiche Architekt verbarg den 36 m hohen Schornstein hinter einem Minarett.

Im Inneren befinden sich Kesselräume mit Feuerung und zwei Pumpkammern nebst einem Maschinenraum mit Werkstatt. Die dampfbetriebene 2-Zylinder-Zwillingsbockmaschine mit 81,4 PS lieferte der Berliner Stahlmagnat August Borsig. Die Firma Borsig bewies ihre Kunstfertigkeit bei den filigranen gusseisernen Verzierungen, die von Ornamenten der Alhambra in Granada und der Kathedrale von Córdoba inspiriert sind. Hoch oben kreisen die beiden glänzenden Kugeln des Fliehkraftreglers unter den ausgebreiteten Schwingen des großen preußischen Adlers – ein imposanter Anblick. Heute presst ein moderner 154-PS-Elektromotor mit Kreiselpumpe das Havelwasser aus der Neustädter Bucht nachts in das Becken auf dem Ruinenberg hinter Schloss Sanssouci. Von dort werden tagsüber alle Parkfontänen versorgt. Die ›Trockenvorführung‹ der noch funktionstüchtigen alten Dampfmaschine beeindruckt auch technisch weniger Versierte.

An der Ecke Breite Straße/Lindenstraße ragt ein einzelner Sandsteinobelisk mit frei erfundenen ägyptisierenden Hieroglyphen in den Himmel. Er stellt ein räumlich leicht versetztes Überbleibsel des **Neustädter Tors** (24) dar, das beim Luftangriff von 1945 fast vollständig zerstört wurde. Anstelle eines Vorgängerbaus aus der Zeit des Soldatenkönigs errichtete Knobelsdorff hier 1753 zwei adlerbekrönte Obelisken mit Zoll- und Wachhäuschen an den Seiten und einem engen Durchgang in der Mitte – und dies, obwohl Potsdam damals längst über die Stelle hinausgewachsen, das Stadttor eigentlich bedeutungslos geworden war. Für den Gesamtentwurf nahm sich Knobelsdorff ein nicht ausgeführtes Torprojekt des Wiener Hofarchitekten Johann Bernhard Fischer von Erlach für Schloss Schönbrunn von 1721 zum Vorbild.

Wieder stadteinwärts erstreckt sich die **Lindenstraße,** die alte Potsdamer Landschaftsallee ›gegen den Eichberg‹. 1668 angelegt, führte sie durch den kurfürstlichen Fasanengarten zum Eichberg, dem heutigen Pfingstberg. Entsprechend ihrer Bepflanzung wurde sie 1784 in Lindenstraße umbenannt. Das **Große Militärwaisenhaus** (25) stiftete Friedrich Wilhelm I. 1722 als Erziehungsanstalt für Soldatenkinder und Militärwaisen. In mehreren Bauabschnitten errichteten Peter von Gayette und Carl von Gontard während eines Zeitraums von 55 Jahren den wuchtigen Gebäudekomplex zwischen Breite-, Linden-, Sporn- und Dortustraße. Die Hauptfront liegt an der Lindenstraße.

Ein Generalreglement bestimmte den straffen Alltag der Kinder. In Lesen, Schreiben, Rechnen und Religion wurde zwar Unterricht erteilt, in der Hauptsache aber mussten sie zehn Stunden täglich in Strickereien, Spinnereien oder anderen Handwerksbetrieben arbeiten. Auch in der Gewehrfabrik und den Maulbeerplantagen wurden die Militärwaisen eingesetzt, um zu ihren Unterhaltskosten beizutragen. Die kindliche Arbeitskraft wurde gründlich ausgenutzt, die Sterblichkeitsrate war entsprechend hoch. Auch von der Idee her war die Waisenhausgründung nicht frei von Eigennutz, denn geeignete Knaben wurden häufig zur Unteroffizierslaufbahn angehalten; so sicherte sich der Staat seinen eigenen militärischen Nachwuchs. Dennoch muss man es aus der Zeit heraus als soziale Leistung sehen, dass der Soldatenkönig die bettelnden Kinder von der Straße holte und sie ein Handwerk lernen ließ. Nach dem Siebenjährigen Krieg beher-

Ein technisches Denkmal des 19. Jh. ist das Pumpmaschinenhaus in der Moschee, das Ludwig von Persius 1843 entwarf. Die Abbildung zeigt den Maschinenraum

bergte das Waisenhaus mitunter 2000 Jungen und 500 Mädchen. 1829 wurden die Mädchen ausquartiert, bis 1918 blieb das Haus eine Militärschule.

Das bemerkenswerte Giebelrelief stammt von Rudolf Kaplunger. Darüber erhob sich ein hohes Belvedere auf acht schlanken Säulen, bekrönt mit der kupfergetriebenen Figur der Caritas, der Tugendfigur der Nächstenliebe und Fürsorge. Bis dieser kleine Rundtempel 1945 abbrannte, war er eine weithin sichtbare Zierde der Potsdamer Stadtsilhouette. In diesem wegen Baufälligkeit geschlossenen Trakt befindet sich ein wertvolles Treppenhaus mit spiralförmigen Handläufen. Nach dem Zweiten Weltkrieg knüpfte man an die Tradition des Hauses als Erziehungsanstalt an, indem man die Opfer der »militaristischen Politik des deutschen Imperialismus« hier internierte und im »antifaschistisch-demokratischen Geist« erzog. 1952 zog das Institut für Lehrerbildung ›Rosa Luxemburg‹ ein; 1980 wurde es zum Haus der Gewerkschaften. Seit der Wende sitzen hier der Deutsche Gewerkschaftsbund, mehrere Versicherungen, die Deutsche Stiftung Denkmalschutz und die Betriebsgesellschaft Brandenburgische Schlösser und Herrenhäuser.

Im weiteren Verlauf der Lindenstraße liegen Militärbauten: das gegenüber liegende **Dreifachhaus Nummer 28/30,** von Jan Bouman

In der Lindenstrasse kann man sehen, wie Handwerker und Regimentsangehörige zur Zeit Friedrichs des Großen wohnten

1753 als Kaserne für beweibte Grenadiere erbaut. Ab 1813 hatte hier unter anderem die Verwaltung des Militärwaisenhauses ihren Sitz. Aus friderizianischer Zeit stammt der massive **Putzbau Nummer 35/39.** Heinrich Ludwig Manger erbaute ihn 1764/65. Er diente als Kaserne für das Regiment Prinz Heinrich, das vom jüngeren Bruder Friedrichs des Großen befehligt wurde. An dem **Komplex Nummer 40/43** arbeitete Manger zur gleichen Zeit. Friedrich der Große brachte hier Bayreuther Handwerker mit Einquartierungsfreiheit unter. Die **Lindenstraße 25,** ein großer, 1772 von Georg Christian Unger gestalteter, rustizierter Putzbau, war das Lazarett des Regiments Leibgarde. Daran erinnern die zwei Sandstein-Figurengruppen über dem Mittelrisalit mit Genreszenen zur Krankenpflege. In dem repräsentativen Eckhaus **Lindenstraße 44** wohnten in friderizianischer Zeit die Bildhauerbrüder Johann David (1729–83) und Johann Lorenz Räntz (1733–76), die beide aus Bayreuth stammten. In Absprache mit dem Architekten Carl von Gontard schufen sie die reiche Fassadenornamentik ihres Wohnhauses selbst. Aus dem 19. Jh. stammen die schlichten Holztüren mit ihrer bildhübschen Zinkgussornamentik.

Im Eckhaus Lindenstraße/Bäckerstraße, dort, wo heute das chinesische Restaurant sitzt, wurde bis in die 90er Jahre noch die traditionsreiche Gaststätte Alte Wache geführt. Sie musste zu DDR-Zeiten zeitweilig ihren Namen ändern, da er ein Symbol des preußischen Militarismus sei. Der pfiffige Wirt machte daraus eine Eulenspiegelei und änderte das Wirtshausschild in ›Alte Wachtel‹. Der Gaststättenname bezog sich auf den frühklassizistischen Bau der **Alten Wache** (26) an der Charlottenstraße. Diese war ein persönliches Geschenk König Friedrich Wilhelms II. an seine ehemalige Truppe, das Regiment Prinz von Preußen. Der reiche Skulpturenschmuck des Gebälks und im Attikageschoss symbolisiert die Kriegskunst. Die Hauptwache diente zur Zeit der ersten Stadterweiterung auch als Stadttor. Sie bestand aus zwei Gebäuden, die Andreas Ludwig Krüger 1795/97 mit einer hochgestelzten Arkadenreihe zusammenfasste. Dabei ließ er sich von der Hauptwache in Posen sowie von den Berliner Mohrenkolonnaden anregen. Ob der König die Vollendung noch miterlebte, ist fraglich, denn er starb 1797.

ehemaliger Stadtkanal ☆ Rest des kanalisierten Baches, der Potsdam einst ein verspielt-romantisches Flair verlieh

Durch die Bäckerstraße geht es weiter in die **Yorckstraße,** wo der fortlaufend begrünte Mittelstreifen den Verlauf des **Potsdamer Stadtkanals** (27) markiert. Diese schmale Wasserstraße floss durch Potsdam hindurch; Alleebäume und Sitzbänke schufen eine romantisch verspielte Atmosphäre, in Erinnerung an die Amsterdamer Grachten. Im Zuge der Vorbereitungen zur Bundesgartenschau im Jahr 2001 sprach sich die Stadtverordnetenversammlung für eine Wiederfreilegung eines ersten, 120 m langen Teilabschnitts in der Yorkstraße aus. Zwischen Wilhelm-Staab-Straße und Friedrich-Ebert-Straße soll dann nicht nur der Graben wieder ausgehoben, sondern auch das Mauerwerk saniert, die schmiedeeisernen Kanalgeländer wieder aufgestellt sowie die Treppen wieder zugänglich gemacht werden. Damit gewänne die Potsdamer Altstadt in jedem Fall einen Teil ihrer städtebaulichen Grundstruktur und ihres unvergleichlich reizvollen Flairs zurück – gleichwohl, der Oberbürgermeister sucht noch Mitfinanzierer!

Ein kleiner Bach floss schon während der Regierungszeit des Großen Kurfürsten um das damals noch kleine Städtchen Potsdam herum. Der Soldatenkönig Friedrich Wilhelm I. erkannte den praktischen Wert dieser Naturgegebenheit und ließ ihn 1722 begnadigen und vertiefen. Der immerhin 1,5 km lange Bach wurde von der Havel gespeist; er begann am östlichen Kellertor, floss die Straße Am Kanal, die Yorck-, Dortu- und Hoffbauerstraße entlang und mündete am südlichen Wassertor wieder in den Havelstrom. Wie Heinrich Ludwig Manger 1789 in seiner ›Baugeschichte von Potsdam‹ zu berichten wusste, hatte die mit Havelkähnen befahrbare Wasserstraße eine Eichenholzverschalung und war stellenweise von hölzernen Klappkonstruktionen überbrückt. Beim Bau der Ersten und Zweiten Neustadt erwies sich der Kanal als ungemein praktisch für den Transport der Baumaterialien. Darüber hinaus entwässerte er das torfige Baugelände.

Friedrich der Große veranlasste den Bau einer Sandsteinverschalung mit zierlichem Eisengeländer und neun Steinbrücken, von denen die Breite Brücke an der Garnisonkirche am bekanntesten wurde. Der nun wieder geplante Übergang in Höhe der Wilhelm-Staab-Straße hieß Ladenbergbrücke. Maler und Fotokünstler inspi-

An Amsterdamer Grachten erinnert der Stadtkanal; hier mit der Breiten Brücke. Historische Aufnahme, undatiert

Neuer Markt, Ostseite des Platzes mit dem Restaurant Waage

rierte die Szenerie am Kanal immer wieder. Leider wurde das Fließgewässer auch als Abwasserkanal benutzt und roch daher nicht immer angenehm. Ab 1961 entledigte man sich dieses Problems auf bequemste Weise durch Zuschütten und Überpflastern.

Entlang der Yorckstraße wurde der Kanal beidseitig von repräsentativen Häusern des 18. Jh. flankiert. Bei dem Bombenangriff im April 1945 erlitt die historische Bebauung schwere Schäden. Die originale Wiederherstellung der Hausfassaden ist das Verdienst des Potsdamer Bauhistorikers Friedrich Mielke. Das Gebäude **Yorckstraße 7** ist eines der drei letzten Potsdamer Typenhäuser der ersten barocken Stadterweiterung von 1722–28. Am 16. Februar 1834 wurde hier der Zoologe Ernst Haeckel geboren. In Potsdam verbrachte Haeckel seine ersten vier Lebensjahre, bevor die Familie nach Merseburg umzog. Haeckel studierte erst Medizin, fand dann zunehmend Interesse am Leben niederer Meerestiere und wandte sich schließlich ganz der Biologie zu. In der zweiten Hälfte des 19. Jh. war er mit seiner Urzeugungs- und Monerentheorie einer der leidenschaftlichsten deutschen Verfechter der Darwinschen Abstammungslehre und von daher überzeugter Atheist und Materialist – eine bei den Zeitgenossen höchst umstrittene Persönlichkeit. Er war es, der der Lehre vom Haushalt der Natur den Namen Ökologie gab.

Im Haus Yorckstraße 19/20 lebte ein einfacher Glasschneider. »In Potsdam wohnt die Armut in Palästen«, hieß es in Anspielung auf die von Friedrich dem Großen befohlenen Palastfassaden, im Volk als »Vorhemdchen« bekannt

Interessant für einen kurzen Blick sind hier die so genannten **Happe-Röhrichtschen-Häuser,** Yorckstraße 3 und 4, in den Jahren 1822/23 nach Entwürfen Karl Friedrich Schinkels gestaltet. Das gegenüber liegende Gebäude **Yorckstraße 19/20,** 1776 von Gontard entworfen, diente ursprünglich dem Glasschneider Brockes als Wohnhaus, bis 1817 hier die Oberrechnungskammer einzog. Früher verwiesen niedliche Puttengruppen über dem Giebel des Mittelrisalits durch ihre Attribute auf den Beruf der Glasmalerei.

Der zweigeschossige massive Putzbau gleich um die Ecke in der **Wilhelm-Staab-Straße 10/11,** 1777 von Georg Christian Unger errichtet, fungierte jahrelang als Gemeindehaus der St. Nikolaikirche. Das Hinterhaus, der so genannte **Nikolaisaal** (28), diente als Gemeinderaum, in dem unter anderem die Chorproben abgehalten wurden. Nach 1946 wurde das Haus mit seinem großzügigen Foyer zum Rundfunksaal des Brandenburgischen Kammerkonzerts ausgebaut. Nun bauten der französische Architekt Rudi Ricciotti und das Architektenehepaar Hegger aus Kassel den Nikolaisaal in das **Konzerthaus der Stadt Potsdam** um. Wo möglich wurde dabei historische Bausubstanz einbezogen, so auch am Eingang. Das aus Cottaer Sandstein in romanischer Formensprache gestaltete Portal zeigt im Tympanon noch das Lamm Gottes als Symbol für Jesus Christus. Der 700 Zuschauer fassende Konzertsaal wird im Sommer 2000 eröffnet. Er eignet sich für Musik-, Tanz- und Theatervorführungen jeglicher Besetzungsgröße und soll sich durch eine hervorragende Akustik auszeichnen.

Von der Wilhelm-Staab-Straße, die übrigens 1947 nach dem Potsdamer Stadtrat benannt wurde, der 1920 für die USPD als Abgeordneter im Berliner Reichstag saß, zweigt die schmale Ebräerstraße ab. Ihr Name erinnert an den **jüdischen Betsaal,** der sich zwischen 1748 und 1763 im Haus Nummer 4 befand.

Neuer Markt ☆☆
Stimmungsvoller Platz mit Bauten des 18. und 19. Jh.

Die schmale, leicht geschwungene Siefertstraße führt zum **Neuen Markt,** einem höchst stimmungsvollen ruhigen Plätzchen mitten in der Stadt. Rund um das **Restaurant Waage** in der Platzmitte (Öffnungszeiten siehe ›Tipps & Adressen‹: Essen und Trinken), einem spätklassizistischen Bau, den 1836 vermutlich der Schinkel-Schüler Christian Heinrich Ziller (1792 bis etwa 1870) errichtete und in dem sich tatsächlich das alte Wiegehaus der Stadt befand, gruppieren sich Wohnhäuser und ehemalige Bauten der Monarchie aus dem 18. und 19. Jh.

Der lang gestreckte frühklassizistische Bau Am Neuen Markt 9, mit dem triumphbogenartigen Portalrisalit, ist der 1787 durch Andreas Ludwig Krüger erbaute **Königliche Kutschstall** (29). Hier wird deutlich, wie praktisch nahe beieinander der Lange Stall als Reithaus und Exerziergebäude an Schlechtwettertagen, der Kutschstall als Gefährtgarage und der Marstall als eigentlicher Pferdestall seit dem frühen 18. Jh. lagen. Krüger war eigentlich gelernter Maler und Radierer, konnte sich aber ab 1777 nach seinem Eintritt in das königliche Bau-Comptoir schnell zu einem fähigen Architekten emporarbeiten, der Potsdam um einige schöne Bauten bereicherte. Die großen steinernen Attikaskulpturen über dem Portal stammen von dem Bildhauer Johann Eckstein (1772–1802 nachweisbar). Aus kunsthistorischer Sicht verdienen sie ganz besondere Aufmerksamkeit, denn sie sind die erste realistische, fast bürgerliche Darstellung auf einem königlichen Gebäude. Abgebildet ist der Kutscher Pfund, Leibkutscher Friedrichs des Großen, mit seinem Vierspänner. Keine mythologisch-theatralische Attitüde sieht man hier, sondern das Ausbürsten von

In den Kutschstall soll zukünftig ein neu zu gründendes Preußenmuseum einziehen

Uniformen, das Herrichten von Sattelzeug und Geschirr – profane, aber neuerdings darstellungswürdige Tätigkeiten. Die überwölbten Innenräume sind durch stämmige Pfeiler in drei Längsbahnen geteilt. Ab 1978 hatte hier der VE Handelsbetrieb Obst und Gemüse seinen Sitz. Die Stiftung Preußische Schlösser und Gärten Berlin-Brandenburg ist nun der Eigentümer und gewährt dem Antik- und Trödelmarkt das Ausstellungsrecht, bis über eine würdigere Dauernutzung entschieden ist (Öffnungszeiten siehe ›Tipps & Adressen‹: Einkaufen).

Das Haus Am Neuen Markt 1/2 ließ Friedrich der Große 1753 für den Landprediger Krumbholz erbauen. Das Negerpärchen als Atlantenfiguren für den auffallend prachtvollen Balkon über dem Portal schuf der 1752 verstorbene Friedrich Christian Glume, der bedeutendste friderizianische Bildhauer. 1764 richtete Friedrich das Haus als **Kronprinzenpalais** (30) für seinen Neffen Friedrich Wilhelm II. ein. Als dieser heiratete, wurde es mit dem angrenzenden Eckhaus des Brauers Lehmann, **Schwertfegerstraße 8,** verbunden. Am 3. August 1770 wurde hier der Thronfolger Friedrich Wilhelm III., der spätere Ehemann der Königin Luise, geboren. Mit der Regierungsübernahme des Vaters bezog die Familie das Marmorpalais im Neuen Garten. Vermutlich ist dieses Gebäude auch das Geburtshaus Wilhelm von Humboldts (1767–1835). Nachher zog die Ecole de Génie et d'Architecture, später schlicht Ingenieurakademie genannt, ein; seitdem erhielten hier Preußens Landvermesser, Bauhandwerker, Land- und Wasserbaumeister ihre Ausbildung.

Intensiviert die Verbindung zwischen Potsdam und New York: das Steubendenkmal

Von hier fällt der Blick auf das **Denkmal Friedrich Wilhelm von Steubens** (1730–1794), den Helden des nordamerikanischen Unabhängigkeitskrieges. Als junger Quartierleutnant in der Armee Friedrichs des Großen ordentlich gedrillt, wanderte Steuben nach Ende des Siebenjährigen Krieges in die Neue Welt aus, übernahm die völlig demoralisierte Unabhängigkeitsarmee der Nordstaaten und führte sie als Generalstabschef an der Seite George Washingtons für Freiheit und Demokratie zum Sieg. Schon 1911 hatte deshalb der amerikanische Kongress den Potsdamern ein Steuben-Denkmal geschenkt, das aber 1950 aus fadenscheinigen Gründen der Rohstoffgewinnung eingeschmolzen wurde. Noch heute ehrt Amerika diesen Preußen alljährlich am 12. September mit der berühmten Steuben-Parade in New York – und mit dabei ist auch der Potsdamer Fanfarenzug.

Das Eckhaus **Schwertfegerstraße/Friedrich-Ebert-Straße** ist der verbliebene Rest von vier gleichen Häusern an dieser ehemaligen Kreuzung, die alle konkave Eckbögen hatten. Dadurch ergab sich die berühmte Straßenkreuzung Acht-Ecken.

In das Nachbarhaus **Friedrich-Ebert-Straße** 121 hatte sich Heinrich Heine im April 1829 aus Berlin zurückgezogen, um in aller Ruhe den dritten Teil seiner ›Reisebilder‹ vollenden zu können. Der Dichter verlebte die Potsdamer Zeit in trüber Stimmung, wozu auch die vergebliche Bewerbung an der Münchner Universität und die Trauer um den kurz zuvor verstorbenen Vater beitrugen. In seinen ›Reisebildern‹ flüchtete er sich in beißenden Spott über das nachfriderizianische Potsdam: »[…] durch seine öden Straßen wandern wir wie durch die hinterlassenen Schriftwerke des Philosophen von Sanssouci […], und obgleich es jetzt nur steinerne Makulatur ist und des Lächerlichen genug enthält, so betrachteten wir es doch mit ernstem Interesse und unterdrückten hier und da eine aufsteigende Lachlust […].«

Besonders sehenswert in diesem Unterkapitel:
Brandenburger Tor ☆
Jägertor
Gedenkstätte gegen politische Gewalt im ehemaligen Gefängnis der Staatssicherheit ☆☆
Nauener Tor
Holländisches Viertel ☆☆
Französische Kirche
Kirche St. Peter und Paul

Zweite barocke Stadterweiterung mit Holländischem Viertel

Eine Wanderung durch die über 250 Jahre alten Karrees der zweiten Stadterweiterung offenbart die wechselvolle Geschichte dieses Teils von Potsdam. 1979 würdigte die DDR seinen Wert, indem sie ihn in die Zentrale Denkmalliste der DDR aufnahm und damit als gleichwertig mit den Schlössern und Gärten anerkannte.

Brandenburger Tor ☆ Prachtvolles Tor Friedrichs des Großen in Form eines römischen Triumphbogens

Auf dem Luisenplatz leuchtet in mildem Gelb das **Brandenburger Tor** (1), das immerhin eine ältere Geschichte aufzuweisen hat als sein berühmtes Berliner Pendant! Den Vorgängerbau hatte Friedrich Wilhelm I. 1733 als erstes neues Tor im Zuge der zweiten Stadterweiterung bauen lassen. 1770 entschloss sich Friedrich der Große zu diesem Neubau in Form eines römischen Triumphbogens mit einer Durchfahrt in der Mitte. Der König beschäftigte gleich zwei Architekten mit dem Tor – und zwar Georg Christian Unger für die Feld- und Carl von Gontard für die Stadtseite. Erst 1843, unter Friedrich Wilhelm IV., wurden die beiden seitlichen Durchgänge ergänzt.

Das Brandenburger Tor vermittelt zwischen der Stadt und dem Park Sanssouci

Rundweg durch die zweite barocke Stadterweiterung mit Holländischem Viertel:
1 Brandenburger Tor
2 Kaserne der 3. Eskadron des 1. Garde-Ulanen-Regiments
3 Stadtmauer
4 Triumphtor
5 Museumshaus ›Im güldenen Arm‹
6 Infanteriekaserne für Beweibte des Regiments ›Prinz von Preußen‹
7 Gedenktafel für Karl Liebknecht
8 Jägertor
9 Jägerhof
10 Gedenkstätte gegen politische Gewalt im ehemaligen Gefängnis der Staatssicherheit
11 Villa von Hacke
12 Amtsgericht Potsdam
13 Ehemalige Stasizentrale des Bezirks Potsdam
14 Ehemalige sowjetische Militär-Stadtkommandantur
15 Villa Quistorp
16 Nauener Tor
17 Druckerei Edmund Stein
18 Café Heider
19 Große Stadtschule
20 Holländisches Viertel
21 Sowjetisches Ehrenmal
22 Französische Kirche
23 Kirche St. Peter und Paul
24 Haus Am Bassin 10 (Mozarthaus)

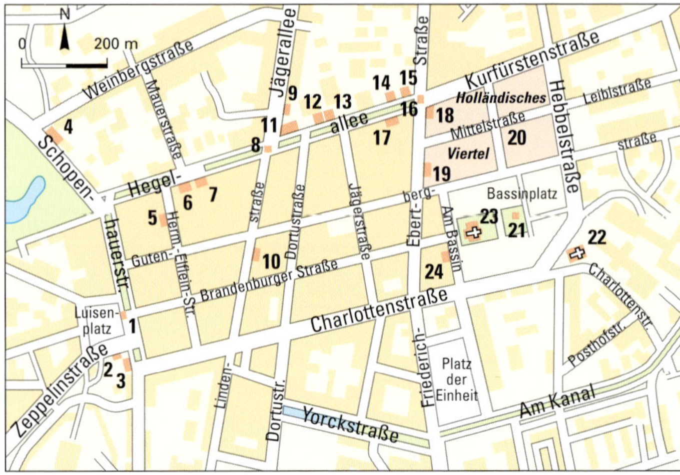

Der mächtige, dreigeschossige Rohziegelbau am Luisenplatz 9, in dem heute die Mittelbrandenburgische Sparkasse ihren Sitz hat, diente ursprünglich als **Kaserne für die 3. Eskadron des 1. Garde-Ulanen-Regiments** (2). 1836 bezogen die Garde-Ulanen den von Karl Hampel entworfenen Bau. Erst zehn Jahre später wurde die Zinnenkranzbekrönung hinzugefügt. Unmittelbar daneben, an der Schopenhauerstraße/Ecke Charlottenstraße sieht man das Restaurant Alter Stadtwächter, dessen straßenseitige Hauswand aus vier großen Bögen besteht, ein Rest der 1733 bei der zweiten barocken Stadterweiterung angelegten **Stadtmauer** (3). Von hier verlief die Mauer zum Brandenburger Tor und geradeaus weiter bis zur Hegelallee, wo sie entlang der heute begrünten Mittelstreifenpromenade die Stadt Potsdam nach Norden abschloss. Auf ihrer Südseite entstand im 18. Jh. eine bescheidene, zweigeschossige Häuserreihe, die noch fast vollständig, wenn auch sanierungsbedürftig, erhalten ist.

Gegenüber dem Obelisken am Haupteingang zum Garten Sanssouci, dort wo das große **Triumphtor** (4) an der Ecke steht, steigen die Weinbergterrassen den Mühlenberg an. Das Tor ist ein bescheidenes Fragment eines nicht gänzlich realisierten königlichen Traumes von unglaublichen Ausmaßen: Eigentlich hatte Friedrich Wilhelm IV. schon in seiner Kronprinzenzeit seinem verehrten Vorfahren Friedrich dem Großen hier ein Denkmal setzen wollen. Doch typisch für den architekturbegeisterten Monarchen machte er daraus binnen kurzem ein fantastisches Projekt: Gedanklich konstruierte er per Luftlinie eine prächtige Triumphstraße, die vom Denkmal über Schloss Sanssouci und die Orangerie zum Belvedere auf den Klausberg führt. Ein offenes römisches Amphitheater und wirkungsvolle Viadukte sollten den Weg säumen. Dies war sicher eine der phänomenalen Bauideen der deutschen Romantik, aber schlankweg zu teuer! Und als Christian Rauch in Berlin Unter den Linden sein Reiterdenkmal des Alten Fritz errichtete, wurde ohnehin ein zweites in Potsdam entbehrlich. Doch blieb der einmal gefasste Gedanke, den Mühlenberg zu bebauen, für den König Faszination. 1842 musste Lenné Weinterrassen und Pergolen anlegen und Ludwig Ferdinand Hesse eine italianisierende Villa mit Balkon und Aussichtsturm auf der Anhöhe errichten.

Prinz Wilhelm, jüngerer Bruder des Königs und nachmaliger Kaiser Wilhelm I., hatte bei den Berliner Barrikadenkämpfen angeblich in die Volksmenge schießen lassen, womit er sich den Beinamen ›Kartätschenprinz‹ einhandelte. Nachdem die von ihm kommandierten Truppen 1849 revolutionäre Aufstände in Baden und der Pfalz niedergemacht hatten, beauftragte der Monarch den Architekten Friedrich August Stüler, zum Zeichen seines Sieges das Triumphtor am Fuß der Weinbergterrassen zu erbauen und ließ eine Auffahrt zum Mühlenberg legen.

Vorbild für Stülers Entwurf war der Ehrenbogen, den römische Händler und Geldwechsler Kaiser Alexander Severus und seiner Familie 204 n. Chr. am Eingang des Forum Boarium gewidmet hatten. Das detailreiche Bildprogramm des Weinbergtors thematisiert Auszug und Heimkehr der Krieger, die vier Kardinaltugenden und Künste sowie Allegorien auf den technischen Fortschritt.

Eine kleine Dependance des Potsdam Museums ist im **Museumshaus Im güldenen Arm** (5) in der Hermann-Elflein-Straße 3 zu sehen (Öffnungszeiten siehe ›Tipps & Adressen‹: Museen und Schlösser). Eigentlich sollte das Gebäude wegen seines ruinösen Zustandes 1990 abgerissen werden, doch man entschloss sich zum Rückbau in den ursprünglichen Zustand und gewann ein Musterhaus für das Potsdam des 18. Jh. Das Fachwerkgebäude mit der in das Dach eingebauten Giebelstube fällt besonders auf durch das hübsche durchbrochene Holzschnitzwerk rund um das Portal. Das Hauptschild in der Mitte zeigt einen aus Wolken herausragenden Arm, der ein Bierglas stemmt. Links und rechts veranschaulichen zwei Putten die beiden Berufe des ersten Hausbesitzers August Melchior Erhadt: während der eine Schlegel und Meißel schwenkt, hantiert der andere mit einem beilartigen Hammer, wie er zum Anschlagen von Fassreifen auf Bierfässer benötigt wird. Der aus Süddeutschland stammende Erhadt war Bildhauer und verdiente sich durch den Ausschank ein paar Taler dazu. Er erhielt das Haus 1744 von Friedrich dem Großen geschenkt und bewohnte es bis zu seinem Tod 1760. Die ganze Holzschnitzornamentik stammt vermutlich von seiner Hand. Während im Erdgeschoss Wechselausstellungen zu Potsdamer Themen oder von Potsdamer Institutionen gezeigt werden, stellen Diele und fünf Räume des Obergeschosses den Hausbau in der zweiten barocken Stadterweiterung mit Mobiliar, Militaria und Handwerksgerät des 18. Jh. vor.

Museumshaus ›Im Güldenen Arm‹, Fassadendetail

Wenig weiter, in dem Dreifachhaus Hegelallee 33–35, befand sich ursprünglich die **Infanteriekaserne für Beweibte des Regiments ›Prinz von Preußen‹** (6). Die 1782 von Heinrich Ludwig Manger erbauten Häuser zeigen vereinzelt noch Fassadenplastik mit den Attributen der Kriegskunst wie Federbuschhelmen und Waffen. Heute dienen die Bauten privaten Wohnzwecken.

An der Fassade eines benachbarten Hauses, der Hegelallee 38, wurde 1982 eine bronzene **Gedenktafel für Karl Liebknecht** (7) angebracht: »Hier beauftragten Potsdamer Genossen im Nov. 1914 Karl Liebknecht, gegen die Kriegskredite im Reichstag zu stimmen.« Die so genannte Beauftragung ist ein Relikt des alten SED-Jargons; streng genommen eine Legende, denn Liebknecht hatte als promovierter Rechtsanwalt unter seinen Potsdamer Parteifreunden eine so überragende intellektuelle Stellung, dass seine Stimme gegen die Kriegskredite freie persönliche Gewissensentscheidung und keine ›Delegierung‹ von unten war. Dennoch hatte Liebknecht viel mit Potsdam zu tun: Als nach der Entlassung Bismarcks im Jahr 1890 die Sozialistengesetze aufgehoben wurden und sich 1891 prompt der erste Sozialdemokratische Wahlverein in Potsdam gründete, kandidierte der junge Berliner Rechtsanwalt von 1901 bis 1916 als Reichstagsabgeordneter im so genannten Kaiserwahlkreis. Der einprägsame Name dieses Wahlkreises rührt daher, dass Potsdam als Stammsitz der Hohenzollern seinen Mittelpunkt bildete. Hier empfand Liebknecht seine politische Arbeit als besonders schwierig, da ihm eine konservative und monarchietreue Bürger- und Beamtenschaft massiv entgegentrat. Die Befürchtung, das Kaiserhaus könne Potsdam verlassen und zahllose Hofangestellte und Hoflieferanten arbeitslos zurücklassen, diktierte die Schärfe des Tons. Trotzdem gewann Liebknecht 1912 die Stichwahl gegen den konservativen Kandidaten. Natürlich wurde zu DDR-Zeiten Liebknechts Lebenswerk in Potsdam besonders kultiviert, und noch heute wird sein Gedenken zu Recht alljährlich gepflegt.

Jägertor: Ältestes, fast vollständig erhaltenes Tor Potsdams

Der teilweise vergoldete Trophäenschmuck und die Darstellung einer Hirschjagd auf der Attika des **Jägertors** (8) erinnern daran, dass die Jägerallee zu Zeiten des Großen Kurfürsten zur kurfürstlichen Fasanerie, dem **Jägerhof** (9), führte. 1733 wurde das Jägertor auf Befehl Friedrich Wilhelms I. im Zuge der zweiten Stadterweiterung erbaut. Es ist die älteste und fast vollständig erhaltene Toranlage Potsdams. Der nachmalige Kaiser Wilhelm I. hatte 1869 zu beiden Torseiten eine Fußgängeröffnung brechen lassen, und auch die Mauerflügel rechts und links waren 1907 weggebrochen worden. Im Jägerhof hatte sich die sowjetische Armee lange Zeit eine Kaserne eingerichtet und dabei noch die kaiserlichen Pferdeställe im hinteren Teil des Geländes genutzt.

Gedenkstätte gegen politische Gewalt im ehemaligen Gefängnis der Staatssicherheit ☆☆

Nach Süden zweigt die Lindenstraße ab, wo in dem Doppelhaus mit der Nummer 54/55 eine Gedenkstätte, die **Gedenkstätte gegen politische Gewalt im ehemaligen Gefängnis der Staatssicherheit** (10) zu besichtigen ist (Öffnungszeiten siehe ›Tipps & Adressen‹: Museen und Schlösser). Aufgrund seiner Lage in dieser Straße war der Stasiknast zu DDR-Zeiten im Volksmund unter dem Namen Lindenhotel berühmt-berüchtigt.

Zellentrakt im ehemaligen Gefängnis der Staatssicherheit. Noch 1989 saßen 384 Menschen hier in Untersuchungshaft. Das im Volksmund »Lindenhotel« genannte Gefängnis blieb dank der engagierten Bürgerbewegungen vom Herbst 1989 erhalten und wurde der Öffentlichkeit zugänglich gemacht

Die Geschichte des großen roten Backsteinhauses in der Lindenstraße begann mit dem linken Gebäudeteil, den Philipp Gerlach im Auftrag Friedrich Wilhelms I. 1737 als Großes Holländisches Haus erbaute. Im Jahr darauf schenkte der König das Haus der Stadtkämmerei, die es wiederum an den Kommandanten der Garde vermietete. In der napoleonischen Besatzungszeit befand sich hier ein Kleidermagazin und ein Pferdelazarett. 1817 zog das Stadtgericht ein, an dem der Jurist und Dichter Theodor Storm als Assessor wirkte; 1843 kam die Zusammenlegung mit dem benachbarten Schulhaus. Aus dieser Zeit stammte das Motto über dem Haupteingang: »Königshuld und Bürgersinn dem Stadtgerichte.« 1909 wurde dann im Hinterhaus das Gefängnis angebaut. In der Zeit des Nationalsozialismus ›verordnete‹ hier ein Erbgesundheitsgericht Zwangssterilisierungen, während im Gefängnis politisch Angeklagte des Potsdamer Volksgerichtshofs einsaßen.

Etwa seit 1953 nutzte die Staatssicherheit der DDR das Gebäude für ihre unheilvolle Tätigkeit. Nach außen vollkommen abgeschirmt, wurden hier Tag und Nacht politische Gefangene verhört und wegen staatsfeindlichen Verhaltens oder ungesetzlichen Grenzübertritts inhaftiert. Passanten mussten diese Straßenseite meiden; ein Schild forderte: »Fußgänger gegenüberliegende Gehbahn benutzen« – die meisten umgingen diese Straße schon von sich aus. Die hektischen Tage im Herbst 1989 haben die jahrzehntelange Gewalt in diesem Gebäude endlich gebrochen. Im Dezember 1989 betrat eine Abordnung der Bürgerbewegungen Demokratie Jetzt und Neues Forum zum ersten Mal das bedrückende Haus, um Aktenmaterial sicherzustellen. Danach zog das städtische Amt für Denkmalpflege ein – und teilt sich das Haus seitdem mit dem Potsdam Museum, das hier eine Außenstelle einrichtete. Während im Vorderhaus eine Dauerausstellung über die Geschichte des Hauses informiert, ist der Mittelteil mit dem grau in grauen Zellentrakt heute Gedenkstätte.

Fast die gesamte Nordseite der Hegelallee ist mit imposanten klassizistischen und neubarocken Villen des 19. und beginnenden 20. Jh. bebaut, reich an Türmchen, Erkern und Büsten. So errichtete Ferdinand von Arnim direkt am Jägertor, in der Jägerallee 1, 1847 die prachtvolle **Villa von Hacke** (11). Das Eckhaus ist mit einem turmartigen, terrakottaverkleideten Vorbau versehen, der im Obergeschoss ursprünglich offen war.

Ein paar Schritte weiter, in der Hegelallee 8, liegt das repräsentative **Amtsgericht Potsdam** (12), ein zwischen 1880 und 1883 nach Entwürfen von Karl Friedrich Endell und Oberbaudirektor Hermann errichteter Klinkerbau. Schön anzusehen: die blau-goldenen Mosaikfriese der Firma Villeroy & Boch zwischen beiden Obergeschossen

Das Nauener Tor. Bei schönem Wetter öffnen die umliegenden Cafés und Restaurants ihre Biergärten – eine angenehme urbane Atmosphäre

und am Hauptgesims. Über den Fenstern prunken acht Medaillons mit Sandsteinbüsten von Mitgliedern der Hohenzollerndynastie, darunter zwei Statuen von Friedrich dem Großen und Kaiser Wilhelm I., allesamt angefertigt von Künstlern der Berliner Bildhauerschule.

Der langgestreckte Neubau gleich nebenan erinnert wieder an die jüngste Vergangenheit. Hinter Schlagbaum und Pfortenwache war hier zu DDR-Zeiten die **Stasizentrale des Bezirks Potsdam** (13) untergebracht. Nach der Wende zogen unter anderem das Arbeitsamt und ein Teil der Stadtverwaltung ein.

In der weißen Runderker-Villa zur Rechten, Hegelallee 4, hatte die **sowjetische Militär-Stadtkommandantur** (14) bis 1992 ihren Sitz. In den Kellerräumen dieses Hauses fanden gelegentlich unschöne ›Zeremonien‹ statt, bei denen mit jungen, ungehorsamen Soldaten, gelinde gesagt, wenig zimperlich umgegangen wurde. Dies beobachteten Potsdamer Passanten – solange, bis das Fenster des betreffenden Raumes zugemauert wurde. Da mutet es fast satirisch an, dass nun das Tiefbauamt hier seinen Sitz hat. Zu DDR-Zeiten war die Kommandantur die offizielle Kontaktstelle zwischen Potsdamern und Sowjets.

An der Ecke zur Friedrich-Ebert-Straße steht die **Villa Quistorp** (15), ein 1872 durch zwei Hofbaumeister, die Gebrüder Ernst und Gottlieb Petzholtz, erbautes Haus auf stumpfwinkligem Grundriss. Auffällig ist das zur Hegelallee hinausgehende Belvedere mit den Karyatiden. In den 30er Jahren war hier die Polizeiverwaltung untergebracht, seit 1947 dann ein Kindergarten, und heute residieren hier Steuerberater und Rechtsanwälte.

Nauener Tor: Erstes Bauwerk der in Mode kommenden Neugotik auf dem europäischen Festland

Das große **Nauener Tor** (16) ließ Friedrich der Große 1754/55 von seinem Architekten Johann Gottfried Büring errichten. Es erhielt zwei gotisierende Türme und Torhäuser mit Bogenlaube. Als konkretes Vorbild zog der König das fünf Jahre ältere Inverary Castle in Schottland von Robert Morris heran, das er jedoch allenfalls aus Stichwerken gekannt haben kann. Für Kunsthistoriker hält das Nauener Tor eine interessante Frage bereit: Es ist nämlich das erste kontinentale Beispiel der damals gerade in England aufkommenden neugotischen Bauweise, und bis heute fand die Forschung keine überzeugende Erklärung für eine so frühe Verwendung neugotischer Stilelemente ausgerechnet in Potsdam. Noch kurz vor seinem Tod brachte der Bildhauer Benjamin Giese (1705–55) die Löwenköpfe an den Arkadenpfeilern an. 1868 sorgte Wilhelm I. für seinen Umbau, bei dem die barocken Torflügel zwischen den beiden Rundtürmen ins Museum kamen. Stattdessen entstand eine spitzbogige Durchfahrt, und die beiden Türme und Torhäuschen rechts und links bekamen Zinnenkränze. Durch die Eröffnung des italienischen Restaurants ›arco‹ (Öffnungszeiten siehe ›Tipps & Adressen‹: Essen und Trinken) im rechten Torturm und mehrere andere Cocktailbars und nette Café-Restaurants in den angrenzenden Häusern des Holländischen Viertels hat sich diese Ecke um das Nauener Tor vor allem im Sommer zu einer der beliebtesten Open-Air-Treffs entwickelt.

Hinter der frisch sanierten Fassade des Hauses Hegelallee 53 verbirgt sich ein geschichtsträchtiger Betrieb, der mittlerweile in vierter Familiengeneration arbeitet. 1887 gründete **Edmund Stein** seine **Druckerei** (17), die das gesamte Königreich Preußen mit Büchern, Zeitungen und Formularen belieferte. In den 20er Jahren saß hier regelmäßig der Schriftsteller Kurt Tucholsky (1890–1935) zum Korrekturlesen seiner Artikel für die ›Weltbühne‹, die satirische und scharf links gerichtete ›Wochenzeitschrift für Politik, Kunst und Wirtschaft‹. Oft soll ein Bote auch die satzfrischen Fahnen ins gegenüberliegende Café Rabien (dem heutigen Café Heider) im Eckhaus des Holländischen Viertels gebracht haben, wo ›Tucho‹ schon bei einem guten Cognac darauf wartete. Ab 1927 arbeiteten Carl von Ossietzky und Erich Kästner für die berühmte kritische Zeitschrift.

Schon Kurt Tucholsky saß beim Conditor Rabien und nippte an seinem Cognac

In besagtem Eckhaus des Holländischen Viertels, in der **Friedrich-Ebert-Straße 31,** hatte einer der traditionsreichsten Potsdamer Familienbetriebe, der 1878 gegründete **Conditor Rabien,** einst seinen Sitz. Als 1952 in der DDR eine Welle von HO-Gründungen nach alteingesessenen Betrieben griff, wurde auch Konditormeister Hugo Rabien genötigt, sein renommiertes Geschäft an die HO abzutreten, und siedelte nach Berlin-Steglitz über.

1908 war es dem Geschäftsgründer Ernst Rabien gelungen, den Titel ›Hof-Conditormeister‹ zu erwerben, eine Auszeichnung, die besonders unter preußisch-patriotisch gesonnenen Gewerbetreibenden sehr begehrt war. Sie konnte erst nach mehrmaliger Belieferung eines Mitglieds des Hohenzollernhauses beantragt werden. Zudem mussten dem Oberkämmereiamt unter Vorlage mehrerer Leumundszeugnisse tadellose Vermögens- und Familienverhältnisse nachgewiesen werden. Danach erst durfte das Signet, Wappen und Krone Preußens, über der Eingangstür präsentiert werden.

Spezialität der Rabiens ist bis heute der mehrfach prämierte und in alle Welt verschickte Baumkuchen, nach uraltem Familienrezept von Hand hergestellt. 1932 zog das Café in die Brandenburger Straße, direkt vor das Brandenburger Tor. Der illustre Stil des Hauses machte es in den 30er Jahren zu einem beliebten Treffpunkt für Prominente wie Lilian Harvey, Renate Müller, Gustav Fröhlich, Charlie Chaplin, Erich-Maria Remarque, Frederic Ullstein, Theodor Heuss und Wernher von Braun. Heute liefert Rabien einen Teil der leckeren Torten für das **Café Heider** (18; Öffnungszeiten siehe ›Tipps & Adressen‹: Essen und Trinken), das hier nach der Wende einzog.

1738 stiftete der Soldatenkönig Friedrich Wilhelm I. die **Große Stadtschule** (19) in der Friedrich-Ebert-Straße 17; ein Jahr später wurde sie durch Peter von Gayette erbaut. Die verschlungenen Initialen des schmiedeeisernen, vergoldeten Wappens am Balkon erinnern an den königlichen Spender. In den Wintermonaten 1798 auf 1799 hatte die Bildungsstätte einen berühmten Schüler. Der junge Heinrich von Kleist (1777–1811) bereitete sich hier auf sein Studium an der Universität Frankfurt/Oder vor.

Die Große Stadtschule ist eine von zwei erhaltenen Potsdamer Schulen aus der Zeit des Soldatenkönigs

Das Holländische Viertel

Holländisches Viertel ☆☆
Klein-Holland in Preußen: geschlossenes Stadtviertel des 18. Jh. im holländischen Baustil

Die Mittelstraße führt direkt ins **Holländische Viertel** (20). Während der letzten Jahre hat sich dieses Karree roter Giebelhäuser zu einem der nettesten und intimsten Einkaufs- und Kneipenviertel Potsdams gemausert, dem vielerorts noch der Geruch des Neuen anhaftet. Vor allem Antiquitäten- und Wohndekorgeschäfte scheinen hier hoch im Kurs zu stehen. Das Holländische Viertel ist außerhalb der Niederlande das einzige geschlossene Stadtviertel im holländischen Baustil in ganz Europa.

Im Zuge der zweiten barocken Stadterweiterung dehnte sich die holländische Baukunst in Potsdam auf ein ganzes Stadtviertel aus. In fünf Jahren (1732–42) entstand hier ein barockes Teilensemble innerhalb der Stadt. Schon damals galten die vier Karrees der 134 Häuser aus massivem Klinkerstein wegen ihrer hohen Baukosten als besonders wertvoll. Dieses schöne Quartier versinnbildlicht jene Spannung zwischen räumlicher Enge und Weltoffenheit, in der die Bewohner auf Anordnung ihres Königs lebten. Heute würden wir die Mischung der Anwohner aus verschiedensten europäischen Herkunftsländern und Sprachen als multikulturell bezeichnen.

Wie schon sein Großvater, der Große Kurfürst, war der Soldatenkönig Friedrich Wilhelm I. tief beeindruckt von den reichen Niederlanden, dem fortschrittlichsten Land seiner Zeit. Schon als Kronprinz war er zweimal dorthin gereist. Besonders imponierte ihm die Fähigkeit holländischer Ingenieure, auf sumpfigem Gelände zu bauen – dachte er doch gleich an den durchweichten Baugrund seiner Potsdamer Innenstadt.

Als der König 1732 erneut zu einer Reise in die Niederlande aufbrach, war der Plan zum Bau des Holländischen Viertels bereits

Straße im Holländischen Viertel

gefasst. In Amsterdam warb er eine Gruppe von Zimmerleuten und Maurern an. Höchstpersönlich half Friedrich Wilhelm noch im gleichen Jahr beim Abstecken eines Geländes von vier Karrees mit zwei sich kreuzenden Straßen. Interessiert und ehrgeizig beaufsichtigte er, wie Pfahl an Pfahl in den sumpfigen Boden geschlagen wurde und wäre dabei fast selbst mit seinem Pferd im Morast versunken.

Mit den Festungsbauingenieuren Pierre de Gayette (1683–1747) und Andreas Berger (1698–1742) begann Bouman 1737, die Anlage zu errichten. 1740 waren erst die beiden Quartiere an der heutigen Friedrich-Ebert-Straße fertig, sodass der im gleichen Jahr verstorbene Soldatenkönig die Vollendung seines Holländischen Viertels nicht mehr miterleben konnte. Sein Sohn, Friedrich der Große, ließ die Arbeit fortsetzen und 1742 waren alle vier Quartiere bezugsfertig.

Um mehr holländische Handwerker und Künstler anzuwerben, machte der Soldatenkönig den Einwanderern ein verlockendes Angebot: die möblierten Häuser sollten sie als Geschenk erhalten, dazu eine Befreiung von der lästigen Einquartierungspflicht, Religionsfreiheit, den Titel ›Hofhandwerker‹ und bei Anwachsen der Kinderzahl einen eigenen holländischen Schulmeister. Trotzdem kamen nicht so viele Holländer wie erhofft, lebten sie doch selbst in guten Verhältnissen. So manches Haus ging deshalb an preußische Handwerker, französische und Schweizer Kolonisten sowie ausgediente Grenadiere der Garnison.

Die Nachwelt warf dem Soldatenkönig vor, er habe die rhythmische Reihenhausbebauung gemocht, weil sie ihn an seine in Reih und Glied stehenden Soldaten erinnerte. Trotz der Regelmäßigkeit sind anhand der Dachformen und Grundrisse vornehmlich zwei Haustypen zu unterscheiden: das fünfachsige Traufenhaus und das dreiachsige Giebelhaus. Mittel- und Eckhäuser waren jeweils durch prachtvoll geschnitzte und farbig gefasste Portaldekorationen betont. Sie waren den privilegierten Gewerken vorbehalten. Unabhängig vom Hausbesitzer lag auf ihnen die Brau-, Schlacht- und Apothekergerechtigkeit.

Von Anfang an war das Viertel fast ausschließlich von Handwerkern, Künstlern und Gewerbetreibenden bewohnt. Dazu gehörten Sammetmacher, Seydendrucker, Schlößer, Zimmermeister, Bandmacher, Knopfmacher und Tuchmacher, ein Tappeten Fabricant sowie Cannefassmacher.

Während der Kaiserzeit betrieb ein gewisser Berthold Remlinger im Haus **Mittelstraße 3** eine Handlung für ›Sporen, Säbel und Militäreffekten‹. Im Oktober 1906 erschien hier der stellungslose Schuster Wilhelm Voigt und verlangte einen Interimsrock für einen Hauptmann des 1. Garderegiments zu Fuß. In voller Montur schnappte sich Voigt Tage später in Berlin zwei Wachmannschaften direkt von der Straße, fuhr mit ihnen nach Köpenick, verhaftete den Bürgermeister, schüchterte die Beamten ein und konfiszierte die Stadtkasse. Mit diesem genialen Gaunerstreich, der den preußischen militärischen Kadavergehorsam bloßstellte, ging Voigt als Hauptmann von Köpe-

Der Hauptmann von Köpenick kaufte seine Uniform im Holländischen Viertel

nick in die Geschichte ein. Remlingers Aussage trug später dazu bei, dass der falsche Hauptmann überführt werden konnte. Über die Köpenickiade, die Carl Zuckmayer 1931 in seinem Theaterstück aufgriff, lachte die ganze Welt!

Wer sich für das Innenleben dieser Holländerhäuser interessiert, kann sich das **Museumshaus Jan Bouman** in der **Mittelstraße 8** ansehen (Öffnungszeiten siehe ›Tipps & Adressen‹: Museen und Schlösser). Es ist als erstes städtisches Siedlungshaus des 18. Jh. in allen Etagen der Öffentlichkeit zugänglich. Das Gebäude ist nach dem Amsterdamer Schiffsbaumeister Jan Bouman (1706–76) benannt, dem 1734 als jungem Mann von König Friedrich Wilhelm I. die Errichtung des Holländischen Viertels übertragen wurde und der an dieser Aufgabe zum bedeutenden Baumeister reifte. Durch die gelungene Kooperation des Fördervereins zur Pflege niederländischer Kultur in Potsdam e. V. mit der Stadtverwaltung und der Wüstenrot-Stiftung konnte das leer stehende und verwitterte Gebäude denkmalgerecht instand gesetzt werden.

Im Vorderhaus kann der Besucher alle drei Etagen durchwandern. Auf zwei Ebenen veranschaulichen unterhaltsame Videos die Siedlungs- und Baugeschichte des Viertels, der Lebensweise seiner Bewohner und der musterhaften Sanierung des Jan Bouman-Hauses. In Ergänzung zum Giebelvorderhaus kann man die anderen Ensembleteile eines typisch barocken Siedlungshauses besichtigen, den kleinen gepflasterten Hof, das Fachwerkhofgebäude und den begrünten Hausgarten: So sah es um 1735 hier aus!

Seit der zweiten Hälfte des 18. Jh. quartierte Friedrich der Große im Holländischen Viertel immer mehr Künstler und Kunsthandwerker ein, die er zum Ausbau seiner barocken Residenzstadt brauchte – daher gilt es als das Künstlerviertel Preußens. So wohnte beispielsweise Friedrich Christian Glume, eine der führenden Persönlichkeiten der Potsdamer Bildhauerwerkstätten des 18. Jh., in der **Mittelstraße 25.** Sein Nachbar war der holländische Hofmaler Dismar Degen in der **Mittelstraße 27.**

Auch im 19. Jh. hatte das Holländische Viertel bekannte Einwohner. 1856 lebte Theodor Storm (1817–88) in der **Benkertstraße 15.** Wegen seines Engagements für die schleswig-holsteinische Nationalbewegung wurde Storm von den dänischen Behörden mehrfach gemaßregelt. Um dies nicht länger ertragen zu müssen, ließ er sich 1853 als Assessor an das Kreisgericht Potsdam versetzen, vermutlich wegen der Nähe zum kulturell anregenden Berlin. Bei Storm traf sich häufig ein literarischer Zirkel, dem auch Theodor Fontane, der Kunsthistoriker Franz Kugler und der Maler Adolph von Menzel angehörten.

1991 machte die Restauratorin Nora Fielitz in ihrem Haus in der **Benkertstraße 21** eine Entdeckung. An Decke und Wänden des rechten Kaminzimmers im Erdgeschoss des Antiquitätenladens Vis-À-Vis (Öffnungszeiten siehe ›Tipps & Adressen‹: Einkaufen) kamen bei Renovierungsarbeiten Rokokoausmalungen zutage, die vermutlich

Einst wurde das Holländische Viertel für Kunsthandwerker errichtet, heute kann man hier in den Antiquitätenläden und Wohnaccessoire-Geschäften schönes Kunsthandwerk kaufen

Café im Holländischen Viertel

von dem sächsischen Theater- und Vedutenmaler Johann Friedrich Meyer (1728–89) stammen. Meyer war 1751 aus Dresden an die Hofbauintendanz Friedrichs des Großen in Potsdam gekommen und hatte bei der Ausmalung von Schloss Sanssouci und dem Neuen Palais mitgewirkt. Nach dem Grund- und Hypothekenbuch war Meyer seit 1755 Besitzer dieses holländischen Traufenhauses. Die Entdeckung ist insofern spannend, als Meyers illusionistische und perspektivische Architekturmalereien bisher kaum nachzuweisen waren und als nicht mehr existent galten.

Die weltbekannten Schuke-Orgeln werden im Holländischen Viertel gebaut

Der weltbekannte Orgelbauer Alexander Schuke arbeitet schon seit 1984 in der **Gutenbergstraße 76** (Führungen über die URANIA). Seine erste Orgel baute der traditionelle Betrieb für die Potsdamer Nikolaikirche; die größte, mit 6000 Pfeifen und 91 Registern, entstand für das Gewandhaus in Leipzig. Die Nachbarhäuser, **Gutenbergstraße 77 und 78,** verschenkte König Friedrich Wilhelm II., der Neffe Friedrichs des Großen, 1791 an die Französisch-Reformierte Gemeinde, die dort noch heute ihr Gemeindehaus hat und das Appartement-Gästehaus Hochland betreibt (siehe ›Tipps & Adressen‹: Unterkunft).

Etwa bis 1850 konnte das Holländische Viertel sein ursprüngliches Gesicht wahren, danach erzwang die fortschreitende Industrialisierung verunstaltende Eingriffe. So wurden beispielsweise die Brandgassen, die den Bewohnern bei Feuer als Fluchtweg dienten, am Ende der Straße einfach zugebaut. Im Zweiten Weltkrieg zwar nur wenig beschädigt, war das Viertel dafür zu DDR-Zeiten dem permanenten Verfall preisgegeben.

Seit der Wende berät die Denkmalpflege die Eigentümer bei der Rekonstruktion der historischen Bausubstanz. Durch viel Liebe zum Detail kehrt der alte Charme wieder. In Annäherung an den Stil des 18. Jh. wurden die Straßen mit Feldstein und Klinker gepflastert und mit Lampen nach holländischem Vorbild erleuchtet. Die Fenster im

Erdgeschoss haben sogar halbhohe Windläden, wie in Holland. Einige wenige Häuser liegen noch brach, dort haben sich noch immer die Eigentumsverhältnisse nicht klären lassen.

Die Französische Kirche ist die Pfarrkirche der französisch-reformierten Gemeinde

Linker Hand führt die Gutenbergstraße am **Bassinplatz** entlang, auf dem der Potsdamer **Wochenmarkt** stattfindet (Öffnungszeiten siehe ›Tipps & Adressen‹: Märkte). Der Name des Platzes erinnert an ein hübsches Wasserbassin aus der Zeit des Soldatenkönigs, das nach dem Zweiten Weltkrieg aus dem Stadtbild verschwand. Während der zweiten Stadterweiterung hatte Friedrich Wilhelm I. das Terrain 1737 ausheben lassen. Die ›Rokoko-Bratenschüssel‹, wie das Bassin wegen seiner geschweiften Randkonturen leicht despektierlich hieß, war durch ein unterirdisches Wasserrohrsystem mit dem Heiligen See und dem Stadtkanal verbunden.

Zwei Jahre später errichtete der holländische Baumeister Jan Bouman ein kleines Lusthäuschen inmitten des Beckens, die **Gloriette** – im Volksmund oft fälschlich als Tabakskollegium bezeichnet. Seine Tabagien aber hielt der Soldatenkönig hier nicht ab, sondern speiste dort nur gelegentlich. Der barocke Pavillon mit seiner geschwungenen Dachform passte gut zum großen Oval des Bassins. Trockenen Fußes war die kleine Insel nur per Bötchen erreichbar. 1825 schüttete man das Becken bis auf einen Restteich zu. Peter Joseph Lenné bepflanzte den Platz mit hundert Linden, von denen einige noch heute im östlichen Teil stehen. Mit dem Kirchbau kam dann 1871 die völlige Einplanierung. Auf diese Weise trockengesetzt, blieb die Gloriette bis 1945 präsent. Danach räumten die Sowjets sie ab und errichteten an ihrer Stelle einen Friedhof für die Kriegsopfer ihrer Armee, versehen mit einem **sowjetischen Ehrenmal** (21), bei dem sich ein Marineinfanterist mit Kalaschnikow, ein Tankist, ein Ehrenposten und ein Flieger mit Fallschirm um einen Obelisken scharen.

Französische Kirche Potsdams Mini-Pantheon

Die **Französische Kirche** (22) schräg gegenüber an der Charlottenstraße verdankt ihre Existenz der Einwanderungspolitik des Großen Kurfürsten, der den in Frankreich verfolgten Hugenotten 1685 durch das Edikt von Potsdam eine zweite Heimat bot. In der Französischen Kirche erklingt die einzige Barockorgel Potsdams. Orgelbauer Meister Johann Wilhelm Grüneberg erbaute sie 1783. Sie hat 13 Register. Zunächst wurden französische Gottesdienste in der Stadtschlosskapelle, später in der Garnisonkirche abgehalten. 1731 verkündete Friedrich Wilhelm I. ein weiteres Edikt zur Privilegien-Sicherung der französischen Gemeinde. Erst 20 Jahre später ließ Friedrich der Große das Fundament für die Kirche am Bassinplatz legen. Nach einem Entwurf Georg Wenzeslaus von Knobelsdorffs errichtete Jan Bouman den Zentralbau über querelliptischem Grundriss. Maßgeblich für das Erscheinungsbild ist die kupfergedeckte flache Kuppel. Dieses Bauelement ließ der König – nach dem Vorbild des römischen Pantheon, des Tempels aller Götter – gern dort anwenden, wo er seinen Toleranzvorstellungen Ausdruck verleihen wollte; so auch bei Schloss Sanssouci und der Berliner Hedwigskathedrale. 1806 erlitt die Kirche das

Schicksal der meisten Gotteshäuser in preußischen Landen: Napoleons Kavallerie benutzte sie als Pferdestall und Futtermagazin.

Das Skulpturenprogramm an der Fassade versinnbildlicht die Geschichte der Refugiés: links vom Portal die Allegorie der Caritas (Fürsorge), eine Mutter mit Kindern, und rechts die der Spes (Hoffnung), eine Frauengestalt mit Anker; beide vom Bildhauer Friedrich Christian Glume. Mit den Statuen bedankten sich die Hugenotten nachträglich für das Edikt von Potsdam, das der Große Kurfürst zu ihrem Schutz erlassen hatte. Darüber thematisieren zwei Reliefs die Bibelgeschichten von der Tempelvertreibung und dem Zinsgroschen. Im Giebelfeld des Portikus erstrahlt eine Sonnenglorie mit dem hebräisch geschriebenen Gottesnamen Jahwe. Peu à peu wird die Kirche über die nächsten Jahre restauriert, zuletzt konnte sie innen und außen verputzt und die historische Orgel eingebaut werden. Vor oder nach dem Gottesdienst und zu Sonderterminen kann man die Kirche auch besichtigen (Öffnungszeiten siehe ›Tipps & Adressen‹: Kirchen).

Kirche St. Peter und Paul: Architektonisch beeinflusst von der Hagia Sophia

Über die triste Südwestecke des Bassinplatzes geht es zum größten Potsdamer Gotteshaus, der katholischen **Kirche St. Peter und Paul** (23; Öffnungszeiten siehe ›Tipps & Adressen‹: Kirchen). Der mächtige Rohziegelbau entstand zwischen 1867 und 1870 als bedeutendstes Werk des Schinkel-Schülers Wilhelm Salzenberg (1803–87). Architektonisches Vorbild für den über griechischem Kreuz errichteten Zentralbau mit einer Dreikonchenanlage im Osten war die Hagia Sophia. Salzenberg hatte sich auf Studienreisen nach Italien und Konstantinopel in byzantinischer Baukunst gebildet. Der fast 63 m hohe Glockenturm über der Vorhalle ist vom Campanile San Zeno in Verona inspiriert.

Als Mozart 1789 in Potsdam weilte, besuchte er auch den Hofkompositeur Duport. Dieser empfing den Gast aus Wien sehr kühl, da er offenbar dessen Konkurrenz fürchtete. Zornig notierte Mozart, der Hofkompositeur habe sich geweigert, Deutsch zu sprechen, sondern ausschließlich französisch parliert: »(…) dass so ein welscher Fratz, der jahrelang in deutschen Landen wäre und Brot frässe, nicht deutsch rede oder radebreche, so gut oder so schlecht ihm sein französisches Maul dazu gewachsen wäre.«

Der Innenraum erhält durch die schön bemalte Holzbalkendecke eine warme Ausstrahlung. Pfeilerarkaden mit darüber liegenden Emporen trennen die kurzen Kreuzarme vom Mittelschiff. Hoch oben in den Ecknischen befinden sich Skulpturen der Evangelisten Matthäus, Markus, Lukas und Johannes. Die strahlende, byzantinisierende Apsismalerei von Paul Stankiewicz stammt noch aus der Erbauungszeit der Kirche. Hervorzuheben sind die drei Seitenaltargemälde des französischen Bildnis- und Historienmalers Antoine Pesne (1683–1757). Als der Soldatenkönig ihn 1711 zum preußischen Hofmaler berief, siedelte er mit seiner Familie nach Berlin über. Auch Friedrich der Große schätzte Pesne wegen der warmen Menschlichkeit seiner Darstellungen.

Die 14 roten Backsteingebäude der Häuserzeile Am Bassin haben einen prachtvollen, mit Muschelornamenten verzierten Giebel. In dem **Haus am Bassin 10** (24) wohnte Wolfgang Amadeus Mozart knapp vier Wochen lang im April/Mai 1789. Er kam bei dem Hornisten Türrschmidt unter, den er aus Paris kannte, und besuchte auch den Hofkompositeur Jean-Pierre Duport am Wilhelmplatz schräg gegenüber.

Der zweite Ehemann der Constanze Mozart berichtete später in seiner Mozartbiographie, dass sich der Meister wieder einmal in Geldschwierigkeiten befunden habe und deshalb den wiederholten

Kirche St. Peter und Paul, Blick in den Innenraum. Die katholische Hauptkirche Potsdams entstand für die 1718 vom Soldatenkönig angeworbenen Büchsenmacher aus Lüttich. Damals war der Katholizismus in Preußen noch streng verboten, und die Neuankömmlinge mussten während der ersten Jahre ihren Gottesdienst in der Gewehrfabrik abhalten

Einladungen Friedrich Wilhelms II. gefolgt sei, um zu sehen, was sich in Potsdam machen ließe. Trotz des formidablen königlichen Angebots von 3000 Talern Jahresgehalt wich Mozart mit der diplomatischen Bemerkung aus, er könne doch seinen Kaiser nicht verlassen. Ob er das strenge Potsdam gegen das charmante Wien nicht eintauschen mochte, bleibt dahingestellt. Jedenfalls komponierte Mozart nach seiner Rückkehr in die K & K-Monarchie für den König die drei Preußischen Quartette (KV 575, 589, 590).

Der Rückweg zum Luisenplatz über die Brandenburger Straße lässt sich mit einem Einkaufsbummel verbinden. Vor allem in den vier kleineren Querstraßen zur Fußgängerzone, der Jäger-, Dortu-, Linden- und Hermann-Elflein-Straße, etablierten sich die nettesten Läden. Für den Warenverkauf bieten die kleinen barocken Bürgerhäuser des 18. Jh. nur beschränkt Raum, daher gibt es hier keine Kaufhäuser oder riesigen Kramläden. Seit der Teileröffnung des Potsdam-Centers an der Station Potsdam-Hauptbahnhof bangen viele Kaufleute um ihre Kunden, doch der Vorteil der intimeren Atmosphäre der Altstadt ist durch ein modernes Shopping-Paradies nicht wettzumachen.

Die Potsdamer Musikkultur verdankte dem Liebhaber-Cellisten König Friedrich Wilhelm II. viele Impulse. Einer, der jedoch partout nicht bleiben wollte, war Mozart

Schlosspark Sanssouci

Der 290 ha große Park Sanssouci ist ein Ensemble von Schlössern und Gärten, das sukzessive in mehr als hundert Jahren allein durch königlichen Willen entstand. Den Anfang machte der Soldatenkönig Friedrich Wilhelm I. mit seinem Marlygarten, doch aus dieser Zeit ist kaum noch etwas zu sehen. Den Grundstein für den eigentlichen Park legte 1744 Friedrich der Große mit seinem Weinbergschloss Sanssouci. Es folgten die Neuen Kammern und die Bildergalerie sowie der Ruinenberg. Später kam der Rehgarten mit dem Chinesischen Teehaus, dem Antiken- und dem Freundschaftstempel hinzu. Ein dritter Komplex war das Neue Palais mit den Communs und schließlich das Belvedere auf dem Klausberg.

Als zweiter und letzter Bauherr verwirklichte drei Generationen später König Friedrich Wilhelm IV. das große Orangerieschloss, Schloss Charlottenhof und die Römischen Bäder – und das alles im italianisierenden Stil, der den Geist der deutschen Romantik so prägte. Mit der Grundsteinlegung zur Friedenskirche, auf den Tag genau hundert Jahre nach Schloss Sanssouci, vollendete dieser geschichtsbewusste Monarch 1844 die Kreation des Parks.

Wer den hier konzipierten Rundgang absolviert, kann diese beiden baugeschichtlichen Kapitel des Schlossparks nacheinander erleben. Dabei wurde eine Reihenfolge gewählt, die das Verstehen der Parkgeschichte erleichtert und die Wegstrecke so kurz wie möglich hält (immerhin noch gut 12 km!). Würde man sich den Park mit all seinen Bauten außen wie innen in aller Ruhe ansehen, wäre man mindestens zwei Tage unterwegs! Daher beginnt und endet der Rundgang am Haupteingang, dem Obeliskenportal an der Schopenhauerstraße, kann jedoch an jeder beliebigen Stelle abgekürzt oder unterbrochen und an einem der anderen Zugänge nach Bedarf wieder aufgenommen werden.

Besonders sehenswert in diesem Kapitel:
Schloss Sanssouci ☆☆
Bildergalerie ☆☆
Historische Windmühle ☆
Chinesisches Teehaus ☆☆
Belvedere auf dem Klausberg ☆
Orangerieschloss ☆☆
Schloss Charlottenhof ☆☆
Römische Bäder ☆☆
Friedenskirche ☆☆

Öffnungszeiten für alle Parkgebäude siehe ›Tipps und Adressen‹: Museen und Schlösser

Lustgarten mit Französischem Rondell

Für Friedrich den Großen war der östliche Eingang an der Schopenhauerstraße das Entrée in den Park Sanssouci. Direkt vor dem Eingang ragt der **Sandsteinobelisk** empor, den Georg Wenzeslaus von Knobelsdorff 1748 entwarf. Die ägyptisierenden Hieroglyphen sind freie Erfindung und dienen nur als dekoratives Element. Das **Obeliskenportal** bildet den festlichen Auftakt zur etwa 2 km langen Hauptallee, die durch den Lust- und den Rehgarten bis zum Neuen Palais führt. Friedrich hatten die gebündelten Säulenpaare des Obeliskenportals an seinem geliebten Rheinsberger Schloss so gefallen, dass Knobelsdorff es detailgetreu für Sanssouci noch einmal wiederholen musste. Etwas abseits der Hauptallee liegt die **Neptungrotte,** ein 1751–57 nach Knobelsdorff errichteter, dreigliedriger Marmoraufbau mit großer Mittelnische und einem Wasserlauf.

Mit der Anlage des Schlossparterres in streng geometrischen Barockformen am Fuß des Weinbergs wurde 1744 begonnen. Die

◁ Schloss Sanssouci, Bibliothekssaal

Mitte nimmt die **Große Fontäne** ein, umsäumt von Marmorstatuen, die Friedrich 1750 zum Teil von Ludwig XV. geschenkt bekam. Das deshalb so genannte **Französische Rondell** ließ Friedrich von seinen eigenen Bildhauern vervollständigen, die er aus allen Himmelsrichtungen, vor allem aber aus Bayreuth, vom Hofe seiner dort verheirateten Schwester Wilhelmine, und aus Frankreich anwarb. Nach und nach entstand eine Hofbildhauerwerkstatt, deren führende Persönlichkeit Friedrich Christian Glume (1714–52) war. Im Rondell wechseln die Darstellungen der acht olympischen Gottheiten Venus, Merkur, Apollo, Diana, Juno, Jupiter, Mars und Minerva mit den vier Elementen Wasser, Feuer, Erde und Luft.

Zu Friedrichs Lebzeiten hatte man es nicht geschafft, die Wasserspiele in Gang zu bringen. Nur einmal, am Pfingstsonntag 1754, soll die Große Fontäne eine Stunde lang gesprudelt haben. Erst 1842 konnte sie durch den Bau des Pumpwerks in der Moschee an der Neustädter Havelbucht (s. S. 81f.) endgültig in Betrieb genommen werden. Der heutige Zustand des Schlossparterres ist nicht mehr original. 1822 nahm Peter Joseph Lenné eine Parkumgestaltung im Sinne eines romantischen Landschaftsgartens vor.

Schloss Sanssouci

»Von Potsdam aus wurde Preußen aufgebaut,
von Sanssouci aus durchleuchtet.«
(Theodor Fontane, ›Wanderungen durch die Mark Brandenburg‹)

Schloss Sanssouci ☆☆
Lebendige Geschichte in der Sommerresidenz des Alten Fritz

Hinweis: Schloss Sanssouci (Öffnungszeiten siehe ›Tipps & Adressen‹: Museen und Schlösser) ist mit 330 000 Besuchern jährlich die meistbesuchte aller Potsdamer Residenzen. Obwohl zu Stoßzeiten Führungen im Zehn-Minuten-Takt stattfinden, kann das Gebäude die Besucherströme kaum verkraften. Anfang der 90er Jahre wurde festgestellt, dass Touristen in den Sommermonaten täglich bis zu 90 l kondensiertes Schwitzwasser an die kostbare Innenraumausstattung abgeben! Der dadurch verstärkte Milbenbefall zerstört beispielsweise wertvolle Stoffe, die zu oft erneuert werden müssen. Vor allem an Wochenenden und Feiertagen kann nicht allen Besuchern Einlass gewährt werden. Empfehlenswert ist ein Ausweichen auf die ebenso interessanten Neuen Kammern und das Neue Palais oder etwas Geduld und Verständnis!

In Erinnerung an seine schöne Kronprinzenzeit in Rheinsberg verlangte es Friedrich den Großen vier Jahre nach seiner Thronbesteigung nach einer vergleichbaren Möglichkeit des Rückzugs ins Private, Philosophische und Musische. Daher ordnete er im Jahr 1744 an, den »Wüsten Berg« am Südhang des Bornstedter Hügelzuges in einen terrassierten Weinberg umzugestalten. Der Hang bot ideale Voraussetzungen für den Obstanbau. Friedrich entschied gern

Blick von Schloss Sanssouci über das Französische Rondell

sprunghaft, ohne Gesamtplan, und so entschloss er sich erst im Januar 1745 zur Errichtung einer Sommerresidenz oberhalb der Weinbergterrassen.

In zweijähriger Bauzeit errichtete sein Baumeister Georg Wenzeslaus von Knobelsdorff (1699–1753) das Schlösschen unter maßgeblicher Einflussnahme des Königs. Knobelsdorff baute Solitäre und begründete keine eigene Schule, gilt der Nachwelt aber dennoch als einer der wichtigsten Barockarchitekten, prägend für die preußische Architektur zwischen 1740 und 1750. Da Friedrich sich zur Verzweiflung seiner Künstler oft bis ins letzte Detail mit Bauplänen zu beschäftigen pflegte und so auch Knobelsdorffs Sanssouci-Entwürfe eigenhändig durchkreuzte und seine eigenen Ideen durchsetzte, entzündete sich ein schlimmer Disput zwischen dem Baumeister und seinem König: Knobelsdorff plante ein mehrstufig erhöhtes und bis an den vorderen Terrassenrand gerücktes Schloss, weil er die optische Beschneidung der Fassade beim Blick von unten vermeiden wollte. Der König aber wollte durch die Fenstertüren auf die breite Terrasse hinaustreten, ohne Stufen bewältigen zu müssen – und er setzte sich durch.

In Baudingen war Friedrich der Große im Grunde ein leidenschaftlicher Dilettant. Er hat in seinem ganzen Leben nur eine einzige Kunstreise unternommen – nach Dresden

Die Architektur von Sanssouci vollzog den Wandel vom prachtvollen Château des Barock zum Maison de Plaisance des Rokoko. Kein Prunk, keine riesigen Zimmerfluchten und repräsentativen Treppenaufgänge, stattdessen ein kleines Gebäude von feinster Ausstattung, das eine angemessene, aber unzeremonielle Lebensführung ermöglichte. Kennzeichnend dafür ist, dass Sanssouci parallel zur Wege-

N
0
200 m
BORNSTEDT
Katharinenholzstr.
Lindstedter Chaussee
Eichenallee
Amundser Straße
Am Drachenberg
Drachenberg
Belvedere
Klausberg
Drachenhaus
Maulbeerallee
Kaiser-Friedrich-Str.
Am
Lindstedter Weg
Paradeisgärtl
Botanisches Institut
Prinzenspiele
Park
Universität Potsdam
Antikentempel
Neues Palais
Hauptallee
Communs
Neuen
Rehgarten
Freundschaftstempel
Schlosstheater
Ökonomieweg
Universität Potsdam
Universität Potsdam
Sanssouci
Park Charlottenhof
Lindenavenue
Palais
Hippodrom
Schloss Charlottenhof
Dichter-hain
Fasanerie
Bahnhof Potsdam-Wildpark
Werderscher Damm
Am Wild-park
Geschwister-Scholl-
Werderscher Weg
Forststr.
Werderscher Weg
Kastanien-allee

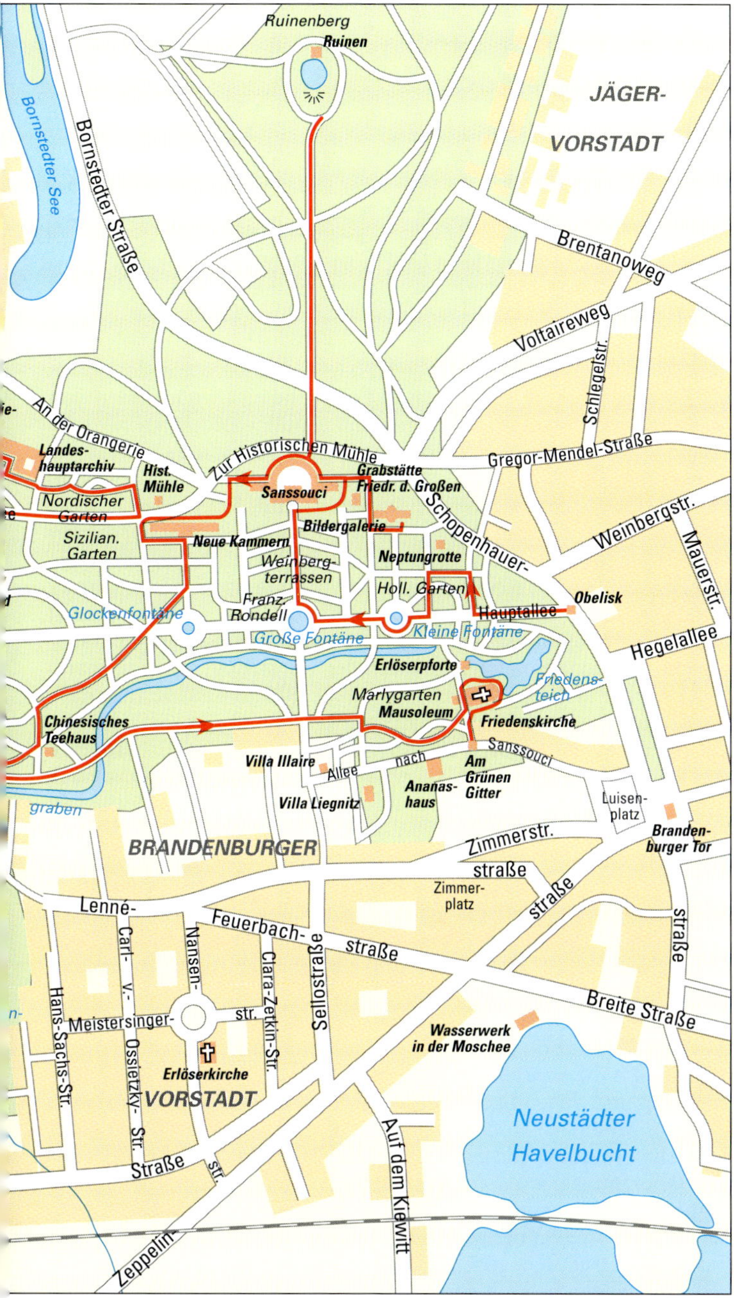

Der Schlosspark Sanssouci

Schloss Sanssouci
1 Vestibül
2 Marmorsaal
3 Empfangs- und Speisezimmer
4 Konzertzimmer
5 Schlaf- und Arbeitszimmer mit Alkoven
6 Bibliothek
7 Kleine Galerie
8-12 Gästezimmer
13 Zimmer der Kammerherren und Hofdamen zur Zeit Friedrich Wilhelms IV.
14 Wirtschaftsräume

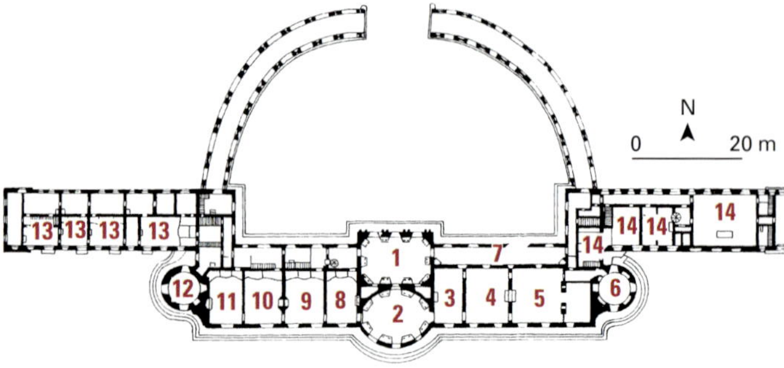

hauptachse *in die Natur* eingebettet liegt und nicht dominant mitten im Wegesystem. Eine repräsentative Freitreppe führt vom Garten zum Schloss hinauf; Kastanien säumen die seitlichen Rampen für Kutschen. In den verglasten Terrassennischen wachsen Feigenbäume, während außen Wein rankt. Die Talutmauern des Weinbergs sind parabolisch geschwungen, um die Sonne zum Reifen der Früchte bestmöglich zu nutzen. Obwohl das Klima nicht günstig ist, hat der Weinbau in Potsdam eine lange Tradition. Die kleine, saure Traube von Sanssouci heißt Reseda, eine wildwüchsige Sorte, die trotz ihrer Unscheinbarkeit einen festen Platz in den Gärten der Barockzeit hatte. Für die Kelterung allerdings ist sie nicht recht geeignet. Pyramidenförmige Taxusbäumchen lockern den horizontalen Terrassenaufbau. Leuchtend hebt sich das helle Gelb der Schlossfassade, dem übrigens einfacher Quark beigemischt ist, zwischen all dem Grün hervor.

Über vierzig Jahre nutzte Friedrich der Große Schloss Sanssouci in den Sommermonaten als Lieblingswohnsitz. Der Name Sanssouci, Ohne Sorge, zeigt, dass er hier ausspannen und in der ländlichen Stille seinen privaten Neigungen nachgehen wollte – weit weg und doch erreichbar für den ersten Regierungssitz Berlin. Zu Rätselraten führt die seltsame Schreibweise »Sans, Souci« in vergoldeten Bronzelettern über der mittleren Terrassentür. Möglicherweise wollte der König damit ausdrücken, dass er, anders als seine im linken Trakt logierenden Gäste, im rechten Trakt eben doch kein sorgenfreies Leben führen konnte.

Seitlich der Fenstertüren stützen Bacchanten und Bacchantinnen das Gebälk. Die von Knobelsdorff entworfenen Figuren neigen sich seitlich, um die Fensterrahmungen zu begleiten. Sie sind in Körperdrehung und lebendigem Minenspiel ganz individuell gestaltet, dadurch zählen sie zu den vorzüglichsten Bauskulpturen des norddeutschen Rokoko. Die trink- und gelagefreudigen Begleiter des antiken Weingottes passen vorzüglich zu der Heiterkeit des Weinbergschlosses – sie vermitteln zwischen dem Bauwerk und der Natur, aus der sich die Triebhaftigkeit ihrer üppigen Leiber herleitet.

Friedrich war nicht geneigt, sein Schloss wie eine Allround-Plastik von allen Seiten betrachten zu lassen, sondern unterschied deutlich zwischen einer intimen Garten- und einer offiziellen Hofseite. Deshalb ließ er beiderseits grüne **Laubengänge** als Sichtblenden und zur Verhinderung einer Seitenansicht aufstellen. Auch das **Laubenkabinett** mit dem goldglänzenden Sonnensymbol an der Ostseite des Schlosses verhindert eine Seitenansicht. In der kunstvoll gearbeiteten Gitterlaube streckt die Statue des Betenden Knaben ihre Arme dem Licht entgegen. Friedrich erwarb den Bronzenachguss, dessen Original aus dem 4. Jh. v. Chr. stammt, 1747 aus dem Besitz des Fürsten Liechtenstein in Wien.

Der **Ehrenhof** ist deutlich strenger gestaltet als die Gartenseite: wenig Fassadenschmuck und ein rechteckig flaches Pultdach anstelle der beschwingten Kuppel. 88 korinthische Doppelsäulen bilden eine Kolonnade von edelsten Proportionen. Der überdachte Gang war zum Lustwandeln mit schwarz-weißen Marmorplatten ausgelegt. Das schmiedeeiserne, grün-golden gefasste Gittertor heißt seit Anfang des 19. Jh. **Napoleontor,** denn der große Korse soll es nach der Schlacht bei Jena und Auerstedt passiert haben, um sich in Sanssouci Gemälde und Schätze auszusuchen. Schon zu Friedrichs Zeiten lag hier die offizielle Hofeinfahrt für Schlossbesucher.

Die länglichen **Seitentrakte** ließ Friedrich Wilhelm IV. knapp hundert Jahre nach dem Bau des Schlosses durch Ludwig Persius und Ferdinand von Arnim als längst fällige Wirtschaftsräume für Hofdamen und Kavaliere anfügen. Wie sein verehrter Vorfahr wählte auch er Sanssouci als Sommerschloss, bewohnte aber aus Pietätsgründen nicht dessen Königswohnung, sondern nur die Gästezimmer. Im neuen **Damenflügel** (Öffnungszeiten siehe ›Tipps & Adressen‹: Museen und Schlösser) im Westen brachte er seinen Hofstaat unter. Der Ostflügel enthielt die Wirtschaftsräume: die Schlossküche, eine Bäckerei und Konditorei, ein Eisbereitungslokal, die Kaffetierstube sowie Weinkeller und Silberputzkammer.

Seit 1994 ist die geflieste und weitgehend im Originalzustand erhaltene **Schlossküche** von innen zu besichtigen. Sie wurde von 1842 bis zum Tod von Königin Elisabeth, der Gemahlin Friedrich Wilhelms IV., im Jahr 1873 für private Zwecke und größere Festlichkeiten genutzt. Anhand der eisernen ›Kochmaschine‹ mit einer Umlaufstange aus Messing, einem Castrol-Herd und einem eisernen Wärmeschrank lässt sich die alltägliche Seite des höfischen Lebens vor 150 Jahren kennen lernen.

Die Innenräume von Schloss Sanssouci waren nach Friedrichs persönlichen Ansprüchen ausgestaltet. Unter Oberaufsicht Knobelsdorffs wurde die gesamte Berlin-Potsdamer Künstlerschaft für das Dekorationsprogramm eingespannt; die herausragenden waren die Dekorateure Johann August Nahl und die Gebrüder Johann Michael (1709 bis um 1755) und Johann Christian Hoppenhaupt († um 1778); als Stuckateure legten Carl Joseph Sartori (1709–70) und Georg Franz Ebenhech († 1757) Hand an, als Bildhauer Friedrich Christian Glume und Johann Peter Benckert (1709–65) sowie als Wand- und Deckenmaler Antoine Pesne, Charles Sylva Dubois und Johann Harper.

Das Herz des Schlosses ist der Doppelraum aus **Vestibül** und dem nach seinem kostbaren Verarbeitungsmaterial benannten **Marmorsaal.** Der preußische Hofmaler Adolf von Menzel (1815–1905) versetzte 1840 in seinem Gemälde die ›Tafelrunde von Sanssouci‹ in den Marmorsaal, obwohl dieser nicht heizbare Raum nur bei ganz besonderen Anlässen als Esssalon diente – zumeist wurde im kleineren königlichen Empfangsraum gespeist.

In östlicher Richtung liegen die fünf Zimmer des Königs: Antichambre, Konzertzimmer, Arbeitszimmer mit Alkoven und Bibliothek mit kleiner Galerie. Friedrichs **Bibliothek** bestand aus 2288 Bänden, vorwiegend Werke griechischer und römischer Autoren wie Homer, Platon, Cicero, Horaz und Lukrez – wohlgemerkt alle in französischer Übersetzung, denn der König beherrschte die alten Sprachen nicht. Dazu gab es die großen Franzosen, wie Racine und Voltaire. Ein deutsches Buch sucht man in Sanssouci vergeblich!

Arbeits- und Schlafzimmer Friedrichs des Großen waren sehr verwohnt. Zeitgenossen bestätigen, dass Friedrich besonders in den letzten Lebensjahren durch zunehmende Einsamkeit in seiner äußeren Erscheinung sehr verkommen gewirkt haben muss, so der spanische Feldherr Francisco Graf Miranda (1750–1816), der um 1785 Schloss Sanssouci besuchte: »Das Bett in einer durch einen Wandschirm abgetrennten Ecke, ein ganz gewöhnliches Holzgestell, wäre zu dürftig für einen Mönch. Sonst sind Gardinen und Möbel kostbar, sehen aber, da der Gebrauch von Taschentüchern anscheinend unbekannt ist, sehr ekelhaft aus. […] Wenn ich vergleiche, die Pracht und Sauberkeit seiner Paläste […] mit der Unsauberkeit seines Lagers […], so bietet sich mir ein so ungeheuer widerspruchsvoller Charakter, daß ich außerstande bin, ihn beurteilen zu können […].«

Arbeits- und Schlafzimmer Friedrichs sind nicht mehr im Originalzustand. Sie waren zum Zeitpunkt seines Todes so verwohnt und durch die Hunde verunreinigt, dass der Thronfolger sie sofort durch den Architekten Friedrich Wilhelm von Erdmannsdorff (1736–1800) im klassizistischen Stil modernisieren ließ. Im Westflügel des Schlosses liegen hintereinander gestaffelt die fünf **Gästezimmer,** von denen das vierte Voltaire-Zimmer heißt, vermutlich weil der französische Philosoph einmal kurz darin wohnte. Das letzte Gästezimmer beherbergte im Sommer Friedrich Rudolf Graf von Rothenburg (1710–51), einen engen Vertrauten des Königs, während seiner letzten Lebensjahre. Die Raumgliederung von Schloss Sanssouci muss für Friedrichs Gäste äußerst unpraktisch gewesen sein: Jedem stand nur ein Raum zu, folglich musste der Bewohner des hinteren Zimmers alle anderen Gemächer passieren, um in sein eigenes zu gelangen, oder die Terrassentüren benutzen – im Winter höchst ungemütlich. Der König mutete seinen Gästen schon Eklatantes zu, denn die im Barock übliche Dreiheit von Vor-, Wohn- und Schlafzimmer ist hier auf ein unaristokratisches Minimum zusammengedrängt.

Eine kleine Rasenfläche in der östlichen Terrassenecke kennzeichnet die **Grabstätte Friedrichs des Großen,** die unterirdische Gruft, in der seit 1991 die Gebeine Friedrichs des Großen ruhen. Schon zu Lebzeiten hatte Friedrich zum Erstaunen seiner Mitmenschen für sich und seine Hunde eine Gruft am östlichen Terrassenrand von Sanssouci ausheben lassen. In seinem Testament legte er die Umstände seiner Bestattung genauestens fest: »Ich habe als Philosoph gelebt und will als solcher begraben werden, ohne Pomp, ohne Prunk und ohne die geringsten Zeremonien. Ich will weder geöffnet oder einbalsamiert werden. […] Man bringe mich beim Schein einer Laterne, und ohne daß mir jemand folgt, nach Sanssouci und bestatte mich dort ganz schlicht auf der Höhe der Terrasse, rechter Hand, wenn man hinaufsteigt […].«

Als Friedrich am 17. August 1786 verstarb, verweigerte ihm sein Nachfolger diesen letzten Willen. Nur die elf Windspiele, Alcmene,

Schloss Sanssouci, Marmorsaal. Der Saal mit seinen atemberaubend schönen Intarsienarbeiten hat die heitere Leichtigkeit eines Gartenpavillons. Unter den allegorischen Figuren in der Kuppelwölbung befindet sich – neben den schönen Künsten – auch die Kriegskunst

Thisbe, Diane, Hillis, Thisbe, Alcmene, Biche, Diane, Pax, Superbe (oder Hasenfuß) und Amourette, wurden hier begraben. Als die Gruft über 200 Jahre später, im Dezember 1990, geöffnet wurde, zeigte sie sich durch die jahrhundertelange Luftabgeschlossenheit in erstaunlich gutem Zustand. Erst an seinem 205. Todestag sollte sich Friedrichs letzter Wille erfüllen: Am 17. August 1991 wurde er in der Gruft von Sanssouci beigesetzt; ein Akt, den die Weltöffentlichkeit höchst unterschiedlich beurteilte. Leider hatte sich schon im Vorfeld der Umbettung ein unwürdiges Hickhack entsponnen. Vor allem die unter unklaren Umständen zustande gekommene Beteiligung der Bundeswehr nahmen Kritiker als Beweis für eine gespenstische Auferstehung des preußischen Militarismus. »Heute Fritzens olle Beine, im nächsten Krieg sind's deine«, mahnte ein Transparent.

Als Friedrich nach 46 Regierungsjahren starb, äußerte der französische Politiker Graf Mirabeau über seine Todesstunde: »Alles ist düster, niemand ist traurig, alles ist geschäftig, niemand betrübt. Kein Gesicht, dass nicht Aufatmen und Hoffnung verrät, kein Bedauern, kein Seufzer, kein Wort des Lobes.«

Die Bildergalerie von Sanssouci. Neben all den Kunstwerken, die sie beherbergt, ist sie selbst ein Kunstwerk eigenen Ranges, Deutschlands ältester noch bestehender Museumsbau

Der König aber hatte sich auch seine Grabstatue selbst ausgesucht: Flora mit Zephyr. Die marmorne Blumengöttin und der Gott des milden Südwestwinds sind ein Sinnbild des schönen Sanssouci-Gartens und ein Symbol des Lebens an der Stätte des Todes.

Bildergalerie

Bildergalerie ☆☆ Kunstwerke alter italienischer und holländischer Meister, präsentiert in einem überwältigend schönen Saal

An der Stelle eines alten Treibhauses entstand östlich vom Schloss ab 1755 die Große Bildergalerie (Öffnungszeiten siehe ›Tipps & Adressen‹: Museen und Schlösser). Hier präsentierte Friedrich seine zuvor privat gehaltene Gemäldesammlung einer größeren Öffentlichkeit und errichtete damit den ältesten erhaltenen Museumsbau Deutschlands. »Eine neue Torheit, wenn Du willst«, schrieb er 1755 an seine

Schwester Wilhelmine in Bayreuth, »aber durch die kommt die Welt ja nur vorwärts.«

Sein Architekt Johann Gottfried Büring musste sich als Nachfolger Knobelsdorffs erst einmal zu möglichst großer Ähnlichkeit mit dessen Orangeriefassade, westlich vom Schloss, verpflichten. Die Baugeschichte der Galerie verrät einen markanten Charakterzug des Alten Fritz: seine Ungeduld! Schon im Frühjahr 1755 ließ er mit den Erdarbeiten beginnen, obwohl er noch keinen der Entwürfe Bürings genehmigt hatte. Friedrich nahm also lieber spätere Änderungen in Kauf, als den geringsten Aufschub seiner Wünsche zu dulden!

Das lang gestreckte Bauwerk wird in der Mitte durch die Kuppel mit Laterne und durch einen Adler akzentuiert. An der Gartenfassade verkörpern zahlreiche Marmorfiguren Künste und Wissenschaften. Porträts berühmter Künstler, wie Phidias, Rubens, van Dyck, Raffael, Michelangelo, Dürer, Cranach und Annibale Carracci, sind als Schlusssteinköpfe über den Fenstertüren angebracht. Davor erstreckt sich der 1764 von Joachim Heydert angelegte **Holländische Garten** mit grottierten und skulpturengeschmückten Terrassen und Laubengängen.

Der Innenraum ist von überwältigender Schönheit – einer der festlichsten Säle des preußischen Rokoko: In höchster handwerklicher Qualität schuf Büring einen in Gold-, Braun- und Weißtöne getauchten Saal. Marmor in verschiedenen Farben, vergoldete Bronzen, Schnitzereien und Stuckaturen vereinigen sich mit den Gemälden zu einem Gesamtkunstwerk. In typisch barocker Art hängen die Bilder zweireihig, dicht an dicht. Damals widmete man der dekorativen Geschlossenheit der Wandfelder und deren schöner Einfügung in die Innenarchitektur mehr Aufmerksamkeit als einem einzelnen Bild.

Während der Westflügel Werke italienischer Meister, wie Michelangelo Merisi da Caravaggio, Guido Reni, Jacopo Bassano und Giorgio Vasari, zeigt, befinden sich im Ostflügel vornehmlich holländische und flandrische Werke von Hendrick Terbrugghen, Jan Lievens, Peter Paul Rubens, Anthonis van Dyck und Jacob Jordaens. Im Mittelbau und im östlichen Raum, dem Kabinett für kleine Schildereyen, sind Gemälde aus unterschiedlichen nationalen und regionalen Schulen vereint. An der Nordseite des Gebäudes führt ein schmaler Korridor entlang, der die Feuchtigkeit des äußeren Mauerwerks abhält und somit die Gemälde schützt. Noch unter Friedrich dem Großen erhielt die Galerie eine Fußbodenheizung.

Ruinenberg

Vom Ehrenhof geht der Blick über eine Viehtränke in die Ferne zum gegenüber liegenden Hügel, dem Ruinenberg. Hier ließ Friedrich eine Ruinenkulisse gestalten. Die Idee zu einer solchen Architekturstaffage stammt aus der englischen Gartenbaukunst und sollte den Betrachter an die Vergänglichkeit des Irdischen gemahnen.

Der erste Entwurf Knobelsdorffs gefiel dem König nicht und musste von dem Theatermaler Innocente Bellavite überarbeitet werden. Anlehnungen an historische Bauwerke, wie das antike Forum Romanum, ein Amphitheater, einen toskanischen Monopteros, eine ionische Säulenkolonnade, sind nicht zu übersehen. Auf Anordnung Friedrich Wilhelms IV. erweiterte Ludwig Persius die Anlage hundert Jahre später um einen mittelalterlichen Wartturm. Zur Buga 2001 soll die Aussichtsplattform auf dem Normannischen Turm eröffnet werden, dann ist ein weiter Rundblick über den gesamten Park von Sanssouci möglich. Knapp 47 m über der Havel gruppieren sich die Bauteile um ein riesiges Wasserbassin, das mit seinem Fassungsvermögen von 5925 m^3 die Fontäne von Sanssouci über ein unterirdisches Rohrsystem versorgt. Das funktioniert allerdings erst seit 1842 zuverlässig mit Hilfe des Pumpwerks in der Moschee (siehe Seite 81f.). Zu Friedrichs Zeiten hatte man es trotz großer Anstrengungen nicht geschafft.

Historische Windmühle

Historische Windmühle ☆ Eindrucksvolle Windmühle des 18. Jh., umrankt von einer reizvollen Legende

Am Beginn der Maulbeerallee, gleich hinter den Neuen Kammern, thront höchst eindrucksvoll, fast erhaben über Sanssouci, die 1993 wieder in Betrieb genommene Windmühle des berühmten Müllers von Sanssouci (Öffnungszeiten siehe ›Tipps & Adressen‹: Museen und Schlösser).

Mit der Mühle verknüpft sich eine bekannte Legende: Der Müller Graebenitz soll von Friedrich dem Großen eine Entschädigung verlangt haben, weil das neue Schloss ihm den Wind nähme. Der König staunte nicht schlecht über die Forderung: »Weiß Er wohl«, so konnten Generationen deutscher Schüler in ihren Geschichtsbüchern lesen, »daß ich Ihm Seine Mühle nehmen kann, ohne einen Groschen dafür zu geben?« »Ja, Euer Majestät«, soll der standhafte Müller geantwortet haben, »wenn es das Kammergericht in Berlin nicht gäbe.« Von einer Enteignung habe der oberste Landesherr dann abgesehen, da er den Müller als Rechtssubjekt akzeptierte. Mittlerweile wurde festgestellt, dass sich der Kern dieser Legende auf eine Wassermühle in der Neumark bezieht. Ihrem Müller, Christian Arnold, war von der Justiz so übel mitgespielt worden, dass Friedrich höchstpersönlich in die Rechtsprechung eingriff. Er beschimpfte die Richter als »Strassen Räuber« und »Diebesbande« und entließ seinen Großkanzler Max von Fürst mit den Worten: »Marsch, marsch! Seine Stelle ist schon besetzt!«

Was Potsdam angeht, so stand hier zur Zeit Friedrichs des Großen eine typisch brandenburgische Bockwindmühle, die 1790 durch eine Holländermühle ersetzt wurde. Friedrich Wilhelm IV. konnte sie 1841 schließlich erwerben und beauftragte Ludwig Ferdinand Hesse mit dem Umbau des angrenzenden Müllerhauses in ein Gästehaus, das wegen seines reichen Holzzierrats Schweizerhaus genannt

Die Neuen Kammern; im Hintergrund die Historische Windmühle

wurde. 1859 wurde der Mahlbetrieb eingestellt. In den letzten Kriegstagen von 1945 brannten Mühle und Schweizerhaus durch die Explosion eines sowjetischen Tankwagens bis auf den Sockel aus. Seit 1993 drehen sich die wuchtigen Flügel des 25 m hohen ›Galerieholländers‹ wieder, und jüngst wurde sogar ein waschechter Müller eingestellt.

Die Neuen Kammern

Auf Friedrichs Wunsch errichtete Knobelsdorff noch während der Bauzeit von Schloss Sanssouci westlich davon die Neuen Kammern (Öffnungszeiten siehe ›Tipps & Adressen‹: Museen und Schlösser). Hier überwinterten die Orangenbäumchen des Parks, über die schräge Rampe vor der Terrasse karrte man die schweren Kübelpflanzen hinauf. Noch heute erinnert der Blumen- und Girlandenschmuck über den Flügeltüren an diese Nutzung. Im Sommer diente das leere Gebäude dem theaterinteressierten König für Komödien- und Operettenaufführungen. 1771 erfolgte durch den Architekten Georg Christian Unger (1743 bis um 1812) der Umbau in ein Gästehaus, denn Friedrich wollte die Besucherzimmer des Schlosses Sanssouci entlasten. Seitdem heißt das Gebäude Neue Kammern. Im Inneren sind reich ausgestattete Gesellschaftssäle und Kavalierswohnungen im Rokokostil zu besichtigen.

Chinesisches Teehaus

Chinesisches Teehaus ☆☆
Anmutig-verspieltes Sinnbild der europäischen Chinamode des 18. Jh.; das bekannteste Gebäude des Schlossparks nach Schloss Sanssouci

1750 wurde dem Lustgarten ein waldiges Jagdrevier im Westen angegliedert und die Hauptallee in diese Richtung verlängert. Noch heute ist dort gelegentlich Rehwild zu beobachten. Auch diesen Teil verwandelte Peter Joseph Lenné ab 1819 in einen romantischen Landschaftsgarten. Grünlich und golden schimmert das Chinesische Teehaus (Öffnungszeiten siehe ›Tipps & Adressen‹: Museen und Schlösser) zwischen den Bäumen hervor, eindrucksvolles Sinnbild der europäischen Chinamode, die damals in Europa ihren Höhepunkt erreichte.

1754 begann Johann Gottfried Büring mit dem Bau des Tempelchens, in dem Friedrich seine ostasiatische Porzellansammlung unterbringen ließ. Der König muss das Vorbild, Le Trèfle in Luneville, das der Herzog von Lothringen hatte bauen lassen, aus Stichwerken sehr genau gekannt haben; jedenfalls gefiel es ihm so gut, dass er es 1765 im Park von Rheinsberg gleich noch einmal wiederholen ließ. Schon das große thailändische Bronzegefäß vor dem Teehaus, ein Geschenk des Königs von Siam, stimmt auf die exotische Thematik ein.

Unter einem palmengestützten Zeltdach lagern in sechs Dreiergruppen vergoldete chinesische Sandsteinfiguren – Tee oder Kaffee trinkend, Melone oder Ananas essend (s. Abb. in der vorderen Umschlagklappe). Dazwischen stehen zwölf Musikanten und Musikantinnen, die zusammen mit ihrem Kapellmeister die unterschied-

Das Chinesische Teehaus

lichsten Instrumente spielen. Auf der Laternenkuppel des geschweiften Dachs sitzt recht selbstzufrieden ein dicker, fetter Mandarin mit Sonnenschirm und rundet das Bild nach oben ab. Diese fantasievolle Skulptureninszenierung ist die enorme Leistung der beiden Bildhauerfreunde Johann Peter Benckert (1709–65) und Joachim Matthias Heymüller (1710/15–63). Alle 30–40 Jahre muss die Goldschicht der Figuren von insgesamt 2 kg Reingewicht erneuert werden. Dazu tragen die Restauratoren nur acht- bis zehntausendstel Millimeter dünne Blättchen mit feinstem Pinsel auf die mit einer Leinöl-Mixtur vorbereitete Fläche auf!

Die Bemalung im Inneren des kleeblattförmigen Pavillons führt eine sagenhafte Scheinwelt vor Augen. Die Decke des runden Hauptsaals bemalte Thomas Huber mit einer theaterhaft-bunten Inszenierung lustiger Chinesen und kecker Affen. Neckisch lehnen sie sich über eine Balkonbrüstung hinunter und scheinen sich über den Betrachter lustig zu machen.

Nach seiner Rückkehr aus dem Siebenjährigen Krieg ließ Friedrich das Teehaus im April 1764 mit einem festlichen Diner einweihen. – Ein Küchenhäuschen, von dessen exotischer Pracht leider nur wenig erhalten blieb, befindet sich weiter östlich.

Freundschaftstempel

Der Freundschaftstempel südlich der Hauptallee ist ein Exempel für die innige Beziehung Friedrichs zu seiner älteren Schwester Wilhelmine. Ihr war Friedrich zeit seines Lebens in Freundschaft und Liebe verbunden. Schon im Jungmädchenalter deckte sie ihn heimlich, wo sie konnte, damit er harten Strafen des Vaters entging. Sie teilte seinen Hang zur französischen Literatur und Philosophie der Aufklärung und tröstete ihn in Zeiten seelischer Not. Auch nach ihrer Heirat mit dem Markgrafen von Bayreuth pflegte Friedrich einen engen brieflichen Kontakt mit seiner Lieblingsschwester. Sie war es auch, die ihm später zahlreiche talentierte Künstler von Bayreuth nach Potsdam vermittelte.

Am 14. Oktober 1758, dem Tag seiner schweren Niederlage bei Hochkirch mitten im Siebenjährigen Krieg, erhielt er die Nachricht von ihrem Tod und war zutiefst erschüttert. Wegen des Krieges und seiner Nachwirkungen vergingen jedoch noch zehn Jahre, bis er ihr zum Gedenken diesen ›Tempel der Freundschaft‹ errichten ließ. Carl von Gontard (1731–91) hat ihn ausgeführt. Die von Friedrich selbst entworfene Tempelform des offenen Monopteros mit flachem Kuppeldach auf korinthischen Säulenpaaren war in den barocken Gärten des 18. Jh. beliebt. Paarweise an den Säulen aufgehängte Porträtmedaillons zeigen vier antike Freundespaare. Zwei Jahre später entstand das Marmorsitzbild Wilhelmines. Die Bildhauer, die Gebrüder Johann David (1729–83) und Johann Lorenz Räntz (1733–76), stammten aus Bayreuth und hatten die Markgräfin noch persönlich gekannt.

Neues Palais

Nach dem Siebenjährigen Krieg baute Friedrich der Große nicht nur das Neue Palais – er sah sich auch vor der Aufgabe, sein völlig ausgeblutetes Land mit den 4,5 Millionen Einwohnern wieder aufzubauen. In diesem Zusammenhang befahl er den ostelbischen Bauern, Kartoffeln anzupflanzen, obwohl diese allgemein für giftig gehalten wurden. Und der König behielt Recht – der Siegeszug des Erdapfels half die Hungersnot beseitigen

Am westlichen Ende der Hauptallee erhebt sich machtvoll der massive Bau des Neuen Palais (Öffnungszeiten siehe ›Tipps & Adressen‹: Museen und Schlösser), die letzte und umfangreichste Schlossanlage Friedrichs des Großen. Nach dem Siebenjährigen Krieg (1756–63) war Preußen finanziell zwar am Ende, doch nun musste der Welt erst recht gezeigt werden, dass man noch repräsentieren konnte! Friedrich selbst nannte das Neue Palais »une Fanfaronade«, eine Prahlerei!

Wieder projektierte Johann Gottfried Büring, und wieder ließ Friedrich es sich nicht nehmen, mitzureden. Die Absteckung des Grundrisses beaufsichtigte er gar persönlich! Ein Jahr nach Beginn der Erdarbeiten entfloh Büring 1764 aus Potsdam; daraufhin übernahm der aus Bayreuth gekommene Carl von Gontard die Bauleitung. Zu diesem Zeitpunkt war der Außenbau schon so weit fortgeschritten, dass Gontard sich im wesentlichen um die Gestaltung der Innenräume kümmerte. Sieben Jahre nach Baubeginn war nicht nur das Neue Palais, sondern auch die Doppelanlage dahinter, die Communs, vollendet! Zwar ließ sich Friedrich hier auch Wohnräume einrichten, doch bot das neue, gewaltige Schloss in erster Linie fürstlichen Gästen Logis.

Das 230 m lange Gebäude wird in der Mitte von einer Kuppel gekrönt, auf deren Laterne drei Grazien die Preußenkrone tragen. Das umfangreiche Skulpturenprogramm mit seinen 428 Statuen glorifiziert Preußen und sein Königtum. Zwölf Bildhauer und ihre Gesellen arbeiteten an dem reichen Figurenschmuck. Die ausschweifende Gestik der Attikafiguren kontrastiert mit der strengen Fassadengliederung. Mit dem so belebten Umriss des oberen Gebäudeabschlusses strebte man im Barock eine optische Verbindung von Gebäude und Himmel an. Was den roten Fassadenanstrich mit den weißen Ziegelfugen betrifft, so ist er eine Folge von Friedrichs Sparsamkeit: Echte Verblendziegel waren ihm einfach zu teuer.

Im Inneren hat das fürstliche Gästeschloss über 200 Zimmer und Kabinette, dazu Festsäle und ein kleines Rokokotheater im linken Seitenflügel (Kartenreservierung über das Hans Otto Theater; siehe ›Tipps & Adressen‹: Theater und Kabarett). Im Erdgeschoss desselben Flügels ließ sich Friedrich eine Wohnung einrichten, die er aber nur selten benutzte. Im Erdgeschoss des rechten Seitenflügels bewohnte Heinrich Prinz von Preußen (1726–1802), Friedrichs jüngerer Bruder, einige Zimmer.

Vier Treppenhäuser verbinden die drei Etagen. Alle Räume sind repräsentativ mit wertvollen Möbeln, Wandbespannungen, Porzellan und Kunsthandwerk aus einheimischen Werkstätten ausgestattet. Eine reiche Sammlung italienischer, niederländischer und französischer Barockgemälde ist hier zu sehen. Die Flügeltüren zur Gartenterrasse gestatten von außen einen Blick in den prunkvollen Grottensaal – ein mit Muscheln, Mineralien, Korallen, Tropfsteinnischen,

Das Neue Palais

Marmorbändern, Schmucksteinen und Fossilien gestalteter Festsaal, der die Freude des 18. Jh. an Fremdem und Kuriosem prachtvoll in Szene setzt.

Kaiser Wilhelm II. hatte eine ganz besondere Bindung an den Grottensaal, denn zu Weihnachten pflegte sich die kaiserliche Familie in Potsdam zu versammeln und den Heiligen Abend im Neuen Palais zu begehen. Die glanzvolle Atmosphäre des festlich geschmückten Saales schildert Prinz Louis Ferdinand (1907–1994), der vormalige Chef des Hauses Hohenzollern, in seinen Memoiren: »Wir versammelten uns mit allen Onkeln und Tanten im Zimmer meiner Großmutter. Punkt sechs verkündete der Hofmarschall, daß alles bereit sei. In einer langen Prozession schritten wir die Haupttreppe hinab und weiter, bis wir den Muschelsaal erreichten. Nie werde ich den Anblick der Hunderten von Kerzen vergessen, die von den Wänden des Muschelsaals vielfältig zurückstrahlten. In der Mitte stand ein riesiger Weihnachtsbaum und längs der Wände bei jedem Tisch nochmals ein kleinerer Baum für jeden einzelnen von uns.«

Communs

Hinter dem Neuen Palais steht die imposante Architekturkulisse der Communs, zwei palastartige Pavillons mit schwungvollen Freitreppen und prächtigen Kuppelaufsätzen – verbunden durch eine halbrunde Säulenkolonnade mit festlichem Triumphtor. Die Doppelanlage sowie die anschließenden Wach- und Kastellanhäuser sind in der Hauptsache das Werk Gontards aus dem Jahre 1766, auch wenn ihm hier ein Entwurf des französischen Architekten Jean Laurent Legelay zur Verfügung stand.

Einerseits sollten die Communs den Blick auf das dahinter liegende sumpfige Ödland des Dörfchens Eiche abfangen, andererseits waren sie Unterkunft für Dienerschaft und Hofstaat. Auch die Schlosskirche war hier untergebracht, und wenn es ein Festbankett gab, mussten die Speisen durch einen unterirdischen Gang ins Neue Palais transportiert werden. Dem Corps de Logis vorgelagert ist die Mopke, wie der Hof nach seinem teilweise noch original vorhandenen gelben Backsteinpflaster genannt wird. In kaiserlicher und nationalsozialistischer Zeit wurde die prachtvolle Kulisse des Platzes gern für militärische Paraden und Empfangsaufmärsche genutzt. 1945 stark beschädigt, verwahrlosten die Communs zu DDR-Zeiten, als die Pädagogische Hochschule hier ihren Sitz hatte, völlig. Heute werden sie von der Universität Potsdam genutzt.

Antikentempel

Etwas versteckt im Gehölz des Rehgartens steht der Antikentempel (nicht zugänglich), das Pendant zum Freundschaftstempel. 1742 kaufte Friedrich der Große die Kunstsammlung des Kardinals Polignac, 1767 die Gemmen- und Medaillensammlung des Baron von Stosch, und da seine Kunstsammlung nun aus allen Nähten platzte, erbaute Carl von Gontard 1768 den Antikentempel – wohlgemerkt nach Friedrichs Entwurf. Antike Bildwerke, darunter die berühmte Lycomedes-Gruppe, sowie extra angefertigte Münzschränke fanden hier Aufstellung. 1798 ordnete Friedrich Wilhelm III. an, die über 14 000 Medaillen, Gemmen und Steine ins Alte Museum nach Berlin zu überführen.

Der Auftrag des letzten deutschen Kaisers, den Antikentempel zum Mausoleum für sich und seine Gemahlin umzubauen, wurde 1918 nicht mehr ausgeführt. Dennoch wurde hier 1921 die in Doorn verstorbene Kaiserin Auguste Victoria beigesetzt; zwei Jahrzehnte später folgten ihre Söhne, Prinz Joachim (1906–40) und Prinz Eitel Friedrich (1883–1942), der Enkel Prinz Wilhelm (1906–40) sowie Hermine Prinzessin Reuß (1887–1947), die zweite Gemahlin des Kaisers.

Prinzenspiele

Auf dem Weg vom Antikentempel zum Drachenhaus liegen zwischen Gräsern und Büschen halb versteckt und deshalb nicht ganz leicht zu finden, die Prinzenspiele, eine steinerne Mini-Burg für die Hohenzollernsprösslinge.

Das Neue Palais diente dem nachmaligen Kaiser Wilhelm II. und seiner Gattin Auguste Victoria seit ihrer Heirat im Jahr 1880 als sommerlicher Kronprinzensitz, und so konnten die sechs Söhne Wilhelm, Eitel Friedrich, Adalbert, August Wilhelm, Joachim und Oskar im weiten Park von Sanssouci spielen. Da Wilhelm selbst das Soldaten- und Manöverspiel liebte, erhielt er 1893 diese Miniaturnachbildung der Festung Küstrin von der Essener Firma Krupp als Geschenk. Ausgestattet mit waschechten Kruppschen Spielzeugkanonen, diente die kleine Anlage seinen Kindern zum spielerischen Erlernen militärischer Manöver von Angriff und Verteidigung. Obwohl der ruinöse Zustand der halb zugewachsenen Prinzenburg richtiges Spielen nicht mehr zulässt, löst sie noch heute bei Kindern wie bei Erwachsenen Begeisterung aus.

Drachenhaus

1770 ließ Friedrich an einer nördlich der Maulbeerallee gelegenen Anhöhe das Drachenhaus errichten. Eindeutiges Vorbild ist die größere Pagode in Kew Garden, die er aus einem englischen Stichwerk kannte. Carl von Gontard erbaute den achteckigen Turm, der trotz seines exotischen Aussehens als Wohnhaus für den Winzer des darunter liegenden Weinbergs gedacht war. Der hier und andernorts in Potsdam geerntete Wein muss ziemlich sauer gewesen sein, denn eine alte schlesische Gedichtstrophe persifliert: »[...] doch mehr zu trinken solch' sauren Wein, müsst ich ein geborener Potsdamer sein.« Heute dient die kleine Pagode als Café (Öffnungszeiten siehe ›Tipps & Adressen‹: Essen & Trinken).

Belvedere auf dem Klausberg

Belvedere auf dem Klausberg ☆ Herrlicher Blick über Park Sanssouci

Am höchsten Punkt des Klausbergs, etwas abseits und verlassen, erhebt sich das Belvedere, Friedrichs letztes Bauwerk in Sanssouci. Dem französischen ›Bellevue‹ entsprechend, ist das italienisch getaufte ›Belvedere‹ ein für Festlichkeiten gedachter Rundtempel, der von einem vortrefflich gewählten Standort einen ›Schönblick‹ bietet – hier über das weite Parkgelände von Sanssouci. Jede Etage des kleinen Bauwerks besteht aus einem einzigen runden Saal, ungemein elegant und kostspielig mit Stuckmarmor ausgeschlagen (Öffnungszeiten siehe ›Tipps & Adressen‹: Museen und Schlösser).

Friedrich war von einem alten Kupferstich des römischen Macellum Magnum von Kaiser Nero so angetan, dass der Architekt Georg Christian Unger es nachbauen musste. Doch der König mischte die römische Antike mit barocken Vorstellungen und heraus kam ein architekturhistorisch merkwürdiges Resultat, denn die bombastische Freitreppe passt nicht zu einem antiken Rundtempelchen. Doch Friedrich gefiel's, und um stilistische Homogenität scherte er sich nicht. Den Kummer, den er seiner Umgebung mit dieser Ignoranz bereitete, offenbart ein nachträglicher Tagebuchseufzer seines Vorlesers, des Marchese Lucchesini: »Der König gibt sich keine Mühe, das, was er nicht weiß, zu lernen [...].« 1945 brannte das Gebäude durch

Kriegsbeschuss aus. Bei den Restaurierungsarbeiten nach der Wende fehlten ganze Relieffelder über den Fenstern. Ein Berliner Architekt wusste jedoch von Duplikaten an einer Hausfassade in der Stadt und ermöglichte so eine originalgetreue Wiederherstellung.

Orangerieschloss

Orangerieschloss ☆☆ Architektonisches Zeugnis der Italiensehnsucht Friedrich Wilhelms IV.

Oberhalb der Maulbeerallee schließt die Orangerie den Park von Sanssouci nach Norden ab (Öffnungszeiten siehe ›Tipps & Adressen‹: Museen und Schlösser). Der Bau ist ein architektonisches Zeugnis der Italiensehnsucht König Friedrich Wilhelms IV. Mit diesem Projekt machte der als Architekt dilettierende Friedrich Wilhelm IV. seinem Ruf als Romantiker auf dem Thron alle Ehre, denn trotz der Volkserhebung von 1848, die sich auch gegen solch luxuriöse Idealbauten wandte, träumte er seinen Traum von der Orangerie, zäh gegen alle Widerstände, weiter. Während der Revolutionstage überprüfte er persönlich den Fortgang der Erdarbeiten vor Ort. Der Potsdamer Kunsthistoriker Friedrich Mielke bezeichnete die Orangerie deshalb als »regelrechten Trotzbau«.

Die römischen Villen Pamfili und Medici, die der König 1828 auf seiner Italienreise gesehen hatte, standen Pate bei der Fassadengestaltung mit den beiden hoch aufragenden Türmen; an Palladios Rundbögen der florentinischen Uffizien erinnern die 300 m langen Seitenflügel. Die zwischen 1860 und 1872 in die Pfeilernischen eingestellten Marmorstatuen entstammen der Berliner Bildhauerschule; sie stellen Allegorien auf die vier Jahreszeiten dar, außerdem die zwölf Kalendermonate, die vier Künste, die Wissenschaft und die Industrie.

Zentral vor der Fassade erhebt sich die klassizistisch idealisierende **Marmorstatue Friedrich Wilhelms IV.** Gustav Blaeser (1813–74) schuf dieses Denkmal zwölf Jahre nach dem Tod des Königs im Auftrag seiner Gemahlin Elisabeth. Die Statue zeigt Friedrich Wilhelm ganz privatissime, barhäuptig und mit Spazierstock, so als ginge er entspannt in seiner Lieblingsschöpfung spazieren. Die Sockelreliefs ehren den Monarchen als Förderer der Künste in allegorischer Sprache. 1862 entwarf Ferdinand von Arnim das große **Fontänenbecken** vor dem Denkmal. Die gärtnerische Gestaltung der weiträumigen Terrasse nach dem Vorbild der Villa d'Este in Tivoli übernahm Lenné. Zur mediterranen Kultur Italiens gehören auch die Lorbeer- und Citrusbäumchen mit ihren wohlriechenden Blüten. Sie haben ihren Lieblingsplatz vor dem Orangeriehaus, denn dort staut sich die Sonnenwärme.

Der linke Seitenflügel der Orangerie dient bis heute als Winterquartier für die Palmen des Gartens Sanssouci. Unter gemächlich routierenden Deckenventilatoren herrschen in der großen Pflanzenhalle winters gleich bleibende Temperaturen zwischen 5 und 10 °C. Ein traditionelles Ritual beginnt alljährlich im Mai mit dem Ausfahren der schweren Kübelpflanzen. Die Methode gilt als urtümlich,

Die Orangerie ist ein Bauwerk von imposanter Pose mit terrassenartig vorgelagerten Gärten – ganz wie in Italien

denn bis auf einen einzigen Gabelstapler sind die Gerätschaften sehr alt, weshalb die Gärtner gut zwei Wochen für diese Prozedur benötigen.

Im Mittelbau der Orangerie befindet sich der **Raffaelsaal.** Die über 50 Gemäldekopien nach Raffael, die hier auf rotseiden bespannten Wänden hängen, haben dieser Memorialstätte ihren Namen gegeben; es sind sämtlich Werke der deutschen Malerkolonie in Rom. Selbst sehr religiös, brachte Friedrich Wilhelm dem italienischen Renaissancemaler eine tiefe Verehrung entgegen. Später, als er bereits an den Rollstuhl gefesselt war, sollen ihm die Gemälde Trost gespendet haben. – Der König konzipierte den festlich strahlenden Raum höchstpersönlich und sehr sorgfältig nach dem Vorbild der Sala Regia im Vatikan. Mildes Tageslicht strömt durch die Obergaden und taucht den Raum vorzüglich in gleichmäßig halbdiffuses Licht.

Die Gemächer rechts und links davon hatte Friedrich Wilhelm als Gästezimmer für ein Fürstenpaar vorgesehen, separiert in einen Damen- und einen Herrenflügel, die im Raffaelsaal zusammentreffen. Als seine Lieblingsschwester Charlotte, verheiratete Zarin Alexandra Feodorowna, 1855 Witwe wurde und deshalb am russischen Hof nicht mehr ständig präsent sein musste, konnte sie ihren todkranken Bruder in Potsdam besuchen. Aber der Mittelbau wurde erst 1858 fertig, und Alexandra hat ihn nur einmal, im Jahr 1859, bewohnt. In den kühl repräsentativen Gemächern mischen sich verschiedene Stile historisierend. Die Möbel sind in friderizianischem Rokoko, die Marmorskulpturen in klassizistisch-romanischem Stil gehalten.

Friedrich Wilhelm aber verlor 1858 seine Geisteskräfte, und als die Orangerie 1860 schließlich vollendet war, konnte er schon nicht mehr begreifen, was um ihn vorging. Später diente die Fürstenwohnung König Karl I. von Rumänien, dem Schah von Persien und dem König von Italien als Gästelogis. Heute sind im restlichen Teil der Orangerie das Brandenburgische Landeshauptarchiv sowie Privatwohnungen untergebracht.

Unterhalb der Orangerie leitet die **Jubiläumsterrasse** mit ihren gekurvten Treppenläufen in das Parterre des Parks über. Kaiser Wilhelm II. ließ sie 1913 anlässlich seines 25. Regierungsjubiläums hinzufügen – wohlgemerkt gegen das klassizistisch geprägte Kunstverständnis seines Großonkels, denn Friedrich Wilhelm IV. waren barock gewundene Treppenläufe zuwider. Im Parterre sieht man eine kleine Marmornachbildung des berühmten Rauch'schen **Reiterstandbilds Friedrichs des Großen** Unter den Linden, das 1865 von den Italienern Aloisio Lazzerini und Carlo Baratta gefertigt wurde.

Orangerieschloss, Raffaelsaal

Westlich davon steht ein **Gärtnerwohnhaus,** das Ludwig Persius 1841 für seinen Schwager, den Hofgärtner Hermann Sello (1800–76), im italienischen Villenstil errichtete. Bemerkenswert ist, dass dieses Gebäude 1913 Stein für Stein hierher, neben das Wohnhaus der Witwe von Persius, versetzt wurde, da es beim Bau der Jubiläumsterrasse im Weg stand. Heute wird es vom Botanischen Institut der Universität genutzt.

Sizilianischer und Nordischer Garten

Der Weg führt wieder bergab Richtung Maulbeerallee, wo der Sizilianische und der Nordische Garten liegen, zwei gepflegte Kabinettstückchen historischer Gartenkunst, die besonders durch ihre Gegenüberstellung wirken. Beide legte Lenné 1857–60 als zentralsymmetrische Terrassengärten an, und beide sind mit zahlreichen Kopien berühmter antiker Gartenplastiken abwechslungsreich geschmückt. Während der Sizilianische Garten mit seinen südländischen Pflanzen und tropischen Nadelgehölzen im Sommer mediterranen Charme verströmt, spendet der Nordische Garten durch vorwiegend einheimische Nadelhölzer ein angenehm schattiges Klima. Seine Attraktion sind zwei riesige chinesische Ginkgobäume am Rand des Rasengrundes. Kurios ist das 1749 von Knobelsdorff entworfene **Felsentor,** bekrönt mit dem Adler, der eine Schlange schlägt. Das Tor war ursprünglich als Grotteneingang für ein Nymphäum gedacht.

Paradeisgärtl und Botanischer Garten

Unterhalb der Prinzenbrücke und dem Westpavillon der Orangerie liegt – eingeschmiegt in den Hang – das **Paradeisgärtl**, das der Hofgärtner Ludwig Heinrich Sello 1842 im norditalienischen Vegetationscharakter anlegte. Den anheimelnden Namen des Gärtchens hatte Friedrich Wilhelm einem kleinen kaiserlichen Gärtchen bei Wien entlehnt. Für seine Gemahlin, die aus Bayern stammende Königin Elisabeth, mag er vertraut geklungen haben. Inmitten des Gärtchens platzierte Ludwig Persius 1848 ein **Atrium** nach Art eines antiken Brunnenhofs. Ein quadratischer Säulenumgang umgibt ein Wasserbassin mit Fontäne. Der Maler Karl Lombeck schmückte die Wände der Säulengänge 1848 mit italienischen Landschaftsmotiven.

Heute dient das Gärtchen dem **Botanischen Garten der Universität Potsdam,** der seine Schaugewächshäuser und Freilandanlagen in Sichtweite unterhalb der Maulbeerallee hat, für Studienzwecke. Vom Frühjahr bis in den Herbst leuchtet und duftet im Paradeisgärtl eine unglaubliche Blütenpracht einheimischer und außereuropäischer Pflanzen; hie und da laden Parkbänke den vom Kulturprogramm ermatteten Besucher zum Ausspannen ein.

Fasanerie und Hippodrom

Der südwestliche Parkwinkel um das Schloss Charlottenhof strahlt eine besondere Abgeschiedenheit, fast Heimlichkeit aus. Hier sind weit weniger Menschen unterwegs als im nördlichen Areal. Der landschaftliche Reiz entsteht durch das unmittelbare Nebeneinander von schattigem Wald und offener Parkaue.

1844 vollendete Persius den Bau der **Fasanerie,** denn mit der Kanalisierung des Landwehrgrabens im Berliner Tiergarten wurde die königliche Fasanenhaltung von Berlin nach Potsdam verlegt. Das verblichen gelbliche Gebäude im italienischen Landhausstil diente als Wohnhaus des Fasaneriemeisters und seiner Gehilfen; heute wird es von Angestellten der Schlösserverwaltung bewohnt. Damals war das Terrain eingezäunt und von kleinen Teichen durchzogen. Für die freilaufenden Fasanen wurden Getreide- und Kleefelder bestellt. Erst als die Fasanenhaltung in den 80er Jahren aufgegeben wurde, fielen die Zäune, und das Gebiet wurde in den Park Charlottenhof integriert.

Ein typisch römisches **Hippodrom,** als eine Art Park mit Bäumen, Blumenbeeten und Wasserbassins, wie der jüngere Plinius sie in seinen Briefen beschreibt, stand Pate für die elliptische Reitbahn im Park. Die 1836 vorgenommene Anpflanzung von unterschiedlich schnell wachsenden Gehölzen sollte an die abgestuften Sitzreihen des antiken Vorbildes erinnern. Dazu pflanzte man in umlaufenden Reihen von außen nach innen Pyramidenpappeln, Kiefern, Kastanien, Linden, Flieder und Jasmin. Der Idealzustand einer sauberen Abstufung ließ sich jedoch nicht lange Zeit halten – heute ist von diesem lebenden Stufenbau nichts mehr zu sehen.

Schloss Charlottenhof

Schloss Charlottenhof ☆☆ Klassizistisches Schlösschen des 19. Jh. in Lennés englischem Landschaftspark

Der **Park um Schloss Charlottenhof** atmet eine himmlische Stille; die unmittelbare Nähe der Stadt ist kaum zu spüren. Dieser Teil der Gärten von Sanssouci wird weniger stark von Besuchern frequentiert und bietet deshalb – vor allem in den Sommermonaten – eine herrliche Oase der Ruhe und Besinnlichkeit. Die großzügige Parklandschaft mit ihren eingestreuten Gebäuden von südländischem Flair ist eine der Hauptleistungen des romantischen Klassizismus in Deutschland. Erfreulich und wertvoll, dass der Park noch weitgehend im ursprünglichen Zustand erhalten ist.

Von Westen kommend, trifft man zuerst auf den **Dichterhain,** den eine hohe Hecke und Kastanien umgeben. Von der Villa Albani bei Rom stammt die Anregung, die Wegenden mit je einer Dichterherme zu flankieren. Zu sehen sind die Porträts der deutschen Dichter Goethe, Schiller, Herder und Wieland, geschaffen von Friedrich Drake (1805–82), sowie die italienischen Dichter Ariost, Tasso, Dante und Petrarca von Gustav Blaeser.

Schloss Charlottenhof, Gartenseite

An der Stelle des heutigen Schlosses Charlottenhof (Öffnungszeiten siehe ›Tipps & Adressen‹: Museen und Schlösser) stand 1754 das Landgut Charlottenhof, benannt nach der Besitzerin, Maria Charlotte von Gentzkow. Später, als es schon etwas heruntergekommen war, wohnten hier Architekten, zunächst Jan Bouman, dann Johann Gottfried Büring und schließlich Carl Gontard.

Im Dezember 1825 erwarb Friedrich Wilhelm III. das 120 Morgen große Gelände und schenkte es seinem ältesten Sohn, Kronprinz Friedrich Wilhelm, zu Weihnachten. Dieser beauftragte sogleich Karl Friedrich Schinkel und Peter Joseph Lenné mit der Neugestaltung von Haus und Garten, und so entstand ein klassizistisches Schlösschen inmitten eines englischen Landschaftsparks. Lenné bepflanzte den tristen Kraut- und Kartoffelacker mit Kastanien, Buchen, Pappeln, Eichen, Platanen und Sträuchern, später kamen Nadelgehölze, Birken, Ahorn und Sumpfzypressen hinzu. Wie kleine Inseln wirken die Gehölze, scheinbar wahllos über die weiten Rasenflächen verstreut, tatsächlich sind sie aber so geschickt platziert, dass sich immer wieder wirkungsvolle Durchblicke eröffnen.

Der Kronprinz nannte sein neues Anwesen nie Charlottenhof, sondern immer nur Siam – merkwürdig genug für ein Anwesen mitten in Preußen. Aber Siam galt damals als ›Land der Freien‹, eher ein Symbol als eine geografisch bestimmbare Landschaft.

Ein englischer Landschaftspark umgibt Schloss Charlottenhof. Hier ließ Lenné Schneisen als Sichtachsen schlagen, damit man zwischen den Baumgruppen Blickkontakt zum Neuen Palais hatte

Schloss Charlottenhof ist ein asymmetrisches Wohnhaus mit einer großzügigen Terrasse, Pergola und Rundbank im Osten. Eine Büste der Hausherrin, Prinzessin Elisabeth von Bayern, steht auf hoher Säule in einem Wasserbassin. Die blau-weißen Fensterläden, eine Huldigung an Elisabeths Herkunft, wirken unpassend, denn sie überschneiden die zierlichen Fensterrahmungen des Obergeschosses.

Schloss Charlottenhof, Zeltzimmer

Doch hier setzte sich der Kronprinz durch, der Schinkels vorgesehene Markisen nicht erlaubte.

Das Blau-Weiß-Gestreifte wiederholt sich auch im Inneren und zwar mit dem in aller Welt berühmten **Zeltzimmer.** Hier nächtigte zwischen 1835 und 1840 der große Naturforscher Alexander von Humboldt (1769–1859). Seit 1805 stand Humboldt als Kammerherr und gelegentlicher Diplomat im Dienst Friedrich Wilhelms III. Zwar hatte er eine eigene Wohnung im Potsdamer Stadtschloss, doch ein universeller Geist braucht gelegentlich Erholung in Abgeschiedenheit.

Wände und Decke dieses eigenwilligen Raumes sind mit blau-weiß getünchter Tapete beklebt, die eisernen Feldbetten baldachinartig mit gestreiftem Leinen überspannt. Die vielfache Annahme, der Kronprinz habe das Zeltzimmer drapieren lassen, um Humboldt an seine Tropenreise zu erinnern, ist Legende. Vielmehr hatte es Schinkel schon 1829 in diesem Stil für die Hofdamen eingerichtet. Das angrenzende Wohnzimmer diente Humboldt als Arbeitsstube. Hier verfasste er Teile seines fünfbändigen Hauptwerks ›Kosmos – Entwurf einer physischen Weltbeschreibung‹ (erschienen 1845–62), eine meisterhafte Zusammenfassung seiner naturwissenschaftlichen Beobachtungen im Geiste des klassischen Idealismus. Seinem Stuttgarter Verleger Cotta berichtete Humboldt, dass er dem König versprochen habe, alle Publikationen dieser Jahre mit dem Namen Potsdams zu verbinden, da er hier so lange gelebt habe. Deshalb lautet die Unterschrift seines ersten Kosmos-Bandes: »Sanssouci, den 1. Oktober 1845«.

Die Römischen Bäder

»Natur und Kunst, sie scheinen sich zu fliehen,
und haben sich, eh man es denk, gefunden.«
(Johann Wolfgang von Goethe)

Römische Bäder ☆☆
Marmorbadehaus Friedrich Wilhelms IV. mit der Aura eines antiken Villenlandsitzes

Das Parkgebiet um die Römischen Bäder strahlt einen überwältigenden Charme aus. Besonders an warmen Sommerabenden wirkt der stille Zusammenklang von italienischer Landhausarchitektur und südlicher Gartenkunst so eindringlich, dass man zuweilen vergisst, wo man sich befindet – nämlich hoch im preußischen Norden. Früher versorgte der **Maschinenteich,** benannt nach einem nicht mehr vorhandenen Pumphaus, den Park mit Wasser. Das künstliche Inselchen in der Teichmitte trägt auf hoher Säule einen Bronzenachguss vom Germanicus des Kleomenes, eine als Merkur gestaltete Römerstatue.

Die stimmungsvollen Bauten der Römischen Bäder entstanden in lockerer Reihenfolge, ohne festes Konzept; ein asymmetrischer Komplex, den Ludwig Persius unter Anleitung seines Lehrers Schinkel ab 1829/30 errichtete. Am Eingang steht eine große, überdachte **Laube** mit erhöhtem Stibadium – sprich: Ruhebank. Hier legte Lenné das heute nicht mehr vorhandene ›italienische Kulturstück‹ an – ein prachtvolles Teppichbeet mit mediterranen Gewächsen wie Wein und

Die Römischen Bäder

Der Innenhof der Römischen Bäder ist spielerisch gestaltet: es geht auf und ab mit Treppen, Terrassen, Arkadengängen und Pergolen

Kürbis, Artischocken, Mais und Kardis, damals groß in Mode. Ein Fisch-Wasserspeier aus Zink bedient einen römischen Kentaurensarkophag. Der Bildhauer Christian Daniel Rauch gab ihm die Form eines Butts und persiflierte damit den Familienspitznamen Friedrich Wilhelms, den sich dieser aufgrund seiner gedrungenen Statur selbstironisch gegeben hatte.

Die rechte Seite mit **Eckturm** diente dem Hofgärtner Hermann Sello als Wohnung. Im Obergeschoss wurden zeitweilig Gäste oder Mitarbeiter der Krone untergebracht, unter anderem auch der große Naturforscher Alexander von Humboldt. Im Anschluss daran entstand links ein **Gehilfenhaus mit Ställen,** in dem sich heute das Kassenhäuschen befindet. Im Innenhof wünschte sich Friedrich Wilhelm die lang gestreckte **Weinpergola** als Überleitung zum **Teepavillon,** der mit seinen kobaltblauen Wänden eine aparte, kühle Raumausstrahlung hat. Außen ließ der Kronprinz Friedrich Wilhelm 1834 die Büsten seiner Eltern, Friedrich Wilhelm III. und Königin Luise, in zwei Ädikulen aufstellen.

Im nördlichen Teil vollendete Persius 1844 die eigentlichen **Römischen Bäder** (Öffnungszeiten siehe ›Tipps & Adressen‹: Museen und Schlösser). Trotz ihres Namens haben die antik gestalteten Räume mit den römischen Thermen wenig gemeinsam. Die Wandmalerei des **Atriums,** des Empfangsraums, basiert auf einem Entwurf Schinkels. In das pompejanisch anmutende, leuchtend-erdige Rotbraun der Wände sind Fantasielandschaften vom Golf von Neapel eingelassen. Sie stammen von den Berlin-Potsdamer Malern Albert Eichhorn (1811–51), dem Erfinder einer neuen Freskotechnik, und Karl Lombeck. Die Wanne in der Raummitte aus einem einzigen Stück grünlich-rosafarbenem Bandjaspis schenkte Zar Nikolaus I. seinem Schwager Friedrich Wilhelm.

Das **Impluvium** (Auffangbecken) ist nach römischem Vorbild mit einer viereckigen Dachöffnung, dem Compluvium, versehen, damit

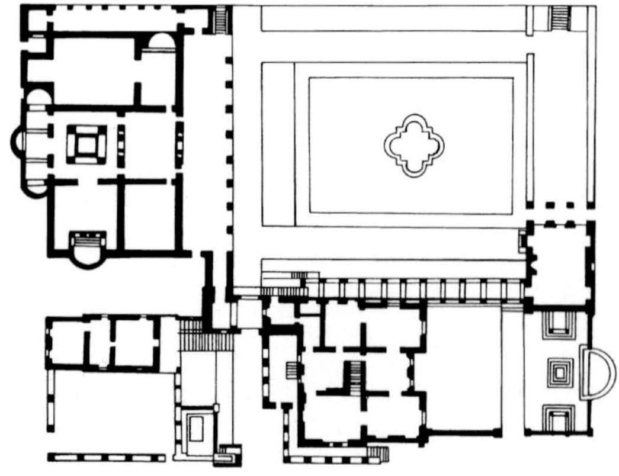

Die Römischen Bäder
1 Hofgärtnerhaus
2 Turm
3 Gehilfenhaus
4 Große Laube
5 Teepavillon
6 Römische Bäder
7 Gedächtnisbezirk für König Friedrich Wilhelm III. und Königin Luise

Römische Bäder, Atrium

der Regen (lat. *pluvia*) in das darunter liegende Bassin abfließen kann. Der Maler Bernhard Wilhelm Rosendahl (1804–45) schuf 1839 die fantastischen Meergottheiten und Seetiere des Wandfrieses. Das **Apodyterium,** ein kleiner, rechteckiger Auskleideraum, ist in der Mitte und seitlich durch halbrunde blaue Nischen erweitert.

Hauptraum der Anlage ist das **Caldarium,** das Warmbad. Vier Marmorkaryatiden tragen das Gebälk vor der halbrunden Badenische. Die Wände sind mit grünen Stuckmarmorplatten verkleidet. In den schwarz-weißen Mosaikfußboden sind drei große Fliesenbilder eingelassen, Kopien aus der pompejanischen Casa del Fauno. Neben zwei Teichszenen mit Enten, Schlangen und Krokodilen thematisiert das große Fliesenbild in der Raummitte die Alexanderschlacht aus dem Jahr 333 v. Chr. – An das Warmbad grenzt das momentan für die Öffentlichkeit nicht zugängliche **Billardzimmer,** das als Spielzimmer für kühle Tage mit dem Bad eigentlich nichts zu tun hat.

Im Osten liegt das **Viridarium,** ein Erholungsgarten mit immergrünen Pflanzen. Der korinthische Säulengang längs des Schafgrabens beschließt den Rundgang durch die Bäder. In der Weggabelung vor den Römischen Bädern steht eine niedliche, dafür um so kompliziertere **Sonnenuhr.** Das Original wurde 1740 im Schlosspark von Schwedt aufgestellt und galt mit seinen über 50 Zifferblättern als eine der kunstvollsten Sonnenuhren des 18. Jh. Friedrich Wilhelm IV. gefiel sie so gut, dass er 1834 zwei Kopien anfertigen ließ, eine für die Römischen Bäder, die andere für den Garten der Villa Liegnitz am Grünen Gitter.

Über die ehemalige **Meierei,** die Persius 1833 zu Wohnzwecken umbaute, geht es am Chinesischen Teehaus vorbei zum Marlygarten, dem ältesten Teil des großen Schlossparks von Sanssouci. Der Über-

Die Italiensehnsucht Friedrich Wilhelms IV. äußerte sich in zahlreichen Bauten. Als sein Sohn Kronprinz Friedrich, der spätere 99-Tage-Kaiser, die Stadt Palermo besuchte, soll er bemerkt haben: »Hier ist alles so wie in Potsdam.«

gang vom Park Charlottenhof zum Rehgarten, in dem das Chinesische Teehaus steht, ist in der Natur kaum wahrnehmbar. Hier zeigt sich, dass Lenné den ganzen Park landschaftsplanerisch als Einheit auffasste.

Friedenskirche und Marlygarten

Friedenskirche ☆☆ Italienische Klosteratmosphäre in einem Gebäude-Ensemble von Ludwig Persius

Wie der heutige Besucher, betrat schon im 19. Jh. die Potsdamer Gemeinde den Friedensgarten durch das kleine Tor zwischen Kabinetts- und Pförtnerhaus. König Friedrich Wilhelm IV. hingegen pflegte von Norden durch die **Erlöserpforte** zu kommen, die versteckt zwischen Schloss Sanssouci und dem Marlygarten liegt.

Dem Bau der Friedenskirche ging ein mehrjähriges Tauziehen zwischen Krone und Kirche voraus, denn eigentlich benötigte die Gemeinde der Brandenburger Vorstadt kein neues Gotteshaus. Aber Friedrich Wilhelm setzte eine Umstrukturierung der Pfarrbezirke durch, und Ende 1845 war eine neue Gemeinde gebildet, die aus königlichem Hofstaat und aus Einwohnern der Brandenburger, Jäger- und Nauener Vorstadt mit Bornstedt und Nedlitz bestand. Mit dem Namen Friedenskirche wollte der geschichtsbewusste Monarch die so hingebungsvoll betriebene Friedenspolitik seines Vaters ehren. Auch die Grundsteinlegung setzte er für den 14. April 1845 fest, genau hundert Jahre nach der von Schloss Sanssouci.

Die fünfteilige Anlage, bestehend aus Kirche, Pfarrhaus, Schule, Kreuzgang und Atrium, bildet eine ungemein feinsinnig und ausgewogen gruppierte Einheit. Wie in einem Kloster öffnen sich die lichten, eleganten Arkadenbögen des **Kreuzgangs.** Das Kavalier-, das Pfarr- und ein früheres Schulhaus flankieren den Kreuzgang. Durch die Überschneidungen verschiedener Architekturen und ihre harmonisch aufeinander abgestimmten Ausmaße und Farben entstand eine stimmungsvolle Komposition.

Das kleine **Atrium** ist wie ein mittelalterlicher Kirchvorhof von einer Säulenhalle umgeben und mit einem Brunnen in der Mitte geschmückt. 1851 wurde die ebenmäßig schöne **Christusstatue** aufgestellt, Nachbildung einer Marmorfigur, die der dänische Bildhauer Bertel Thorvaldsen (1770–1844) im Jahr 1821 für die Kopenhagener Frauenkirche schuf. Der Künstler hatte lange in Rom gelebt und in seinem Œuvre das klassizistische Ideal von Linienstrenge und Formschönheit am reinsten verwirklicht. Diese sind auch Kennzeichen der Christusstatue, dennoch lässt sich hier ein Mangel an Gefühlskraft und Bewegung, die typische Schwäche streng klassizistischer Plastik, ablesen. Bis ins späte 19. Jh. war diese Christusfigur in ganz Europa populär als Inbegriff protestantischer Anschauung vom menschenfreundlichen und liebenden Erlöser.

In den Sommermonaten ist der Innenraum des angrenzenden **Mausoleums** durch ein Gitter einzusehen. Die neubarocke Kuppelrotunde – eine genaue Wiederholung der Heiligen Grabeskirche zu

Innichen in Südtirol – erbaute 1888 der Geheime Oberregierungsrat Julius Carl Raschdorf (1823–1914), unter anderem auch Architekt des Berliner Doms. Von Anfang an diente der Bau als Grablege, zunächst für den 99-Tage-Kaiser Friedrich III. († 1888), später für seine Frau Victoria von Großbritannien und Irland († 1901). Die Sarkophage mitten im Kuppelraum mit den Liegebildern stammen von Reinhold Begas (1831–1911), dem letzten bedeutenden Vertreter der Berliner Bildhauerschule. Später kamen auch die Marmorepitaphien von zweien der acht Kinder dazu, den jung verstorbenen Prinzen Sigismund (1864–66) und Waldemar (1868–79).

Als 1991 die sterblichen Überreste des Soldatenkönigs Friedrich Wilhelm I. nach Potsdam zurückkehrten, platzierte man seinen schlichten Sarg vor der marmornen Pietà Ernst Rietschels (1804–61). Bei ihrem Deutschlandaufenthalt 1992 besuchte auch Queen Elisabeth II. das Mausoleum, denn Kaiserin Victoria war ihre Urgroßtante.

Die **Friedenskirche** (Öffnungszeiten siehe ›Tipps & Adressen‹: Kirchen) selbst entwarf Ludwig Persius in engster Zusammenarbeit mit Friedrich Wilhelm IV. nach dem Vorbild der Oberkirche San Clemente in Rom. Nach Persius' Tod übernahmen Ferdinand von Arnim, Ludwig Ferdinand Hesse und August Stüler gemeinschaftlich die Bauleitung. Da der König eine sich malerisch im Wasser spiegelnde Kirche wünschte, schuf Peter Joseph Lenné aus einem Tümpel den **Friedensteich** und umgab ihn mit einem Park.

Die Friedenskirche und das Mausoleum Friedrichs III.

Der Kirchenraum überrascht durch seinen Reichtum an Kostbarkeiten: 1836, also schon lange vor dem Neubau, hatte Friedrich Wilhelm das Apsismosaik aus der ruinösen Kirche San Cipriano auf der Insel Murano bei Venedig ersteigert. So musste sich der Maßstab der gesamten Friedenskirche nach diesem Mosaik richten. Bei der liturgischen Ausstattung ließ sich der König von dem befreundeten preußischen Gesandten in Rom, Carl Josias Freiherr von Bunsen (1791–1860), beraten. Da er nicht nur Diplomat, sondern auch Theologe war, entwickelte Bunsen ernsthafte Grundsätze, die einzuhalten seien, wenn der antike, also eigentlich heidnische Bautypus einer Basilika für einen Kirchenbau christlich-abendländischer Tradition Verwendung finden sollte.

Die Sarkophage Friedrich Wilhelms IV. und seiner Gemahlin Elisabeth von Bayern befinden sich in der Friedenskirche

Ein Gang im linken Seitenschiff führt zu einer **Gruft** unterhalb des Chorraums. Schon 1854 ließ Friedrich Wilhelm IV. († 1861) die Grablege für sich und seine Gemahlin Elisabeth von Bayern († 1873) ausheben. 1850 wurde der hohe Glockenturm fertig gestellt. An die östliche Außenwand malte Eduard Steinbrück (1802–82) ein Fresko mit der Darstellung Jesu in Gethsemane. Auf der Westseite ist der **Kugelfang** Friedrich Wilhelms I. in eine marmorne Brunnenstaffage einbezogen – er erinnert an die Schießübungen, die der Soldatenkönig gern in seinem kleinen Küchengarten Marly veranstaltete. 1715 hatte er sich den kleinen Park mit einer Meierei und acht Milchkühen anlegen lassen und nannte ihn **Marlygarten,** in ironischer Anspielung auf den unvergleichlich glanzvolleren Jardin Marly des französischen Königs Ludwigs XIV.

Auf das Gelände des Marlygartens führt das **Heilbronner Portal** aus rotbraunem Terrakotta, eine Nachbildung des einstigen romanischen Refektoriumportals im Zisterzienserkloster Heilbronn. Mit Baubeginn der Friedenskirche vereinigte Lenné den Marly- und den Friedensgarten zu einem **englischen Blumengarten** mit Pleasureground.

Villa Illaire, Villa Liegnitz und Ananashaus

An der Allee nach Sanssouci erhebt sich die kleine **Villa Illaire,** 1844 umgebaut für Friedrich Wilhelms Geheimen Kabinettsrat Ernst Emil Illaire (1797–1866). Dieses Haus ist eines der hübschesten Beispiele für den von Ludwig Persius in Potsdam verbreiteten Villenstil. Locker und harmonisch sind die Gebäudeblöcke gruppiert. Ursprünglich stand hier im 18. Jh. das Küchengärtnerhaus, das zum Marlygarten Friedrich Wilhelms I. gehörte.

Das schräg gegenüber liegende Haus, die **Villa Liegnitz,** in der heute das Zoologische Institut der Universität Potsdam seinen Sitz hat, ruft die Vita der Auguste Fürstin von Liegnitz, geborene Gräfin Harrach (1800–73), in Erinnerung, der zweiten, weniger populären Gemahlin König Friedrich Wilhelms III., die hier nach 1840 ihre Witwenzeit verlebte. Noch im Todesjahr seines Vaters hatte Friedrich

Wilhelm IV. ihr das Grundstück geschenkt, auf dem sie sich die Villa nach eigenen Wünschen erbauen ließ, mit einem hübschen seitlichen Blumenhaus, wie man einen Wintergarten damals nannte. Nicht den Hofarchitekten Persius beauftragte Auguste, sondern Albert Dietrich Schadow (1797–1869), der schon für ihren Gemahl gebaut hatte. Noch Augustes Urstiefenkel, der letzte deutsche Kaiser, Wilhelm II., ist hier als Kind ein- und ausgegangen. In seinen Jugenderinnerungen berichtet er: »Unter den Verwandten, die wir häufig besuchten, gedenke ich in erster Linie der Fürstin Liegnitz. [...] Auch meine Eltern waren ihr sehr zugetan und schickten mich oft mit Blumen zu ihr. [...] Ihre schwierige Stellung hat sie ihr Leben lang mit feinstem Takt gewahrt und dadurch sich allgemeine Verehrung gewonnen.«

Wie die Villa Liegnitz, so gehörte auch das benachbarte Grundstück mit **Ananashaus** – weiter unten am Parkausgang zum Grünen Gitter – zu Zeiten Friedrichs des Großen noch nicht zum Park Sanssouci. Ananashaus heißt die Villa deshalb, weil hier der Hofgärtner wohnte, der für das Ananasrevier zuständig war. Den Gartenabschluss bildete bis 1850 ein hölzernes Tor etwa auf halber Höhe der Allee nach Sanssouci. Danach entstand auf Veranlassung Friedrich Wilhelms IV. in der Königlichen Eisengießerei zu Berlin das kunstvoll gearbeitete **Grüne Gitter,** das seitdem viele Parkbesucher als Eingang benutzen.

Nahe Umgebung auf der Insel Potsdam

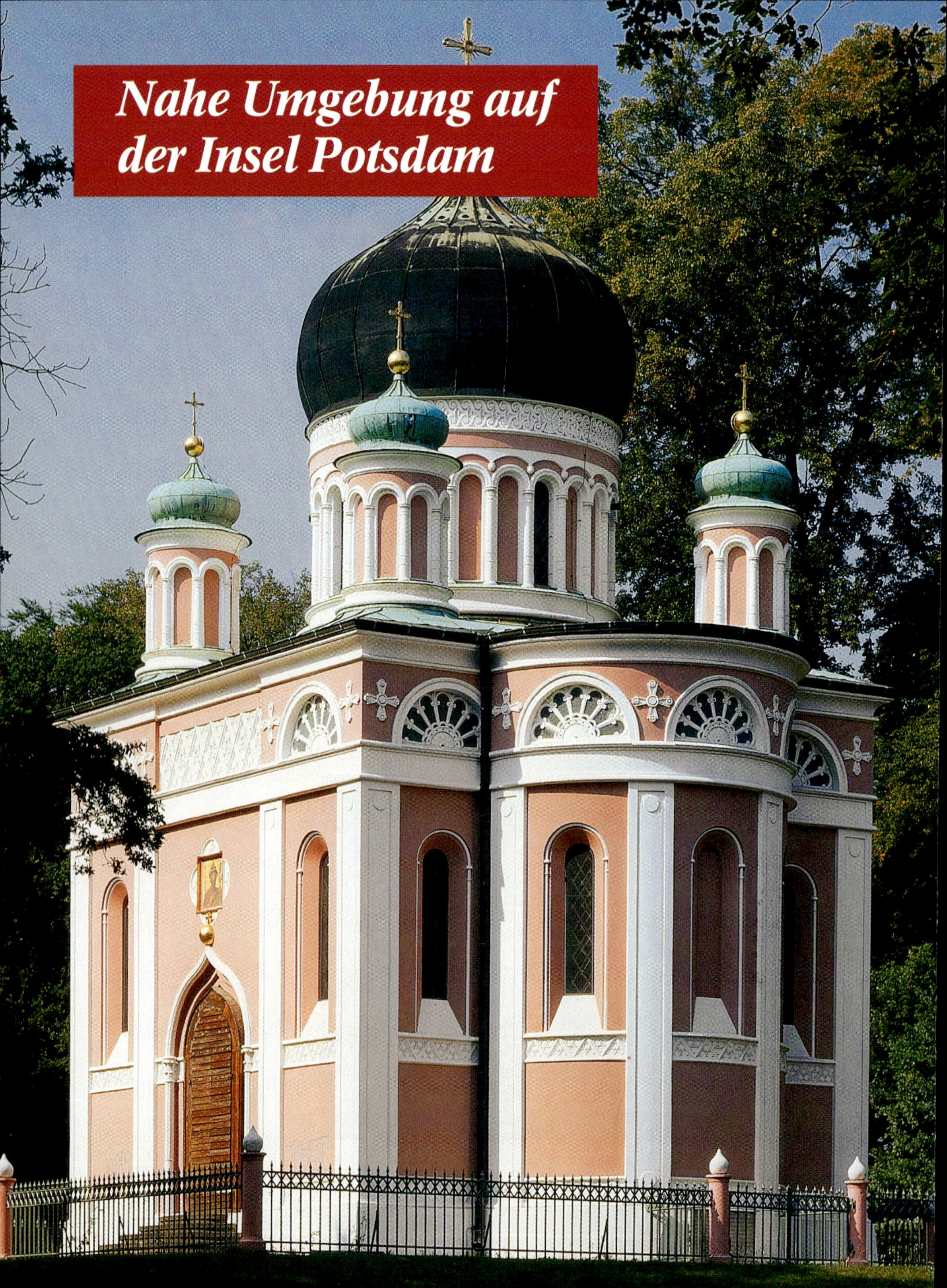

Russische Kolonie Alexandrowka – Sängersiedlung im Andreaskreuz

Besonders sehenswert in diesem Kapitel:
Alexandrowka ☆
Pfingstberg ☆☆
Neuer Garten ☆☆
Bornstedt ☆☆
Bornim ☆
Schloss Golm ☆
Geltow ☆

»Drum soll der Sänger mit dem König gehen,
sie beide wohnen auf der Menschheit Höhen.«
(Friedrich von Schiller, ›Die Jungfrau von Orleans‹, 1801)

Am Fuß des Pfingstberges liegt die Kolonie Alexandrowka, ein russisches Militärdorf aus Blockhäusern, wie sie zu Tausenden das zaristische Russland überzogen. Heute ist diese gut erhaltene Holzhaus-Kolonie in Mitteleuropa ein einzigartiges Ensemble.

Wie kam es zum Bau dieses ungewöhnlichen Dörfchens mitten im tiefsten Preußen? 1812 brachte der preußische Feldmarschall Ludwig Graf Yorck von Wartenburg von seinem Feldzug in Kurland 500 kriegsgefangene Russen mit. Friedrich Wilhelm III. fühlte sich noch in der Schuld Zar Alexanders I. (1777–1825), der ihm auf der Flucht vor Napoleon am St. Petersburger Hof Zuflucht gewährt hatte, und wollte daher die Gefangenen gut behandeln. Da er die Melancholie russischer Lieder sehr liebte, gab er Order, aus der Soldatenschar einen Männerchor zusammenzustellen. 62 Russen bestanden das Probesingen und wurden nach Potsdam abkommandiert.

Alexandrowka ☆
Russisches Militärdorf vonSchinkel mit kunstvoll gearbeiteten Blockhäusern; einzigartig in Mitteleuropa

Kurzerhand in preußische Uniformen gesteckt, mussten die neuen Sänger nun als Truppenunterhalter an den Feldzügen teilnehmen. Zwei Mal marschierten sie nach Paris mit der Leibkompagnie des 1. Garderegiments zu Fuß. Später verzichtete der Zar auf die Rückkehr seiner leibeigenen Soldaten und machte den Chor dem Preußenkönig zum Geschenk. Nun war eine Rückkehr für die heimwehkranken Russen unmöglich. Viele starben früh, und so schmolz die Sängerschar innerhalb weniger Jahre auf zwölf Mitglieder zusammen.

Erst als Alexanders Nachfolger Nikolaus I. die älteste Tochter Friedrich Wilhelms, Prinzessin Charlotte, heiratete, verbesserte sich das Los der Sänger. Zum Zeichen der Freundschaft zwischen den Häusern Romanow und Hohenzollern gründete Friedrich Wilhelm im April 1826 die russische Sängerkolonie und taufte sie im Gedenken an den verstorbenen Zaren Alexandrowka. Auf Wunsch des Königs entwarf Peter Joseph Lenné ein Alleensystem im Grundriss eines Andreaskreuzes mit acht Gehöften an den Kreuzarmen und vier weiteren in den Bögen. Im Achsenschnitt stand ein dreizehntes Haus, das **Aufseherhaus** (1), das ein preußischer Feldwebel bezog. Um den Russen die Ausübung ihres Glaubens zu ermöglichen, ließ der König das Ensemble von Karl Friedrich Schinkel durch eine kleine Kirche, die Alexander-Newski-Kapelle, und ein Popenhaus auf der Anhöhe des Kapellenberges vervollständigen.

Aus Russland ließ man sich Originalbaupläne für rustikale Holzbauernhäuser kommen. Letztlich aber wurde die Blockhausbauweise in sprichwörtlicher preußischer Sparsamkeit geschickt imitiert, denn

◁ Alexandrowka, Alexander-Newski-Kapelle

hinter den akkurat gesägten Holzbohlen befindet sich Fachwerk! Ornamentale Giebel- und Fensterrahmen schaffen eine Blockhausidylle mit verzierten Balkonen, von denen im Sommer blühende Geranien, im Herbst leuchtende Weinranken herabhängen.

Der König schenkte jedem Sänger ein Haus mit Garten und einem kleinen Viehstall, dazu eine bunte Milchkuh, ein Spinnrad und ein Kinderbettchen, Töpfe und Schüsseln, Messer und Löffel, sogar eine Stubenuhr. Aber die Sache hatte einen Haken: der Besitz konnte nur an Söhne des Hauses vererbt werden. Um jeden Schwindel auszuschließen, durfte – so heißt es zumindest – nur in Gegenwart glaubwürdiger Zeugen entbunden werden.

Unter dem Giebel einiger Häuser informieren Namenstafeln über die Familiengenealogie, besonders einprägsam am **Haus Grigorieff** (2), Russische Kolonie Nummer 7: die kyrillische Schrift nennt den ersten Hausbewohner, den Sänger Ivan Grigorieff. Daneben stehen in lateinischen Lettern zwei weitere Iwans, dann Otto, Paul und Kurt. Eine weiße Schrift auf schwarzem Grund nennt die Verstorbenen, schwarze Schrift auf weißem Grund dagegen die heutigen Bewohner. So erfährt man, dass Joachim Grigorieff, einer der letzten Nachkommen der russischen Sänger, das Blockhaus bewohnt. 1830 trat der Soldatenchor zum letzten Mal auf, 1861 starb der letzte Sänger. Begraben sind die meisten der Alexejeffs, Fokins und Gawritoffs, der Grigorieffs, Iwanoffs, Jablokoffs, Schischkoffs, Sergejeffs, Timofejeffs, Uschakoffs, Wawiloffs und Wolgins auf einem russisch-orthodoxen Friedhof in Berlin.

Russische Sänger vor der Alexander-Newski-Kapelle. Zeichnung, 1830

Der Gang in das ›russische Potsdam‹ bliebe unvollständig ohne einen Besuch der **Alexander-Newski-Kapelle** (3) auf dem Kapellenberg. Der Namenspatron, Alexander Newski (um 1200–63), Fürst von Nowgorod und Großfürst von Wladimir, besiegte die Schweden 1240 an der Newa und wenig später die Truppen des Deutschen Ordens auf dem zugefrorenen Peipussee. Als Retter des russischen Reiches wurde er heilig gesprochen. Eine Ikone mit seinem Bild befindet sich über dem Kielbogen am Südportal.

Um Stilfehler beim Bau der Kapelle zu vermeiden, setzte sich Karl Friedrich Schinkel 1826 mit dem russischen Zarenhof in Verbindung und erhielt von dem führenden Petersburger Klassizisten, Wassilij Petrowitsch Stassow (1769–1848), einen ›Kapellenbauplan‹. Schinkel verstand es, die altrussische Spielart so einfühlsam mit klassizistischen Elementen zu verbinden, dass eines das andere nicht verdrängte. Immer wieder findet sich die Form des russisch-orthodoxen Kreuzes, beispielsweise im Kirchengrundriss und im kunstvoll gearbeiteten Gitterzaun des kleinen Friedhofs. Die umlaufenden Säulenfriese der fünf Zwiebeltürme dagegen sind klassizistisch.

Größtenteils besteht das Interieur aus Schenkungen der Prinzessin Charlotte, einer Tochter Königin Luises – später nach St. Petersburg verheiratet als Zarin Alexandra Feodorowna – sowie des Moskauer Patriarchats. Die Innenausstattung einer russisch-orthodoxen Kirche ist dem Gottesdienstvollzug angepasst. Der für Anders-

Alexandrowka, Pfingstberg und Neuer Garten: 1 Ehemaliges Aufseherhaus 2 Haus Grigorieff 3 Alexander-Newski-Kapelle 4 Popenhaus 5 Jüdischer Friedhof 6 Pomonatempel 7 Belvedere 8 Schloss Cecilienhof 9 Grünes Haus 10 Rotes Haus 11 Pyramide 12 Marmorpalais 13 Marmorobelisk 14 Küchenbau 15 Kavaliershaus 16 Holländisches Etablissement 17 Gotische Bibliothek 18 Palais Lichtenau 19 Portiershäuschen 20 Weißes Haus 21 Orangerie 22 Gärtnerei 23 Schindelhaus 24 Braunes Haus 25 Pumphaus in der Meierei 26 Muschelgrotte 27 Einsiedelei

Russisches Holzhaus der Alexandrowka

gläubige auffälligste Unterschied ist die dreitürige Bilderwand, die Ikonostase. Sie trennt den Gemeinderaum vom Altarraum, zu dem nur der Geistliche Zutritt hat. Gestühl gibt es nicht, weil die Orthodoxgläubigen sich ihrem Gott durch stehende Andacht näher fühlen. Die Liturgie kennt keine Orgel; ein Chor übernimmt die musikalische Begleitung. Als Besonderheit gilt die in einer Vitrine bewahrte Sammlung von Orden und Kriegsgedenkmünzen der zwölf Sänger von Alexandrowka.

Beschattet von über hundertjährigen Eichen und Linden, steht hier oben das **Popenhaus** (4) als 14. Blockhaus der Kolonie Alexandrowka. Schon Friedrich Wilhelm erkannte die Vorzüge der romantischen Atmosphäre mit der Aussicht über die Dächer ›seiner‹ Kolonie und ließ sich im Obergeschoss eine russische Teestube einrichten. Mittlerweile haben die umliegenden Bäume eine Höhe erreicht, die diese Sicht verhindert. Seit 1986 lebt hier die Familie des Erzpriesters Anatolij Koljada, den die Heilige Synode von der Kathedrale zu Minsk hierher entsandte. Nach Restaurierung der Kapelle im Jahr 1995 finden nun auch wieder Gottesdienste statt.

Auf dem Pfingstberg – abgelegene Pfade und verlassene Orte

Nördlich der Kolonie Alexandrowka erhebt sich der Pfingstberg (s. Karte S. 141), im 17. Jh. noch Eichberg genannt; hier war der Endpunkt der Kurfürstlichen Landschaftsallee hinter dem Jägertor. Im Gedenken an einen gemeinsamen Besuch mit seiner Gemahlin Luise auf dem Pomonatempel am Pfingstsonntag des Jahres 1804 taufte König Friedrich Wilhelm III. die Anhöhe sieben Jahre nach Luisens Tod, im Jahre 1817, auf den Namen Pfingstberg. Der Hügel ist die höchste Erhebung Potsdams.

Pfingstberg ☆☆
Drei Sehenswürdigkeiten auf dem Hügel im Norden der Stadt: der Jüdische Friedhof, der Pomonatempel und das Belvedere

Jüdischer Friedhof

Am Fuße des Pfingstberges entstand in friderizianischer Zeit der Jüdische Friedhof (5; Öffnungszeiten siehe ›Tipps & Adressen‹: Friedhöfe), weswegen die Anhöhe im Volksmund auch zeitweilig Judenberg hieß. Da die jüdische Gemeinde zu dieser Zeit schnell anwuchs, stellte Friedrich Wilhelm IV. 1743 einen kleinen Totenacker zur Verfügung. Inzwischen umfasst der Jüdische Friedhof an der Puschkinallee 25 1900 m^2. Auf dem abgelegenen Friedhofsgelände, das manchmal wie verlassen wirkt, sind zahlreiche Grabsteine des 18. und 19. Jh. mit hebräischer Inschrift erhalten. Ab 1812 mussten die Gräber auf Deutsch beschriftet werden – eine Schikane, vielleicht, aber andererseits war die Vorschrift auch Teil des Edikts ›Betreffend die bürgerlichen Verhältnisse der Juden‹, das den rechtlosen Zustand der Juden beendete und ihnen die preußische Staatsbürgerschaft gewährte.

Die gelegentlichen Grabsteinbilder segnender Hände weisen auf die Tätigkeit des Verstorbenen als Rabbiner. Die Hände sind ein Symbol für den Stamm der Kohanim, dessen Angehörigen oft Cohn oder Cohen heißen. **Tobias Cohn** (1826–1904) etwa war in der Kaiserzeit fast 40 Jahre lang Rabbi der Potsdamer Gemeinde. Das Bild der Krone besagt, dass dort das männliche Oberhaupt einer Familie liegt. Die ebenso häufige Darstellung von Kanne und Schüssel versinnbild-

Der jüdische Friedhof auf dem Pfingstberg

licht den Stamm der Leviten, die die Rabbiner bei rituellen Waschungen bedienten. Daher leitet sich der Name Lewi oder Levisohn ab. Als berühmter Angehöriger dieses Stammes ruht hier **Max Löwysohn,** der im Krieg von 1870/71 als Sergeant des III. Armeekorps in der Schlacht bei Sievern kämpfte und dem Obersten Edwin Freiherr von Manteuffel das Leben rettete. Er bekam dafür einen Orden – als einziger Jude, denn die Vergabe militärischer Auszeichnungen an Juden war verboten.

Die nachklassizistische **Trauerhalle** und das **Wächterhaus** am Friedhofstor wurden 1912 auf dem Gelände errichtet. Ebenso wie die Synagoge am Platz der Einheit 1 fiel auch die Trauerhalle in der Reichspogromnacht des 9. November 1938 der nationalsozialistischen Zerstörungswut zum Opfer. 1942 erfolgte die letzte Beisetzung auf dem jüdischen Friedhof; danach begannen auch in Potsdam die Judendeportationen. An den Völkermord der Hitlerzeit erinnern noch einige Gedenksteine. Nach 1945 existierte in Potsdam keine jüdische Gemeinde mehr. Viele Juden konvertierten zum Christentum oder lebten atheistisch assimiliert, denn in der DDR war das Judentum ein totgeschwiegenes, zum Teil auch repressiv behandeltes Thema. Erst 1990 kamen Juden aus der UdSSR nach Potsdam, seitdem hat sich hier wieder eine Gemeinde von etwa 250 Gläubigen etabliert. Auch der Friedhof wird wieder genutzt.

Pomonatempel

Ein schmaler Waldweg seitlich der Friedhofsmauer führt in wenigen Minuten auf die Kuppe des Pfingstberges. Unterwegs passiert man den Pomonatempel (6; Öffnungszeiten siehe ›Tipps & Adressen‹: Museen und Schlösser); eine Art Hommage Karl Friedrich Schinkels an die Göttin der Blumen.

1800 errichtete der erst 19jährige Schinkel auf einem Weinberg nördlich von Potsdam anstelle eines verfallenen Pomonatempels ein neues Tempelchen dieses Namens. Eigentümerin des Geländes war schon seit 1787 eine Tochter des Rektors der Stadtschule. Ihr Gatte, der königliche Hofrat und Topograph Karl Ludwig von Oesfeld (1741–1804), beauftragte Schinkel. In kunstgeschichtlicher Hinsicht ist der erste eigene Bau des jungen Architekten insofern eine aparte Besonderheit, als sich bereits hier in kleiner Form etwas ankündigt, was später jahrzehntelang den gesamten Berliner Raum prägen sollte – der Schinkelsche Klassizismus. Der Architekt errichtete einen kleinen quadratischen Pavillon, der sich nach Süden zu einem Portikus mit vier ionischen Säulen öffnet. Auf der Rückseite führt eine hölzerne Wendeltreppe zu einer Dachterrasse, wo die Oesfelds ihren Tee bei einer der schönsten Aussichten über Potsdam genießen konnten. Die Sehenswürdigkeit sprach sich herum und lockte auch das Königspaar Friedrich Wilhelm III. und Luise am Pfingstsonntag 1804 zu einer Besichtigung.

Als Karl Friedrich Schinkel den Pomonatempel errichtete, war er erst 19 Jahre alt. Das Bauwerk ist seine Hommage an die Göttin der Blumen

Nach 1945 verfiel der Pomonatempel zur kläglichen Ruine, zuletzt standen nur noch Mauerreste. Nach der Wende verhalf die Hamburger Stiftung Hermann Reemtsma dem Bauwerk mit Sponsorengeldern wieder zu alter Schönheit, und zu Pfingsten 1993 konnte die Wiedereröffnung gefeiert werden – so schloss sich ein Kreis von 193 Jahren!

Belvedere

Auf der Kuppe des Pfingstberges erhebt sich die Ruine des gewaltigen Belvederes (7); seine Türme sind der höchste Potsdamer Aussichtspunkt (Öffnungszeiten siehe ›Tipps & Adressen‹: Museen und Schlösser). Das Belvedere blieb als Fragment einer genialischen Bauidee Friedrich Wilhelms IV. stehen. 1817 bereits hatte sein Vater, Friedrich Wilhelm III., das Pfingstberg-Plateau erworben. Schon lange hatte dem Kronprinzen ein riesiges Prunkschloss vorgeschwebt, mit Platz für ein Kasino und eine hohe Aussichtsterrasse. Der Innenhof sollte einen Wasserbehälter verstecken, der über großartige Kaskadenläufe die Fontänen des Neuen Gartens speisen sollte. Der Pomonatempel, der diesen Plänen buchstäblich im Weg stand, wäre dann abgerissen worden!

Zwischen 1849 und 1863 baute Ludwig Ferdinand Hesse nach dem Vorbild der römischen Villa Medici die 25 m hohe Doppelturmanlage mit Bogengalerie und Aussichtsterrasse. Von hier geht der Blick über die weitläufigen Havelufer nach Nedlitz, Sacrow, den Neuen Garten, die Pfaueninsel, Klein-Glienicke und Babelsberg. Die dreibogige Pfeilerhalle am Eingang setzte August Stüler später davor. Ab 1830 verband Peter Joseph Lenné und später Gustav Meyer

Das Belvedere auf dem Pfingstberg. Gemälde von Franz Michelis, 1861

Die Türme des gewaltigen Belvedere auf dem Pfingstberg sind der höchste Potsdamer Aussichtspunkt

(1816–77), der Hofgärtner von Sanssouci, Belvedere und Pomonatempel durch einen Lindenlaubgang und umrahmte sie mit einer im klassischen Sinne gestalteten Landschaft.

Zu DDR-Zeiten kehrte der Wildwuchs ein. Die wundervolle Aussicht rund um Potsdam war schon immer ein Begriff, und genau deshalb gehörte der Pfingstberg zum traurigsten Kapitel sozialistischer Denkmalpflege, denn der weite Blick bis nach Berlin-West war unerwünscht, der Pfingstberg verbotenes Terrain. Von Russen und Deutschen mehrfach demoliert, angezündet und mit Graffitisprüchen beschrieben, wurde das Belvedere immer baufälliger. Wie der Pomonatempel, so ist auch das Belvedere Eigentum der Stiftung Preußische Schlösser und Gärten Berlin-Brandenburg – nur leider hatte diese kein Geld für die Rekonstruktion einer solch gigantischen Anlage.

Ein seit 1988 engagierter Förderverein erreichte bislang die Wiederherstellung der Gartenumgebung. Darüber hinaus stiftete der Versandhauskönig Werner Otto 4,5 Mio. DM aus seinem Privatvermögen, mit dem zur Bundesgartenschau im Frühjahr 2001 der Westturm mit Arkadengang saniert und das Wasserbecken in der Eingangshalle neu ausgegossen werden. Zum einen werden nun in Zukunft von hier aus alle Springbrunnenanlagen im Neuen Garten gespeist: In einem Kreislauf pumpt das Pumpwerk der Meierei im Neuen Garten das Wasser bergauf in die Hochbehälter des Belvedere, von wo es über unterirdische Rohre zurückfließt. Zum anderen organisiert der Förderverein nun in dieser traumhaft schönen Atmosphäre unter freiem Himmel Klassik- und Rockkonzerte, Theateraufführungen oder Lesungen. Die ausgezeichnete Akustik der Eingangshalle wird dabei sehr dienlich sein und eine Bühne im Wasserbecken das Ganze zu einem besonderen Erlebnis machen.

Neuer Garten mit Schloss Cecilienhof – ein Wunderwerk poetisch-sentimentaler Gartenkunst

Schloss Cecilienhof

Neuer Garten ☆☆ Geschichtsstunde im lieblichsten und romantischsten Park Potsdams. Vor allem sehenswert: Schloss Cecilienhof und das Marmorpalais

Obwohl es das jüngste Bauwerk im Neuen Garten ist und streng genommen mit der Gründungsgeschichte des Parks nichts zu tun hat, beginnt der Rundgang aus praktischen Gründen mit Schloss Cecilienhof (8; siehe Karte S. 141), denn am letzten Ende der sich lang hinziehenden Straße Am Neuen Garten liegt ganz in der Nähe des Schlosses ein öffentlicher Parkplatz, der direkt in den Garten hineingeleitet und den die meisten Besucher deshalb gern ansteuern.

Wie im Garten eines englischen Herrensitzes taucht zwischen weiten Rasenflächen und sanften Hügeln Schloss Cecilienhof auf. 1911 ließ der letzte deutsche Kaiser, Wilhelm II., 1,5 Millionen Mark bereitstellen, um seinem ältesten Sohn, dem Kronprinzen Wilhelm, und dessen Gemahlin Cecilie von Mecklenburg-Schwerin ein angemessenes Domizil zu schaffen. In jungen Jahren ihrer Ehe hatten beide das in Blickweite liegende Marmorpalais bewohnt. Obwohl die rasch anwachsende Familie bald nach einer moderneren Residenz suchte, die ein zeitgemäßes Wohnen ermöglichte, wollte sie den Neuen Garten mit seiner stimmungsvollen Atmosphäre nicht missen, und so entstand der Plan, hier ein neues Schloss zu errichten.

Gegen den Willen des Familienoberhaupts, das lieber einen echten Prachtbau wilhelminischer Art gesehen hätte, setzte das Kronprinzenpaar die Beauftragung des Architekten Paul Schultze-Naumburg (1869–1949) durch. Dieser stand in der Nachfolge von Hermann Muthesius (1861–1927), der sich im Berliner Raum mit zahlreichen Bauten im englischen Landhausstil bei Adel und Großbürgertum

Kronprinz Wilhelm und Kronprinzessin Cecilie

einen Namen gemacht hatte. Nach einer ausgedehnten Studienreise durch England entwarf Schultze-Naumburg ein Schlösschen, das sich durch seinen Grundriss und die natürlich-ländlichen Baustoffe in die Landschaft geradezu einschmiegt. Er verstand es meisterhaft, feudale Bequemlichkeit und den Anspruch auf moderne Funktionalität zu vereinen. Problematisch war allerdings, dass sich die aufwändige kronprinzliche Hofhaltung kaum in ein kleines Landhaus zwängen ließ. Deshalb staffelte er verschieden große Baugruppen geschickt in- und übereinander, und so entstand ein Komplex von immerhin 176 Zimmern, gruppiert um fünf Höfe.

Das Erdgeschoss wurde in Putz oder in Haustein ausgeführt, die Obergeschosse in Fachwerk. Schön verzierte Schornsteine akzentuieren das Dach. Bunte Schmuckgärten und malerisch beschnittene Buschpflanzungen der nahen Schlossumgebung leiten sanft in die historische Kunstlandschaft über. Unter dem Fenster der Kronprinzessin auf der Rückseite wurde sogar ein kostbarer Blumengarten angelegt.

Im Inneren bestand die traditionelle Trennung der Flügel für die Dame und den Herrn des Hauses. Die Raumanordnung war über zwei Stockwerke kompliziert verschränkt und führte ungefähr über der Halle in einem gemeinsamen Schlafzimmer zusammen. Im Ostteil gruppierten sich die Wohnräume der sechs Kinder und ihrer Erzieher um den Prinzenhof. Die Möblierung war gediegen im Geschmack verschiedener Stilepochen, wie helleleganten Neo-Empire und dunklem Landhausstil. Anders als seine Vorfahren bewohnte das Kronprinzenpaar sein Domizil sommers wie winters: So markiert Schloss Cecilienhof kulturgeschichtlich das Ende des nur im Sommer bewohnbaren ›maison de plaisance‹.

Die Fortführung des Schlossbaus während des Ersten Weltkriegs ist oft kritisiert worden. Während Tausende von Soldaten vor Verdun und an der Somme fielen und die Zivilbevölkerung zur Gewinnung

Schloss Cecilienhof

- Wirtschaftstrakt
- Herrschaftstrakt
- Bedienstete
- Gästezimmer
- Prinzenzimmer

1 Halle
2 Salon der Kronprinzessin
3 Schreibzimmer der Kronprinzessin
4 Salon und Schreibzimmer des Kronprinzen
5 Rauchzimmer des Kronprinzen
6 Frühstückszimmer
7 Großer Speisesaal
8 Anrichte
9 Küche
10 Prinzenspielzimmer
11 Prinzenvorhalle

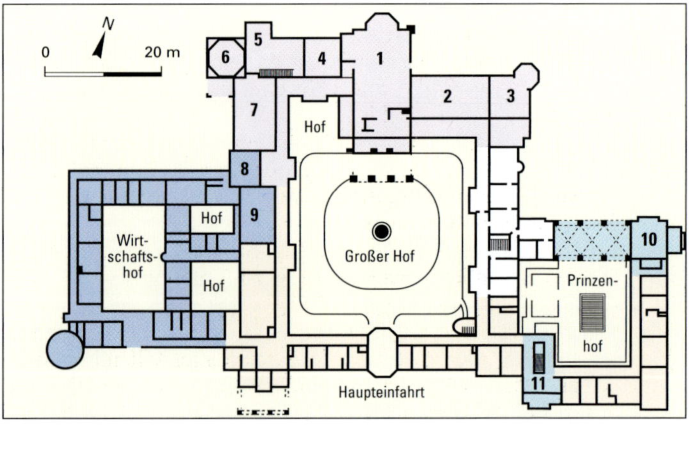

Schloss Cecilienhof, Gartenseite. Das Gebäude im englischen Landhausstil ist der letzte Schlossbau der Hohenzollern und Deutschlands

kriegswichtiger Metalle ihre Denkmäler einschmolz, setzte sich der zweitprominenteste Vertreter der preußisch-deutschen Monarchie ein exklusives Baudenkmal. Doch nach 1918 gab es keinen deutschen Kaiser und keinen Kronprinzen mehr. Nach der Flucht ihres Schwiegervaters und ihres Gatten ins Exil nach Holland blieb die couragierte Cecilie mit den Kindern noch zwei Jahre in Potsdam, die beiden ältesten Söhne noch bis zum Abitur. Danach nutzte die Familie den Landsitz nie wieder.

1945 bestimmten die Sowjets das Schloss zum **Tagungsort des Potsdamer Abkommens.** Hier trafen sich vom 17. Juli bis zum 2. August 1945 Truman, Stalin und Churchill, um über die Zukunft Deutschlands und andere Nachkriegsprobleme zu verhandeln. Nach den Treffen in Teheran und auf Jalta war Potsdam der letzte Gipfel der ›Großen Drei‹; Churchill hatte ihm den Namen ›Terminal‹ gegeben. In der sowjetischen Delegation reiste übrigens auch Andrej Gromyko, damals Botschafter in den USA.

Die Sowjets schlugen Potsdam als Tagungsort vor, weil im völlig ausgebombten Berlin kein geeigneter Ort zu finden war – vielleicht aber auch, weil Potsdam als Symbol für Preußen galt. Vorauskommandos bereiteten die Konferenz vor: Generalleutnant Antipenko ließ für jede Delegation sechs bis acht Babelsberger Villen beschlagnahmen. Zur besseren Verkehrsanbindung wurde eine Pontonbrücke über den Griebnitzsee geschlagen. Da die gesamte Einrichtung von

Das Mobiliar des Konferenzzimmers in der Historischen Gedenkstätte ist original erhalten

Schloss Cecilienhof verschleppt war, musste Antipenko die Tagungsstätte mit Mobiliar aus anderen Potsdamer Schlössern neu bestücken: Truman erhielt Möbel von dunkler Mahagoni-Eleganz aus dem Neuen Palais, Stalin den Roten Salon mit schweren Gründerzeitmöbeln und Churchill filigrane Neugotik in hellem Ahornholz aus Schloss Babelsberg. Für den Konferenzsaal wurde ein wuchtiger, runder Eichentisch besorgt. Die Sowjets pflanzten im Schlossinnenhof einen fünfzackigen Blumenstern aus roten Rosen.

Am neunten Tag wurden die Beratungen für zwei Tage unterbrochen, denn Churchill verlor die Unterhauswahlen in London, und der neue Premierminister Attlee musste erst den Regierungswechsel vollziehen. Nach einem Marathon von 13 Sitzungen unterzeichneten die Vertreter der drei Staatsmächte (Frankreich wurde erst nach dem Gipfel als vierte Macht einbezogen) die Vereinbarungen über Polens Westgrenze, Deutschlands Aufteilung in Kontrollzonen, die Höhe seiner Reparationszahlungen sowie die Behandlung der Kriegsverbrecher.

Die Teilung Deutschlands war nicht vorgesehen. Vielmehr bekundeten die Alliierten ihre Absicht, »dem deutschen Volk die Möglichkeit zu geben, […] sein Leben auf einer demokratischen und friedlichen Grundlage von neuem wieder aufzubauen [… und] seinen Platz unter den freien und friedlichen Völkern der Welt einzunehmen«. Die nur wenig später einsetzende Politik des Kalten Krieges zog eine neue innerdeutsche Grenze. Potsdam lag in der sowjetischen Besatzungszone und verschwand für die nächsten 45 Jahre hinter dem Eisernen Vorhang. An die Geschichte des Schlosses und besonders diesen bedeutsamen Abschnitt erinnert die **Historische Gedenkstätte Potsdamer Abkommen** (Öffnungszeiten siehe ›Tipps & Adressen‹: Museen und Schlösser) im Ostflügel des Hauses.

Churchill, Truman und Stalin im Juli 1945 vor Schloss Cecilienhof

Doch Cecilienhof unterliegt einer Doppelnutzung, denn im Westflügel des Schlosses richtete die DDR ein exklusives Devisenhotel ein. Seitdem ist das Haus ein Schmuckstück der Potsdamer Hotellandschaft, bevorzugter Ort für den Empfang offizieller Gäste. Daran ht sich bis heute nichts geändert; denn im **Schlosshotel Cecilienhof** vergeht kaum eine Woche ohne Protokollbesuch. Bis heute wird in den alten monarchischen Küchenräumen gewirtschaftet und auch das dunkel holzgetäfelte Schlossrestaurant ist der ehemalige Speiseraum Ihrer Kaiserlichen Majestäten.

Der Neue Garten

Der Neue Garten, in den Schloss Cecilienhof hineingebaut wurde, wurde bereits 125 Jahre früher angelegt, nämlich im 18. Jh., als am Westufer des Heiligen Sees noch etwa 14 Weingärten mit je einem Winzerhaus lagen. Eines davon gehörte einem gewissen Herrn Punschel, und hier pflegten ein paar Potsdamer Offiziere vergnügliche Zusammenkünfte abzuhalten. Mit von der Partie war Kronprinz Friedrich Wilhelm II., der Neffe des Alten Fritz. Da der Onkel ihn zu Lebzeiten kurzgehalten und ihm ein eigenes repräsentatives Palais verweigert hatte, brachen sich nach dessen Tod im Jahr 1786 die angestauten Sehnsüchte umso kräftiger Bahn: Schon vorher hatte Friedrich Wilhelm in weiser Voraussicht das ihm so lieb gewordene Häuschen Punschels erstanden und kaufte nun – noch im Todesjahr des Onkels – Land hinzu, bis er das 74 ha große Gebiet beisammen hatte, das wie ein ›E‹ die Westseite des Heiligen Sees umschließt.

Aus dem Dessau-Wörlitzer Kunstkreis berief er den Gartenarchitekten Johann August Eyserbeck (1762–1801) und ließ ihn einen poetisch-sentimentalen Landschaftspark anlegen (1787–97). 22 Jahre nach dem berühmten Wörlitzer Vorbild wurde nun der Neue Garten in Potsdam ein weiteres, immer noch relativ frühes Beispiel deutscher Landschaftskunst am Übergang vom Klassizismus zur Romantik. Architekten wie Carl von Gontard (1731–91), Carl Gotthard Langhans (1732–1808) und Andreas Ludwig Krüger (1743–1822) belebten den Garten mit spielerisch verstreuten Kleinbauten im Geschmack der Zeit, mal im chinesischen, mal im ägyptischen, gotischen oder klassizistischen Stil. 30 Jahre nach Eyserbeck gab der junge Peter Joseph Lenné dem Garten ein neues Gesicht, indem er die Wegführung änderte, große Rasenflächen schuf und Sichtachsen in den Baumbestand schnitt.

Am Nordufer des Heiligen Sees liegt das nach seinem Farbanstrich benannte **Grüne Haus** (9). Zusammen mit dem **Roten** (10), dem **Weißen** (20) und dem **Braunen Haus** (24), die heute alle von Mitarbeitern der Stiftung Schlösser und Gärten Berlin-Brandenburg bewohnt werden, gehört es zu den ältesten Gebäuden im Neuen Garten, Überbleibsel der alten Winzerhäuschen aus Herrn Punschels Zeiten.

Ein Spaziergang auf dem Uferweg des Heiligen Sees vermittelt Gelassenheit und Muße

Neuer Garten, Marmorpalais. Die Räume des Palais sind mit wunderschönen exotischen Wandmalereien und kostbaren Fußböden ausgestattet

Im Winter schlug man Blöcke aus dem Eis des Heiligen Sees und verbrachte sie in die Pyramide – »zur Frischhaltung des Wiltprets, der Butter und mehrerer Speisen bey der Sommerhitze«

In enger hauswirtschaftlicher Verbindung zum Palais entstand 1792 die im Wegesystem der weiten Wiesenflächen liegende ägyptische **Pyramide** (11), als Tarnung für einen Eiskeller! Wiederum eine Überraschung, besonders für die Menschen jener Zeit, denen Pyramiden durchaus vertraut waren, allerdings eher als Grabsymbol oder als Grablege adliger Personen. Einen Eiskeller jedenfalls vermutete hier damals wie heute niemand. Möglicherweise stellen die vergoldeten Hieroglyphen über dem Pyramideneingang die sieben Planetensphären des Rosenkreuzer-Geheimbundes dar, dem Friedrich Wilhelm seit 1781 angehörte.

Friedrich Wilhelms größter und eiligster Wunsch war ein Sommerschloss im Neuen Garten, also ließ er im königlichen Baudepot Art und Menge des sofort verfügbaren Materials erfragen. »Reichlich Marmor«, soll die Antwort gelautet haben, und so entstand auf dem ehemaligen Punschelschen Gelände eben ein **Marmorpalais** (12; Öffnungszeiten siehe ›Tipps & Adressen‹: Museen und Schlösser)! Nun hatte Eyserbeck aber am See schon Hunderte von Akazienbäumchen gepflanzt, sodass der Platz zwischen Bäumen und Seeufer zu schmal für ein Schloss war. Deshalb sollte das Marmorpalais zur Hälfte in den See hineingebaut werden. Für den Architekten Carl von Gontard stellte dies natürlich eine Erschwernis dar, doch die reizvolle Aussicht über die Wasserfläche des Heiligen Sees entschädigte für den Aufwand.

Gontard baute vorerst nur den zweigeschossigen Kubus mit bekrönendem Belvedere. Mit der Zeit aber wurde die knappe Raumgliederung – Ankleidezimmer neben Schlafgemach, Bad und Toilette fehlten – so unmodern und störend, dass der König nicht mehr standesgemäß Hof halten konnte. So beauftragte er 1797 Carl Gotthard

Langhans, den Erbauer des Brandenburger Tores in Berlin, so schnell als möglich zwei Seitenflügel anzubauen. Zu dieser Zeit jedoch war der Marmorvorrat im Baudepot erschöpft. Da brachte der Geheimkämmerer Ritz den König auf die rettende Idee, eine Marmorkolonnade mitten im Park Sanssouci abzureißen, und so kam es, dass 20 friderizianische Säulen zu klassizistischen umgearbeitet und am Marmorpalais neu errichtet wurden!

Die Unsicherheit des alternden Gontard bei der Ablösung vom Geschmack des Rokoko und einer Hinwendung zum aufkommenden Klassizismus ist an der Fassade abzulesen: So überzeugend er das Große Militärwaisenhaus und das Neue Palais bewältigt hatte, so sehr wurde ihm hier etwas abverlangt, was er nicht mehr zu leisten vermochte. Die Grundform eines derart strengen Kubus hätte klare, glatte Flächen verlangt. Stattdessen schmückte er die Außenwände mit Fruchtgirlanden, Pilastern, Gesimsen und Reliefs so kleinteilig üppig, dass der Potsdamer Kunsthistoriker Friedrich Mielke das Ergebnis in seinem Buch ›Potsdamer Baukunst‹ schlichtweg als »spießig« bezeichnete.

1880 wurde das Marmorpalais für Kronprinz Wilhelm II. und seine Frau Cecilie instand gesetzt; 1907 wurde hier als zweites Kind Prinz Louis Ferdinand geboren, bis zu seinem Tod 1994 Chef des Hauses Hohenzollern. In seinen Lebenserinnerungen ›Im Strom der Geschichte‹ (1991) erzählt Louis Ferdinand von glücklichen Kindheitstagen in der ländlich-geborgenen Atmosphäre dieser schönen Umgebung.

Im Bombenhagel der letzten Kriegstage kam auch das Marmorpalais nicht ohne Schäden davon. Eine schlimme Verunstaltung brachte 1961 der Umbau zum Deutschen Armeemuseum, denn die prachtvolle Ausstattung verschwand im Magazin, die Wand- und Deckengemälde wurden größtenteils verkleinert. Völlig zweckentfremdet diente das Marmorpalais 28 Jahre lang »der Propagierung der Friedenspolitik der DDR« – so die Eigenwerbung. Als das Museum nach der Wende schließlich nach Dresden umzog, begannen im Marmorpalais die Restaurierungsarbeiten; es ist nun seit 1997 wieder als Schlossmuseum geöffnet.

Der 1793 von Langhans errichtete **Marmorobelisk** (13) südlich vom Palais trägt Porträtmedaillons der vier Jahreszeiten der Bildhauerbrüder Wohler am Schaft. Nur wenige Meter weiter südlich, am Ufer des Sees, ließ sich Friedrich Wilhelm einen **Küchenbau** (14) errichten, der durch einen 80 m langen unterirdischen Gang mit dem Marmorpalais verbunden war. Unterirdische Gänge waren im Barock nichts Besonderes, unüblich aber war die Gestaltung als halb im See versunkene Tempelruine. Von außen konnte man nicht ahnen, was sich im Inneren verbarg – ein wohlkalkulierter Effekt, der dem überraschten Besucher die Überlegenheit der Natur über des Menschen Werk demonstrieren sollte.

Ein Tempel als Küche, eine Pyramide als Eiskeller, dazu Ägyptisierendes, Klassizistisches, Holländisches und Gotisches! Friedrich Wilhelm und Wilhelmine Encke kultivierten ein weit gespanntes, fast fantastisch anmutendes kulturhistorisches Interesse. Ein freier, persönlicher Geschmack und Natursehnsucht drückten sich hier aus, andererseits aber auch eine gewisse Europa- und Zivilisationsmüdigkeit, die damals gerade Mode war.

Johann Wolfgang von Goethe, der den Neuen Garten zwar nie besucht hat, die Auswüchse der englischen Architektur-Mode, Gebäude zu verkleiden, aber wohl etwas albern fand, machte sich bereits 1778 im ›Triumph der Empfindsamkeit‹ darüber lustig: Denn, notabene! In einem Park /Muss alles Ideal sein, / Und salva venia jeden Quark / Wickeln wir in eine schöne Schal' ein, / So verstecken wir zum Exempel / Einen Schweinestall hinter einem Tempel, / Und wieder ein Stall, versteht mich schon, / Wird geradewegs ein Pantheon.«

An einigen Stellen im Garten wird die niederländische Baukunst zitiert – so an dem 1789 erbauten **Holländischen Etablissement** (16), einer Gruppe von Tor- und Dienerhäuschen mit Ställen und Remisen, dem so genannten Damen- oder **Kavaliershaus** (15) und auch den zwei niedlichen **Portiershäuschen** (19), die die historische Haupteinfahrt zur Straße Am Neuen Graben säumen. ›Holländisch‹ sind sie wegen des roten Backsteins und der schön geschwungenen Giebel. Möglicherweise inspirierte Friedrich Wilhelm die Hochzeit seiner Schwester Friederike Sophie Wilhelmine mit dem niederländischen Erbstatthalter Wilhelm V.

Malerisch liegt die **Gotische Bibliothek** (17) an der Südspitze des Heiligen Sees, ein kleiner, oktogonaler Kernbau mit offenem Arkadenumgang über quadratischem Sockelgeschoss. Friedrich Wilhelm ließ sie 1794 in Blickachse zu einem nicht mehr vorhandenen Maurischen Tempel am Nordufer erbauen. Der zweigeschossige Pavillon war dem König Belvedere und Privatbibliothek zugleich. Nach 1945 blieb er zwar als Ruine mit eingestürzter Kuppel erhalten, aber der

Neuer Garten, Holländisches Etablissement

Gotische Bibliothek mit Blick auf das Marmorpalais

totale Verlust drohte, denn Bombentrichter im Heiligen See nahmen ihm den sicheren Untergrund, und so kam er jedes Jahr mehr in die Schieflage und sank ganz langsam in den See. Diese Sorgen sind nun passé, denn zu Potsdams Tausendjahrfeier 1993 überreichte Berlins Regierender Bürgermeister Eberhard Diepgen der Stiftung einen Scheck über 1,6 Millionen DM, und die 691 verbliebenen Natursteinquader konnten Stück für Stück abgetragen, nummeriert, ergänzt und in alter Handwerkstechnik wieder aufgebaut werden. Die einstige Schieflage von knapp 70 cm machten die Restauratoren extra anhand eines schmalen, umlaufenden Simses erkennbar.

Von hier aus ist über den Zaun des Neuen Gartens hinweg das **Palais Lichtenau** (18) in der Behlertstraße 31 zu sehen. In diesem Gebäude lebte Wilhelmine Encke (1753–1820), spätere Gräfin Lichtenau, die als kluge und einflussreiche Mätresse König Friedrich Wilhelms II. und als wohl einzige große Liebe dieses Mannes Berühmtheit erlangte und nach seinem Tod im Jahr 1797 vom Thronnachfolger in die Verbannung geschickt wurde (siehe Seite 59f.). Auf Wunsch Friedrich Wilhelms musste der Geheimkämmerer und Schatzmeister Johann Friedrich Ritz (1755–1809) 1782 mit der Encke eine Scheinehe ›ohne Neigung‹ eingehen. Ritz war es auch, der das Grundstück in der Behlertstraße 1795 erwarb – höchst praktisch, denn Friedrich Wilhelms Sommerresidenz im Neuen Garten lag direkt gegenüber. Im Jahr darauf begann Michael Philipp Bouman (1737–1803), die Villa zu errichten, ob nach Entwürfen von Carl Gotthard Langhans oder von Wilhelmine persönlich, lässt sich wohl nicht mehr klären.

Das Palais Lichtenau hatte Sichtverbindung zum Marmorpalais, wo König Friedrich Wilhelm II. wohnte

Das eingeschossige Palais ist eines der besterhaltenen Beispiele frühklassizistischer Baukunst in Potsdam. Unten befindet sich ein Souterrain, oben schließt ein Mansarddach ab. Das segmentbogenartige Giebelfeld über dem Mittelrisalit ziert ein allegorisches Relief, das die Gebrüder Wohler nach einem Entwurf Gottfried Schadows anfertigten. Auf der Rückseite führt eine elegant geschwungene Freitreppe in den Garten. Hier konnte der König bei seinen Besuchen diskret vorfahren und blieb vor neugierigen Blicken weitgehend geschützt. Die geschmackvolle Innenausstattung ist teilweise original erhalten. Im Festsaal zeigen Wandgemälde Ansichten von der Pfaueninsel, die der König und Wilhelmine so gern aufsuchten. Heute befindet sich das Palais in Privatbesitz.

Der Rückweg führt über das Weiße Haus an der **Orangerie** (21) vorbei, die Friedrich Wilhelm II. 1791 in Auftrag gab; hauptsächlich, um einen schönen Konzertsaal zu bekommen. Es wurde ein lang gestrecktes Gebäude, bei dem die eine Seitenfront zur Hauptallee ausgerichtet war. Auffallend ist die ägyptisierende Dekoration mit einer Sphinx und zwei Pharaostatuen am Portal. Eine Bronzetafel an der mit Springbrunnen, Palmen und bunten Blumen wahrhaft paradiesisch gestalteten Gartenseite erinnert an die Konvention von Tauroggen, von deren Abschluss König Friedrich Wilhelm III. hier am 2. Januar 1813 Nachricht erhielt.

Das Pumphaus, ursprünglich als ländliche **Meierei** (25) mit Kuhstall errichtet, musste 1844 auf Wunsch Friedrich Wilhelms IV. den Umbau in eine normannische Burganlage über sich ergehen lassen. Die eigentlich vom König angedachte Versorgung großartiger Wasserkaskaden, die vom Belvedere auf dem Pfingstberg herabfließen sollten, kam nie zustande. Dafür aber wurde 1862 die Pumpstation für die Bewässerung des Neuen Gartens fertig gestellt. Zur Eröffnung der Bundesgartenschau im Jahr 2001 soll das Wasser wieder fließen, und zwar über die Hochbehälter des Belvederes (siehe Seite 145f.).

Am nördlichen Uferweg zum Jungfernsee entstand zwischen 1792 und 1794 die **Muschelgrotte** (26). Mit ihren Raseneisenstein- und Tuffwänden wirkt sie von außen wie eine wilde Berghöhle in der Eifel. Innen öffneten sich drei Durchgangsräume mit erlesenen Marmorfußböden und edelsten Mineralien an den Wänden. Glastüren und -fenster, die eigentlich zur Abgeschiedenheit einer Grotte nicht recht passen wollen, ermöglichten einen weiten Blick über das Wasser.

Da entlang dieses Uferweges zu DDR-Zeiten der Todesstreifen verlief und seine Umgebung wie eine Mondlandschaft aussah, ist die Gartendenkmalpflege seit der Wende sehr aktiv bei der Wiederherstellung der originalen Wegführung und Bepflanzung. Auf der **Halbinsel Quapphorn** ist noch die Ruine der 1964 von Grenztruppen abgetragenen **Einsiedelei** (27) zu besichtigen. Sie entstand 1794 auf Veranlassung der königlichen Mätresse Wilhelmine Encke als Überraschung für den aus dem Ersten Koalitionskrieg gegen Frankreich heimkehrenden König. Von außen sah sie wie eine Waldhütte aus, mit Ästen und Borke verkleidet; innen war sie geschmackvoll mit Holz und Marmor vertäfelt. In das Deckengewölbe gemalte Tierkreiszeichen und Himmelsplaneten erinnerten an den Bund der Rosenkreuzer. Dennoch sollen im Neuen Garten nie Treffen dieses Ordens abgehalten worden sein.

Bornstedt – von Fontanes märkischer Dorfidylle bis zum Bugapark 2001

Der Potsdamer Ortsteil Bornstedt, in fünf Minuten Fußweg von der Sanssouci-Windmühle oder der Orangerie aus zu erreichen, besticht als natürlich-ländliche Fortsetzung der Parklandschaft Sanssouci. Theodor Fontane, der die Bornstedter Feldmark 1869 besuchte, schwärmte in den ›Wanderungen durch die Mark Brandenburg‹: »Wer hätte nicht an sich selbst erfahren, wie frei man aufatmet, wenn man aus der kunstgezogenen Linie auch des frischesten und natürlichsten Parks endlich [...] in die weit gespannte Wiesenlandschaft eintritt, die ihn umschließt! Mit diesem Reiz des Einfachen und Natürlichen berührt uns auch Bornstädt.«

Bornstedt ☆☆ Der Bornstedter Friedhof: ein Spaziergang durch das alte Preußen

Bornstedt sieht aus wie ein märkisches Dorf mit italienischen Eindrücken, die sich besonders an warmen Sommertagen dem Gemüt öffnen. Den lang gestreckten Dorfkern durchzieht die Ribbeckstraße. Peter Joseph Lenné hat den ursprünglichen Straßenverlauf so geschickt überformt, dass jede nächste Kurve den Blick auf ein panoramabestimmendes Element Bornstedts freigibt. Von Sanssouci her präsentiert sich erst der Turm des ehemaligen Krongutes, dann der Campanile der Dorfkirche.

Bornstedt, Innenraum der Kirche. Die Architekten des Bauwerks entstammen der Schinkelschule: Friedrich August Stüler und Reinhold Persius

Schon der Große Kurfürst erwarb 1664 die drei Bornstedter Rittergüter der Familien von der Groeben und Ribbeck und vereinigte sie mit ›seiner‹ Herrschaft Potsdam. Knapp 60 Jahre später ging das **Bornstedter Gut** an das Große Militärwaisenhaus. In der Seidenraupenzucht erwirtschafteten die Potsdamer Waisenkinder hier ihren Lebensunterhalt. Auf Anraten Lennés erwarb schließlich Friedrich Wilhelm IV. 1841 das Gelände und machte es zum unveräußerlichen Konfideikommissgut, denn auch hier sollte die rund um Potsdam geplante Landschaftsverschönerung durchgeführt werden. Nach einem verheerenden Brand errichtete Johann Heinrich Haeberlin (1799–1867) im Jahr 1846 ein neues Gutsgebäude mit dem dominanten Turm zur Straßenseite; damit sollte der Schornstein des angrenzenden Back- und Waschhauses verkleidet werden. Eine offene Galerie führte in das Amtshaus links daneben und weiter in den Kornspeicher und einen Kuhstall. Der Innenhof öffnete sich zu einem kleinen Lennéschen Landschaftsgarten bis hinunter zum Bornstedter See. Noch ist das Terrain größtenteils durch belanglose Bürohäuser verbaut. Einen Zugang zum **Bornstedter See** allerdings gibt es wieder von der Straße An der Orangerie aus. Die Seewiesen laden zum Picknicken ein, das Baden allerdings sollte man sich aufgrund der mäßigen Wasserqualität überlegen.

Das kleine Backsteingebäude mit Türmchen auf dem linken Nachbargrundstück ist das alte **Schulhaus.** Nachdem Bornstedt 1877 auf Geheiß der Kronprinzessin Victoria am Ende der Ribbeckstraße eine neue Schule im englischen Landhausstil bekommen hatte, wurde der Unterricht im alten Schulhaus aufgegeben.

Wie als Ausgleich zum Gutshausturm erhebt sich schräg gegenüber der 34 m hohe Campanile der **Bornstedter Kirche** (Öffnungszeiten siehe ›Tipps & Adressen‹: Kirchen). Im Glockenstuhl hoch oben hängen zwei mittelalterliche Glocken, eine davon aus Bronze, die aus dem 14. Jh. stammt und das älteste Geläut Potsdams ist. Der erhöhte Arkadengang nimmt die südlich-heitere Atmosphäre der gesamten Anlage wieder auf.

1820 traten am Vorgängerbau der heutigen Kirche Bauschäden zutage, was den ständig vor architektonischen Ideen sprühenden Friedrich Wilhelm IV. jahrelang, noch 1847, zu Neubauplänen inspirierte. Es ist kennzeichnend für diesen Monarchen, dass er während einer Kabinettsitzung völlig gedankenverloren einen Kirchenentwurf auf die schon verabschiedete Kabinettsordre zeichnete, die daraufhin noch einmal sauber abgeschrieben werden musste. Friedrich August Stüler (1800–65) musste nicht weniger als fünf Entwürfe ausarbeiten, bis der König endlich zufrieden war. 1856 wurde der Langhausbau mit flachem Satteldach und halbrunder Apsis in Anwesenheit des Königspaares geweiht. Doch schon 1881 beauftragten Kronprinz Friedrich Wilhelm, nachmaliger Kaiser Friedrich III., und seine Gemahlin, die Kronprinzessin Victoria von Großbritannien, den Architekten Reinhold Persius mit einer Erweiterung des Chorraums und einer Modernisierung, bei der sogar ein Heizungskeller ausgeschachtet wurde.

Der Bornstedter Friedhof

Der lange Arkadengang der Bornstedter Kirche ist zugleich Hüter und Pforte für einen der schönsten und intimsten Friedhöfe der Mark Brandenburg. Die letzte Ruhestätte zahlreicher königlicher und kaiserlicher Hofdamen, Hofgärtner, Bau-Conducteure und Geheimkämmerer kommentierte Theodor Fontane, der den Bornstedter Friedhof sehr liebte, mit der Bemerkung: »[...] und was in Sanssouci stirbt, wird in Bornstädt begraben«.

Mit dem Bornstedter Friedhof bietet sich dem Besucher ein gepflegt verwildertes Kleinod spätromantischer Landschaftsgärtnerei, eine lauschige Anlage, die in Einklang mit der Weite der märkischen Landschaft zu atmen scheint. Angenehm berührt von dieser Stille, weiß Fontane in seinen ›Wanderungen durch die Mark Brandenburg‹ zu berichten: »Der alte Kirchhof hat den freundlichen Charakter einer Obstbaumplantage. Die vom Winde abgewehten Früchte, reif und unreif, liegen in den geharkten Gängen oder zwischen den Gräbern der Dörfler [...].« Noch bis 1880 war es gute Bornstedter Tradition, dass der Lehrer und der Küster auf dem Friedhof das Obst ernten durften und auch das Heu bekamen.

Eine Fülle bekannter Namen auf den Grabsteinen offenbart faszinierende Kapitel aus der Potsdamer Geschichte. Zur Instandsetzung der historisch wertvollen Grabdenkmäler gründete sich 1992 ein Verein, der es Stück für Stück schafft, die Restaurierungsarbeiten durch Spenden mitzufinanzieren. Trotz der gärtnerischen Pflegearbeiten soll die verwunschene Atmosphäre des Friedhofs in jedem Fall bewahrt werden.

(1) Neben den Gräbern seiner Eltern und Geschwister steht der Gedenkstein für **Ulrich Freiherr von Sell** (1884–1945), Schatullverwalter Kaiser Wilhelms II. Als Mitwisser der Verschwörung vom 20.

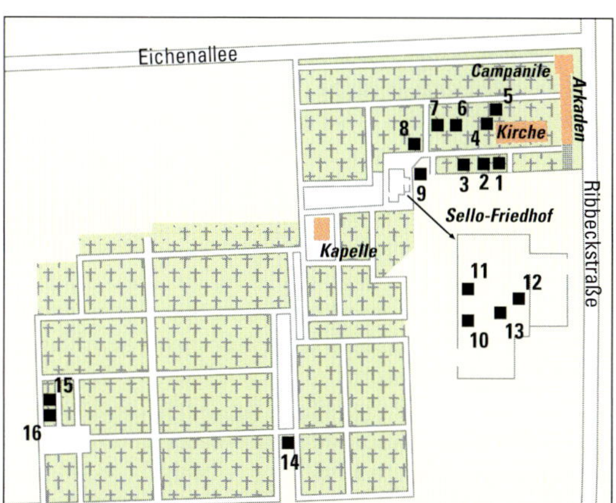

Bornstedter Friedhof
1 Ulrich Freiherr von Sell
2 Henry Wood
3 Heinrich Wilhelm Wagenführer
4 Jakob Paul von Gundling
5 Louise Charlotte von Niesemeuschel
6 Emil von Albedyll
7 Henning von Tresckow
8 Heinrich Ludwig Manger
9 Carl Timm
10 Hermann Ludwig Sello
11 Ludwig Persius
12 Reinhold Persius
13 Peter Joseph und Friederike Lenné
14 Werner-Alfred Pietschker
15 Ludwig Justi
16 Kurt Freiherr von Plettenberg

Juli 1944 wurde er fünf Tage nach dem Hitler-Attentat von der Gestapo verhaftet, nach unzähligen Verhören aber wieder freigelassen. Kaum zu Hause, deportierten ihn die Russen als vermeintlichen Spion in das ostdeutsche Todeslager Jamlitz, wo er verhungerte. In ihrer lebendig erzählten Biografie ›Furchtbar einfach, wird gemacht‹ erzählt seine Tochter Sibylle Niemoeller-von Sell von den väterlichen Pflichtreisen zum Kaiser nach Doorn und seinem mutigen Engagement für die Bekennende Kirche.

(2) **Henry Wood** (1849–1925), ein amerikanischer Germanist von der John-Hopkins-Universität in New Jersey, machte sich besonders in der Goetheforschung einen Namen. Nach 1918 organisierte er mit anderen Amerikanern in Deutschland die Quäkerspeisung, eine Hilfsaktion für die notleidende Bevölkerung. Wood heiratete in die Familie von Kretzschmann ein, aus der auch Marianne von Weizsäcker, die Frau des ehemaligen deutschen Bundespräsidenten, kommt.

(3) **Heinrich Wilhelm Wagenführer** (1690–1758) war einer der größten Grenadiere aus dem Leibbataillon des Soldatenkönigs, den Langen Kerls. Nach seinem Abschied aus der preußischen Armee schenkte ihm der König einen Weinhandel. Seine aus Lüttich stammende Ehefrau Maria Johanna (1710–78) und seine Schwägerin Maria Therese Calefice (1713–95) führten das Geschäft nach seinem Tod weiter. Grabplatte und Grabvase der Eheleute sind mit Totenkopfdarstellungen, Symbolen für die Endlichkeit alles Körperlichen, versehen.

Epitaph für Jakob Paul von Gundling

(4) Der barocke Sandsteinepitaph für **Jakob Paul von Gundling** (1673–1731) befindet sich in der Kirche. Als Präsident der Königlich Preußischen Societät der Wissenschaften (der späteren Akademie der Wissenschaften) war der hochgelehrte Mann der Nachfolger des Philosophen Gottfried Wilhelm von Leibniz. Gundlings Trunksucht und Eitelkeit machten ihn in der abendlichen Runde des Tabakkollegiums zur leichten Beute für die Launen des Soldatenkönigs. Begraben wurde er in einem Weinfass, in dem er unter dem Gelächter des Hofes öfter Probe gelegen haben soll. Als Inschrift diente der Spottvers: »Hier liegt in seiner Haut, halb Schwein, halb Mensch, ein Wunderding. In seiner Jugend klug, in seinem Alter toll, des Morgens voller Witz, des Abends toll und voll. Bereits ruft Bacchus laut: Das teure Kind ist Gundeling.«

(5) **Louise Charlotte von Niesemeuschel,** geb. von Linkersdorf (1774–1843), war eine Jugendliebe Heinrich von Kleists während seiner Militärzeit in Potsdam. Kleist hatte die Militärlaufbahn nicht aus Neigung, sondern aus zwingender Familientradition eingeschlagen. Als er den Ausspruch tat »Man kann nur eines sein: Mensch oder Offizier«, sah Louises Mutter ihre Zweifel an der Karrierefähigkeit des jungen Majors bestätigt und löste die unerwünschte Verbindung.

(6) Als Chef des Militärkabinetts und Leiter aller Personalangelegenheiten der Armee gehörte **Emil von Albedyll** (1824–97) bis 1888 zum engsten Mitarbeiterstab Kaiser Wilhelms I. In enger Absprache

mit Bismarck setzte er durch, dass alle Militärangelegenheiten unter Ausschaltung des Reichstages dem Kaiser persönlich unterstellt werden mussten. Für den entschlossenen Charakter dieses Mannes spricht die damalige Redeweise: »So wie Gott will und wie Albedyll.«

(7) Eine Gedenktafel erinnert an **Henning von Tresckow** (1901–44), Schlüsselfigur im Widerstand gegen Hitler. Mit 19 anderen Offizieren organisierte er als Generalmajor des Infanterieregiments 9 mehrere Umsturzversuche. Nach dem gescheiterten Attentat vom 20. Juli 1944 kam Tresckow seiner drohenden Verhaftung durch den Freitod zuvor. Als seine Beteiligung an der Verschwörung im Nachhinein bekannt wurde, ließ Hitler ihn exhumieren, im Konzentrationslager Sachsenhausen verbrennen und die Asche in alle Winde verstreuen. Tresckows Biograf Bodo Scheurig berichtet, wie Erika von Tresckow, geborene von Falkenhayn, ihren Mann unterstützte. 1926 hatten beide in der Bornstedter Kirche geheiratet.

Henning von Tresckow, Porträt

(8) Das Grab des Baumeisters **Heinrich Ludwig Manger** (1728–90) ist in die Familiengruft der angesehenen Nedlitzer Fährfamilie Müller integriert, da Manger eine der Müller-Töchter heiratete. In Potsdam baute er am Neuen Palais mit, ebenso an der Einfassung des Stadtkanals und an Kasernen. In seiner ›Baugeschichte von Potsdam‹, einer wichtigen Quelle für die Bauforschung, schildert er die Architekturvorhaben Friedrichs des Großen. Später geriet er mit seinem König aufgrund angeblicher finanzieller Unregelmäßigkeiten in Streit und wurde arretiert. Erst der Nachfolger, Friedrich Wilhelm II., ließ ihn frei und machte ihn zum ersten Potsdamer Gartendirektor.

(9) **Carl Timm** (1761–1839), der Geheime Kämmerer Friedrich Wilhelms II., erregte als schrulliger Charakter Aufsehen. Heimlich weinend soll er am Sarg seines Königs von dessen Nachfolger, Friedrich Wilhelm III., überrascht worden sein. Gerührt von so viel Anhänglichkeit, übernahm der neue König den Diener. In 42 Jahren erwarb sich Timm Freundschaft, schließlich intimstes Vertrauen seines Herrn. Seine Wohnung quoll über von kuriosen Geschenken der königlichen Familie, Timm imitierte Friedrich Wilhelm in Sprache und Gebaren, bis hin zur einzeln ondulierten Stirnlocke, und soll den Zeitgenossen zuletzt wie ein leibhaftiger Doppelgänger erschienen sein.

(10) Den kleinen **Privatfriedhof der Familie Sello** erwarb Hermann Ludwig Sello (1800–76) im Jahr 1844 als Begräbnisplatz für Verwandte und Freunde. Hier sind unter anderem stattliche vier Generationen preußischer Hofgärtner beigesetzt. 1837 trat Sello die Nachfolge seines Vaters als Hofgärtner von Sanssouci an; neben Lenné sollte er der bedeutendste Gartenkünstler Friedrich Wilhelms IV. werden. Unter anderem gestaltete er für Sanssouci den Paradiesgarten, den Sizilianischen und den Nordischen Garten. Aus Guatemala importierte er 1850 die nach Lenné benannte Blattpflanze Monstera Lennea, zu Deutsch Fensterblatt, und zog sie in sechs Jahren so groß, dass sie an das Palmenhaus auf der Pfaueninsel abgegeben werden musste.

Grabstele für Ludwig Persius

(11) Mit Sello verschwägert war der erfolgreiche, jung verstorbene Schinkel-Schüler **Ludwig Persius** (1803–45). Das von August Kiß entworfene Relief der Grabstele thematisiert den Abschied von seiner Frau Charlotte, geb. Sello (1808–83); die beiden sind als antik gekleidetes Paar dargestellt. Persius unterstützte Schinkel bei der Vollendung von Schloss Charlottenhof, bevor er selbständig die Römischen Bäder, die Dampfmaschinen-Moschee, die Friedenskirche, die Sacrower Heilandskirche und vieles mehr erbaute.

(12) **Reinhold Persius** (1835–1912), ältester der vier Söhne, spielt für die Geschichte der preußischen Denkmalpflege eine wichtige Rolle. Selbst Architekt und von 1886 bis 1901 Konservator der preußischen Kunstdenkmäler, setzte er die Neueinrichtung des Amtes ›Provinzialkonservator‹ durch. Seitdem gab es in Preußen Denkmalpfleger, die ihr Gebiet direkt vor Ort betreuten.

(13) Bei den Eheleuten **Peter Joseph** (1789–1866) und **Friederike Lenné,** geborene Voss († 1855), waren die Sellos mit ihrer fröhlichen Töchterschar oft zu Gast. Lenné starb an einem Gehirnschlag. Nach dem Tod wurde er in seinem Haus an der Allee nach Sanssouci aufgebahrt, von dort ging der Trauerzug zum Bornstedter Friedhof. So eindrucksvoll Lenné die Insel Potsdam durch seine Landschaftsverschönerung prägte, so erstaunlich bescheiden ist seine Grabstätte – ein Marmorkreuz mit der Darstellung des Hauptes Christi mit der Dornenkrone.

(14) Der Luftfahrtpionier **Werner-Alfred Pietschker** (1887–1911) war Sohn des Bornstedter Pfarrers Carl Pietschker und der geborenen Käthe von Siemens. Fasziniert von der aufkommenden Fliegerei, brach der junge Mann das Technik-Studium ab, nahm Flugunterricht und ließ sich ein selbst konstruiertes Eindeckerflugzeug in den Berliner Albatros-Werken bauen. Mit seinem 100-PS-Doppeldecker siegte er 1911 auf den nationalen Herbstflugwochen in Berlin-Johannisthal. Noch im gleichen Jahr stürzte er jedoch bei einem Probeflug über Berlin tödlich ab. Testamentarisch ermöglichte er den Bau des nach ihm benannten Stadtbades in der Hegelallee 23.

(15) Als Direktor der Berliner Nationalgalerie förderte der Kunsthistoriker **Ludwig Justi** (1876–1957) zwischen 1909 und 1933 die zeitgenössische Kunst. Er kaufte zahlreiche erstklassige Werke, u. a. von Wilhelm Lehmbruck, Ernst Ludwig Kirchner, Lyonel Feininger, Oskar Kokoschka, Emil Nolde und Lovis Corinth, für die Sammlungsbestände seines Hauses. Wegen des Engagements für ›entartete, jüdisch-bolschewistische und dekadente Kunst‹ wurde Justi von den Nazis seines Amtes enthoben. Er bewohnte zeitweilig Räume im Ostflügel der Orangerie von Sanssouci.

(16) Der generalbevollmächtigte Hofkammerpräsident des Hauses Hohenzollern, **Kurt Freiherr von Plettenberg** (1891–1945), stürzte sich aus dem dritten Stock der Gestapozentrale Prinz-Albrecht-Straße in Berlin, um seine Freunde nicht verraten zu müssen. Als einer von wenigen der Verschwörer des 20. Juli erhielt er eine ordentliche Grabstelle.

Schloss Lindstedt

Parallel zum Friedhof verläuft die Eichenallee. Im unteren Drittel dieser Straße geht zwischen den Häusern eine kleine Sackgasse nach Norden ab, die in den Wald direkt zur einsam gelegenen **Teufelsbrücke** führt. Ludwig Persius erbaute den fünfbogigen Viadukt aus Rüdersdorfer Kalkstein 1843 auf Wunsch Friedrich Wilhelms IV. Mit dieser Brücke sollten die Soldatentruppen bei Geländemanövern sicheren Fußes über den Teufelsgraben zum Truppenübungsplatz auf dem Bornstedter Feld an der Pappelallee, dem heutigen Buga-Gelände, zurückkehren. Die Brücke ist nach einem sehr ähnlich gestalteten Übergang im Glienicker Park benannt. Schon Friedrich der Große hatte den Graben ausstechen lassen, um das Hochwasser des Bornstedter Sees in das westliche Golmer Luch abzuleiten. 1891 ließ die Kaiserliche Hofkammer den Teufelsgraben mit Tonrohren vom Bornstedter See bis unterhalb von Schloss Lindstedt auslegen.

Auf halbem Weg nach Bornim, an der Lindstedter Chaussee, liegt inmitten eines 2 ha großen Gartens das **Schlösschen Lindstedt.** Schon im 18. Jh. bewohnte der lebenslustige königliche Land- und Oberjäger Achatius Daniel Lindstedt (1698–1770) das Gut und betrieb hier Hasenhege und Karpfenzucht für Friedrich den Großen.

1828 erwarb Friedrich Wilhelm III. das Anwesen als Altersruhesitz für seinen ältesten Sohn und Thronfolger Friedrich Wilhelm. Die daraus folgende Planungsgeschichte ist eine der längsten in der ganzen Potsdamer Baugeschichte: Schon bald beschäftigte sich der Kronprinz selbst mit den Planungen und zog auch Ludwig Persius hinzu, aber erst 1858, als die Geisteskrankheit Friedrich Wilhelms IV. schon ausgebrochen war, begann Ludwig Ferdinand Hesse mit dem Umbau des alten Gutshofs in ein Schloss. Seine vorgesehene Funktion als

Schloss Lindstedt ist nur einen kurzen Spaziergang von Bornstedt entfernt

königlicher Altersruhesitz konnte das Schloss nicht mehr einnehmen, denn als es 1860 – in aller Eile – fertig gestellt war, hatte der Monarch nur noch wenige Monate zu leben.

Mit seinen vielen Auf- und Abgängen, den Pergolen und antikisierenden Räumen ist Lindstedt ein seltsames, aber reizvolles Gebäude. Ein dem römischen Pantheon ähnelnder Rundturm von 16 Säulen korrespondiert mit einem ganz dem rechten Winkel verpflichteten Podiumstempel. Den Eingang bildet ein Kolonnadengang aus korinthischen Säulen. Etwas überzeichnend urteilt der Potsdamer Kunsthistoriker Friedrich Mielke, Lindstedt sei eigentlich »weder ein nutzbares Schloss noch ein brauchbares Gutshaus«. Bewundernswert ist in jedem Fall, wie es den Architekten gelang, die einzelnen Teile durch wohlausgefeilte Proportionen im Gleichgewicht zu halten.

Zwei Meter zwölf maß der Norweger Jonas Heinrichsohn aus der Garde der Langen Kerls.
Gemälde eines unbekannten Künstlers, um 1725

Im Jahr 1917 bewohnte der spätere preußische Kriegsminister und Heerführer Erich von Falkenhayn (1861–1922) das königliche Anwesen. Falkenhayn verstarb hier und wurde auf dem nahen Bornstedter Friedhof beigesetzt. Seine Tochter Erika, an die am Eingang eine Gedenktafel erinnert, wuchs hier heran. Sie war mit Henning von Tresckow, einem der führenden Köpfe des Hitler-Attentats vom 20. Juli 1944, verheiratet. Bis zum Ende des Zweiten Weltkriegs blieb das Schloss wohlgepflegter Hohenzollernbesitz. 1945 zog die sowjetische Kommandantur ein, transportierte LKW-Ladungen von Möbeln ab; danach kam die Enteignung.

Zu DDR-Zeiten nutzte das Botanische Institut der Pädagogischen Hochschule einen Teil des Lenné-Parks als Lehrschulgarten, während der Rest verwilderte. Im nördlichen Teil parzellierte man sogar eine Kleingartenkolonie! 1983 zog das Gerichtsmedizinische Institut ein und rekonstruierte sowohl das Schloss als auch den Park – leicht verändert – nach dem alten Lenné-Plan. Furore machte die Leidenschaft des Institutsleiters für die Langen Kerls des Soldatenkönigs: lange Zeit war im Schloss das präparierte Skelett des 2,12 m großen königlichen Lieblingsgrenadiers Jonas Heinrichsohn († 1727) zu bewundern! Heinrichsohn kam als Geschenk des dänischen Königs an Friedrich Wilhelm I. nach Potsdam und verstarb hier an der Auszehrung, wie man die Tuberkulose damals nannte.

Seit der Wende untersteht Lindstedt der Stiftung Preußische Schlösser und Gärten Berlin-Brandenburg. Die Gerichtsmedizin hat einen Neubau gegenüber bezogen und den Jonas Heinrichsohn mitgenommen. Das Schloss kann nun bei der Stiftung als Veranstaltungshaus für private und öffentliche Feste gemietet werden.

Am nordwestlichen Stadtrand Potsdams liegt das 300 ha große **Bornstedter Feld,** das seit friderizianischer Zeit, gegen Mitte des 18. Jh., bis zum Abzug der GUS-Streitkräfte 1994 militärisch genutzt wurde. Zwischen Pappelallee, Kirschallee, Nedlitzer Straße und Am Golfplatz entsteht der zentrale Ort der Bundesgartenschau 2001: ein vollkommen neuer Stadtteil mit 7500 Wohnungen, Gewerbeflächen und Einzelhandelsläden. Dazu gehört auch der 60 ha große Bugapark, in dem man zukünftig Skateboard fahren, spazieren gehen und

Drachen steigen lassen kann. Die alten Moränenhügel des Brandenburger Beckens und Erdwälle aus militärischer Nutzung gaben den Anstoß zur Bildung künstlicher Hügel, belegt mit Holz, Beton, Gras und Pflaster, zwischen die die verglasten Häuser gebaut werden. Mittelpunkt des Parks ist die Biosphäre, eine transparente 13.163 m^2 große Halle, die nach der Buga zu einer Naturerlebnislandschaft ausgebaut wird – eine Auflösung zwischen Innen- und Außenwelt.

Westlich davon, entlang der Amundsenstraße, zieht sich die nochmals 65 ha große **Bornstedter Feldflur,** altes Acker- und Weideland, das bislang größtenteils brach lag und nun nach historischen Maßgaben Peter Joseph Lennés modellhaft neu gestaltet wird. Dabei werden die Bauern in der Wiederanpflanzung der alten Waldstücke, Obstwiesen, Hecken, Gehölze und Alleen unterstützt. Sogar eine Kleingartenanlage ist dabei, die nach ökologischen Gesichtspunkten gestaltet ist. Eine derartige Einbeziehung landwirtschaftlicher Flächen ist völlig neu in der Geschichte der Bundesgartenschau. Den Wettbewerb von über 100 Teams aus ganz Europa gewann das Landschaftsarchitekturbüro Stefan Rotzler mit dem Künstler Otmar Sattel und dem Agraringenieur Hermann Gieselhausen aus Zürich und Berlin. Der Entwurf mit dem Titel ›Augenweide‹ präsentiert eine landschaftskünstlerische Inszenierung als moderne Interpretation der Lennéschen Landschaftsverschönerung: Das Areal ist in bunt eingezäunte Koppeln unterteilt, auf denen Schafe, Ziegen, Schweine und Rinder weiden. Darauf stehen große Schirme mit einer Spannweite von 23 m, eine Art Reminiszenz an Lennés Remisen. Einige der Kühe sollen Videokameras zwischen den Hörnern tragen, sodass sich dem Menschen die spezielle Sichtweise der Kuh erschließt. Sogar die Gase des Misthaufens werden als Lichter abgeflammt oder in Klänge umgesetzt! Damit soll die Sinneswahrnehmung für organische Stoffkreisläufe neu belebt werden. Wer das Spektakel medialer Verfremdung von oben sehen möchte, der begebe sich auf die Aussichtshöhe am Ende des Birnenwegs: sie gestattet den Blick über das Bornstedter Land.

Bornim – Karl Foersters grüner Garten

In Bornim, einem kleinen Straßendorf nordwestlich von Potsdam, kann man sich einen Begriff von den jahrhundertelangen Maßnahmen zur Verschönerung der Insel Potsdam machen: Vom Großen Kurfürsten über Lenné bis hin zu dem Pflanzenzüchter und Landschaftsgärtner Karl Foerster und seinen Helfern ist die Bornimer Feldmark stetig und wohl durchdacht über 300 Jahre auf ganz verschiedene Weise beackert worden.

Bornim ☆
Das kleine Dorf wurde durch den Schaugarten Karl Foersters weltberühmt: das Worpswede der Gartengestalter

Den Anfang machte der Große Kurfürst, als er die drei Güter der Familie von Hacke und von der Groeben zwischen 1657 und 1663 zusammenlegte und hier etwa sieben Jahre später ein Schloss bauen ließ. Bornim wurde zum Musterbeispiel kurfürstlicher Verschönerungspläne: Mehr als 1500 Obstbäume aus aller Herren Länder wurden beim Schloss gepflanzt. Der Planteur Dietrich van Langelaer engagierte Tiroler Arbeiter, um den langen Bewässerungsgraben auszuheben, dessen Rest, Tyroler Graben genannt, noch heute parallel und quer zur Marquardter Chaussee zu sehen ist. Der Enkel des Großen Kurfürsten, Friedrich Wilhelm I., ließ das Bornimer Schloss ohne Pardon 1736 wieder abreißen und den Lust- in einen Kohlgarten verwandeln. Zur Zeit Friedrichs des Großen siedelten dann 16 Kolonisten auf dem Gartengelände.

Für Friedrich Wilhelm IV. vollendete Ludwig Persius 1846 das italianisierende Amtsgehöft, von dem nur noch der **Campanile** zwischen den hohen Lindenkronen an der Max-Eyth-Allee hervorlugt. Die zwischenzeitlich durch hässliche Neubauten verunstaltete Anlage heißt nun Institut für Agrartechnik. Von 1887 bis 1917 war der Amtsrat Alfred d'Alton-Rauch († 1928) auf dem Gut Bornim als Pächter ansässig; ein Enkel des Bildhauers Christian Daniel Rauch wie auch des Kunsthistorikers und Goethe-Freundes d'Alton. Seiner doppelten künstlerischen Abstammung entsprechend, soll er dem Gut eine ganz besondere Note verliehen haben, die auch Kaiser Friedrich III. oft bewog, hier Entspannung zu suchen. Durch die gesamte Bornimer Feldmark zog Lenné – gleichsam als Leitfaden – eine Lindenallee, die in Weiterführung der Verlängerten Amtsstraße in einem großzügigen Bogen bis zur Marquardter Chaussee führt.

Mitten in Bornim steht die efeuberankte **Dorfkirche** (Öffnungszeiten siehe ›Tipps & Adressen‹: Kirchen), ein eindrucksvoller neogotischer Backsteinbau, den der Potsdamer Regierungsoberbaurat Ludwig von Tiedemann (1841–1908) entwarf. Die Bauausführung leitete 1902/03 sein Mitarbeiter Arthur Max Kickton (* 1861), auf den auch die Innenraumgestaltung zurückgeht. An der Außenwand fällt das frühklassizistische Sandsteingrabmal des Bornimer Oberförsters Johann Gottfried zur Megede (1724–92) mit seinem schönen allegorischen Figurenschmuck ins Auge.

Ein Leckerbissen für Fans der klassischen Moderne ist innen wie außen das Wohnhaus des Gartenarchitekten Hermann Mattern (1902–71) in der **Florastraße 6** (privat!). Mattern war Schüler von Karl Foerster und hatte sich seinen Garten wiederum von seinem Schüler Walter Funcke nach eigenen Plänen anlegen lassen. Als Absolvent der Königlichen Gärtner-Lehranstalt Potsdam entstammte Mattern der Lenné-Schule, entwickelte aber dann in den 30er Jahren des 20. Jh. einen eigenen, von Bauhaus und Kubismus geprägten Gartenstil. Das Häuschen selbst wurde 1934 von dem freischaffenden Architekten Hans Scharoun (1893–1972) errichtet, der vor allem als Erbauer der eindrucksvollen Berliner Philharmonie Geschichte machte. Mit den großen Fenstern zum Garten trug Scharoun dem naturbezogenen Beruf seines Freundes Rechnung.

Im Innern schuf der Werkbund- und Bauhausmaler Oskar Schlemmer (1888–1943) ein Wandbild, das die Einheit von Körper, Geist und Seele in figurinenhaft-klaren Formen thematisiert. Um diese Zeit wurde Schlemmer aus seinem Lehramt an den Vereinigten Staatsschulen für freie und angewandte Kunst in Berlin fristlos entlassen; seit 1937 galt er als ›entartet‹ und wurde verfemt.

In der Nachbarstraße, **Am Raubfang 6,** kann man im konkreten wie übergeordneten Sinne einen Blick über den Gartenzaun bei Karl Foerster (1874–1970) und seiner Familie werfen. 1911 eröffnete Foerster, Sohn des Berliner Astronomen Wilhelm Foerster, hier eine eigene Gärtnerei nebst Schau- und Versuchsfläche für Stauden. Bahnbrechend wirkte Foerster als Züchter winterharter Blütenstauden, weshalb seine Freunde ihn ›Stauden-Foerster‹ nannten. Typisch für sein Schaffen war das Zusammenspiel von eingestreuten Natursteinen und einer miteinander sprechenden Pflanzenwelt. In seinem Garten erteilten tausenderlei Beet-Etiketten Auskunft über die Namen aller Pflanzensorten. Als er einmal ein Mitglied der königlichen Familie durch seinen Garten führte, soll er gesagt haben, seine Beet-Etiketten seien ihm lieber als die Etikette bei Hofe. Über die praktische Arbeit hinaus schrieb Foerster Aufsätze und Bücher über Blütenstauden, Gräser und Farne, Sträucher und Rosen, und auch als philosophischer Schriftsteller wurde er vielen Menschen ein Begriff.

Getreu dem Motto seines Buches ›Es wird durchgeblüht‹ versuchte er zu vermitteln, dass Pflanzen in wechselnder Folge das ganze Jahr hindurch blühen und so dem Menschen der technisierten Welt immer Entspannung anbieten. Foerster begriff die Pflanze als individuelles Wesen, er hatte Gefühl für ihre Seele. Leitbild seiner Arbeit war die Anschauung, dass man dem Guten der Natur fortwährend helfen müsse, seine Schönheit zu entfalten, damit sich die besten Dinge über

»Das Gute bricht sich nicht selber Bahn …«

Karl Foerster

Bornim, Karl Foersters Garten in der Straße Am Raubfang

»Ich bin im Hauptberuf Mystiker und konnte einen Teil davon durch meinen Beruf ausdrücken!«

Karl Foerster

Karl Foerster, Porträt

die Welt verbreiten können. Vor allem durch das Wirken dieses einen Mannes, in dessen Folge sich dann andere Gartenarchitekten ansiedelten, wurde das kleine Bornim während der dreißiger Jahre als ›Worpswede der Gartengestalter‹ berühmt.

Seit 1981 steht der 5000 m^2 große Garten unter Denkmalschutz. Er wurde durch Überarbeitungen von Foersters Schülern Hermann Mattern und Hermann Göritz im Laufe der Jahrzehnte leicht verändert und wird nun zur Bundesgartenschau 2001 wieder instand gesetzt. Vier Themenbereiche sind klar voneinander abgegrenzt: Vor dem Wohnhaus liegt der terrassierte Senkgarten mit dem Wasserbecken, begrenzt und gegliedert durch Trockenmauern. Seinem Namen alle Ehre macht der Frühlingsweg, denn hier erlebt man Pflanzen, die im Winter, Vorfrühling und Frühling blühen. Verbindendes Element zwischen beiden ist das Herbstbeet, das von September bis November in allen Farben erstrahlt. Der Steingarten bietet eine räumliche Abfolge von Steinformationen samt Bepflanzung, an denen die so genannten Sieben Jahreszeiten ablesbar sind. Nach wie vor ist das Lebenswerk Foersters für jeden Gartenfreund hochinteressant. Das ganze Jahr über kommen hier alle Blumenfans und Naturphilosophen auf ihre Kosten, denn der Garten ist offen.

Inmitten des Gartens befindet sich auch das romantisch umwachsene Wohnhaus, in dem heute Foersters einzige Tochter Marianne lebt. Foerster heiratete im Jahr 1927 die 28 Jahre jüngere Eva Hildebrandt, Tochter des Königlichen Musikdirektors an der Stettiner Schlosskirche, eine ausgebildete Kirchen- und Konzertsängerin. Sie verzauberte das Bornimer Haus mit dem Klang ihrer Stimme und den Tönen ihres Konzertflügels. Über die Eingewöhnung der jungen Frau in die völlig anders geartete Bornimer Pflanzenwelt und die Eigenheiten dieser besonderen Ehe mit dem gefühlsstarken und durchaus auch eigensinnigen Foerster erzählte Angelika Mieth in dem Buch ›Potsdamer Frauen‹ (1993).

Zu Lebzeiten wurde Foerster zwar nicht enteignet, da die Pflanzenexporte seiner Gärtnerei reichlich Devisen einbrachten, aber 1972, zwei Jahre nach seinem Tod, wurde der Betrieb in den ›VEB Bornimer Staudenkulturen‹ und später in ein Volkseigenes Gut umgewandelt. 1993 gründete Marianne Foerster die Foerster-Stauden GmbH. Nun zieht die Gärtnerei Foerster-Stauden für Großkunden und Privatkäufer heran und verkauft auch Foersters Bücher (Öffnungszeiten siehe ›Tipps & Adressen‹: Museen und Schlösser).

Foerster wurde auf dem Alten Friedhof in Bornim zur letzten Ruhe gebettet. Die Familie hält sein Andenken hoch: Auf der Bundesgartenschau in Kassel gestaltete seine Tochter Marianne 1981 einen Karl-Foerster-Garten. Eine anregende Lektüre, liebevoll zusammengestellt, bietet das 1982 von seiner Frau Eva herausgegebene Buch ›Ein Garten der Erinnerung‹.

Golm und Eiche – drei Kirchen und ein formidabler Sonnenuntergang

Golm

Auch die Umgebung der beiden Dörfchen Eiche und Golm wurde ab 1842 in den Landschaftsverschönerungsplan Lennés mit einbezogen. Kommt man von Norden, aus Bornim, dann durchzieht erst die Golmer, dann die Bornimer Chaussee das Land. Früher fassten dichte Baumreihen und Strauchhecken die Wege und Ackerränder als Windschutz ein, heute schweift der Blick weit bis hinüber zu den neuen, hochmodernen Gebäuden auf dem **Max-Planck-Campus.**

Schloss Golm ☆ Gründerzeitvilla mit dem stimmungsvollsten Hotelgarten weit und breit

Die Gemeinde Golm hat gleich **zwei Kirchen** (nur zu Gottesdiensten geöffnet) zu bieten! An den Hang des Reiherberges schmiegt sich das älteste, schon etwas windschiefe Gotteshaus aus dem 16. Jh., an das 1718 der augenscheinlich zu niedrige Turm angefügt wurde.

Gleich gegenüber stiftete das Kronprinzenpaar, der spätere 99-Tage-Kaiser Friedrich III. und seine Gemahlin Victoria, 1883 anlässlich seiner Silberhochzeit eine neue Backsteinkirche. Es war nicht das erste Mal, dass die beiden ihr Interesse am Wohlergehen dieses Fleckchens von Potsdam zeigten. Beauftragt wurde der Bauinspektor Emil Gette (1840–87). Schon die grün glasierten Ziegel verweisen auf ihn als Baumeister; man sieht sie an vielen seiner Kirchen. Die alte Kirche dient seitdem als Aussegnungshalle für den Friedhof.

Exakt in der Straßenkurve, an der die beiden Kirchen stehen, zweigt die kleinere Straße Geiselberg ab und verläuft über den Golmer Damm bis in das Naturschutzgebiet am **Großen Zernsee.** Dornröschenhaft abgeschieden steht hier am Ufer dieses Havelgewässers das **Gut Schloss Golm,** 1995 von dem international bekannten Softrock-Sängerinnenduo Cora von dem Bottlenberg und Swetlana Min-

Im Garten von Schloss Gut Golm

kow als Hotel-Restaurant eröffnet (Öffnungszeiten siehe ›Tipps & Adressen‹: Essen und Trinken). Die beiden Frauen führen das Haus auf persönliche und leger-familiäre Weise. Empfehlenswert ist ein Aufenthalt in dem zauberhaften Schlosshotelgarten, der als Begleitung zum Abendessen die schönsten Sonnenuntergänge weit und breit zu bieten hat. Coras Großmutter, Freifrau Nuita, ließ die große Villa 1920 erbauen und machte sie zu einem Treff für Ufa-Schauspieler und andere prominente Künstler. Marlene Dietrich und Ilse Werner bewohnten das Haus, und Willy Fritsch, Harry Piel und Marika Rökk tranken hier Kaffee. Heute zählen Günther Jauch, Manfred Stolpe und Alfred Biolek zu den Verehrern des Hauses.

Zwischen Golm und Eiche liegt der **Ehrenpfortenberg,** der seinen Namen nach zwei großen Holzpforten trägt. Die erste wurde 1689 zu den Trauerfeierlichkeiten für den Großen Kurfürsten in Berlin errichtet und nachher als Blickfang hierhin versetzt. Die zweite gelangte 1701 aus dem Berliner Nachbarort Cölln hinzu.

Eiche

Dem östlichen Nachbardörfchen Eiche spendierte Friedrich der Große 1770/71 ebenfalls eine **Kirche** (nur zu Gottesdiensten geöffnet). Ursprünglich war der Turm des repräsentativen Baus 32 m hoch und als ›point de vue‹ vom Neuen Palais aus zu sehen. Baumeister des überkuppelten Rundbaus war Georg Christian Unger. Wie bei der Kuppelrotunde von Schloss Sanssouci, der Französischen Kirche und der Berliner Hedwigskathedrale besticht auch hier die runde Kuppelform, inspiriert vom römischen Pantheon, dem Tempel aller Götter und Inbegriff des ewigen antiken Erbes. Den Gedanken der alten Römer, »ein Pantheon zu errichten, das allen Religionen gewidmet sey«, griff Friedrich immer dann auf, wenn er seinen Toleranzvorstellungen praktischen Ausdruck verleihen wollte.

Ein Entwurf Johann Gottfried Schadows ist vermutlich das **Grabdenkmal** an der Außenwand für die drei früh verstorbenen Kinder des Johann Heinrich Ritz, dem Geheimen Kabinettssekretär von König Friedrich Wilhelm II. (nicht zu verwechseln mit seinem schlauen Geheimkämmerer Johann Friedrich Ritz). In kunsthistorischer Hinsicht ist das Grabmal hochinteressant, denn die Figur des kleinen schlummernden Mädchens mit dem Rosenkranz in der Linken ist vermutlich eine Vorarbeit zu Schadows ergreifendem Grabmal für den jungen Grafen Alexander von der Mark († im 18. Jh.), das in der Vorhalle der Alten Nationalgalerie auf der Berliner Museumsinsel steht. Der mit acht Jahren verstorbene Alexander war ein unehelicher Sohn Friedrich Wilhelms II. und seiner Mätresse Wilhelmine Encke. Die genaue Beziehung zwischen den beiden Grabdenkmälern ist noch nicht entschlüsselt.

Streng klassizistisch ist das Grabmal des Hofgärtners **Heinrich Christian Eckstein** daneben. Anfänglich von seinem Brotherrn der

»größten Faulheit« bezichtigt, gewann er durch seine Arbeiten am Neuen Palais im Laufe der Zeit doch noch die Gunst König Friedrich Wilhelms II.

Wie für Golm, so zeigte das Kronprinzenpaar Friedrich und Victoria auch für Eiche ein besonderes Interesse. Als 1854 ein Kirchenbrand ausbrach, leitete der Kronprinz selbst die Löscharbeiten (s. Abb. S. 38). Auch hier fügte Bauinspektor Gette 1881 auf Friedrichs Wunsch den nördlichen Vorbau an und ebenso wurden die Innenräume neu gestaltet. Victoria, eine Tochter der englischen Queen Victoria und des Prinzgemahls Albert, regte die Bemalung des Orgelprospekts in Blau, Rot, Weiß an, den Nationalfarben ihres Heimatlandes. Der ortsansässige Kirchenbauverein hat sich die Wiedererrichtung des markanten Kirchturms zum Ziel gesetzt.

Wegen des herrlichen Blicks auf Lindstedt, das Neue Palais und über den Wildpark bis hin nach Werder erbaute Ludwig Ferdinand Hesse 1854 für Friedrich Wilhelm IV. ein kleines, rundes **Aussichtstempelchen** auf der Kuppe des Kahlen Berges bei Eiche. Heute ist die Stelle von Hainbuchen und Flieder so zugewachsen, dass man noch nicht einmal mehr die Fundamente sieht.

Der Wildpark – Kunstforst Peter Joseph Lennés

Im Südwesten Potsdams erstreckt sich auf etwa 850 ha Forstgelände der Wildpark. Vom Park Sanssouci zieht er sich südwestlich durch die Pirschheide bis an den Templiner See: ein Eldorado für Spaziergänger und Radler, die die Einsamkeit eines lichten und freundlichen Waldes fernab aller Touristenströme lieben. Autofahrer hingegen müssen ihr Fahrzeug abstellen: PKWs sind nur auf dem schmalen Asphalt zum Hotelrestaurant Bayerisches Haus gestattet (Einfahrt von der Zeppelinstraße).

Schon der Große Kurfürst sorgte für die Einfriedung und die sternförmige Wegführung in seinem dichtbewaldeten Jagdrevier. 1841/42 kaufte Friedrich Wilhelm IV. im Westen das Entenfänger-Etablissement hinzu und ließ das Areal durch ein 2,5 m hohes und 12 km langes Holzgatter einhegen. Von der Pfaueninsel übernommenes Rotwild vermehrte sich im Laufe der Jahre auf etwa 450 Stück. Auch Damwild und Rehe wurden ausgesetzt. Zur Jagd und Hege wurden Scheunen, Futterstellen, Pirschhäuser und etliche Hochsitze im Wildpark errichtet. Vereinzelt erinnert noch ein Gedenkstein an die königlichen Jagdausflüge.

In dieser Zeit wurde Lenné mit der Geländeerschließung beauftragt. Zwischen die sternförmigen Schneisen aus kurfürstlicher Zeit zog er neue, sanft geschwungene Eichen- und Buchenalleen, die

Der Wildpark gehörte mit zur Potsdamer Landschaftsverschönerung, die Peter Joseph Lenné ab 1840 in Angriff nahm – ideal für lange Spaziergänge

Wildpark, Forsthaus Sanssouci-Tor

Hügelkuppen, Havelufer und Waldränder säumten und reizvolle Ausblicke erschlossen. Eine geplante Verbindung mit dem Park Sanssouci erübrigte sich 1847 durch den Bau der Eisenbahnlinie nach Magdeburg, deren Trasse Lenné selbst noch mit festlegte.

Nach dem Zweiten Weltkrieg verfolgte die SED im Wildpark eine Kahlschlagstrategie: Der hohe Zaun wurde nicht instand gesetzt, folglich verschwanden die gehegten Wildarten. Die Bebauung am Westfuß des Schäfereiberges vertrieb die Graureiherkolonien, die in den Kieferbeständen nisteten. Der gravierendste Eingriff erfolgte in den 50er Jahren durch den Bau einer zweiten Eisenbahntrasse, die den Wildpark buchstäblich in zwei Teile zerschnitt.

Drei Haupteingänge führen in den Wald: die **Forsthäuser Südtor** (Zeppelinstraße), **Nordtor** (Werderscher Damm) und **Sanssouci-Tor** (Forststraße). Ludwig Persius erbaute die drei Dienstetablissements der Torwächter zwischen 1842 und 1844 als italianisierende Gehöfte beziehungsweise im mittelalterlichen Burgenstil.

Auf der höchsten Erhebung, dem 86 m hohen Schäfereiberg, liegt das **Hotelrestaurant Bayerisches Haus.** Der einfallsreiche Friedrich Wilhelm IV. hatte den Blockbau als alpenländisches Gebirgshaus 1847 von Ludwig Ferdinand Hesse errichten lassen – eine Geburtstagsüberraschung für seine Gemahlin, Elisabeth von Bayern. Von der umlaufenden Holzgalerie und dem weit vorkragenden Flachdach bot sich ein herrlicher Rundblick. Im Obergeschoss lagen der holzgetäfelte und trophäengeschmückte Saal und zwei Salons, unten die Kastellanwohnungen. Die Gaststube entwickelte sich nach dem Ersten Weltkrieg zu einer Ausflugsgaststätte. Unglücklicherweise baute die SED 1986 ein ernüchterndes mehrgeschossiges Bettenhaus für Partei- und Staatsgäste an, seitdem ist der landschaftsverschönernde Punkt zerstört, die schöne Aussicht verloren. Erst seit 1990 ist das Haus wieder für die Öffentlichkeit zugänglich (Öffnungszeiten siehe ›Tipps & Adressen‹: Essen und Trinken).

Im Zentrum des Wildparks, am Nordhang des Kellerbergs, liegt die **Wildmeisterei.** Die verfallene, aber hübsch gruppierte Anlage erbaute Persius 1842 im italienischen Landhaus-Stil als Wohnhaus für den Hegemeister. Er schmückte das Gebäude über und über mit Hirschgeweihen, berankte es mit Kletterpflanzen, was recht malerisch aussah. 1992 legten die Schutzgemeinschaft Deutscher Wald und das Amt für Forstwirtschaft hier eine Waldschule an, bei der Schulklassen Anschauungsunterricht in Naturkunde nehmen können.

Das alte **Gehöft des Entenfängers** am Werderschen Damm/Fuchsweg hatte Friedrich Wilhelm IV. 1841 durch Persius zu einer italienischen Villa umbauen lassen. In der Kaiserzeit betrieb hier ein Jagdaufseher eine Fasanenmeisterei, seitdem hieß die Stelle Forsthaus Entenfang. Nach 1933 stationierte Hermann Göring sein ›Hauptquartier des Geheimen Oberkommandos der deutschen Luftwaffe‹ im dichten Wald am **Großen Entenfängerberg.** Der unterirdische Betonbunker beherbergte seit dem 20. März 1943 die Särge Friedrich Wilhelms I., Friedrichs des Großen und des Ehepaars von Hindenburg, bevor sie am 13. März 1945 auf den Weitertransport nach Westdeutschland geschickt wurden. Heute ist das Gebiet Am Pappeltor militärischer Sperrbezirk der Henning-von-Tresckow-Kaserne, der Bunker nicht zu besichtigen.

Hotelrestaurant Bayerisches Haus im Wildpark

Eine historische Besonderheit am Rand des Wildparks ist ein verstecktes Haus in fahlem Ocker: Hier hatte Peter Joseph Lenné 1823 seine **Königliche Gärtner-Lehranstalt** gegründet (Am Neuen Palais 2). In Zusammenarbeit mit der ebenfalls neuen Königlichen Gärtner-Lehranstalt in Berlin-Schöneberg wurden im Potsdamer Wildpark talentierte Zöglinge praktisch unterwiesen. Damit schuf Lenné die erste öffentliche Gärtner-Ausbildungseinrichtung auf der ganzen Welt, denn zuvor hatte jeder Schüler – wenn es die familiären Verhältnisse denn erlaubten – durch einfache Mitarbeit und gezielte Reisen selbst für seine Ausbildung sorgen müssen.

Als die Landesbaumschule 1842 nach Alt-Geltow verlegt wurde, bezog die Schöneberger Gärtnerlehranstalt das Haus am Neuen Palais. Hier wurde nun Mathematik und Geometrie, Kalligraphie, Botanik, Pflanzenkulturen und Blumenmalen unterrichtet. Mitglieder der bekannten Gärtnerfamilie Bouché lehrten Bodenkunde, Gemüsebau und Treiberei, während Lenné, der für seine pädagogische Begabung bekannt war, lieber den praktischen Unterricht übernahm. Die Eleven bezahlten ein vom König bezuschusstes Schulgeld und wohnten der Einfachheit halber bei den Hofgärtnern. Ihr Ausbildungsgang führte vom Gärtner über den Kunstgärtner zum Gartenkünstler, was heute in etwa mit einem Fachhochschulabschluss vergleichbar wäre.

1854 wurde die Schule in ›Königliche Gärtner-Lehranstalt Potsdam Wildpark‹ umgetauft. Bis zu seinem Tod im Jahr 1866 war Lenné ihr Direktor. 1903 fand die Wildpark-Epoche in Potsdam ein Ende, denn als der Botanische Garten Berlin von Schöneberg nach Dahlem umzog, musste auch die KGL mitziehen. Aus ihr gingen die heutigen Fachbereiche Landespflege, Gartenbau und Lebensmitteltechnologie der Technischen Fachhochschule Berlin hervor. Heute wird das Wildpark-Gebäude als Wohnhaus genutzt. Der 4 ha große Mustergarten wurde mit Kleingärten, Garagen und Schuppen überbaut.

Geltow – ein Nestchen am Südwestzipfel der Insel

Geltow ☆
Besonders sehenswert: Handweberei Henni Jaensch-Zeymer und die Aussicht vom Franzensberg über den Schwielowsee

Hinter dem Schäfereiberg, am Südwestrand der Insel Potsdam, wo die B 1 auf die Baumgartenbrücke zuläuft, fällt der Hang nach Geltow ab. Die kleine Gemeinde feierte ebenso wie Potsdam 1993 ihren 1000-jährigen Geburtstag, denn Kaiser Otto III. vermachte seiner geliebten Tante Mathilde per Urkunde vom 3. Juli 993 nicht nur ›Poztupimi‹, sondern auch ›Geliti‹. 1660 ging Geltow an den Großen Kurfürsten. Sein Urenkel, Friedrich der Große, verschenkte 1776/77 eine kleine Kolonie rohrgedeckter Häuschen mit Stall und Gartenland an 16 ausgediente Soldaten und deren Familien, die sich hier als Baumzüchter niederließen. Einige der kleinen Anwesen, die damals Neu-Geltow begründeten, stehen noch heute beidseitig der Hauffstraße. Um die Mitte des 19. Jh. bezog Peter Joseph Lenné Geltow in seinen Landschaftsverschönerungsplan ein. Fontane berichtete, was man auch heute noch bestätigt sieht: »Geltow war immer arm, dieser Charakter verblieb ihm durch alle Zeiten hin. [...] Das Ganze ist ein getreues Abbild stillen dörflichen Lebens: Er ward geboren, nahm ein Weib und starb.«

Leider nur noch Legende ist die 1910 abgetragene **Villa Meusebach** des Berliner Juristen Carl Hartwig Gregor Freiherr von Meusebach (1781–1847) hoch über Geltow, in der Hauffstraße 70. In das Nachfolgegebäude zog 1986 ein Kindergarten ein (Zufahrt über Auf dem Berge). Meusebach war als Geheimer Rat des Rheinischen Revisionshofes in Koblenz tätig gewesen und erbaute sich sieben Jahre vor seinem Tod ein italianisierendes Anwesen. Hier schwelgte er in seiner wertvollen Bibliothek, die über 30 000 Bände umfasste. In amüsanter Weise berichtet Hoffmann von Fallersleben in seinen ›Aufzeichnungen und Erinnerungen‹ von einer nicht enden wollenden »Bücherbesichtigung« beim literaturversessenen Meusebach. Die Bibliothek verkaufte Meusebachs Sohn Carl (1814–62), der ein wahrer Lebemann gewesen sein muss, 1849 an die preußische Regierung.

1887 wurde im Herzen von Alt-Geltow die vom Potsdamer Baurat Emil Gette (1840–87) entworfene rote **Backsteinkirche** mit den grün glasierten Ziegelstreifen geweiht (nur zu Gottesdiensten geöffnet). Wie in Bornstedt und Golm hatten der spätere 99-Tage-Kaiser Friedrich Wilhelm III. und seine Gattin Victoria die Initiative zum Kirchenbau ergriffen. Als Vorbild wählten sie die Kirche von Terlan im italienischen Bozen, die sie auf einer Kurreise kennen gelernt hatten. Anmutig überragt der schlanke Glockenturm die umliegenden Gebäude.

An der südlichen Außenwand lehnt das **Grabkreuz Meusebachs,** daneben die Grabsteine seiner Ehefrau Christine Friederike, geb. von Witzleben (1781–1863) und des wahnsinnig gewordenen Sohnes Carl. Die tatsächliche Grabstätte der Familie ist nicht mehr bekannt. Zwei **alte Linden** stehen am Friedhofseingang; die Gebrüder Jacob (1785–1863) und Wilhelm Grimm (1786–1859) sollen sie gepflanzt haben. Jedenfalls waren die beiden Märchenkönige oft bei Meusebachs zu Gast.

Schräg gegenüber der Kirche, Am Wasser 19, ist in einem gemütlichen alten Haus mit tief heruntergezogenem Dach und hölzernem Gartenzaun die **Handweberei Henni Jaensch-Zeymer** ansässig, die gleichzeitig auch ein kleines Museum ist – ein versteckter Geheimtipp (Öffnungszeiten siehe ›Tipps & Adressen‹: Museen und Schlösser)!

Henni Jaensch-Zeymer (1904–98) entstammte der Bauhaustradition. In den 20er Jahren erfuhr sie ihre berufliche Prägung in der Künstlerkolonie Gildenhall bei Neuruppin, bevor sie sich 1939 in dem alten, stimmungsvollen Geltower Gasthof niederließ, um dort ihre eigene Handweberei mit echtem kunsthandwerklichen Profil anzusiedeln. Die gesamte DDR-Zeit hindurch führte sie einen Privatbetrieb. Heute wird hier unter ländlichen Bedingungen ein traditionelles Frauen-Handwerk weitergeführt, das seit friderizianischer Zeit im Raum Potsdam ansässige Webergewerbe.

Seit Hennis Tod leitet die Handwebmeisterin Ulla Schünemann das Projekt, in dem Schmuck- und Gebrauchswebereien an bis zu 300 Jahre alten Webstühlen hergestellt werden. Die historischen Webtechniken werden gepflegt und weiterentwickelt und dem Museumsbesucher demonstriert. Bunte Stoffbahnen nach Hennis Entwürfen, schlicht gemustert oder in erdigen Tönen, lagern sauber aufgestapelt hinter Glasschränken, bereit für Maßkonfektion. Überhaupt kann sich jeder sein Stück selbst zusammenstellen und auf den Leib schneidern lassen. Auch Tischdecken, Leinengardinen, Möbelstoffe und die altbewährten Gerstenkornhandtücher entstehen hier. Jedes Jahr kommen neue Schnitte und Farben hinzu, neuerdings auch kräftigere Töne wie ein leuchtendes Blau oder ein starkes Grün. »Entweder Farbe oder Muster, was ich vor allem im Bauhaus gelernt habe, das ist die Kunst des Weglassens«, war eines von Hennis Leitmotiven.

Regelmäßig finden Ende März und Anfang Juni Modenschauen und ansonsten auch Hauskonzerte, Barockmusik auf Originalinstrumenten und andere Veranstaltungen in den Räumen statt; interessierte Geltower, Potsdamer und Berliner begegnen sich quasi im Wohnzimmer von Ulla Schünemann. Diese Handweberei ist eine wohltuende Alternative zur Anonymität der industriellen Massenproduktion!

Geltows Lage so dicht am Havelgestade ist schön, unvergleichlich aber ist die Aussicht vom **Carlsturm,** der weithin sichtbar die Kuppe des Heinebergs ziert (z. Zt. geschlossen). Benannt ist er nach seinem Auftraggeber Prinz Carl, dem Eigner von Schloss Glienicke. 1869/70 ließ Carl den Turm nach eigenem Entwurf durch die Brüder Ernst (zweite Hälfte 19. Jh.) und Gottlieb Petzholtz (1843–1903) errichten. Im Inneren deponierte der Prinz seine Sammlung von Waffen, die er von den Schlachtfeldern der Kriege von 1864, 1866 und 1870/71 mitgebracht hatte. Die Turmrestaurierung von 1974 fiel nicht gerade vorteilhaft aus; besonders an der Aussichtsplattform wurde die gotisierende Backsteinarchitektur schlimm entstellt.

Der kurze Aufstieg zum Turm beginnt hinter der **Gaststätte Baumgartenbrück** und führt dann in fünf Minuten Fußweg durch den Wald. Dabei kommt man am Stumpf der vom Blitz getroffenen **Schill-Linde** vorbei. Sie erinnert an den tollkühnen preußischen Offizier Ferdinand von Schill (1776–1809). Um den zögerlichen König Friedrich Wilhelm III. zum Sturm gegen die Franzosen zu zwingen, hatte Schill 1809 mit seinem 2. brandenburgischen Husarenregiment Berlin eigenmächtig in Richtung Magdeburg verlassen und unterwegs auf dem Carlsberg kampiert.

Geltow, in der Handweberei Henni Jaensch-Zeymer. Die Weberei arbeitet nach der Bauhaustradition, ihre Webstühle sind 300 Jahre alt

Ein bisschen versteckt, auf der Anhöhe **Franzensberg 1–3,** liegt eine stattliche terrassierte Sommervilla in rotem Klinkerstein, die der Architekt Ernst Ludwig Freud (1892–1970), der Sohn Sigmund Freuds, für den jüdischen Bankier Theodor Franke aus Berlin erbaut haben soll. Die Autorenschaft Freuds erscheint jedoch rätselhaft, da der Bau in Stil und Gestaltungskraft von dessen übrigen Arbeiten abweicht. Kunstwissenschaftlichen Erkenntnissen zufolge errichtete auch der belgische Architekt Henry van der Velde (1863–1957) 1928 eine Villa in Geltow, nämlich für die Familie des jüdischen Berliner Bankiers Julius Stern. Beide Überlieferungen weisen deutliche Parallelen auf; die Kunsthistoriker werden sich der Baugeschichte des Hauses widmen müssen. Nach Aussagen damaliger Nachbarn soll Frau Franke, während der Bau im Gange war, im Urlaub an der holländischen Küste einen anderen Architekten kennen gelernt haben, der ihr einen neuen Plan zeichnete. Ob dies van der Velde war, ist unklar.

Der Komplex wirkt wie viele ineinander geschachtelte Kuben, deutlich ist der sachlich konstruktive Einfluss des Bauhauses zu erkennen. Seit den 50er Jahren nutzte die evangelische Jugendhilfe die Villa als Küche, zog Anfang der 90er Jahre aber aus, als die nun schon seit längerem auf ihre Sanierung wartende Villa wieder in Privatbesitz ging. Der Gartenausblick hoch über dem Schwielowsee ist besonders bei Sonnenuntergang ein Erlebnis.

Am Südufer der Havel und rund um den Babelsberg

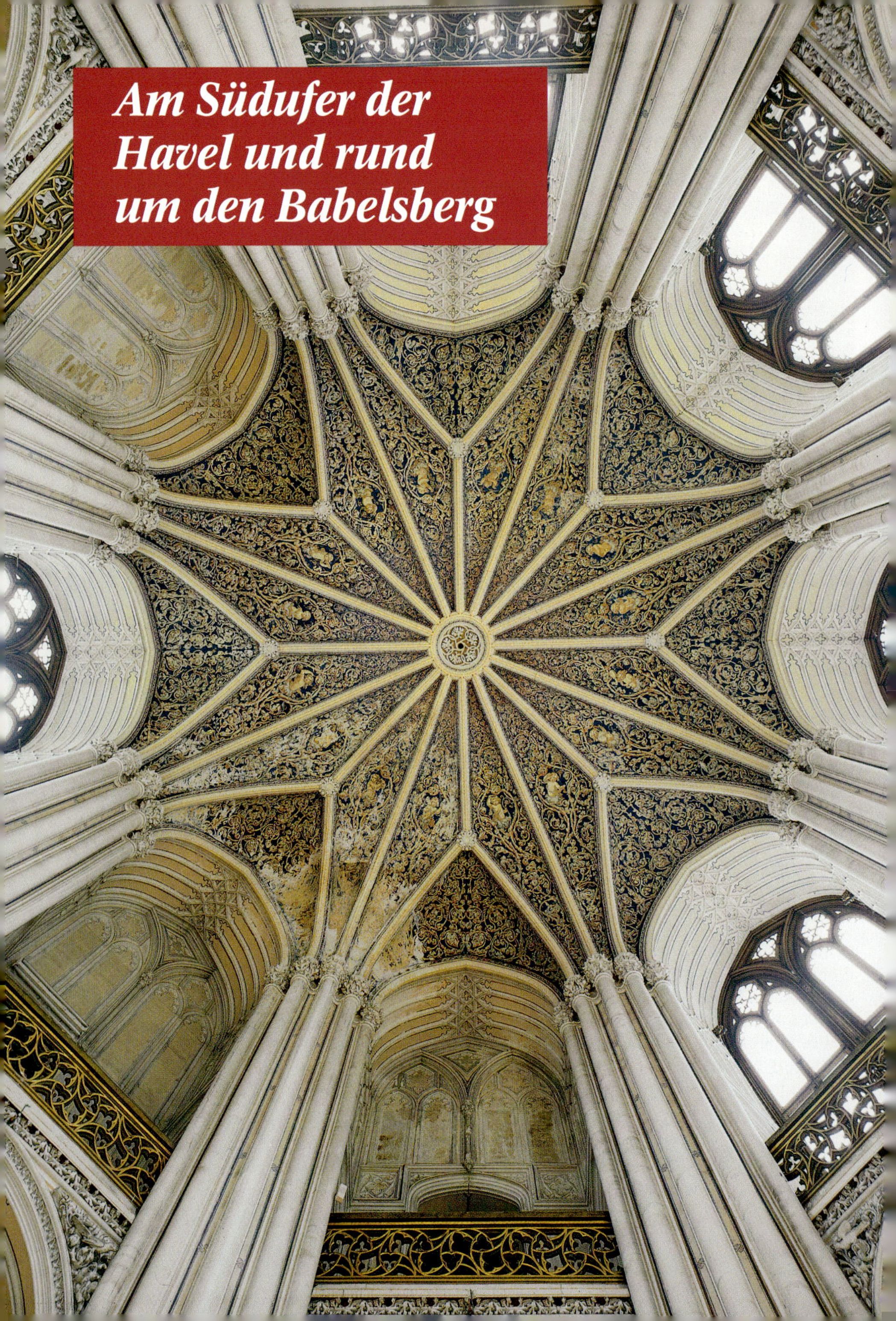

Teltower Vorstadt – von Bier und Politik

Hinter dem Berge wohnen auch Leute.
(Sprichwörtlich bei vielen Völkern)

Besonders sehenswert in diesem Kapitel:
Einsteinturm ☆☆
Schloss Babelsberg ☆☆
Friedrichskirche in Babelsberg
Filmpark Babelsberg ☆☆
Villenkolonie Neubabelsberg ☆
Jagdschloss Stern ☆
Stahnsdorfer Waldfriedhof ☆

Brauhausberg mit Landtag Brandenburg

Älter als die Brandenburger, die Jäger-, Nauener und Berliner Vorstadt im nördlichen Potsdam ist die Teltower Vorstadt auf der Südseite der Havel. Als traditionelles Industrieviertel Potsdams unterscheidet sie sich auffällig von den anderen der vier gehobenen bürgerlichen Vorortsiedlungen des 19. Jh. An vielen Stellen bieten ihre vernachlässigten Häuser und Straßenzüge einen traurigen Anblick.

Verkehrsknotenpunkt ist das Leipziger Dreieck hinter der Langen Brücke. Von hier aus geht der Blick auf den südwestlichen **Brauhausberg,** eine eher kleine, nur 88 m hohe, bewaldete Erhebung. Zu Ehren seiner geliebten Gattin, der Königin Luise, hatte Friedrich Wilhelm III. 1803 einen Aussichtsturm auf der Anhöhe erbauen lassen. Andreas Ludwig Krüger entwarf ihn als künstliche Ruine. Von den Südfenstern des Stadtschlosses aus hatte Luise einen schönen Blick in die Landschaft, mit dem Turm als Blickfang. 1958 ließ die SED die Reste der Ruine abtragen.

Am Anfang der Leipziger Straße, in Höhe der Hausnummern 7–9, wo der Brauhausberg steil zur Havel abfällt, wurde 1688 ein **Kornmagazin für das Proviantamt** mit mehreren Speichern errichtet. Der Speicher 1 soll ab 1716 als königliches Brauhaus gedient haben. Auf Wunsch Friedrich Wilhelms IV. wurde die Anlage 1844 von Ludwig Persius im normannischen Burgenstil umgebaut. Heute wird das Gelände von der Nachfolgegesellschaft der Treuhand verwaltet. Die zukünftige Nutzung der Speicher ist noch offen, möglicherweise soll nach einem Um- und Ausbau der Landtag einziehen, da das Landtagsgebäude auf dem Brauhausberg mittlerweile viel zu knapp bemessen ist.

Genau gegenüber, in der **Leipziger Straße 60,** braute die Potsdamer Actien-Brauerei ab 1829 das berühmte Potsdamer Stangenbier – daher erhielt der Brauhausberg seinen Namen. Aus der Zeit der Romantik stammt auch die Fassadenplastik des Gambrinus, eines sagenhaften flandrischen Königs, Zeitgenosse Karls des Großen, der als Schutzherr der Brauer gilt. Die späteren Brauereiinhaber W. Adelung und A. Hoffmann ließen im Berg Kellergewölbe in Klinkerstein ausheben und als Eiskeller für das Bier nutzen. Sie sind noch heute vorhanden.

Weithin sichtbar erhebt sich auf der Höhe des Brauhausberges ein massiver roter Klinkerbau mit mächtigem Turm, bis zur Wende Sitz der SED-Bezirksleitung und deshalb von den Potsdamern ironisch

◁ Schloss Babelsberg, Decke des Tanzsaals

Gambrinusfigur an der Fassade der Potsdamer Actien-Brauerei

Kreml genannt. Heute tagt hier der **brandenburgische Landtag.** Das Gebäude wurde 1902 auf Order Kaiser Wilhelms II. für die über ganz Potsdam verstreute Kriegsschule errichtet. Nun konnten die Offiziersanwärter aller Waffengattungen eines Wehrmachtsteils in einer Lehrgangszeit von neun Monaten an ein und demselben Ort ausgebildet werden. Wilhelm wünschte einen englisch beeinflussten Landhausstil mit Fachwerk und weißen Fensterrahmen. Als Architekt engagierte er den Berliner Akademieprofessor Franz Schwechten (1841–1924), der schon Jahre zuvor den Anhalter Bahnhof und die Kaiser-Wilhelm-Gedächtniskirche für Berlin errichtet hatte.

1919 zog das Reichsarchiv ein, seit 1867 einzige Verwaltungsstelle für die Urkunden und Akten des alten Heeres. Später wurden die Archive des Reichskammergerichts, des Deutschen Bundes und der Frankfurter Nationalversammlung angegliedert. Eine eigene Forschungsabteilung erarbeitete von 1925 bis 1944 das 17-bändige Werk ›Der Weltkrieg 1914–1918‹. Im Dritten Reich wurden alle Heeresarchive ausgegliedert und verselbständigt, weshalb der Baukomplex 1936/37 erweitert werden musste. Beim Bombenhagel auf Potsdam im April 1945 wurde der Turm stark beschädigt. In den Wirren der letzten Kriegstage verschwanden Berge von historisch bedeutsamen Akten, darunter fast das gesamte Kartenmaterial des preußischen Generalstabs.

Unterhalb des Landtages wurde 1992 ein Park mit 1000 **Rosenstöckchen** angelegt, eine Stiftung von Bonner Bürgern zum 1000-jährigen Stadtjubiläum.

Wissenschaftspark auf dem Telegrafenberg

Auf dem 94 m hohen Telegrafenberg liegt der weitläufige, 16 ha große ›Wissenschaftspark Albert Einstein‹ (freie Besichtigung möglich, Führungen siehe ›Tipps & Adressen‹: Astronomie). In über hundertjährigen Backsteinbauten befinden sich hier dicht beieinander naturwissenschaftliche Institute.

Der Name des Berges ist sprichwörtlich, denn von 1832–62 arbeitete hier die vierte Station der preußischen Telegrafenlinie Berlin–Koblenz, die ihre Nachrichten noch per Sichtzeichen übermittelte. Über die Albert-Einstein-Straße fährt man bis zur Pforte des eingezäunten Geländes. Links liegen fünf Institute, an denen Geophysiker, Astrophysiker, Meteorologen sowie Polar-, Meeres- und Klimafolgenforscher arbeiten. Rechter Hand liegen die ehemaligen **Wohnhäuser der Astronomen,** die um die Jahrhundertwende gebaut wurden, damit die Wissenschaftler nachts nicht extra aus der Stadt Potsdam herauskommen mussten. Heute werden sie als Büros genutzt.

Mit dem Kopf in den Wolken oder nahe dem Erdkern: die Astro- und Geophysiker auf dem Telegrafenberg

Die älteste Forschungseinrichtung auf dem Telegrafenberg ist das **Astrophysikalische Observatorium.** An seiner Gründung hatte der Direktor der Königlichen Sternwarte Berlin, Wilhelm Julius Foerster

Das Astrophysikalische Observatorium auf dem Telegrafenberg

(1832–1921), entscheidenden Anteil: 1871 sandte er eine Denkschrift zur Förderung einer Sonnenwarte an den technisch interessierten Kronprinzen Friedrich Wilhelm, den späteren 100-Tage-Kaiser Friedrich III.– und das Engagement lohnte sich, denn 1875 entwarf Baurat Paul Spieker das Gebäude, zweigeschossig und in T-Form, mit drei imposanten Kuppelpavillons. Vier Jahre später ging das erste Astrophysikalische Observatorium der Welt in Betrieb. Dass die Fassade ursprünglich aus offenen Arkadenbögen bestand, die später vermauert wurden, ist noch zu erkennen. Die roten Klinkerfriese und bunten Kacheln sind ein schönes Beispiel für die damals aufkommende Fassadenpolychromie.

Fernab von störenden Lichteinflüssen der Großstadt Berlin wurde die gerade von Hermann Carl Vogel entwickelte Spektralanalyse auf die Astronomie angewandt und damit die Astrophysik begründet. Nicht nur über die Bewegung von Himmelskörpern, wie Galilei sie noch erforscht hatte, waren nun Aussagen möglich, sondern durch die Analyse ihrer Lichtstrahlen auch über die chemische Zusammensetzung.

Gegenüber steht das Kuppelgebäude des **Großen Refraktors,** 1899 von Kaiser Wilhelm II. mit einem Festakt eingeweiht. Mit Hilfe eines Riesenfernrohrs von 12,5 m Brennweite – damals das größte der Welt – machte der weltberühmte Astrophysiker Karl Schwarzschild (1873–1916) ab 1909 bahnbrechende Untersuchungen zur photographischen Photometrie der Gestirne, zum Aufbau von Sternatmosphären und zur Bewegung und Verteilung der Sterne.

Östlich davon steht seit 1892 das Hauptgebäude des **Geodätischen Instituts,** seit kurzem als Geoforschungszentrum eine Stiftung des Bundes. Wichtigstes Anliegen der Geophysiker ist die Erdbebenforschung, alle seismischen Daten laufen hier zusammen. Geräte für

Der Einsteinturm auf dem Telegrafenberg

Tiefbohrprogramme zur Untersuchung der Erdkruste stehen zur Verfügung, und eine Desaster Task Force hält sich bereit, um auf schnellstem Wege zum Messeinsatz in Katastrophengebiete zu fahren. Sogar UN-Spezialisten werden hier geschult.

Einsteinturm ☆☆ Eines der bedeutendsten Bauwerke des Expressionismus

Am Südhang des Telegrafenbergs leuchtet wie vom Weltenschöpfer geknetet das Weiß einer ganz besonderen Architektur durch die Bäume: Es handelt sich um den berühmten **Einsteinturm,** der den Namen des Physikers und Nobelpreisträgers Albert Einstein trägt (nur geführte Besichtigung; siehe ›Tipps & Adressen‹: Astronomie).

Nachdem Einstein 1916 seine Allgemeine Relativitätstheorie veröffentlicht hatte, galt es, die vorausgesagten Gravitationseffekte auf Lichtstrahlen experimentell nachzuweisen. Unternehmen wie Carl Zeiss Jena unterstützten die ›Einstein-Stiftung der deutschen Industrie‹, die 1919 auf Initiative des Astronomen Erwin Finlay-Freundlich zur Errichtung eines Sonnenteleskops in Potsdam gegründet worden war, und 1920/21 konnte der Architekt Erich Mendelsohn (1887–1953) den Einsteinturm erbauen.

Albert Einstein soll Kardinal Faulhaber einmal die Frage gestellt haben, was er täte, wenn die Mathematik beweisen würde, dass es Gott nicht gäbe. Faulhaber soll darauf geantwortet haben, er würde geduldig warten, bis Einstein seinen Rechenfehler gefunden habe

Mendelsohn, der im Berliner Raum tätig war, gehörte nach dem Ersten Weltkrieg zu den bedeutendsten Vertretern des Expressionismus. Sein Werk imponiert durch eine überzeugende Verbindung von technisch zweckmäßiger Sachlichkeit mit der künstlerischen Intuition für eine kraftvolle Form. Neu war, dass Mendelsohn den Turm nicht als simples Forschungslabor, sondern als ein Sinnbild prometheischer Urkraft begriff und so den Gedanken der Allmacht der Natur mit einfließen ließ. Zahlreiche Architekturhistoriker begeisterten sich für eine solch gesamtheitliche Auffassung, nur Albert Einstein, bei Eröffnung der Forschungseinrichtung sogar als Ehrengast zugegen, äußerte sich gegenüber Konrad Wachsmann, dem Architekten seines Caputher Sommerhauses, ablehnend, denn er mochte

›moderne Architektur‹ nicht! Selbst Mendelsohn hielt später seine Hutfabrik in Luckenwalde für sein bestes Werk, da sie keine geschwungenen Linien habe und man »wenigstens keine Schiffbauer für die Schalungen anheuern« müsse!

Bis in die Kuppel des 20 m hohen Turms hinein ragt ein feststehendes Teleskop zur Sonnenbeobachtung. Das Objektiv hat eine Brennweite von 14,5 m. Bewegliche Spiegel führen das Sonnenlicht ins Kellergeschoss, wo es spektroskopisch zerlegt und analysiert wird. Bis auf die Spiegel stammt die Optik noch komplett aus den 20er Jahren. Im waagerechten Sockelbau sind die Laboratorien untergebracht. Ursprünglich hatte Mendelsohn einen Stahlbetonbau geplant, weil ihn die neuen Möglichkeiten des flüssigen und beliebig formbaren Baustoffs faszinierten. Doch die Nachkriegsknappheit an Baumaterialien vereitelte das, und so entstand letztlich nur das Untergeschoss aus Beton, der Turm aber in verputztem Ziegelmauerwerk.

Die Einstein-Büste im Erdgeschoss wollten die Nazis 1933 vernichten, aber ein findiger Angestellter hielt sie bis 1945 versteckt. Stattdessen lag lange Zeit an ihrer Stelle – ein Stein. Die Büste ist heute wieder da, aber der Stein fungiert noch immer als Namensschild. Dass Turm und Vorhalle 1945 schwere Kriegsschäden erlitten, erlebte Mendelsohn nicht mehr mit. Er war bereits 1933 über England nach Palästina ausgewandert und ließ sich später in San Francisco nieder.

Im Nordwesten des Telegrafenbergs steht etwas abseits das **Meteorologische Institut,** erkennbar an dem großen, kompakten Turm. Es wurde 1892 als Außenstation des Königlich-Preußischen Meteorologischen Instituts Berlin eröffnet. Dessen Direktor, Wilhelm von Bezold, hatte sich hartnäckig geweigert, die Berliner Forschungsstelle unter den Großstadtbedingungen weiterzuführen, da das viele Licht und die Erschütterungen jede Beobachtung erschwerten. Noch wie vor hundert Jahren werden hier im traditionellen Zeitrhythmus Temperaturen, Niederschlagsmengen, Luftdruck, relative Luftfeuchtigkeit, Windgeschwindigkeit und Bewölkungsdichte an den Wetterdienst weitergeleitet.

Hier ist auch das **Potsdam-Institut für Klimafolgenforschung** ansässig. Es beschäftigt sich mit wissenschaftlich brisanten Themen wie dem Treibhauseffekt, Ozonlöchern, dem Waldsterben, Bergrutschen, Fluten und Wirbelstürmen. So entdeckte das PIK 1999 per Computersimulation, dass sich die nordafrikanische Sahara vor etwa 6000 Jahren aufgrund eines Wechselspiels zwischen Atmosphäre, Ozean und Erdvegetation innerhalb des überraschend kurzen Zeitraums von 500 Jahren gebildet haben muss.

»Die Staatsgewalt geht vom Volke aus«: Staatskanzlei in der Heinrich-Mann-Allee

In der **Heinrich-Mann-Allee 107,** der Staatskanzlei, haben Manfred Stolpe, der langjährige Ministerpräsident des Landes Brandenburg, und seine Regierung ihren Sitz. Das lang gestreckte, neubarocke Hauptgebäude trägt am Giebel über dem Hauptportal die Inschrift: »Die Staatsgewalt geht vom Volke aus.«

Das Gebäude der Staatskanzlei entstand 1911 als Kadettenanstalt. In diesen Einrichtungen, die es seit der Zeit des Soldatenkönigs gab, müssen die Verhältnisse früher wenig ansprechend gewesen sein. Als Giacomo Casanova 1764 Friedrich den Großen besuchte und von diesem eine Stelle als Erzieher an einer Kadettenanstalt für pommersche Junker angeboten bekam, war er entsetzt: »Die Jungen waren schmutzig, schlecht frisiert und in eine erbärmliche Uniform eingeschnürt«, schrieb er in seinen ›Erinnerungen‹ und resümiert: »Ich musste mir auf die Lippen beißen, um nicht laut aufzulachen.« Nach einer Besichtigung der »Behausungen« fühlte sich an der Lebensart gewöhnte Abenteurer so »angeekelt«, dass er die Anstellung verschmähte

Ursprünglich wurde das Bauwerk 1911 als Kadettenanstalt errichtet (frz. le cadet = der Jüngere), eine von acht Anstalten des preußischen Kadettenkorps. Schon 1716 hatte der Soldatenkönig diese Institute gegründet, um Offizieren und Beamten die Erziehung ihrer Söhne zu ›erleichtern‹ und den Offiziersnachwuchs zu sichern. 1919 wurde das Haus in eine zivile, staatliche Bildungsanstalt für Knaben, kurz ›Stabila‹ genannt, umgewandelt. Die kleineren Häuser auf dem Schulhof dienten als Privatwohnungen für Erzieher oder als Turnhalle und Veranstaltungsräume. 1952 zog der Rat des Bezirkes Potsdam ein.

Alter und Neuer Friedhof

Von der Staatskanzlei aus lohnt ein Spaziergang über den Alten und den Neuen Friedhof, zwei schöne Begräbnisstätten, die links und rechts der Heinrich-Mann-Allee liegen.

Das früher außerhalb der Stadt Potsdam gelegene Gelände des **Alten Friedhofs** musste 1796 in aller Eile für Begräbniszwecke hergerichtet werden, denn auf den überbelegten Kirchhöfen in der Stadt waren üble Gerüche entstanden. Hervorzuheben ist dort die 1851 durch Ferdinand von Arnim erbaute klassizistische **Trauerhalle,** finanziert von dem sehr sozial eingestellten Potsdamer Kaufmann August Friedrich Eisenhart (1773–1846).

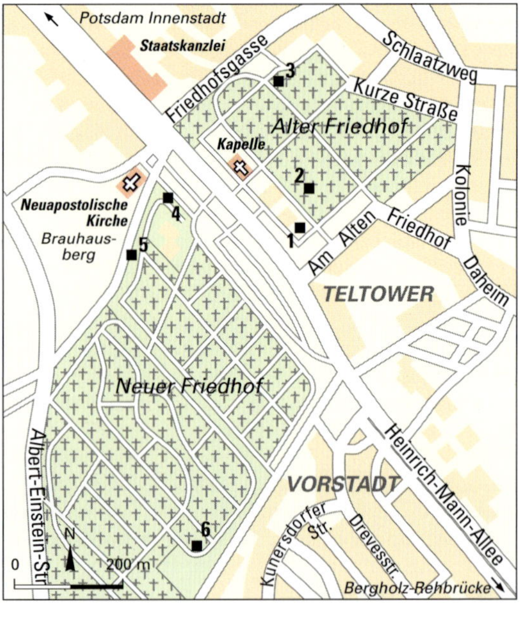

Alter und Neuer Friedhof
1 Hermann Schutze-Delitzsch
2 Ernst von Bergmann
3 Eleonore Prohaska
4 Bernhard Kellermann
5 Louis Schneider
6 Hans Geiger

Gedenksäule für das Potsdamer Heldenmädchen Eleonore Prohaska

(1) Der Sozialreformer **Hermann Schutze-Delitzsch** (1808–83) kam 1848 als liberaler Demokrat in die preußische Nationalversammlung. Größte Verbreitung fanden seine Kreditgenossenschaften, die Volksbanken, deren erste er 1850 in Delitzsch gründete. Sie bilden noch heute das Rückgrat der Genossenschaften im gewerblichen Mittelstand. Im Gegensatz zu Friedrich Wilhelm Raiffeisen lehnte er jede Form von Staatshilfe ab.

(2) **Ernst von Bergmann** (1836–1907) gilt durch seine Erfindung der keimfreien Wundbehandlung als Vater der modernen Chirurgie. Er war der erste, der bei Operationen konsequent sterilisierte Instrumente verwendete. Seit 1882 war er Klinikdirektor der Chirurgie an der Charité, verlebte seinen Lebensabend aber in Potsam. 1991 wurde das Potsdamer Klinikum nach ihm benannt.

(3) Dem Potsdamer Heldenmädchen **Eleonore Prohaska** (1785 bis 1813) setzte der Magistrat 1889 eine Gedenksäule. Eleonore wuchs im Militärwaisenhaus auf. Begeistert vom nationalen Empfinden während der Freiheitskriege gegen Napoleon, schlug sich die 28-Jährige 1813 als Jäger August Renz verkleidet zum Lützowschen Freikorps durch. Bereits einen Monat später fiel sie beim Sturm auf die französische Schanze bei Lüneburg. Vom Schicksal der ›Potsdamer Jeanne d'Arc‹ berührt, komponierte Beethoven 1815 eine Bühnenmusik zu Friedrich Dunckers Drama ›Eleonore Prohaska‹.

Grabstein des Schriftstellers Bernhard Kellermann

Der **Neue Friedhof** wurde1866 am Südosthang des Brauhausbergs nach Plänen von Peter Joseph Lenné angelegt.

(4) Der Schriftsteller **Bernhard Kellermann** (1879–1951) errang im Jahr 1913 mit dem technisch-utopischen Roman ›Der Tunnel‹ einen Welterfolg. 1933 verbrannten die Nazis seinen Antikriegsroman ›Der neunte November‹. 1945 trat er als Mitbegründer des ›Sowjetnationalen Kulturbundes zur demokratischen Erneuerung Deutschlands‹ an die Öffentlichkeit. Seit DDR-Zeiten trägt das frühere Haus des Kulturbundes in der Mangerstraße den Namen Villa Kellermann.

(5) Einen Grabstein in Form eines aufgeschlagenen Buches hat der dicklich-kleine, wegen seines charmanten Witzes beliebte Berliner Bühnenheld **Louis Schneider** (1805–78). Beziehungsreich in doppelter Hinsicht, denn Schneider war Vorleser Friedrich Wilhelms IV. sowie 1862 Gründer des Vereins für die Geschichte Potsdams. Als im März 1848 die Barrikadenkämpfe in Berlin tobten, bekannte er sich öffentlich zur Monarchie. Das wieder nahmen ihm die Berliner übel, weshalb er sich nach Potsdam, in die Villa Berliner Straße 139, zurückzog.

(6) Der Physiker **Hans Geiger** (1882–1945) erfand 1928 gemeinsam mit Walter Müller das Elektronenzählrohr, das seinen Namen trägt: den Geigerzähler. Zuletzt war er Mitarbeiter am deutschen Kernenergie-Projekt in Berlin. Noch heute wird sein hochempfindliches Messgerät, das selbst geringste Stromstöße registriert, im Strahlenschutz verwendet.

Vom Luftschloss zum Parkschloss auf dem Babelsberg

»Gartenwerk – Wartenwerk«
(Altes Sprichwort)

Schlosspark Babelsberg ☆☆ Die bildschönen Wohnräume Kaiser Wilhelms I. in gotisierender Ausstattung; der weitläufige Park ist ein Werk des Fürsten Pückler-Muskau

Nach Sanssouci und dem Neuen Garten entstand der Babelsberger Schlosspark als dritter und jüngster der bedeutendsten Potsdamer Gärten – er war die liebste Sommerresidenz Kaiser Wilhelms I. Doch schon bald geriet er wieder in Vergessenheit. Dabei ist die Atmosphäre von Ruhe und Romantik, die das Schloss nach Art eines englischen Landsitzes auf einer Anhöhe über der Havel ausstrahlt, atemberaubend schön. Wer oben auf einer Bank der Schlossterrasse sitzt oder durch den Park wandert, fühlt diese Verwunschenheit. Und da man zudem noch den weiten Rasen betreten darf, stellt Babelsberg für viele Besucher eine unkomplizierte Alternative zu dem häufig überlaufenen Park Sanssouci dar. Aufgrund seiner kulturellen Bedeutung hat die UNESCO den Schlosspark 1991 zum Weltkulturerbe erklärt.

Erstmals erwähnt wird der Berg in einer Urkunde von 1442 als »Buberow mit dem Holtze drauf«. Wahrscheinlich eine slawische Ableitung von ›Biber‹, denn Biber besiedelten in Scharen die Havelufer, bis Friedrich der Große sie ausrotten ließ.

Schon 1811 war Prinz Wilhelm, dem zweitältesten Sohn der Königin Luise, bei einem Manöver seiner Garnison die schöne Aussicht vom Babelsberg aufgefallen. Später wollte er eine eigene Residenz haben wie seine Geschwister: 1825 hatte Prinz Carl Klein-Glienicke und im Jahr darauf Kronprinz Friedrich Wilhelm Schloss Charlottenhof vom Vater geschenkt bekommen. Auch Lenné, der seinen Landschaftsverschönerungsplan rund um Potsdam im Auge hatte, war aufmerksam geworden. Bei einem gemeinsamen Ausritt versuchte er, den Prinzen zu begeistern, indem er ihm die natürliche Schönheit der Umgebung zeigte. Doch der sparsame König, Friedrich Wilhelm III., ließ sich erst einmal lange bitten.

»Gestern war Tee auf dem Babelsberg, wo deren gehörige Luftschlösser für mich gebaut wurden. Ich werde noch einen Sturm auf die Majestät wagen, denn das Projekt kann wegen der herrlichen Lage gar schön werden.«

Prinz Wilhelm an seine Schwester Charlotte in St. Petersburg, 1829

Zwischenzeitlich besuchten Wilhelm und seine Braut, Augusta von Sachsen-Weimar, den Vetter Friedrich (Ludwig), der sich am Rhein eine alte Burg hatte umbauen lassen. Die Romantik der Rheinburgen mit ihrem Hauch von Nibelungen, Gotik und Brüderschlössern inspirierte die beiden. Was der deutsche Rhein für den Vetter war, bedeutete ihnen die märkische Havel. Auch Lenné fand die Sichtachse zwischen Klein-Glienicke und Babelsberg reizvoll und versuchte den König zu überreden: »[… hier würden] an der Havel zwei Brüderschlösser so traulich nahe beieinander liegen, wie der Rhein sie aus sagenhafter Zeit an seinen Ufern hat.« Die ideellen Wurzeln des Babelsberger Schlossbaus jedenfalls liegen im Deutschtum der Romantik.

Schloss Babelsberg

1833 endlich war der König überzeugt und Wilhelm der Babelsberg in Erbpacht überschrieben. In den folgenden 55 Jahren bis zu Wilhelms Tod wuchs ein gärtnerisches und architektonisches Gesamtkunstwerk von unbeschreiblicher Schönheit, für das die herausragendsten preußischen Künstler wie Lenné und der Fürst von Pückler-Muskau sowie Schinkel und Persius wirkten.

Als das Prinzenpaar Wilhelm und Augusta im Frühjahr 1834 Lenné mit dem Entwurf einer Parklandschaft auf dem Babelsberg betraute, hatte die Mode des englischen Landschaftsgartens auf dem Kontinent ihre größte Verbreitung erreicht. Lenné entwarf sein typisches sparsames, gut durchdachtes Wegenetz und konzentrierte sich dann zunächst auf die Verschönerung der Schlossumgebung. Aufgrund schlechter Witterung und des kargen Sandbodens gingen jedoch unzählige der Linden und Pappeln, der Ahorne, Birken, Rotbuchen, Robinien und Ziersträucher ein und mussten neu gepflanzt werden. 1839 war die nicht gerade üppige Privatschatulle des Prinzenpaares leer und Lenné in Ungnade gefallen.

Im Jahr darauf bestieg Friedrich Wilhelm IV. den Thron, und da er kinderlos war, ernannte er seinen Bruder Wilhelm zum Nachfolger. Nun mussten Wilhelm und Augusta repräsentative Pflichten übernehmen, weshalb – unter anderem – auch das Budget für den Park Babelsberg kräftig angehoben wurde. Augusta schmiedete neue Pläne und gewann den Landschaftskünstler und aristokratischen Lebemann Hermann Fürst von Pückler-Muskau (1785–1871), der durch seinen Park in Bad Muskau an der Oder zu Berühmtheit gelangt war. Der ebenso exzentrische wie charmante und hochtalentierte Muskau, der von sich behauptete, seine Haupteigenschaft sei sein guter Geschmack, fegte ungerecht über Lennés Leistung hinweg, ohne dessen schmale finanzielle Mittel zu berücksichtigen.

Beide Gartenkünstler arbeiteten nach völlig gegensätzlichen Methoden: Während Lenné durch die Anpflanzung großer Bäume möglichst schnell einen Park zu vollenden pflegte, schwor Pückler auf eine mehrjährige dichte Zupflanzung, deren Herbstlaub den Boden fruchtbar machte. Erst später nahm er Zwischenbäume weg und konnte so im Nachhinein verschiedene Bilder durch Sichtbezüge und freie Rasenflächen schaffen. Sein Hauptwerkzeug zur kunstvollen Ausdünnung der Bäume und Sträucher nannte Pückler die ›silberne Axt‹.

Vor allem Augusta brachte Pückler größte Verehrung entgegen, sodass er es nicht nötig hatte, auch nur die geringsten Kompromisse einzugehen. Keine Ausgabe wurde gescheut; der Fürst selbst stand mit grüner Schürze im Park und leitete die umfangreichen Arbeiten. Nach neun Jahren waren die Pflanzungen weitgehend abgeschlossen

Schlosspark Babelsberg

Königin Augusta – die nachmalige Kaiserin – brachte ihrem Gartenarchitekten, dem Fürsten von Pückler-Muskau, größte Verehrung entgegen. Links: Gemälde von Gustav Richter, um 1860; rechts: Lithographie von F. Jentzen nach Franz Krüger, um 1840

und Pückler nur noch selten anwesend. Als Vollender seiner Ideen empfahl er Gustav Meyer (1816–77), den Hofgärtner von Sanssouci. Bis zu Kaiser Wilhelms Tod im Jahre 1888 wurde der Park gepflegt, doch bald danach geriet er in Vergessenheit, und von der kunstvollen Schöpfung Pücklers war schon nach wenigen Jahren nicht mehr viel zu sehen.

Schlimm war die Schneise, die nach 1961 am Seeufer im Zuge des Mauerbaus geschlagen wurde, sie brachte Verödung und Wildwuchs. Seit der Wende gibt sich die Gartendenkmalpflege mit der allmählichen Wiederaufforstung und Freilegung von Sichtachsen größte Mühe. Der Boden wurde untersucht, um herauszufinden, wo einst der Zaun um den Pleasureground verlief, wo Wege entlangführten und Beete angelegt waren. Anhänger eines zu eng verstandenen Naturschutzes zogen in letzter Zeit gegen Eingriffe in den Baumbestand zu Felde, aber die originalen Ausblicke und Sichtachsen wiederherzustellen ist sinnvoll und daher kommen die Gärtner in den nächsten Jahren um Baumfällungen nicht herum. Pücklers ursprünglichen Absichten auf die Spur zu kommen, ist eine spannende Wissenschaft für sich und wird auch in den kommenden Jahren noch einige ›Neuerungen‹ hervorbringen!

Den Rundgang durch den Schlosspark beginnt man am besten an der Hauptauffahrt, die auch Wilhelm und Augusta mit ihren Kutschen zu nehmen pflegten, das nordöstliche **Torhäuschen** an der Allee nach Glienicke/Ecke Karl-Marx-Straße. Ein zweites Pförtnerhäuschen befindet sich weiter unten an der Allee nach Glienicke/Ecke Grenzstraße. Diese kleinen Bauten wurden nach dem Vorbild englischer Parkanlagen im Stil eines normannischen Kastells oder mit nur leicht angedeuteten neugotischen Formen errichtet.

Auf dem Weg zum Schloss trifft man links auf Neubauten für Ausbildungseinrichtungen und Studentenwohnheime, die die SED-Bezirksleitung während der 70er Jahre unpassenderweise und in entwürdigender Verkennung des kulturhistorischen Wertes des Babelsberger Schlossparks viel zu nah am Schloss errichtete. Ähnliches geschah im südwestlichen Parkareal, wo sie am Ufer der Havel ein öffentliches Strandbad etablierte.

Rechts gegenüber, direkt am Ufer der Glienicker Lake, wurde 1845 das **Dampfmaschinenhaus** nach Plänen von Ludwig Persius im Burgenstil erbaut. Eine zügige Wasserversorgung des Babelsbergs war Voraussetzung für das Gedeihen aller Pflanzen; der jährliche Wasserbedarf lag bei durchschnittlich 450 000 m^3. Das System war einfach: Zwei höhergelegene Wasserbecken im Park, eines davon das Achterbecken, dienten als Reservoir. Die Berliner Firma Egell installierte im Dampfmaschinenhaus eine 40-PS-Maschine, mit der jedoch nicht nur bewässert, sondern sogar die 40-m-Fontäne in der Havel unterhalb des Bowlinggreens gespeist wurde. Damit hatte Wilhelm seinen älteren Bruder Friedrich Wilhelm übertrumpft, denn dessen Hauptfontäne in Sanssouci schaffte nur 39,50 m! Weil es auf dem Grenzstreifen lag, wurde das Dampfmaschinenhaus lange vernachlässigt und fungiert heute als Gasheizwerk für die universitären Einrichtungen im Park.

Von der Hauptansichtsseite des Schlosses eröffnet sich ein fantastischer Fernblick über den sanft zur Havel geneigten Hang, den **Bowlinggreen.** Zu sehen sind die Glienicker Brücke und das benachbarte ›Bruderschloss‹, Klein-Glienicke.

1834/35 begann Schinkel mit dem Bau des **nordöstlichen Schlossflügels.** Doch Prinzessin Augusta, eine kunstinteressierte, aber nicht unbedingt stilsichere Frau, liebte den englischen Tudorstil von Schloss Windsor über alles und schrieb Schinkel immer wieder Änderungen vor. Zeichnerisch talentiert, hatte Augusta sogar bei Goethe in Weimar Malunterricht gehabt, aber die englischen Vorbilder waren eben nur angelesen und nicht wirklich erlebt und verstanden! Für Schinkel muss die unsaubere Mischung verschiedener Stilelemente so unerträglich gewesen sein, dass er sich mit Schloss Babelsberg nie richtig identifizieren konnte. Bei der Einweihungsfeier des ersten Bauabschnitts ließ er sich – diplomatisch, aber deutlich – von Persius vertreten.

Schloss Babelsberg
1-3 Wohnung der Königin
4 Teesalon
5 Bibliothek
6 Tanzsaal
7 Speisesaal
8 Spiegelkabinett
9-13 Wohnung der Großherzogin von Baden
14 Fahnenturm

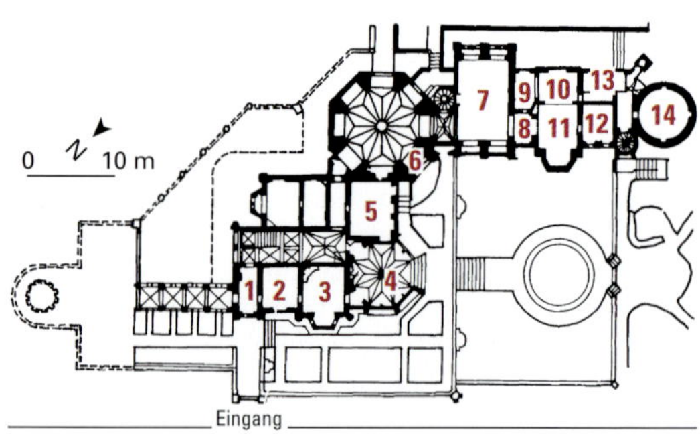

Schloss Babelsberg, Tanzsaal

Nach Schinkels und Persius' Tod führten der Hofbaurat Johann Heinrich Strack (1805–80) und der Hofbauinspektor Gottgetreu den **Südwestflügel** aus, allerdings nicht ohne Schinkels Pläne gründlich abzuändern! Hier etablierte man die Kinderwohnungen des Kronprinzen Wilhelm und seiner Schwester Luise sowie den einer mittelalterlichen Ritterhalle nachempfundenen Speisesaal. So entstand am Ende ein kompliziert gestaffelter Backsteinbau von 99 Zimmern auf asymmetrischem Grundriss. Selbstschmeichlerisch befand Augusta: »Der Babelsberg ist sehr hübsch geworden, das Schlösschen ist ganz klein, aber niedlich und bequem eingerichtet, und die Aussicht wirklich schön [...].«

Nach dem Krieg 1945 ging ein Großteil der kostbaren Inneneinrichtung verloren. Nacheinander zogen die Zentrale Richterschule der DDR, die Deutsche Hochschule für Filmkunst und das Brandenburgische Landesmuseum für Ur- und Frühgeschichte ein. Verbliebene Möbel deponierte man derweil in Sanssouci. Für Besucher sind daher nur sechs Hauptgeschossräume zugänglich, **drei Gemächer Augustas,** der **Schinkelsche Teesalon** mit dem Sternengewölbe, die **Bibliothek** mit aufwendiger Deckengestaltung und als krönender Abschluss der festliche **Tanzsaal** (Abb. S. 178; Öffnungszeiten siehe ›Tipps & Adressen‹: Museen und Schlösser). Doch mit dem Auszug des Museums vollzieht sich in den nächsten Jahren der Umbau des Schlosses zu einem Schlossmuseum. Bis 2001 soll die Privatwohnung des Kaiserpaares fertig sein: Wilhelms Schlaf- und Arbeitszimmer sowie Augustas Frühstücks-, Schlaf- und Toilettenzimmer. Alle Räume sind in prunkvoll gotisierenden Formen gehalten – mit einer

»Heute um 6 Uhr kehrt der Prinz von Preußen aus Berlin hierher zurück (...). Die ganze Glienicker Brücke wird erleuchtet, die Fontaine wird, von bengalischem Feuer erleuchtet, aus dem Havelspiegel aufsteigen (...). Uebermorgen werden die neuen Schloßräume eingeweiht werden«.

Ernst Curtius, der Erzieher des Kronprinzen Wilhelm, am 16. Oktober 1849

Der Babelsberger Schlosspark mit dem Flatowturm

Ausnahme. Auf Wunsch Augustas wurde ein Vorzimmer im Erdgeschoss zur Abwechslung barock dekoriert. Für Schinkel, der den Barock als schlechten Stil empfand, muss dies ein rechter Greuel gewesen sein. 1908 entschloss sich das Kronprinzenpaar Wilhelm und Cecilie lieber zum Neubau von Schloss Cecilienhof, als in Schloss Babelsberg zu residieren – aus einem einfachen Grund: Geschmacklich war alles so sehr auf Augusta und Wilhelm zugeschnitten, dass sich kaum ein anderer in den Räumen hätte wohlfühlen können.

Ein Gang um das Schloss herum führt zur **Porzellanterrasse,** ein von Weinfestons eingezäuntes Gärtchen, auf dem kostbare chinesische Porzellansitze standen. Die **gotische Säule** auf dem Springbrunnen in der Terrassenmitte erhielt der Kaiser 1880 als Geschenk von der Kölner Dombauhütte.

Auf der Rückseite von Schloss Babelsberg liegt die **Voltaireterrasse.** Sie ist nach dem französischen Philosophen und Freund Friedrichs des Großen benannt, da die zwanzig Linden 1847 von seinem einstigen Wohnhaus in der Zeppelinstraße hierher verpflanzt wurden. Von hier geht der Blick hinüber zum **Küchenhaus.** Der kleine, gelbe Klinkerbau wurde dem Schloss so gut wie möglich angepasst, denn aus der Ferne sollte alles wie eine Einheit aussehen. Zweckmäßigerweise wurden beide durch einen unterirdischen Küchengang verbunden.

In sechs Treppenabsätzen senkt sich die Voltaireterrasse nach Süden zum leicht hügeligen **Pleasureground.** Nach Pücklers Vorstellung sollte der Pleasureground »in unmittelbarer Beziehung mit dem Wohnzimmer, [...] täglich aufgeräumt und gereinigt, gleichsam nur eine Fortsetzung desselben unter freyem Himmel bilden«. Vom Frühling bis in den Herbst überströmte ein Blumenflor diesen gärtnerischen Höhepunkt des Parks. Klecksartige Blumenbeete auf dem Rasen erweckten den Eindruck zufällig abgestellter Blumenkörbe. Jede Beeteinfassung mit Blattformen aus bunt lackiertem Terrakotta stimmte Pückler genauestens auf die Farben der Blüten ab. Seitlich am Hang pflanzte Pückler ein **Rosarium,** 16 Einzelbeete, angeordnet wie Blütenblätter.

Ein vergoldetes, rosenumranktes Eisenspalier umflicht die 28 m lange **Goldene Rosentreppe,** die man durch eine Eingangslaube betreten kann. Sie führt hinunter zum 1,3 km langen Uferweg, der seit dem Bau der Mauer im Grenzgebiet lag, von Wildwuchs überwuchert, von Bauschutt und Erde überdeckt. Seit 1993 wurde der Weg wieder hergestellt und seine vielfältige Bilderwelt mit Blicken auf Potsdam, den Pfingstberg und Klein-Glienicke zurückgewonnen.

Dicht am Havelufer wurde 1841/42 ein Gartenhaus zum **Kleinen Schloss** für Kronprinz Friedrich Wilhelm, den späteren Kaiser Friedrich III., umgebaut. Friedrich selbst wohnte hier etwa zehn Jahre lang; später wurden Hofdiener und Gäste einquartiert. Heute versorgt ein Café-Restaurant mit ganz guter Küche die Parkbesucher (Öffnungszeiten siehe ›Tipps & Adressen‹: Essen und Trinken).

Südlich davon, auf halber Bergeshöhe, entstand 1839 auf passend hufeisenförmigem Grundriss der **Marstall.** Pferde und Gespanne waren im Erdgeschoss untergebracht, während Stallmeister und Knechte im Obergeschoss ihre Dienstwohnungen hatten. Auch zu DDR-Zeiten befand sich hier ein Reitstall, der nach der Wende ausziehen musste, da die Pferde zu viel Schäden im Park anrichteten. Sobald die Stiftung die Mittel zur Verfügung hat, sollen hier Dienstwohnungen für Stiftungsmitarbeiter errichtet werden.

Stein für Stein wurde 1871 auf der Lennéhöhe ein kleiner, gotischer Backsteinpavillon wiedererrichtet, der bis dahin als Portikus des alten Berliner Rathauses gedient hatte: Das Schicksal der mittelalterlichen **Gerichtslaube** hatte beim Bau des neuen Roten Rathauses unter den Berliner Stadtvätern Streit ausgelöst, da sie sich über Abriss oder Erhaltung nicht einigen konnten. Als der Kaiser anbot, die Laube im Babelsberger Park aufzubauen, erhielt er sie als Geschenk. Den Mittelpfeiler im Erdgeschoss ziert ein Stuckkapitell, das die menschlichen Torheiten darstellt. Berühmt ist der **Kaak** am südöstlichen Strebepfeiler, ein Vogel mit grinsendem Menschengesicht und Eselsohren. Im Mittelalter wurden die Verurteilten unter dem Vogel angeprangert und dem Spott der Berliner Bürger ausgesetzt.

Das **Matrosenhaus** diente den ›Seeleuten‹, die die Schloss-Boote versorgten, als Unterkunft. Schöne Staffelgiebel zieren die Backsteinfassaden. Sie sind denen des Stendaler Rathauses frei nachgebildet.

Den markantesten Punkt auf der Höhe des Babelsberges bildet der 46 m hohe **Flatowturm** (Öffnungszeiten siehe ›Tipps & Adressen‹:

Museen und Schlösser), das weithin sichtbare Wahrzeichen dieser Gartenlandschaft. 1856 wurde er von Johann Heinrich Strack errichtet, als Double des Eschenheimer Torturms in Frankfurt am Main. Mit seinem seitlich angebauten Burghaus, dem Wehrgang, den Ecktürmchen und dem Spitzhelm steht er wie eine Bastion inmitten eines sternförmigen Wasserbassins. Früher gab es noch eine Zugbrücke, die diese romantische Burgvision unterstrich.

Der Turmname leitet sich von der westpreußischen Domäne Flatow ab, die Wilhelm persönlich gehörte und aus deren Einkünften er den Turmbau finanzierte. In dem wenig stilvoll eingerichteten Balkonzimmer häufte Wilhelm wertvolles Kunsthandwerk und eine Nippessammlung an, darunter massenweise Tierfigürchen, venezianische Gläser und Nürnberger Krüge. Wer die steile, enge Wendeltreppe über fünf Stockwerke bis zur Aussichtsplattform hinaufsteigt, dem liegt Potsdam, eingebettet in ein Meer grüner Baumgipfel, zu Füßen.

Unterhalb des Flatowturms war zu Kaisers Zeiten ein **Weinhang** angelegt worden. Leuchtend gelb steht dort noch das Häuschen des Winzers, eines der ältesten Parkgebäude überhaupt. Später diente es als Kutscherhaus. In der Ebene liegt der schilfbewachsene **Kindermannsee.** Der kaiserliche Hofgärtner Otto Ferdinand Kindermann, der vermutlich mit Pückler das Gewässer anlegte, ließ sein Werk unvollendet.

Von Anfang an hatte Pückler die Einrichtung einer eigenen **Hofgärtnerei** als einen der »unumgänglichen Hauptpunkte« vom Kaiserpaar gefordert, »um alles, was zur Ausschmückung des anzulegenden Blumengartens und pleasure grounds nöthig werden wird, in gehöriger Qualität und Quantität anziehen zu können«. Dennoch wurde erst 1861 das 2,2 ha große Gelände ummauert und mit Gärtnerhaus, Wirtschaftshof, Ställen, Scheune und Gewächshäusern ausgestattet (für die Öffentlichkeit nicht zugänglich). Eine Besonderheit waren die nach dem französischen Pfirsichzüchter Alexis Lepére (1789–1882) benannten Lepéreschen Obsttreibmauern für die Zucht von Wein und Spalierobst. Zwei Lorbeerhäuschen, ähnlich einer Orangerie, dienten der Aufnahme großer Lorbeerbäume. Die Gewächshäuser wurden über gemauerte Backsteinröhren per Heißluft beheizt. Die Gärtnerei verfiel in den letzten Jahrzehnten, denn der Babelsberger Park wurde von Sanssouci mitversorgt. In den nächsten Jahren wird sie aber ihre ursprüngliche Aufgabe wieder erfüllen können, denn die Diakonischen Werkstätten für Behinderte wollen die Gärtnerei als aktives Museum betreiben, und im Treibhaus werden ein Café und ein Gartenshop etabliert, in dem die Besucher die historischen, auf dem freien Markt kaum noch erhältlichen Pflanzenarten erwerben können.

In der Babelsberger Hofgärtnerei wird man bald wieder begehrte historische Pflanzenarten kaufen können

Weiter führt der Weg nach links zum einstigen **Großen See,** der anstelle einer alten Lehmgrube angelegt worden war. Stattlich große havelländische Bäume säumten das buchtenreiche Ufer, und die schweren schlesischen Findlinge verstärkten den Eindruck einer natürlichen Umgebung. Mit den Jahren ist der See ausgetrocknet, doch am nördlichen Uferrand sind noch die Felsbrocken eines Wasserfalls zu sehen.

Im Halbrondell ließ Wilhelm 1882 die steinerne **Generalsbank** aufstellen. Auf den neun Postamenten der Banklehne waren Porträtbüsten preußischer Feldherren aus den Kriegen gegen Österreich, Frankreich und Dänemark aufgestellt. Auf einem Aussichtspunkt erhebt sich die **Siegessäule.** Anlässlich des preußischen Sieges über Österreich wurde sie 1866 aus Gesteinsresten gefertigt, die bei der Produktion der riesigen Granitschale vor dem Alten Museum im Berliner Lustgarten angefallen waren. Das schöne korinthische Kapitell und die Siegesgöttin stammen von Christian Daniel Rauch, dem Begründer der Berliner Bildhauerschule.

Auf der **Friedrich-Wilhelm-Höhe,** dem höchsten Punkt des Babelsberges (75 m ü.M.), findet man etwas versteckt zwischen Büschen und Bäumen das **Achterbecken,** so genannt wegen seiner Form. Es diente als Wasserreservoir für die Parkbewässerung. Unterhalb liegt das einst von Pückler höchstpersönlich angelegte **Schwarze Meer** – ebenfalls völlig ausgetrocknet. Die felsige Wasserzuleitung neben dem Weg ist von Efeu überwuchert. Buchen und Erlen mit überhängenden Zweigen säumen die verspielt geschwungene Uferlinie. Früher spiegelten sich weiß blühende Wasserrosen, Schwertlilien und Schilf auf der Wasseroberfläche, eine überaus romantische Atmosphäre beschwörend. Vier künstliche Inselchen heben sich heute noch aus dem Gelände heraus.

Babelsberg-Zentrum – auf den Spuren der böhmischen Weber

Babelsberg-Zentrum
Besonders sehenswert: Friedrichskirche

Der südlich der Havel gelegene Potsdamer Ortsteil Babelsberg besteht aus den drei historischen Siedlungskernen Neuendorf, Nowawes und Neubabelsberg, die lange Zeit autonom waren. Jede Gemeinde hatte ein eigenes Rathaus, und es gab ein ständiges Tauziehen, wer wen eingemeinden sollte. Nachdem Neuendorf als erstes zu Nowawes gekommen war, gelangte dieses wiederum 1938 zu Neubabelsberg – sehr zur Genugtuung von Joseph Goebbels, wie ältere Einwohner noch zu berichten wissen, denn der aus dem Tschechischen stammende Name Nowawes war ihm ein Dorn im Auge, weshalb fortan der gemeinsame Name Babelsberg geführt wurde.

Die frühdeutsche Siedlung Neuendorf ging aus einem slawischen Rundling hervor und fand bereits 1375 zum ersten Mal im Landbuch Kaiser Karls V. Erwähnung. Auf dem **Neuendorfer Anger,** einer Anhöhe über der Nuthe, steht die traurige Ruine der **Dorfkirche.** Anstelle eines baufälligen Vorgängerbaus aus dem 16. Jh. hatte der Patronatsherr Friedrich Wilhelm IV. auf Bitten der Gemeinde den gel-

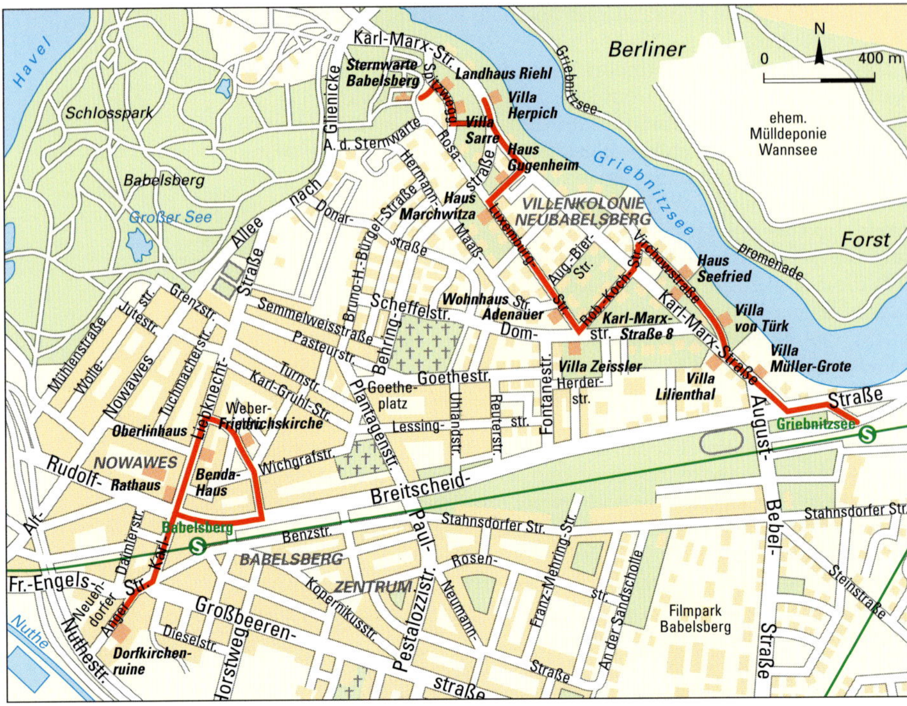

Babelsberg-Zentrum und Villenkolonie Neubabelsberg

ben, oktogonalen Backsteinbau in gotischen Formen entworfen und ihn 1850–53 unter Mitwirkung von Ludwig Ferdinand Hesse erbauen lassen. In den folgenden Jahrzehnten stieg mit der anwachsenden Industrie auch die Bevölkerungszahl in Neuendorf und dem nahe gelegenen Nowawes stark an, und die Dorfkirche wurde zu klein. Seit der Einweihung der größeren, benachbarten Bethlehemkirche (1952 abgetragen) im Jahr 1899 wurde die alte Dorfkirche nicht mehr genutzt. 1941 schwer beschädigt, verfiel sie zusehends, sodass 1979 schließlich das Gewölbe einstürzte. Nun hat sich ein Förderverein der Kirche angenommen, und die Chancen, das Dach einzudecken und ein Kulturzentrum daraus zu machen, stehen gut.

Als zweiter Babelsberger Siedlungskern entstand innerhalb der heutigen Karl-Liebknecht-, Rudolf-Breitscheid- und Karl-Gruhl-Straße der Ortsteil **Nowawes** als ein beeindruckendes Beispiel hohenzollernscher Toleranzpolitik: Am 7. Oktober 1750 verkündete der Stadtkommandant Wolf von Retzow den Aufruf Friedrichs des Großen zur Errichtung einer Häuserkolonie auf einer Sandscholle nahe dem Potsdamer Nachbarort Neuendorf. Im Jahr darauf zogen dort böhmische Textilhandwerker ein, die ihre Heimat wegen ihres evangelischen Glaubens hatten verlassen müssen. Sie tauften ihre Siedlung Nowawes, zu deutsch Neuendorf.

Alle Weber und Spinner arbeiteten zu Hause. Sie erhielten Garn von Berliner Manufakturbesitzern und lieferten die gewebten Stoffe später gegen Bezahlung ab. Die Weber waren arm und kannten keine Ansprüche, und auch dem König kam es hauptsächlich auf die Zweckmäßigkeit ihrer Unterkünfte an. So entstanden Doppelhäuser, in denen jede Familie einen knapp 20 m^2 großen Arbeits- und Wohnraum zur Verfügung hatte; Kammer und Küche nebenan, ein Dachboden darüber. Jede Familie erhielt ihr Haus mit einem Morgen Gartenland geschenkt, dazu ein wenig Startkapital bei Aufnahme der Arbeit.

Schon 1759 führten die Wirren des Siebenjährigen Krieges zu einem Einbruch des Tuchhandels und damit auch zu Hunger und Armut unter den Webern. Einige verließen die Kolonie, andere äußerten ihren Unmut am 11. Dezember 1785 in einem spontanen Aufstand gegen die Manufakturbesitzer. Der unerschrockene Weber Wenzel Wessely machte sich zum Wortführer des Aufstands. Er wurde inhaftiert, seine Familie, der man Garnvorräte und Haus konfiszierte, fiel ins Elend.

Von 1764–67 wurde die Kolonie in der Mühlenstraße und in Alt-Nowawes durch 55 Neubauten für die Maurer und Zimmerleute des Neuen Palais unter Leitung Heinrich Ludwig Mangers erweitert. Nicht umsonst erinnern hier die umliegenden Straßennamen – Tuchmacher-, Wolle-, Garn-, Spindel- und Jutestraße – an die historische Bedeutung des Ortes.

Zur gleichen Zeit siedelten dort auch Salzburger, Nassauer, Württemberger und Protestanten aus anderen deutschen Landen. Das Haus **Karl-Liebknecht-Straße 15** gehörte seit 1734 dem bekannten böhmischen Geiger und Komponisten Franz Benda (1709–86), der Friedrich II. schon in Rheinsberg als Konzertmeister gedient hatte.

Babelsberg, Weberhäuser in der Karl-Liebknecht-Straße

Babelsberg, Friedrichskirche am Weberplatz

Hier wohnten die aus Böhmen nachgekommenen Eltern und Bendas Bruder Victor. Im Jahr 2000 soll hier ein Restaurant gehobener Kategorie mit badischer Küche einziehen.

Seit jeher galt Nowawes als Viertel der kleinen Leute, der Armen und Aufmüpfigen. Möglicherweise war das soziale Klima wirklich immer brenzlig; zumindest standen die Nowaweser – gemeinsam mit den Caputhern – im Ruf, wie die Raben zu stehlen. Der Alte Fritz soll sogar einmal gesagt haben: »Und wenn mir meine Feinde auch mein ganzes Land nehmen, meine Caputher und Nowaweser stehlen es mir in einem Jahr wieder zusammen.« Vor allem ab Mitte des 19. Jh. machten die Vorstädtler der Regierung zu schaffen. Die Arbeiter und kleinen Leute dieses »kriminalpolitischen Wetterwinkels«, wie der Polizeipräsident von Zitzewitz das Viertel einmal nannte, waren unruhig. Um eine Zusammenrottung zu verhindern, wurde ein Zuzugsverbot verhängt, das immerhin bis 1860 galt. Besonders krass nahm sich das proletarische ›rote Nowawes‹ gegenüber der feudalen Villenkolonie Neubabelsberg aus, die ab 1871 in direkter Nachbarschaft entstand.

Auf Veranlassung des Kronprinzen und späteren Kaisers Wilhelm I. kümmerte sich der Königliche Regierungsrat August Wichgraf zwischen 1850 und 1862 um die sozialen Nöte der Kolonisten und setzte einige wesentliche Verbesserungen durch. Um die Jahrhundertwende mischten sich durch die Ansiedlung von Fabriken stattlichere Mietshäuser in das Viertel.

Seit Jahrzehnten frisst sich der Verfall durch die Häuser von Nowawes. Gegen den allerorts üblichen Investitionsdruck bemüht sich die Denkmalpflege um den Strukturerhalt dieser Plansiedlung, denn der dreieckige Weberplatz mit der **Friedrichskirche** (Öffnungszeiten siehe ›Tipps & Adressen‹: Kirchen) in der Mitte ist eine erstaunliche, weil im Barock völlig ungewöhnliche Platzgestaltung. Sie geht vermutlich auf das Comenius-Dreieck zurück, ein religiöses Symbol des Bischofs der böhmischen Brüdergemeinde. Die Kolonie war schon auf hundert Häuser angewachsen, als der holländische Baumeister Jan Bouman dort 1754 die Kirche errichtete. Sein Berufsgenosse Heinrich Ludwig Manger berichtete 1790 von einem seltsamen Anstrich des Daches in den preußischen Landesfarben, wobei der Turm weiß und das Kirchdach schwarz gestrichen worden sein soll.

Den Abschluss bildet das imposante dreistöckige **Babelsberger Rathaus** von 1899 an der Karl-Liebknecht-/Rudolf-Breitscheid-Straße. Innen wie außen knüpfte der Architekt Otto Kerwien an Traditionen der märkischen Backsteingotik an. Augenfällige Akzente setzen die grün und braun glasierten Profil- und Dachsteine.

Filmstadt Babelsberg – Traumfabrik und Abenteuerland

Filmpark Babelsberg ☆☆ Potsdams Publikumsmagnet von der Traumfabrik der UFA bis zu futuristischen Abenteuerwelten

Die alten, vertrauten Namen: UFA und DEFA – sie haben bis heute nichts von ihrer Faszination verloren. Fast einen halben Quadratkilometer groß ist die legendäre Filmstadt Babelsberg. 1992 übernahm der französische Multikonzern Compagnie Générale des Eaux, heute Vivendi/Paris, von der Treuhand das Studiogelände. Seitdem entsteht mit dem Studio Babelsberg und mehr als 120 Partnerfirmen ein hochmodernes Medienzentrum auf dem Karree zwischen Großbeerenstraße, August-Bebel-Straße, Stahnsdorfer Straße und Marlene-Dietrich-Allee.

Mehrere große Komplexe auf dem Areal beherbergen mittlerweile alles rund ums Film- und Fernsehmachen: Zum einen hat der **ORB** hier seinen Mediensitz und das **ZDF** unterhält sein Landesstudio Brandenburg. In den Studios des Fernsehzentrums wird die erfolgreichste RTL-Daily-Soap, ›Gute Zeiten – schlechte Zeiten‹, gedreht. Im traditionsreichen ›Tonkreuz‹, dem ersten Tonstudio Deutschlands, entstehen Live-Talk-Shows wie ›Vera am Mittag‹ oder Magazinsendungen wie ›AXN‹ und ›Echt wahr‹ für **SAT 1,** zu denen sich das Publikum anmelden kann. Zum anderen bezieht die **Hochschule für Film und Fernsehen Konrad Wolf,** vorher für die Studenten recht unpraktisch über Neubabelsberg verteilt, im Sommer 2000 ihr neues, lichtdurchflutetes Ausbildungszentrum.

Das **Filmzentrum Studio-Babelsberg** entstand in den ersten fünf Jahren nach der Privatisierung unter gemeinsamer geschäftlicher Leitung des Oscar-Preisträgers Volker Schlöndorff, der unter anderem mit ›Die Blechtrommel‹ Filmgeschichte machte, mit dem französischen Manager Pierre Couveinhes. Beide haben für die Wiederbelebung und Modernisierung des Standortes Babelsberg gesorgt. Seitdem konnten hier Filme wie 1994 ›La Machine‹ mit Gérard Départdieu, oder 1999/2000 ›Marlene‹ über das Leben der Diva Marlene Dietrich, deren Karriere ja schließlich in Babelsberg begann, mit Katja Flint unter Regie von Joseph Vilsmaier realisiert werden.

Seit der Stummfilmzeit, als die Berliner Firma Bioscop im Jahr 1912 in Potsdam-Babelsberg ein großzügiges, gläsernes Filmatelier errichtete, gingen Generationen weltberühmter Schauspieler, Regisseure, Maskenbildner und Kameramänner daraus hervor. Noch im gleichen Jahr fiel die erste Klappe für den Stummfilm ›Der Totentanz‹ mit Asta Nielsen. Auch die nachfolgenden Filme ›Student in Prag‹ und ›Golem‹, beide von Paul Wegener, waren erfolgreich und spielten Geld ein. Zusätzliche Studioräume konnten gebaut, mehr Schauspieler beschäftigt werden. Allmählich gewann der Name Babelsberg in aller Welt an Bedeutung!

Die entfesselte Kamera wurde in den 20er Jahren in Babelsberg erfunden

Um während des Ersten Weltkriegs propagandistischen Einfluss auf das Filmschaffen nehmen zu können, gründeten Wirtschaftsfunktionäre und Politiker auf Geheiß des preußischen Generalstabschefs Erich Ludendorff (1865–1937) 1917 die Universum Film AG, kurz UFA genannt. Seitdem wurde ein Epoche machender Streifen nach dem anderen abgedreht: Im so genannten Filmexpressionismus der 20er Jahre mit seinen intensiven Schmink- und den dramatisierend-unheimlichen Beleuchtungstechniken entstanden ›Das Kabinett des Dr. Caligari‹ von Robert Wiene, ›Nosferatu, eine Symphonie des Grauens‹ von F. W. Murnau sowie ›Dr. Mabuse‹ und ›Metropolis‹ von Fritz Lang. Die entfesselte – auf einem Gestell gefahrene – Kamera ermöglichte eine neue, unmittelbarere Filmsprache. Mit der Erfindung des Tonfilms wuchs die UFA zur größten Filmstadt Europas: Hier entstand der erste deutsche Tonfilm, ›Melodie des Herzens‹ mit Willy Fritsch, und hier begann 1930 die Weltkarriere der Marlene Dietrich mit dem Kassenschlager ›Der Blaue Engel‹.

In den 30er Jahren erlangte Joseph Goebbels durch seine ›Förderung‹ zunehmend Einfluss auf das deutsche Filmgeschäft und richtete es schließlich zugrunde. Berühmt-berüchtigt waren seine Affären mit UFA-Schauspielerinnen. Jüdische Mitarbeiter wurden unter Druck gesetzt und mussten die UFA verlassen. Mit antisemitischen Propagandastreifen wie ›Hitlerjunge Quex‹ und ›Jud Süß‹ von Veit Harlan wurde die Leinwand zur psychologischen Kriegsführung missbraucht. Inmitten von Bombenangriff, Fliegeralarm und Stromsperre entstanden belanglose Unterhaltungsfilme mit Marika Rökk, Ilse Werner und Johannes Heesters. Nur wenige Produktionen, wie Helmut Käutners ›Große Freiheit Nr. 7‹ mit dem Publikumsliebling Hans Albers, hoben sich von der Masse der Durchhaltefilme ab.

Als die sowjetische Armee 1945 einmarschierte, war die glanzvolle Babelsberger Epoche vorbei. Mitarbeiter demontierten wertvolles technisches Gerät und entschwanden damit in die Ateliers von Berlin-Tempelhof. 1946 vergab Oberst Tulpanow die Produktionslizenz an die Deutsche Film-AG, DEFA. Beaufsichtigt von KPD-Funktionären, die in alles hineinredeten, ohne sich in der Filmkunst auszukennen, lief die Produktion unter dürftigsten Bedingungen an. Von den ereignisreichen Dreharbeiten zu Wolfgang Staudtes erstem Nachkriegsfilm ›Die Mörder sind unter uns‹ erzählt Hildegard Knef in ihrer Autobiografie ›Der geschenkte Gaul‹. Der Regisseur Kurt Maetzig half beim Aufbau eines sozialistischen Filmwesens, das »einen neuen Geist atmete, mit humanistischem, antifaschistischem und demokratischem Inhalt, das nichts gemein hatte mit der Tradition der UFA [...].« Furore machten noch die frühen Filme wie ›Ehe im Schatten‹, ›Nackt unter Wölfen‹ oder ›Der Untertan‹, aber in den 60er Jahren wurde die Propagandaschraube wieder angezogen.

Heute können die Besucher eine **Studio-Tour** machen; die 20-minütige Shuttle-Fahrt vermittelt einen Überblick über die Dimension der Medienstadt und ihre 80-jährige Geschichte. Dabei passiert der Zug auch die berühmte Marlene-Dietrich-Halle, seinerzeit das größte Filmatelier Europas, und die ›Berliner Straße‹, eine attraktive Außenkulisse, die den Grenzübergang der Berliner Straße ›Sonnenallee‹ bis 1989 wieder aufleben lässt. Hier wurde unter Regie von Leander Haußmann der gleichnamige Kinofilm gedreht, der zehn Jahre nach dem Fall der Mauer allein in den ersten fünf Wochen über 1 Million Besucher anzog.

Die Attraktion auf dem Mediengelände ist der **Filmpark Babelsberg** (Öffnungszeiten siehe ›Tipps & Adressen‹: Film), der eine erfolgreiche Saison nach der anderen verzeichnet: Trotz nur achtmo-

1942 drehte Josef von Baky in den Babelsberger Studios ›Münchhausen‹ mit Hans Albers und Brigitte Horney in den Hauptrollen

Potsdams Besuchermagnet – noch vor Schloss Sanssouci – ist der Filmpark Babelsberg; zu den zahlreichen Attraktionen gehört die Westernstadt, wo man sich im Goldwaschen versuchen kann

natiger Sommeröffnungszeit reisten 1999 rund 572 000 Besucher an, pro Tag lassen sich also 2385 Menschen durch die Studios schleusen – rund 200 000 mehr als durch Schloss Sanssouci! Damit ist der Filmpark Potsdams Publikumsmagnet Nummer Eins.

Am beliebtesten ist die 30-minütige **Stuntmen-Show** in der multifunktionalen Freiluft-Kulisse einer gigantischen Vulkanarena, wo eine wahnsinnige Wissenschaftler-Crew zwischen brodelnden Geysiren versucht, den Erdkern anzuzapfen, um das Energieproblem der Zukunft zu lösen. Die 2500 Sitzplätze umfassende Spielstätte ist großen Naturvorbildern wie dem Bryce Canyon und dem Yellowstone-Nationalpark nachempfunden. Außerdem zeigen Astrid und Gerhard Harsch in einer **Filmtiershow,** wie einheimische Vierbeiner, Raubkatzen oder eine Albino-Tigerpython auf Dreharbeiten vorbereitet werden. Nichts für schwache Nerven ist das **Showscan-Actionkino,** wo der Gleichgewichtssinn der Zuschauer durch die beweglichen Sitze, bildsynchron zur 70-mm-Projektion, auf die Probe gestellt wird. Die 60 Bilder pro Sekunde mit Mehrkanalton geben einen Vorgeschmack auf die Kinotechnik von morgen. Etwas ruhiger geht es im gläsernen **Sandmann-Studio** zu, wo man den Trickspezialisten bei der Produktion der beliebten Abendserie über die Schulter schauen kann. Zuletzt kann man sich im **Filmrestaurant Prinz Eisenherz,** dessen Requisiten aus der 1996 abgedrehten Koproduktion unter der Regie von Anthony Hickox stammen, in einer mittelalterlichen Burganlage mit Rittersaal und Biergartenbastion bewirten lassen.

Villenkolonie Neubabelsberg – wo die Promis wohnten

Villenkolonie Neubabelsberg ☆ Lebenswelten prominenter Persönlichkeiten von der Gründerzeit bis in die 20er Jahre

Weitab vom Babelsberger Stadtzentrum, in ruhiger Umgebung, liegt die vornehme Villenkolonie Neubabelsberg (siehe Karte S. 196). Parallel zum Ufer des Griebnitzsees erstreckt sie sich vom Bahnhof Griebnitzsee bis zum Babelsberger Park. Ihre Magistrale ist die Karl-Marx-Straße. Die Gegend strahlt eine angenehme, lauschig-feudale Atmosphäre aus, zu der auch der alte Baumbestand von 1873 beiträgt. Besonderen Reiz übte die Villenkolonie auf die führenden Architekten der wilhelminischen Ära aus, aber auch Einzelbauten der jüngsten Vergangenheit sind zumeist harmonisch in das Gesamtbild eingefügt.

Nach der Gründung des Deutschen Reiches im Jahr 1871 ergriff eine Phase rasanter Bodenspekulationen den Raum um die werdende Metropole Berlin. Die beiden Geheimen Regierungsbauräte Hermann Ende (1829–1907) und Wilhelm Böckmann (1832–1902) erkannten die Zeichen der Zeit, gründeten eine ›Societät‹ und erwarben Forstland aus Privatbesitz und von der preußischen Regierung. Sie teilten das Gelände in 176 Parzellen zwecks Villenbebauung. Die allgemeinen Vorschriften erlaubten nur zweigeschossige Gebäude mit Neben- und Gartengelassen. Ebenso wurde auf eine qualitätvolle Gestaltung der Vorgärten Wert gelegt. Ab 1874 siedelten sich hier nach und nach Regierungsbeamte und Industrielle an. In den 30er Jahren des 20. Jh. bewohnten viele Filmkünstler von der Babelsberger UFA die Villenkolonie.

Obwohl hier seit 1838 die erste preußische Eisenbahnlinie vorbeiführte, erhielt Griebnitzsee erst 1891/92 ein **Bahnhofsgebäude,** und zwar den Holzpavillon von Kyllmann & Heiden, der 1873 als Deutsches Haus auf der Wiener Weltausstellung gestanden hatte. Kaiser Wilhelm I., Eigentümer von Schloss Babelsberg, benutzte im Sommer täglich die Wannseebahn von und nach Berlin. Die Babelsberger machten sich lustig über den ›sparsamen Alten‹, der fast nur mit fahrplanmäßigen Zügen reiste. Das heutige Gebäude wurde 1931 von Richard Brademann in rotem Klinker erbaut. Schon die mehrfache Umbenennung zeigt, wie eng die Bahnhofsgeschichte mit dem Schicksal der Villenkolonie verbunden ist: Bis 1933 hieß die Station Neubabelsberg, in den Jahren des Nationalsozialismus UFA-Stadt. 1961 wurde es durch den Mauerbau sehr still in der Villenkolonie. Der Bahnhof war Grenzstation, das umliegende Gelände Sperrgebiet. Doch gleich nach der Wende, im Januar 1990, wurde der S-Bahnbetrieb wieder aufgenommen.

Vor dem Bahnhof öffnet sich ein fantastisches Panorama über den fast melancholisch anmutenden **Griebnitzsee.** 1874 genehmigte der Kaiser eine offizielle Dampferlinie auf dem See. Die Villenbewohner konnten hier, an der Dampferanlegestelle, ihre Boote vertäuen oder

Neubabelsberg, ehemalige Villa Urbig in der Virchowstraße 23, ein Frühwerk Ludwig Mies van der Rohes

zu einer Badeanstalt in der Seemitte übersetzen. Zu DDR-Zeiten war die Fluchtgefahr an dieser Stelle ganz besonders groß. Deshalb verlief in Höhe des Hauses Rudolf-Breitscheid-Straße 180 die erste Sperrschranke. Die weiter unten, parallel zum Seeufer verlaufende Mauer machte diese Straße für gewöhnliche Sterbliche zur Sackgasse.

Die Kreuzung zur Karl-Marx-Straße bildet den Auftakt zur Villenkolonie. Das 1912 errichtete **Postgebäude** auf der Verkehrsinsel ist im so genannten Heimatstil erbaut, eine kunsthistorisch nicht genau definierte Kunstform des späten 19. Jh., die auf eine malerische und stimmungsvolle Typisierung deutscher Landschaften abzielte. Hier saß das Nachfolgebüro der Terraingesellschaft Ende & Böckmann, das die Bebauung der Parzellen nach Böckmanns Tod im Jahr 1902 weiterführte.

Vis-à-vis, in der **Karl-Marx-Straße 2,** errichteten die Architekten Heinrich Kayser (1842–1917) und Karl von Großheim (1841–1911) im Jahr 1891 ein prachtvolles und dominant wirkendes Domizil mit hochherrschaftlicher Empfangshalle und holzgetäfeltem Treppenhaus für den Berliner Verleger und Buchhändler Carl Müller-Grote. Das Haus war kultureller Treff, mit Gästen wie dem Kunsthistoriker und Reichskunstwart Edwin Redslob (1884–1973), Mitbegründer des Berliner ›Tagesspiegels‹, und dem berühmten Werkbundarchitekten und Designer Peter Behrens (1868–1940). Gabriele Behrens, eine Tochter Müller-Grotes, schilderte der Öffentlichkeit nach der Wende, wie die Familie das Haus im Frühsommer 1945 innerhalb von vier Stunden »mit Sack und Pack« verlassen musste, denn das sowjetische Vorkommando hatte das Haus für den amerikanischen Präsidenten Harry S. Truman, einen Teilnehmer der Potsdamer Konferenz, beschlagnahmt. In seinen Memoiren nennt Truman seine Neubabelsberger Residenz »Little White House«. Von hier aus erteilte er den Befehl zum Abwurf der Atombomben auf die japanischen Millionenstädte Hiroshima und Nagasaki am 6. und 9. August 1945, weshalb die Gründerzeitvilla viele Besucher aus dem fernen Japan anzieht. Das von der FDP-nahen Friedrich-Naumann-Stiftung erworbene Gebäude fiel im Oktober 1999 einem schweren Brandanschlag zum Opfer.

Das schräg gegenüberliegende Haus **Karl-Marx-Straße 66** im englischen Tudorstil mit Zinnenkranz und Türmchen erbaute 1895 der Architekt Gustav Lilienthal (1849–1933), jüngerer Bruder des Flugpioniers Otto Lilienthal. Noch nach dem tödlichen Absturz des berühmten Bruders versuchte Gustav, dessen Flugzeugkonstruktionen weiterzuentwickeln. Bauherr war General Lademann von der Kadettenanstalt in Berlin-Lichterfelde. Er kannte Lilienthal, weil dieser in Lichterfelde zahlreiche Häuser gebaut hatte. In den 30er Jahren diente das Gebäude als Gästehaus der UFA, zeitweilig soll hier Heinz Rühmann während Dreharbeiten gewohnt haben, bevor er seine Villa am Wannsee bezog.

Wieder schräg gegenüber, in der **Virchowstraße 1–5,** lebte ab 1817 der Potsdamer Schulrat Wilhelm Carl Christian von Türk (1774–1846), den man nicht umsonst den ›preußischen Pestalozzi‹ nannte, denn er hatte bei Pestalozzi in der Schweiz wesentliche Eindrücke für seine Reformen des preußischen Erziehungswesens empfangen. Nach zweimaligem Hausumbau zog hier 1928 der Industrielle Günther Quandt (1881–1954) ein. Quandt war Begründer des gleichnamigen Rüstungskonzerns und Waffen- und Munitionslieferant der deutschen Wehrmacht. Sehr viel bekannter wurde seine bedeutend jüngere Ehefrau, die Schauspielerin Magda Quandt, indem sie nach der Scheidung Joseph Goebbels heiratete.

Zwischen den Häusern Virchowstraße 8 und 12 ist die Rückfront der **Karl-Marx-Straße 8** zu sehen. Dort wohnte zeitweilig Gustav Fröhlich (*1902), der populärste deutsche UFA-Schauspieler der 30er Jahre. Angeblich soll er in seiner Liebe zu der Schauspielerin Lida Baarova mit Goebbels konkurriert und, als er die beiden in verfänglicher Situation überraschte, Goebbels eine Ohrfeige versetzt haben. Seitdem kursierte das Wortspiel: »Ich möchte auch mal Fröhlich sein.«

Die Villa in der **Virchowstraße 23** ließ sich der Bankier Franz Urbig 1915 von keinem Geringeren als Ludwig Mies van der Rohe (1886–1969) erbauen und nannte sie Haus Seefried. Mies war Mitarbeiter bei Peter Behrens gewesen und hatte sich gerade selbstständig gemacht. Kurz nach Baubeginn zog er in den Ersten Weltkrieg. Die symmetrisch angelegte Fassade des massiven Hauses wirkt klar und schlicht; der neoklassizistische Stil offenbart die Verwurzelung des jungen Architekten in der Schinkel-Tradition. Dass dies ein Frühwerk Mies van der Rohes ist, wird besonders im Vergleich zu seinen Wohnhausbauten der 20er Jahre im Stil der Neuen Sachlichkeit deutlich. 1945 logierte hier während der Potsdamer Konferenz der englische Premierminister Winston Churchill in Begleitung seiner Tochter Mary.

In der **Domstraße 28** wohnte der jüdische Filmregisseur Alfred Zeissler, der sich durch Kriminalfilme einen Namen gemacht hatte, etwa mit ›Strich durch die Rechnung‹ und ›Eine Tür geht auf‹. Den Zeitgenossen war er bekannter als Alfred Hitchcock, der nach ihm ›der britische Zeissler‹ genannt wurde. Als er 1938 vor der Gestapo fliehen musste, hinterließ er ein komfortabel eingerichtetes Haus mit wertvollen Kunstschätzen. Danach zog Marika Rökk (*1913) ein, die in der UFA ihre ganz großen Triumphe feierte. In dem Film ›Die Frau meiner Träume‹ trällerte sie noch ein Jahr vor Kriegsende »Ich brauche keine Millionen«. In ihren Memoiren ›Herz mit Paprika‹ bezeichnet sie die Jahre in Babelsberg als die schönsten ihres Lebens.

Im Eckhaus **Rosa-Luxemburg-Straße 40,** das der Architekt Jean Krämer um 1924 für den jüdischen Kaufmann Norbert Wiener erbaute, wohnte von Mai 1934 bis April 1935 Konrad Adenauer (1876–1967), erster Bundeskanzler der Bundesrepublik. Da er schon in seiner Zeit als Kölner Oberbürgermeister den Nazis unangenehm aufgefallen war, musste er 1933 sein Amt niederlegen und sich ›unauffällig verhalten‹. Als Präsident des Preußischen Staatsrates musste er regelmäßig nach Berlin reisen und fand nun vermutlich über Potsdamer Beziehungen bei Wiener Unterschlupf. Aus seinen Briefen geht hervor, dass der engagierte Politiker unter dem erzwungenen Ruhestand litt: »Wir wohnen sehr ruhig und fernab von allem« und »Ich arbeite jeden Tag in dem seit Jahren verwilderten Garten. Der Boden besteht aus reinem Sand, dazu die Trockenheit.« Nach dem Röhm-Putsch war es vorbei mit der Ruhe: Als Hitlers Machthaber vermeintliche Mitwisser und Widersacher verhaften ließen, wurde auch Adenauer abgeholt und zwei Mal kurz in Potsdam inhaftiert.

Neubabelsberg, ehemalige Villa des Filmregisseurs Alfred Zeissler in der Domstraße 28

Neubabelsberg, ehemalige Villa des Kaufmanns Norbert Wiener, Rosa-Luxemburg-Straße 40

Eine Tafel am Haus **Rosa-Luxemburg-Straße 27** erinnert an den kommunistischen Arbeiterschriftsteller Hans Marchwitza (1890 bis 1965), der hier 1956 einzog. In jungen Jahren hatte Marchwitza als Bergarbeiter im Ruhrgebiet gearbeitet und unter dem Eindruck der schweren körperlichen Arbeit mit der Niederschrift proletarischer Literatur begonnen. Titel seiner Hauptwerke lauten ›Roheisen‹ und ›Sturm auf Essen‹. Aufgrund seiner KPD-Mitgliedschaft musste er 1933 in die USA emigrieren. 1945 zurückgekehrt, fand er in der sich gerade formierenden DDR eine politische Heimat. Ihm zu Ehren taufte die SED-Bezirksleitung in Potsdam das Alte Rathaus am Alten Markt ›Kulturhaus Hans Marchwitza‹.

Die Initialen an dem hübschen schmiedeeisernen Tor am **Johann-Strauß-Platz 11** stehen für den jüdischen Seidenfabrikanten Hans Gugenheim. Architekt des Backsteinhauses von 1921/22 war Hermann Muthesius (1861–1927), ein Meister der profanen Sachlichkeit, dessen dreibändiges Werk ›Das englische Haus‹ einer ganzen Architektengeneration als Offenbarung diente. Schon 1912 hatte Muthesius die berühmte Fabrikhalle für Gugenheims Seidenweberei Michels & Cie erbaut. Dieses schlichte Landhaus mit Mansarddach, das sich ebenerdig nach allen Seiten in die Natur öffnet, ist typisch für Muthesius. 1936 musste Gugenheim das Haus verlassen, zwei Jahre später bezog es die UFA-Charakterdarstellerin Brigitte Horney (1911–88).

Die Villa **Karl-Marx-Straße 27** ließ sich der Teppichfabrikant Paul Herpich, Mitinhaber des bekannten Berliner Kaufhauses C. A. Herpich, von dem schwedischen Architekten Alfred Grenander (1863–1931) bauen. Grenander war gewissermaßen Hausarchitekt der Berliner Verkehrsbetriebe. Von ihm stammen das Berliner S-Bahnhofsgebäude am Wittenbergplatz und zahlreiche Zeitungskioske in der Innenstadt. Während der Verhandlungen zum Potsdamer Abkommen diente die Villa Josef W. Stalin als ›Kreml‹. Zu einem Staatsbankett lud er auch Präsident Truman ein, der beeindruckt nach Hause schrieb: »[…] das war eine Sache, sage ich Euch. Kaviar und Wodka machten den Anfang, und Wassermelonen und Champagner bildeten den Abschluss; es gab frische und geräucherte Fische, Wildbret, Huhn, Ente und alle möglichen Gemüse dazwischen. Alle fünf Minuten ein Toast […] es war eine farbenprächtige Angelegenheit.« Aus Propagandagründen war diese Villa zu DDR-Zeiten als einzige der drei ›Konferenzvillen‹ durch eine Hinweistafel gekennzeichnet.

Schräg gegenüber führt der kleine Bergweg hinauf zur **Spitzweggasse 6.** Die Villa stammt vom Regierungsbaumeister O. Sior und erinnert an eine italienische Villa der Frührenaissance. Hoch oben am Arkadengang leuchtet ein 12 m langer, blau-gelber Keramikfries mit Löwenmotiven – Markenzeichen des früheren Besitzers Friedrich Sarre (1865–1945). Er war Kunsthistoriker und Direktor der Islamischen Abteilung des Pergamonmuseums. Als die Deutsche Orient-Gesellschaft für die Wiedererrichtung der Prozessionsstraße von Babylon im Pergamonmuseum Tausende von Ergänzungsziegeln bei Berliner Keramikfirmen bestellte, ließ sich Sarre vermutlich übrig gebliebene Teile vom Löwenfries des Ischtar-Tors der Prozessionsstraße privat einlegen. Von seinen Orientreisen hat Sarre eine bedeutende Kleinkunstsammlung nach Potsdam mitgebracht. Er starb in Neubabelsberg und liegt auf dem nahen Friedhof Klein-Glienicke begraben.

Mit dem kleinen, zurückliegenden Landhaus **Spitzweggasse 3** gab Ludwig Mies van der Rohe sein Debüt als freier Architekt. 1907 hatte ihn der Philosoph Professor Alois Riehl (1844–1924) damit beauftragt, aber nicht, ohne ihn vorher auf eine sechswöchige Studienreise nach Italien geschickt zu haben, denn als gebürtiger Bozener wollte sich Riehl an die Landhausarchitektur seiner Heimat erinnert wissen. Im Innern ist die große Halle heute zwar geteilt, aber sonst sind alle Raumstrukturen im Originalzustand erhalten. Zu DDR-Zeiten hatte hier die Filmhochschule Babelsberg einen ihrer Standorte.

Am Ende der Sackgasse erstreckt sich das abgezäunte Gelände der **Babelsberger Sternwarte,** die 1913 als Nachfolgeinstitut der alteingesessenen Berliner Universitätssternwarte errichtet wurde (Öffnungszeiten siehe ›Tipps & Adressen‹: Astronomie). Damals hatten sich in Berlin die Bedingungen für wissenschaftliche Beobachtungen durch die nächtlichen Lichteinflüsse so verschlechtert, dass Direktor Karl Hermann Struve für die Verlegung nach Babelsberg plädierte. Regierungsbaurat Eggert entwarf das Hauptgebäude im neubarocken Stil. Im Foyer des Hauptgebäudes ist eine Sammlung historischer astronomischer Geräte zu besichtigen. Mit ihrem 120-cm-Spiegelteleskop in der Mittelkuppel war die Babelsberger Sternwarte das bestausgerüstete Observatorium Europas.

Jagdschloss Stern – Bescheidenheit ist mehr als Zier

Jagdschloss Stern ☆ Eindrucksvoll in seiner Bescheidenheit: das kleinste aller Potsdamer Schlösser

Nur wenige hundert Meter von der Autobahnabfahrt Babelsberg entfernt, in der Jagdhausgasse 32, liegt die älteste erhaltene Potsdamer Residenz, das **Jagdschloss Stern** (Führungen siehe ›Tipps & Adressen‹: Museen und Schlösser). Es handelt sich hier um *den* Schlossbau, den der Soldatenkönig Friedrich Wilhelm I. sich gönnte. Er gleicht eher einem niederländischen Reihenhaus als einem feudalen Schloss des preußischen Monarchen!

1726 teilte der König seinem engsten Freund, dem Feldmarschall Fürst Leopold von Anhalt-Dessau (1676–1747), mit, dass er südlich von Potsdam einen »tirgarten« anlegen lasse, um seiner Leidenschaft, der Parforcejagd, nachgehen zu können. Bei dieser an europäischen Fürstenhöfen verbreiteten Jagdart wurde ein Hirsch von Reitern und Hunden durch offenes und bewaldetes Gelände gehetzt, und nur der König hatte das Recht, den Fangstoß zu setzen (par force = mit Gewalt).

Die Potsdamer Parforceheide wurde eingezäunt und in der Mitte ein 16-armiger Schneisenstern abgeholzt: Dieser Grundriss nach Radialprinzip erleichterte den Jägern die Orientierung und ließ sie geradlinig zum allgemeinen Sammelpunkt zurückfinden, denn ›Retour de chasse‹ war die Mitte des Wegesterns. In diesem Alleensystem ließ der König zwischen 1730 und 1732 nach niederländischer Art einen zweigeschossigen Backsteinbau mit Schweifgiebel auf einer Fläche von nur 167 m^2 errichten. Der Grund für solch

Jagdschloss Stern, Hauptsaal. Der Soldatenkönig ließ sich das Schlösschen als Zwischenquartier für seine geliebte Parforce-Jagd bauen

Tabakskollegium. Gemälde, 1737, Georg Lisiewski zugeschrieben. Die Szene, bei der die Söhne Friedrich Wilhelms I. dem Vater Gute Nacht sagen, läßt den heutigen Betrachter an einen Ausspruch des Königs denken: »Ich liebe meine Kinder, so sie recht artig sind ...«

bescheidene Ausmaße war zum einen Friedrich Wilhelms Sparsamkeit, zum anderen lebensprägende Eindrücke, die er als Kronprinz auf zwei Reisen in die Niederlande erfahren hatte. Die Frage nach dem Architekten konnte bis heute nicht eindeutig geklärt werden; es kommen Jan Bouman, der Schöpfer des Holländischen Viertels, oder Cornelis van den Bosch aus Schipley bei Den Haag in Betracht.

Auch das Innenleben des Hauses zeugt von einem fast schulmäßigen Sinn für die schlichte Zweckmäßigkeit holländischer Bürgerhäuser: Der jagdlich ausstaffierte Hauptsaal gehört zu den wenigen Beispielen für die Raumkunst der Epoche zwischen dem Frühbarock eines Schlüter und dem Knobelsdorffschen Rokoko. An den holzvertäfelten Wänden prangen die Abwurfstangen des Großen Hans, des Lieblingshirschen seiner Majestät. Fünf Gemälde über dem großen Marmorkamin stellen den König bei der Jagd dar. Die stattlichen Holzstühle mit ihrer unglaublich breiten Sitzfläche drechselte der König wahrscheinlich selbst.

Auch die berühmten Tabakskollegien, die schon sein Vater gepflegt hatte, nahm Friedrich Wilhelm schon bald nach seinem Regierungsantritt im Jahr 1714 wieder auf – mal in diesem Raum des Jagdschlosses, mal im Westflügel des Stadtschlosses. Nur, dass es bei der ›Tabagie oder Abend-Gesellschaft zur Unterhaltung bey der Tobacks-Pfeife‹ ziemlich einfach, fast bürgerlich zuging. Bei qualmenden Meerschaumpfeifen standen politische Themen und Glaubensfragen zur Debatte. Der König ließ mitteilen, dass er es gern sähe, wenn jeder Anwesende mitrauchte, und so musste sein Oberbefehlshaber und bester Freund, der Alte Dessauer, der das Rauchen nicht mochte, die bloße Pfeife in den Mund nehmen. Der kleine, reichlich korpulente und trinkfeste Monarch liebte die ausgelassene Stimmung inoffizieller Gesellschaften ohne steife Rangordnung und künstliches Gehabe, wo sich der männerbündische Geist in dröhnendem Gelächter und rauen Zoten ergehen konnte.

Der gegenüberliegende Raum, die weiß geflieste Küche, hat einen gemauerten Herd, an dem der König höchstpersönlich deftige Gerichte brutzelte. Wasser fürs ganze Haus floss nur aus der Küchenhandpumpe. Ein schmales Adjutantenzimmer leitet über zur Schlafkammer, wo neben einer Treppentür eine Art Kojenbett in die Wand eingelassen ist.

Dass dieser polternde, jähzornige und sentimentale Regent das von seiner Gattin so leidvoll vermisste Stilgefühl wirklich nicht hatte, beweist die Platzierung des Jagdschlosses *am Rande* des Alleensystems, in einem unscheinbaren Winkel zwischen zwei Schneisen! Nichts spricht vom Absolutismus in der Architektur, wie bei den fürstlichen Vorbildern von Clemenswerth im Emsland oder Fürstenried bei München, wo das Schloss im Zentrum des Wegesterns steht. Zu kunstsinniger Abstraktion war dieser König nur wenig begabt, für ihn war das Brauchbare bereits das Schöne!

Stahnsdorfer Waldfriedhof – Einheit von Garten- und Friedhofskunst

Erinnerung ist das einzige Paradies,
aus dem wir nicht vertrieben werden können.
(Jean Paul)

Stahnsdorfer Waldfriedhof ☆ Riesiger parkähnlicher Friedhof, auf dem die Prominenz aus Berlin ruht

An der südöstlichen Peripherie der Potsdamer Kulturlandschaft, zwischen Neubabelsberg und Stahnsdorf, liegt der Stahnsdorfer Waldfriedhof, offiziell Südwest-Kirchhof der Berliner Stadtsynode genannt und eigentlich zu Berlin gehörend (Öffnungszeiten und Führungstermine siehe ›Tipps & Adressen‹: Friedhöfe). Gestaltet hat ihn der Gartenoberingenieur Louis Meyer (1877–1955), ein Lenné-Schüler und Absolvent der Königlichen Gärtnerlehranstalt Potsdam-Wildpark. Bis heute beeindruckt der Friedhof durch seinen großzügigen, einheitlichen Plan und die reizvollen Details.

Um die Jahrhundertwende, als sich Berlin in rasantem Tempo zur drittgrößten Metropole der Welt entwickelte und die innerstädtischen Begräbnisplätze knapp wurden, kaufte die Berliner Stadtsynode 206 ha Land und ließ darauf einen der größten deutschen Friedhöfe anlegen. Es entstand ein Zentralfriedhof, vorwiegend für Protestanten aller Berliner Gemeinden.

Seit der Maueröffnung ist der Stahnsdorfer Friedhof wieder mit den Kirchengemeinden verbunden, für deren Mitglieder er bestimmt war. Stundenlang lässt sich die verwunschene, teilweise aber gepflegte Kunstlandschaft durchstreifen. Louis Meyer verwandelte die sandige Stahnsdorfer Feldmark mit Ackerland und Kiefernheide

Der Stahnsdorfer Waldfriedhof
1 Alexander von Kluck
2 Ludwig Manzel
3 Christusrelief
4 Joachim Gottschalk
5 Louis-Ferdinand Ullstein
6 Gustav Werner
7 Julius Wissinger
8 Lovis Corinth
9 Werner von Siemens
10 Wilhelm Kuhnert
11 Heinrich Zille
12 Gustav Langenscheidt
13 Rudolf Breitscheid
14 Elisabeth Baronin von Ardenne

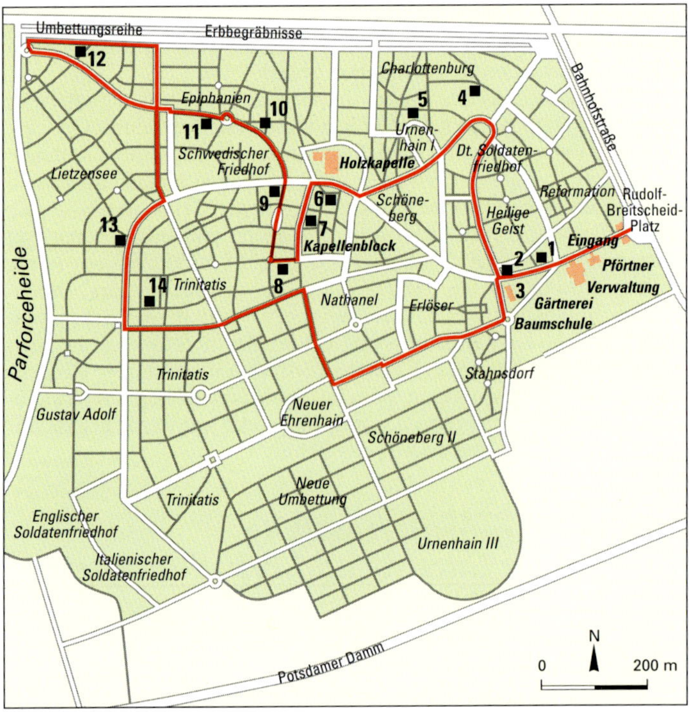

in eine großzügige Musteranlage von wohltuender Naturstimmung. Herzstück des Friedhofs ist der Platz um die große Holzkapelle, der in weitem Bogen nach dem nordischen Wald-Heide-Motiv bepflanzt wurde. Von hier aus gehen Alleen in alle Himmelsrichtungen. Jedes Quartier erhielt eine eigenständige Begrünung. Dennoch, die Anlage ist eine Stätte der Andacht, die nicht den Eindruck eines öffentlichen Parks erwecken will!

Versteckt sind hie und da Hochsitze eingestreut, denn das Waldgelände ist so groß, dass nicht benötigte Flächen zur Jagd sowie land- und forstwirtschaftlich genutzt wurden. Der Friedhof hat einige der kunsthistorisch bedeutendsten Beispiele der Grabmalskunst der letzten hundert Jahre vorzuweisen – viele nachklassizistische Mausoleen wohlhabender Familien, aber auch bescheidene Ruhestätten weltbekannter Persönlichkeiten des gesellschaftlichen Lebens. Vor allem Künstler, Wissenschaftler und Erfinder ruhen hier. Der im Folgenden beschriebene Rundgang dauert etwa zwei Stunden. Wer sich seinen eigenen Weg zusammenstellen möchte, kann bei der Friedhofsverwaltung am Parkeingang am Rudolf-Breitscheid-Platz oder in der Gärtnerei einen genauen Lageplan und Broschüren erstehen.

(1) Der preußische Generaloberst **Alexander von Kluck** (1846 bis 1934), ein gebürtiger Münsteraner, diente Kaiser Wilhelm II. im

Ersten Weltkrieg als Kommandant der 1. Armee im Westen. 1920 erschien sein Buch, in dem er den Marsch auf Paris und die Marneschlacht schildert. Das große Grabdenkmal wurde vom Bildhauer Fritz Klimsch (1870–1960) im Auftrag des Staates gefertigt. Es zeigt einen Steinkubus mit Bronzerelief, der von einem großen Adler bewacht wird. (Heilige-Geist, Gartenblock VI, Erdbegräbnis 12)

(2) Der Bildhauer **Ludwig Manzel** (1858–1936) war Nachfolger im Meisteratelier von Reinhold Begas, dem letzten großen Vertreter der Berliner Bildhauerschule. Die anmutig aufschauende Mädchenbüste an seinem Grabmal hatte Manzel schon 1899 auf der großen Berliner Kunstausstellung präsentiert. Die Art, wie die Figur gleichsam aus dem Marmorblock zu erwachsen scheint, erinnert sehr an Rodin, mit dem der Torso überhaupt erst bildwürdige Darstellungsform wurde. Darunter sieht man eine bronzene Porträttafel, ein Geschenk von Manzels Schülern zu seinem 50. Geburtstag. (Heilige-Geist, Gartenblock V, Gartenstelle 1)

Grabmal des Bildhauers Ludwig Manzel

(3) Von Manzel stammt auch das direkt gegenüber stehende riesige marmorne **Christusrelief** ›Kommet her zu mir alle, die ihr mühselig und beladen seid‹. Ursprünglich für einen Kirchenbau bestimmt, fand es 1924 hier, wo früher im Sommer unter freiem Himmel Predigten abgehalten wurden, seine endgültige Aufstellung.

(4) Der UFA-Schauspieler **Joachim Gottschalk** (1904–41) wählte zusammen mit seiner Ehefrau Meta (1902–41) und seinem achtjährigen Sohn Michael den Freitod. Vorausgegangen war eine grausame Schikane durch Goebbels, der Gottschalk unter Androhung von Deportation nahelegte, sich von seiner jüdischen Frau zu trennen. Man versprach ihm alsdann eine steile Karriere, da er geradezu den Prototyp des jugendlichen Helden verkörpere, die deutsche Ausgabe eines Clark Gable. Obwohl Goebbels eine getrennte Verscharrung der drei Leichen anordnete, sorgten die Schauspielerkollegen Gustav Knuth, Brigitte Horney und der Regisseur Wolfgang Liebeneiner für eine gemeinsame Bestattung. Der 1947 von Kurt Maetzig gedrehte DEFA-Film ›Ehe im Schatten‹ schildert das tragische Schicksal der Gottschalks. (Charlottenburg, Gartenblock III, Gartenstelle 288–290)

(5) Anklänge an den zeitgemäßen Art-déco-Stil zeigt das Grabmal der Verlegerfamilie **Ullstein.** Das Unternehmen wurde 1877 als offene Handelsgesellschaft in Berlin von Leopold Ullstein (1826–99) gegründet. Seine fünf Söhne bauten die Firma zu einem der größten deutschen Presse- und Buchverlage aus. Der zweite Sohn, Louis-Ferdinand (1863–1933), begründete das Erbbegräbnis. Zwischen den Blättern des Lorbeerfestons über der Namenstafel befindet sich das Familiensignet: der Eulenkopf. (Charlottenburg, Gartenblock I, Erdbegräbnis 16)

(6) 1911 errichtete der Architekt **Gustav Werner** (1859–1917) eine **Holzkapelle** (Öffnungszeiten und Konzerttermine siehe ›Tipps & Adressen‹: Kirchen), die sich harmonisch in das Friedhofsbild einpasst. Vorbild waren norwegische Stabkirchen des Mittelalters. Die

Stahnsdorfer Waldfriedhof, Holzkapelle von Gustav Werner

sparsam bemalte Holztäfelung gibt dem Innenraum eine warme Ausstrahlung. 350 Trauergästen bietet die Aussegnungshalle Platz; die niedrigere Holzkapelle an der Seite ist für kleinere Beerdigungen vorgesehen. Gustav Werner ruht direkt gegenüber dem Kapellenvorplatz, unter einer einfachen Grabplatte. (Kapellenblock, Wahlstelle 7/8)

(7) Ein besonders eigenwilliges Werk ist das expressionistische Erbbegräbnis der Kaufmannsfamilie **Julius Wissinger** (1848–1920). Der Architekt Max Taut (1884–1967) errichtete ein spitzgiebliges Betongeflecht, das die räumliche Idee einer dreijochigen gotischen Halle aufgreift (1922/23). Die Unkonventionalität des Grabmals erregte öffentlichen Protest. Sie steht im Zusammenhang mit Tauts Engagement in der Berliner Architektenvereinigung ›Der Ring‹, die von 1926 an fünf Jahre lang der konservativen Kulturpolitik der Stadt entgegentrat. Im Zentrum der Anlage befand sich früher eine Grabplatte, angefertigt von dem jüdischen Bildhauer Otto Freundlich (1878–1943), mit komplizierten plastischen Symbolen. Auf Druck der evangelischen Synode, die die jüdischen Symbole störte, musste die Plastik schon 1923 wieder entfernt werden. Sie wurde heimlich vergraben und konnte bisher trotz Nachforschungen eines Berliner Architekturbüros nicht wieder gefunden werden. (Kapellenblock, Erdbegräbnis 42/53)

(8) Der aus Ostpreußen stammende Maler **Lovis Corinth** (1858–1925), Hauptvertreter des deutschen Impressionismus, verstarb zwar im holländischen Zandvoort, hatte aber seit 1901 in Berlin gelebt. Zusammen mit dem etwas älteren Max Liebermann, der die Berliner Sezession gegründet hatte, war er jahrelang führendes Mitglied dieser Künstlervereinigung und zeitweilig deren Präsident. (Trinitatis 8, Erdbegräbnis 47)

(9) Die größte Begräbnisanlage des Friedhofs, von mehr als 1100 m² Fläche, ist das Erbbegräbnis des Erfinders und Industriellen

Werner von Siemens (1816–92). Aus Geldmangel hatte der junge Siemens nicht studieren können, sondern musste Artillerieoffizier werden, verstand es aber dann, sich im Rahmen seiner Militärlaufbahn naturwissenschaftliche und technische Kenntnisse anzueignen. Über den Verkauf eigener Erfindungen führte dies 1847 zur Gründung einer Telegrafenbauanstalt, die Keimzelle der Firma Siemens. Die Grabanlage stammt vom Firmenarchitekten Hans Hertlein. Wände mit Namenstafeln der Familienmitglieder umziehen einen Innenhof: an der Stirnwand das Porträtmedaillon des Firmengründers. (Trinitatis 3a, Erdbegräbnis 22)

(10) **Wilhelm Kuhnert** (1865–1926) war Landschafts- und Tiermaler und wurde als Illustrator für ›Brehms Tierleben‹ bekannt. Kurz vor seinem Tod zeichnete er einen Löwen, den der Bildhauer Georg Roch (1831–1943) für Kuhnerts Grabstein, einen großen Findling, als Bronzerelief ausarbeitete. (Epiphanien, Gartenblock I, Gartenstelle 85/86)

Grabstein des Lithografen Heinrich Zille

(11) Der berühmte sächsische Lithograf **Heinrich Zille** (1858 bis 1929) schaute mit seinen Werken dem Berliner Proletariat aufs Maul. In der Darstellung seiner Typen und Gestalten verband er volkstümlichen Humor mit ernster Satire. Seitdem ist die Redewendung »Zille sein Milljöh« zur Umschreibung der unteren sozialen Klasse ein geflügeltes Wort. Dieser einfache Findling mit Zilles Porträtrelief, geschaffen von dem befreundeten Bildhauer August Kraus (1868–1934), zieht viele Besucher an. (Epiphanien 14, Gartenstelle 34/35)

(12) Das Erbbegräbnis des Verlegers **Gustav Langenscheidt** (1832–95) ist eine dreiteilige Sandsteinanlage im Neorenaissance-Stil. Angefangen hatte Langenscheidt als Sprachlehrer. Wörterbücher und Sprachlehren bilden noch heute den Schwerpunkt seines anerkannten Verlagsprogramms. Hinzuweisen ist auf das wunderschöne schmiedeeiserne Gitter mit dem Familienwappen: ein Globus vor dem flammenden Sonnenball. (Umbettungsreihe, Erbbegräbnisse, Abt. D, Nr. 179)

Grabstätte des Verlegers Gustav Langenscheidt

(13) Ein unauffälliger und schlichter Stein erinnert an den sozialdemokratischen Politiker **Rudolf Breitscheid** (1874–1944). Während der Weimarer Republik war er Reichstagsmitglied und tat sich besonders als außenpolitischer Sprecher seiner Fraktion hervor, sodass die Nazis ihn als Verfechter der ›Erfüllungspolitik‹ beschimpften. Seit 1933 im französischen Exil, wurde er 1940 von der Vichy-Regierung ausgeliefert und ins KZ Buchenwald gebracht, wo er bei einem Fliegerangriff ums Leben kam. (Lietzensee 22, Wahlstelle 115)

(14) **Elisabeth Baronin von Ardenne,** geb. Freiin und Edle von Plotho (1853–1952), Großmutter des Physikers Manfred von Ardenne (1907–97), war das Vorbild für Theodor Fontanes unglückliche Romanfigur Effi Briest: Aus Einsamkeit beginnt die junge Effi, die mit dem älteren Baron von Instetten verheiratet ist, ein – kurzes – Verhältnis mit Major von Crampas. Als die Angelegenheit entdeckt wird, sagen sich Mann, Kind und Elternhaus von ihr los, was Effi in eine seelische Krankheit stürzt. Jahre später stirbt sie, von Schuldgefühl und Leid zerrüttet. (Trinitatis, Gartenblock V, Erdbegräbnis 112a)

Rund um die Insel Potsdam

Dass die Potsdamer Kulturlandschaft mit ihren wunderbaren Gärten, Schlössern und Seen keineswegs an den gelben Ortsschildern der Stadtgrenze endet – dafür sorgte Peter Joseph Lenné, der 1833 seinen großartigen ›Verschoenerungsplan der Umgebung von Potsdam‹ ausarbeitete und ihn seit 1840 mit voller Unterstützung Friedrich Wilhelms IV. mit fast übermenschlicher Kraft verwirklichte. Von Petzow bis zur Pfaueninsel und von Caputh bis nach Marquardt wurde – teils für den König, teils für Privatleute – gekauft, gebaut und gepflanzt wie niemals zuvor. Verständlich erscheint Lennés Wunsch, die vielen älteren und neueren Schlösser, Kleinarchitekturen, Kirchen und Herrensitze in Potsdams Umgebung landschaftlich zu verbinden. Er dachte sich die Havel als einen großen See, den es mit einem einzigen Park zu umgeben galt, sodass ein harmonisches Ganzes entstand.

Die folgenden Sehenswürdigkeiten bilden die Begrenzungspunkte der Lennéschen Kulturlandschaft. Sie liegen in einem Kreis, von Nordosten über den Süden nach Nordwesten, rund um Potsdam herum und sind etappenweise per Schiff, per Fahrrad oder mit dem Auto zu erreichen. Wegen der Fülle interessanter Ziele ist die Fahrt an einem Tag nicht zu schaffen. Wer wenig Zeit hat, kann sich einzelne Orte heraussuchen. Der folgende Tourenvorschlag ist so konzipiert, dass man an jeder Stelle beginnen kann.

Besonders sehenswert in diesem Kapitel:
Sacrow ☆☆
Pfaueninsel ☆☆
St. Peter und Paul auf Nikolskoe ☆☆
Schlosspark Klein-Glienicke ☆☆
Glienicker Brücke ☆☆
Loggia Alexandra auf dem Böttcherberg
Caputh ☆
Petzow ☆
Glindow ☆
Werder ☆
Paretz ☆
Schloss Marquardt ☆

Nedlitz und Neu Fahrland – viel Wasser und Kasernen

Nedlitz

Wer am Potsdamer Jägertor die Jägerallee (B2) als nördliche Stadtausfahrt nimmt, gelangt nach wenigen Kilometern an den Stadtteil Nedlitz, der bis zum Abzug der GUS-Streitkräfte im Jahr 1992 einen nicht so guten Ruf hatte, denn mit ihm verband sich der gettohafte Charakter der riesigen Kasernen, die die Nedlitzer Straße auf einem 38 ha großen Streifen säumen. Die Nedlitzer Anlagen sind Teil eines ganzen Kasernenkranzes, der in großzügiger Ringform um das seit 200 Jahren militärisch genutzte Bornstedter Feld erbaut wurde, dem heutigen Bundesgartenschaugelände, das auf der gegenüberliegenden Straßenseite beginnt.

Dabei wurden die nach ihrer Ziegelfassade benannten **Roten Kasernen** schon 1939 für die Nachrichtenabteilung 23 und das Artillerieregiment 23 erbaut, denn mit der Aufrüstung nach 1933 und der Wiedereinführung der Wehrpflicht benötigten die Nationalsozialisten neue Kasernen für die Deutsche Wehrmacht. Nach 1945 zogen dann die Soldaten des ›sozialistischen Bruders‹ ein, fügten Hallenbauten

◁ Gartenhof des Schlosses Klein-Glienicke. Lithografie, 1854, von August Haun nach einem Gemälde von A. W. Schirmer

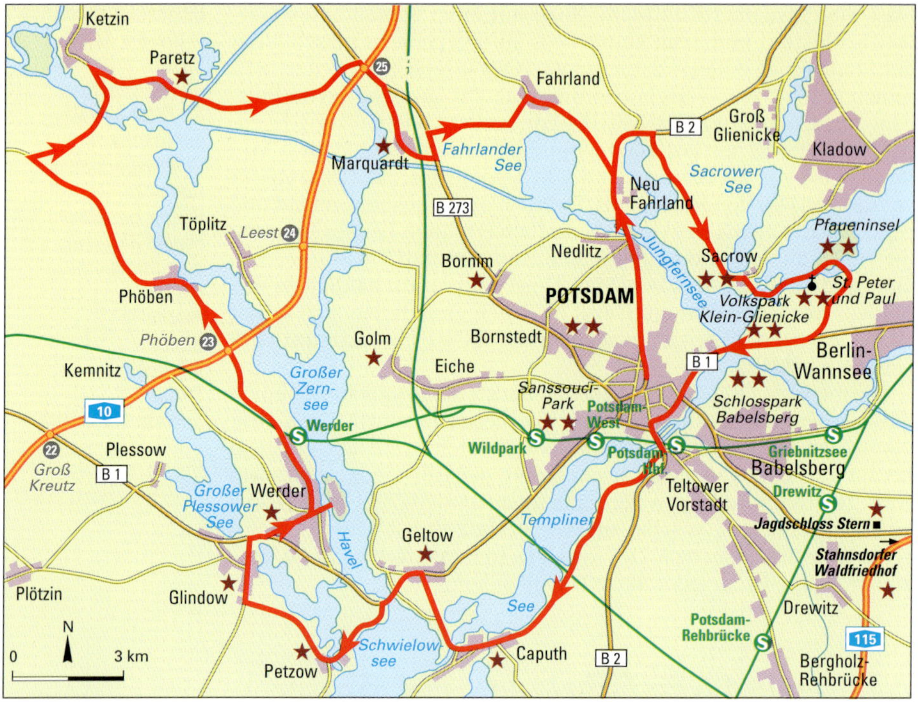

Rundtour durch die Umgebung von Potsdam. Die Karte weist die wichtigsten Orte des Reisegebiet aus, die außerhalb des Ausschnitts der vorderen Klappenkarte liegen

hinzu – wegen des trostlosen Farbanstrichs **Graue Kasernen** genannt – und verbanden sie mit den angrenzenden Roten Kasernen.

Nun ist die militärische Nutzung dieser wunderschönen Landschaft mit ihren ausgedehnten Wald- und Grünflächen bis hinunter zum Jungfernsee wohl für immer beendet. Nachdem 2001 die Sanierung der Altlasten abgeschlossen ist, soll mit dem Umbau der Kasernen zu einem modernen Gewerbe-, Verbands-, Botschafts- und Dienstleistungszentrum sowie dem Neubau von Wohnungen begonnen werden. Schon der Einzug der Fachhochschule in die ehemalige Kaserne an der nahen Pappelallee macht die Gegend lebendiger.

Weiter gen Norden, die Nedlitzer Straße entlang, passiert man die **Nedlitzer Brücke.** Diese Stelle ist der älteste und lange auch einzige Zugang zur Insel Potsdam gewesen, der 1323 zum ersten Mal als Fährverbindung erwähnt wird. Seit 1588 ist die einträgliche Fährgerechtigkeit mit dem dazu gehörenden Fährhaus im Besitz der angesehenen Familie Müller, die sich immerhin auf dem Bornstedter Friedhof ein eigenes Erbbegräbnis leisten konnte.

Auf dem Weg zu seiner Residenz Oranienburg benutzte der Große Kurfürst die Fähre häufig und regte dabei 1682 den Fährmann Matthias Müller IV. zum Bau einer Holzbrücke in Eigenfinanzierung an. Als man 1844 die Straße in Richtung Nauen eröffnete (die B 273),

Neu Fahrland, Treppenhaus der Siemens-Villa (1908)

schrumpften die Brückenzolleinnahmen auf ein so unattraktives Minimum, dass Friedrich Wilhelm IV. den Müllers ein Jahr später die Brücke zur Entschädigung abkaufte. 1855 wurden eine malerische gelbe Backsteinbrücke und ein Fährhaus mit Türmchen im romantischen Burgenstil eröffnet. Beim Entwurf hatten der Regent selbst, Persius, Stüler und Carl Ferdinand Busse (1802–68) mitgewirkt. Etwa 1945 wurde ein Teil des Backsteingewölbes durch Beton und ein triviales Stahlgeländer ersetzt. Der Rest des einst stolzen **Fährguthauses** ist noch auf der kleinen Insel direkt links an der Straße zu sehen.

Neu Fahrland

Zu der nächsten kleinen Ortschaft, Neu Fahrland, nur 6 km nördlich von Potsdam auf einer Halbinsel zwischen Fahrland- und Krampnitzsee unvergleichlich schön gelegen, gehört die alte **Siemens-Villa.** Der Berliner Industriellensohn Carl Friedrich von Siemens (1872–1941) ließ sich das Haus 1908 von dem Privatarchitekten Otto March (1845–1913) auf der Spitze der Landzunge im englischen Landhausstil bauen. Dort ist er auch gestorben. Das große und luxuriöse Anwesen, zu dem auch Pferdeställe und Wagenremisen gehörten, heißt eigentlich Heinenhof, benannt nach dem umgebenden Forstgelände Heinenholz. Unter Einbeziehung des 200 Jahre alten Baumbestandes auf der Anhöhe gestaltete der Gartenarchitekt Heinrich Buchacker den Park. Die wertvolle Holztäfelung in Diele und Treppenhaus, die Siemens von der englischen Königin geschenkt bekommen haben soll, ist noch vorhanden. Etwas weiter entfernt lag das **Waldhaus,** einst ein Forschungslabor für Lenksysteme von Torpedowaffen.

1952 bezog die Heinrich-Heine-Klinik, heute eine Rehabilitationsfachklinik für Innere Erkrankungen, Psychosomatik und Physikalische Medizin (Adresse siehe ›Tipps & Adressen‹: Krankenhäuser), die Siemens-Villa. Nach der Wende einigte man sich in beispielhafter Weise, dass die Klinik ihren Betrieb in einem modernen, hellen Neubau auf dem gleichen Gelände fortführen kann, während die Siemens-AG die Villa zur Internationalen Managementschule umbaute (nur zu Klinik-Konzerten für die Öffentlichkeit zugänglich).

Sacrower Halbinsel – Gottseligkeit im Niemandsland

Sacrow ☆☆
Einst durch die Mauer nach beiden Seiten hin abgeschnitten: die Sacrower Heilandskirche hat deutsch-deutsche Geschichte gemacht

Etwa 14 km nördlich von Potsdam erstreckt sich zwischen Jungfernsee und Havel die Halbinsel Sacrow mit ihrem endlosen grünen Forst Königswald. Der Dorfname Sacrow entstammt vermutlich dem Slawischen und heißt soviel wie ›hinter dem Busch‹.

An der Westseite der Halbinsel zum Lehnitzsee entdeckte der Berliner Archäologe Carl Schuchardt, der übrigens auch an den Ausgrabungen in Pergamon teilgenommen hatte, 1908 die **Römerschanze,** auch Königswall genannt. Der mächtige, hohe germanische Ringwall aus Holz und aufgeschütteter Erde, der einen weiten Blick über die Gegend bot und sich deshalb für Verteidigungszwecke eignete, ist ein bedeutendes Bodendenkmal. Seit Schuchardt weiß man, dass hier um 650 v. Chr. eine havelländische Burg gestanden hat. Die Sacrower Anlage gehört zu den größten Römerschanzen in Norddeutschland.

Am Südzipfel der Halbinsel liegen das Dorf, das Schloss und die Heilandskirche, deren Geschichte untrennbar verbunden ist: 1764 erwarb der aus Schweden stammende Generalmajor Johann Ludwig Graf von Hordt (1720–98), der im Dienst Friedrichs des Großen stand, diese Südspitze. Er ließ darauf ein Gutshaus errichten und einen Garten bis zum Seeufer hinunter anlegen. Der Seelsorger des kleinen Ortes, Pastor Moritz, kommentierte damals: »Man muß dem Grafen Hordt die Gerechtigkeit widerfahren lassen, daß er das elende Sacrow umgeschaffen hat. Das schöne Wohnhaus, der ganze Plan des Gehöftes, des Gartens und des Dörfleins, alles kommt von ihm her.

Wenn ich Sacrow jetzt mit dem von 1750 vergleiche, so kann ich sagen, Sacrow war damals ein Ratzenloch.« Die Grabsteine des Grafen und seiner Ehefrau Ulrica wurden 1847 vom einstigen Schlossfriedhof auf den kleinen öffentlichen **Friedhof** an der Krampnitzer Straße versetzt.

Als Graf Hordt 1780 seinen Abschied nahm, veräußerte er das Gut an Heinrich Carl de la Motte Fouqué Baron de Thonnaiboutonne aus altadliger Hugenottenfamilie. So kam es, dass sein Sohn, der Dichter Friedrich de la Motte Fouqué (1777–1843), der später mit dem Märchen ›Undine‹ berühmt wurde, hier seine Kinderjahre verbrachte.

Die Eigentumsverhältnisse wechselten noch mehrmals, bis Friedrich Wilhelm IV. im Jahr 1841, also gleich nach seinem Regierungsantritt, Sacrow kaufte. Damit begann ein neuer Abschnitt in der Geschichte des Ortes: Über Nacht stieg das barocke Gutshaus zu einem kleinen **Schloss** auf. Es erhielt eine klassizistische Fassade. Der Schlosspark aber wurde zum fünften und letzten Akt der Landschaftsverschönerung um Potsdam, inszeniert von Peter Joseph Lenné und dem König selbst. Friedrich Wilhelm wollte seinem verehrten Freund Friedrich de la Motte Fouqué einige Schlossräume als Altersruhesitz überlassen, doch dazu kam es nicht mehr, denn der Dichter starb 1843 überraschend.

In der Folgezeit war das Schloss Predigerhaus für die Heilandskirche. Leider wurde es 1938/39 vollkommen entkernt, denn der Reichsforstmeister nahm hier seinen Sitz und wünschte den totalen Umbau in eine Art ›Heimatstil‹. 1973 bezog die DDR-Zollverwaltung das Schloss und nutzte den verwildernden Park für die Ausbildung von Spürhunden. Zwanzig Jahre später gelangte das Schloss samt den alten Stallungen in das Eigentum der Stiftung Preußische Schlösser und Gärten Berlin-Brandenburg. Mit der Herstellung des schö-

Sacrow, Gartenseite des Schlosses

nen Parks und seines alten Baumbestandes wurde schon begonnen. Über die zukünftige Nutzung des Schlosses ist noch keine Entscheidung gefallen; vermutlich kommen Leihgaben wertvoller historischer Sammlungen aus Privatbesitz zur musealen Ausstellung.

In der Flucht der Hauptwegeachse des Schlossparks liegt, zwischen Büschen versteckt, unten am Gestade des Jungfernsees die steinerne **Römerbank.** Diese Sitzgelegenheit hat die Form einer Exedra, einer halbrunden Bank nach antikem Vorbild. Sie ist der einzige ausgeführte Teil eines großen Kasinos, das König Friedrich Wilhelm IV. hier plante.

Der 1,3 km lange **Uferweg am Jungfernsee** war zu DDR-Zeiten der breite, versteppte Todesstreifen mit Grenzposten. Wie eine schlimme Narbe zog sie sich durch die Landschaft, denn die Bäume wurden abgeholzt und das Gesträuch niedrig gehalten oder durch Pestizide ganz vergiftet, damit Flüchtlinge nicht unentdeckt entkommen konnten.

Der Uferweg führt unmittelbar zur **Heilandskirche,** die, romantisch am Jungfernsee gelegen, unzählige Besucher fasziniert – ein schönes Denkmal königlichen Kunstsinns. Ihr Bild gaukelt im dunklen Wasserspiegel, die Wellen plätschern ans Gemäuer, sanft geht der Wind. Die Kirche liegt im Brennpunkt des Lennéschen Verschönerungsplans: Von hier bestehen Sichtverbindungen zum Jägerhof im Klein-Glienicker-Park, zum Flatowturm im Babelsberger Park und zum Belvedere auf dem Pfingstberg.

Die Sacrower Heilandskirche wurde in die Havel hineingebaut und spiegelt sich im Wasser – ein landschaftliches Kleinod

Indem Friedrich Wilhelm IV. 1841 das Dörfchen Sacrow erwarb, wurde er zum Patron der völlig verarmten Gemeinde, die ihren Gottesdienst im Betsaal eines Tagelöhnerhauses abhalten musste. Noch im gleichen Jahr festigte Ludwig Persius den unsicheren Ufergrund durch ein Podest und erbaute darauf die italianisierende Saalkirche mit einem separaten Glockenturm. Von weitem wirkt der Arkadenumgang wie ein Seitenschiff, wodurch die Heilandskirche basilikalen Charakter erhält, ohne im architektonischen Sinne eine Basilika zu sein. Die Öffnung des Arkadengangs nach außen ist ein genialer Baugedanke, denn er bewirkt eine harmonische Verzahnung mit der Umgebung (s. Abbildung in der hinteren Umschlagklappe). Der farbige Formsteinfries an der Außenwand erinnert an islamische Muster, wie sie der König zur gleichen Zeit am Dampfmaschinenbau in der Stadt aufgreifen ließ.

Auch für die Gestaltung des Kirchenraums interessierte sich der König selbst. Er bestimmte die Holztäfelung der unteren Wandhälfte, die liebevollen Stuckverzierungen darüber, sogar die Stellung des Kirchengestühls. Persius bemerkte in seinem Tagebuch: »Sogar für die Inschriften im Innern wollen S. M. höchstselbst die biblischen Stellen auswählen.« Schmuckstück des Innenraums ist eine über die gesamte Decke reichende Tuchbespannung, tiefblau grundiert und mit goldenen Sternen übersät – ein Lieblingsmotiv Karl Friedrich Schinkels. Wenn mittags die Sonne auf den Jungfernsee scheint, reflektiert das Wasser die Lichtstrahlen; sie fallen durch das Klarglas der Fensterscheiben auf den Sternenhimmel und bringen ihn zum Flimmern.

Vom Frühjahr bis zum Herbst fuhr der König fast jeden Sonntag mit seinem Hofstaat in einem Boot nach Sacrow hinüber zum Gottesdienst. Sein Vorbild machte Schule; die Potsdamer folgten in Scharen. Als man 1848 die Friedenskirche in Sanssouci zur protestantischen Hofkirche weihte, blieb erst der König aus, dann kamen auch die Potsdamer nicht mehr. Es wurde still um das Fleckchen.

Im Jahr des Mauerbaus geriet die Kirche ins Abseits zwischen West und Ost, denn an dieser Stelle war die Fluchtgefahr über die Havel besonders groß. Zwar hatte Pfarrer Strauss die Erlaubnis zur Weiternutzung; trotzdem fand am Heiligen Abend 1961 der letzte Gottesdienst statt, denn kurz darauf wurde eines Nachts das Kircheninterieur angeblich von westdeutschen Terroristen verwüstet. So hatte sich das Problem scheinbar von selbst erledigt, und der Pfarrer musste die Schlüssel abgeben. Allen war jedoch klar, dass nur diejenigen die Täter sein konnten, die Zutritt zu diesem Gebiet hatten, und das waren allein die Grenzposten. Wie sonst hätte die Zerstörung gerade in einem so scharf bewachten Grenzgebiet unbemerkt geschehen können!

Die Kirche verödete zusehends, Hausschwamm fraß sich ins Gemäuer, die durchfeuchteten Gesimse unter der Dachtraufe platzten und stürzten bei Frost herunter. Die Holzteile im Inneren faulten und wurden von Insekten zerfressen, aus dem Dach wuchsen Birken.

Deshalb engagierte sich 1984/85 eine Gruppe von Politikern des Berliner Senats unter Federführung des Regierenden Bürgermeisters Richard von Weizsäcker zusammen mit der Stiftung Tagesspiegel für die Sammlung von Spendengeldern, und nach zähen Verhandlungen erlaubten die DDR-Behörden schließlich die Außenrestaurierung einer Kirche auf dem Hoheitsgebiet der DDR mit Geldern aus dem Westen durch Firmen aus Potsdam. Diese Maßnahme stieß bei vielen Menschen auf Unverständnis, denn die Kirche durfte nach wie vor nicht betreten werden, doch vier Jahre später fiel die Mauer. So feierte Pfarrer Strauss am Heiligen Abend 1989 einen bewegenden deutsch-deutschen Gottesdienst, zwar in ungemütlichen Räumen, aber die Teilnahme war so überwältigend, dass die kleine Kirche die Menschenmassen gar nicht fassen konnte.

Den Spruch für das Kirchensiegel hat Friedrich Wilhelm persönlich ausgesucht: »Ecclesia sanctissimi salvatoris in portu sacro« – Kirche des Heiligsten Erlösers im heilbringenden Hafen. Vom Wasser aus gesehen wirkt die Kirche tatsächlich wie ein im Hafen ruhendes Schiff.

Der Glockenturm vor der Kirche ist ein technisches Denkmal, denn Anfang der 90er Jahre des 19. Jh. erging ein Befehl des Kaisers Wilhelm an Professor Adolf Slaby (1849–1913), den Lehrstuhlinhaber für Elektrotechnik an der Berliner TU. Er sollte die Aufsehen erregende Erfindung des Italieners Guglielmo Marconi, die drahtlose Telegrafie, auch für das Militär nutzbar machen. Da es in Berlin keine längeren ungestörten Entfernungen gab, verlegte Slaby seine Versuchsreihe in die weite Havellandschaft. Unterstützt von seinem Assistenten Georg Graf von Arco (1869–1940), benutzte er den Glockenturm der Sacrower Heilandskirche und die kaiserliche Matrosenstation Kongsnaes (1945 zerstört) im Neuen Garten als Antennenträger. Im Oktober 1897 überwanden erstmals tadellose Funktelegramme die 1,6 km große Entfernung. Der drahtlose Antennenverkehr, der später die Radiotechnik ermöglichte, war erfunden.

Pfaueninsel – ein Märchen von Palmen, Kängurus und Papageien

Die Einsamkeit ist eine Quelle
Des Glücks und der Gemütsruhe.
(Frei nach Arthur Schopenhauer)

Pfaueninsel ☆☆ Verwunschenes Paradies

Inmitten des großen Havelsees liegt sie, die Insel mit dem malerischen Namen, die ein eigenständiger Landschaftsgarten ist. Auf die Pfaueninsel, die hoheitlich zwar zu Berlin, kulturlandschaftlich aber zu Potsdam gehört, gelangt man entweder von der Sacrower Hei-

Das weiße Schloss auf der Pfaueninsel wurde bewußt als Ruine konzipiert

landskirche aus per Schiff mit der Weißen Flotte oder mit dem Auto. In dem Fall fährt man über den Nikolskoer Weg, der hinter der Glienicker Brücke von der Königstraße abzweigt, bis zur Anlegestelle und setzt mit der kleinen Tuckerfähre über die Havel (keine Hunde).

Erstmals genutzt wurde ›Pfauwerder‹ 1685 vom Großen Kurfürsten – zur Kaninchenzucht, weshalb die Insel im 18. Jh. zeitweise Kaninchenwerder hieß. Sie war noch richtige Wildnis, als der Kurfürst sie an den geheimnisumwitterten Alchimisten Johann Kunckel (1630/38–1703) verschenkte, den Sohn eines Glashüttenbesitzers aus der Nähe von Rendsburg.

Schon seit 1678 hatte Kunckel eine Spiegelglashütte in den Nuthewiesen südlich der Havel geleitet und dort Glasbläser aus Böhmen, Schlesien, Hessen und Sachsen in die Herstellung von Kristallglas eingeführt. Seine Rezeptur für ein hochwertiges Glas und die strahlenden Farben machten den Betrieb zur bedeutendsten brandenburgischen Glashütte, die in alle Welt exportierte. Constantin Huygens d. J., der sich 1680 als Reisebegleiter des holländischen Prinzen am Hof des Großen Kurfürsten aufhielt, wusste anerkennend zu berichten: »Beim Abendbrot zeigte man mir Gläser, die ebenso schön wie die venezianischen und englischen aussehen (an den Seiten waren sie geschliffen), die dicht bei Potsdam angefertigt sein sollen […]« Einige Jahre später zog der Zauberer an das Ostufer der Pfaueninsel, wo er fern der Öffentlichkeit ein Laboratorium zur Herstellung von Goldrubinglas betrieb. Nach dem Tod seines hohen Gönners jedoch machte man dem Experimentierer den Prozess und jagte ihn aus dem Lande. Ein Brand im Laboratorium – von zornigen Widersachern vermutlich absichtlich gelegt – löschte alle Spuren.

Über ein Jahrhundert lang fiel die Insel wieder in Dornröschenschlaf, bis Friedrich Wilhelm II. die Schönheit ihrer Lage entdeckte: An heiteren Nachmittagen ruderte er vom Marmorpalais, seinem Domizil im Neuen Garten, gern im Kahn hinüber. Den passionierten Jäger lockten die Enten und Schnepfen, die dort im Schilfgürtel nisteten. Noch heute kann man etwas von der damaligen Naturstimmung ahnen, wenn man auf den Uferbänkchen vor dem Schloss sitzt, den Blick hinüber zum Neuen Garten schweifen lässt und dabei das Spiel der Sonne auf der reflektierenden Wasseroberfläche genießt und dem Treiben der fast geräuschlos vorbeiziehenden Havelkähne zusieht.

1793 kaufte Friedrich Wilhelm die Insel, und innerhalb von drei Jahren entstand ein exotischer Park mit Lustschlösschen, Meierei, Küchenhaus und Kastellanswohnungen, dazu ein Jagdschirm, Pfauenstall und Federviehhaus. Friedrich Wilhelms lebenslange Geliebte Wilhelmine Encke, die spätere Gräfin Lichtenau, soll die Idee zu dem als Ruine konzipierten **Schloss** (1) von ihrer Romreise mitgebracht haben: ein einfacher Kubus mit zwei Türmen, verbunden durch ein Bogentor und eine gusseiserne Brücke (Öffnungszeiten siehe ›Tipps & Adressen‹: Museen und Schlösser).

Kurz vor Vollendung des Schlosses jedoch starb der König, und sein Nachfolger, Friedrich Wilhelm III., versetzte alle Welt in Erstaunen, weil er, der sonst in allem gegen seinen Vater war, die Insel zu

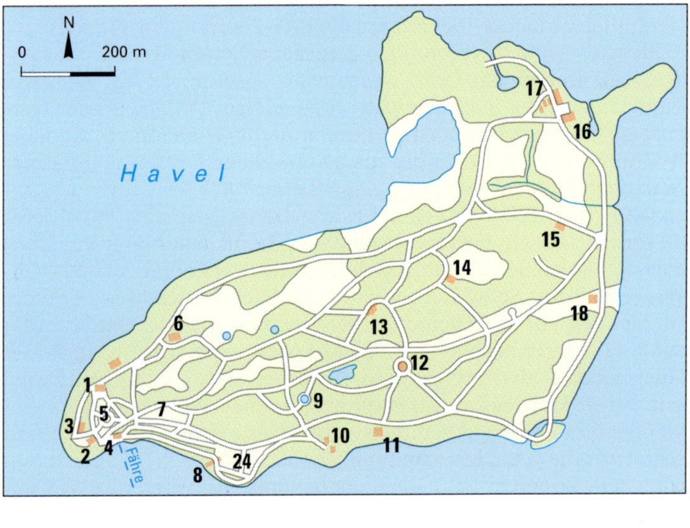

Die Pfaueninsel
1 Schloss
2 Kastellanhaus
3 Schweizerhaus
4 Fährhaus
5 Runder Garten
6 Reste des Palmenhauses
7 Rosengarten
8 Fregattenhafen mit Matrosenküche
9 Fontäne
10 Dampfmaschinenhaus
11 Winterhaus für fremde Vögel
12 Volière
13 Kavalierhaus mit Danziger Fassade
14 Toiletten
15 Gedächtnistempel für Königin Luise
16 Meierei
17 Rinderstall
18 Kunckelstein (ehemals Standort des Laboratoriums)

Der Rinderstall auf der Pfaueninsel

seinem Lieblingsaufenthalt erkor. Mit Königin Luise und den Kindern verbrachte er hier ganze Tage, denn dem Paar behagte das bürgerlich-bescheidene Wohnen im kleinen Schloss. Man bemühte sich, die ganze Insel zu verschönern: 5000 **Rosenstöcke** bildeten mit Centifolien- und Noisettenrosen, blauen Hortensien und Georginen einen entzückenden Garten (7). Für die in Paris entstandene Foulchiron'sche Palmensammlung wurde ein **Glashaus** (6) erbaut. Die Kinder bekamen eine Rutsche, Turngeräte und Schaukeln. Ein **Dampfmaschinenhaus** (10) versorgte den Park mit Havelwasser.

Von der resoluten Ehefrau des Dampfmaschinenmeisters, einer gewissen Frau Friedrich, berichtet Theodor Fontane in seinen ›Wanderungen durch die Mark Brandenburg‹: Wegen des Verbots von Wirtshäusern auf der Pfaueninsel sei Frau Friedrich die eigentliche Herrscherin über das Terrain gewesen. Um die gute Dame dennoch zum Ausschank von Nachmittagskaffee zu bewegen, brachte ihr jeder einen Milch- und Sahnetopf zum Andenken mit. Im Laufe eines Menschenalters erwuchs daraus ein Porzellan-Kabinett, wie es die Welt noch nicht gesehen hatte, das wildeste Sammelsurium, und alles an Nägeln und Häkchen in der Küche befestigt.

Zu den botanischen Besonderheiten der Pfaueninsel kamen zoologische Attraktionen: Ein landwirtschaftlicher Betrieb mit 1800 Hirschen, Schafen, Schweinen, Kühen und Büffeln wurde aufgebaut, zu diesem Zweck ein **Gutshof** mit **Rinderstall** (17) errichtet. Ab 1828 entstand eine bunte Menagerie, für die der König die ausgefallensten fremdländischen Tiere zusammenkaufte. Mit feinstem Verständnis gab Lenné jeder Tierart die passende gärtnerische Umgebung.

Friedrich Wilhelm IV. mag das Ganze als ein von Merkwürdigkeiten überfülltes Paradies empfunden haben, jedenfalls ließ er 1842 fast alle Tiere samt den Häusern an den neu gegründeten Berliner Zoo

Zweimal wöchentlich durfte das Publikum auf die Insel. Der Dichter August Kopisch (1799–1853) schrieb: »Eine Fahrt nach der Pfaueninsel galt den Berlinern als das schönste Familienfest des Jahres, und die Jugend fühlte sich überaus glücklich, die munteren Sprünge der Affen, die drollige Plumpheit der Bären, das seltsame Hüpfen der Känguruhs zu sehen. Die tropischen Gewächse wurden mit manchem Ach des Entzückens bewundert. Man träumte, in Indien zu sein, und sah mit einer Mischung von Lust und Grauen die südliche Tierwelt, Alligatoren und Schlangen, ja, das wunderbare Chamäleon (...).«

überführen. Mit der Zeit geriet die Pfaueninsel aus der Mode. Die Tierhäuser verfielen, das Lama- und das Palmenhaus brannten ab. Zurück blieben die **Volière** (12), der Rinderstall und das **Winterhaus für fremde Vögel** (11). Doch bis heute ist der Hauch von Exotik erhalten geblieben.

Harri Günther, der in den 70er Jahren Gartendirektor der Staatlichen Stiftung Schlösser und Gärten Potsdam-Sanssouci war, berichtet von der verzehrenden Sehnsucht der Potsdamer, einen heimlichen Blick auf das zauberhafte weiße Pfaueninselschloss zu werfen, denn seit dem Mauerbau war die Uferzone des Neuen Gartens Todesstreifen, und wuchernder Wildwuchs versperrte die Sicht über das weite Wasser des Jungfernsees. Listig überredeten die Potsdamer Gärtner 1981 die Grenztruppen zur Rodung der Pflanzen ›aus Sicherheitsgründen‹ und bekamen so die gartenhistorisch bedeutsame Blickachse wieder frei.

St. Peter und Paul auf Nikolskoe ☆☆ Reizvolle Landschaftskirche hoch über dem Wannsee mit dem kleinsten Friedhof Berlins

Jeweils zur vollen Stunde trägt der Wind das Geläut der Kirche **St. Peter und Paul auf Nikolskoe** vom gegenüberliegenden Ufer auf die Pfaueninsel (Öffnungszeiten siehe ›Tipps & Adressen‹: Kirchen). Die Entstehungsgeschichte dieser reizvollen Landschaftskirche, die sich an der steilen Anhöhe hoch über der Havellandschaft wie eine Wächterin für die Wannseeschiffer ausmacht, ist eng mit der Pfaueninsel verbunden.

Der Name Nikolskoe (sprich russisch: Nikolskoje, mit Betonung auf dem ersten o) bedeutet ›dem Nikolaus zu eigen‹ und bezieht sich auf das russische Blockhaus gleich nebenan. König Friedrich Wilhelm III. hatte 1818 in St. Petersburg so glückliche Stunden mit seiner Tochter Charlotte, der Zarin Alexandra Feodorowna (1798–1860), und seinem Schwiegersohn Zar Nikolaus I. (1796–1855) in einem russischen Bauernhaus verlebt, dass er die beiden bei ihrem Gegenbesuch ein Jahr später mit diesem hölzernen Blockhaus überraschen wollte.

Auch die Initiative zum Kirchenbau geht auf Alexandra zurück. Bei einem Spaziergang auf der Pfaueninsel soll sie gegenüber ihrem Vater geäußert haben, wie schön es doch sei, wenn die Abendstille von Glockengeläut durchtönt werde und hier eine Kapelle zum stillen Abendgebet einlade. Jahre später griff Friedrich Wilhelm III. diesen reizvollen Gedanken auf. Nach Beratung mit Schinkel und Kronprinz Friedrich Wilhelm erbauten Friedrich August Stüler und Albert Dietrich Schadow 1834–37 gegenüber der Pfaueninsel eine rechteckige Saalkirche im Rundbogenstil, wobei sie sich am Vorbild der Berliner Vorstadtkirchen Schinkels orientierten. Der Mittelturm an der Portalseite endet in einer kupfergrünen Zwiebelkuppel, die mit vergoldetem Blattwerk verziert ist. Als die Kirche fertig war, wurden die evangelischen Einwohner der Pfaueninsel, von Nikolskoe, Klein-Glienicke, Sacrow und Stolpe (heute Wannsee) zu einer Parochie zusammengefasst.

Seit 1985 spielen die 28 Bronzeglocken in den Turmloggien stündlich die berühmten Melodien ›Üb immer Treu und Redlichkeit‹ und

›Lobe den Herrn‹ sowie andere Choräle. Davor hatte man eine Lautsprecheranlage benutzt, um Originaltonaufnahmen vom Glockenspiel der zerstörten Potsdamer Garnisonkirche wiederzugeben.

In der Kirche befindet sich direkt unterhalb der Altarstufen die **Prinzengruft,** in der sich die Prinzessin Marie von Sachsen-Weimar († 1877), Schlossherrin von Klein-Glienicke und Patenkind Goethes, beisetzen ließ. Später folgten ihr Gemahl Prinz Carl († 1883) und die beiden Kinder. Der Grufteingang an der Westseite der Kirche musste 1948 nach mehrfachen Plünderungen zugemauert werden. Mit dem Mauerbau verlor St. Peter und Paul 1961 seine Ortsgemeinde; die Parochie wurde später aufgelöst. Umso beliebter ist die Kirche heute wieder als Ausflugsziel, insbesondere auch als Tauf- und Traukirche. Lohnend sind die musikalischen Vespern in den Sommermonaten.

In einigem Abstand steht das ebenfalls von Stüler errichtete **Küster- und Schulhaus.** Als erster Pfarrer wirkte bis 1867 Julius Fintelmann, der Bruder von Gustav Adolph Fintelmann (1803–71), dem königlichen Hofgärtner auf der Pfaueninsel.

Hinter dem Haus liegt der **kleinste Friedhof Berlins,** angelegt von Lenné und noch mit dem originalen gusseisernen Tor am Eingang. Hier dürfen nur Personen beerdigt werden, die mindestens 15 Jahre auf der Pfaueninsel oder Nikolskoe gewirkt und gewohnt haben. Und so ruhen hier im Schatten von Scheinzypressen, einem Lebensbaum, einer Thuja und großen Linde: der Gärtner Fintelmann, die Pfaueninsel-Zwergin Maria Dorothea Stackon (1806–87) und der Sandwich-Insulaner Harry Maitey (um 1807–72). Das Maitey-Grab dürfte das besterhaltene Grab eines Hawaii-Indianers außerhalb der pazifischen Inselgruppe sein.

Schlosspark Klein-Glienicke – eine römische Villa für Prinz Carl

»Es mag hart klingen: aber Geschichte
Bekommt doch wirklich erst Leben,
wenn sie tot ist; und über Schlössern
Und Schlosshöfen muß Stille liegen,
wenn die Menschen von einst
Durch ihre Kunst zu uns sprechen wollen.«
(Georg Hermann, 1929)

Der Landschaftspark Klein-Glienicke am Ortsrand der Potsdamer Kulturlandschaft ist ein überaus schönes und beliebtes Ausflugsziel für Potsdamer und Berliner. Der einheimische Journalist Ludwig Sternaux (1885–1938) verglich den Park 1924 wegen seiner Abgeschlossenheit mit dem Garten Eden. Erst als die Stadt Berlin das Ter-

Schlosspark Klein-Glienicke ☆☆ Gesamtkunstwerk von Karl Friedrich Schinkel und Peter Joseph Lenné

Schlosspark Klein-Glienicke
1 Johannitertor
2 Schloss Klein-Glienicke
3 Remise mit Restaurant
4 Stibadium
5 Löwenfontäne
6 Kleine Neugierde
7 Große Neugierde
8 Casino
9 Hirschtor
10 Klosterhof
11 Orangerie
12 Hofgärtnerhaus
13 Jägertor
14 Jägerhof
15 Matrosenhaus
16 Jagdschloss Glienicke
17 Loggia Alexandra auf dem Böttcherberg

rain in den 30er Jahren erwarb, wurde seine Schönheit als Volkspark für die Öffentlichkeit erlebbar.

1824 erhielt Prinz Carl (1801–83), der dritte Sohn von König Friedrich Wilhelm III. und Königin Luise, vom Vater das Gutshaus des just verstorbenen Staatskanzlers Fürst von Hardenberg geschenkt. 1827 heiratete Carl die Prinzessin Marie von Sachsen-Weimar (1808–77), eine ältere Schwester von Augusta, die später als Kaiserin gegenüber in Schloss Babelsberg residierte. Die Familie nutzte Glienicke ausschließlich als Sommersitz. Neben Lenné, der den Glienicker Garten schon seit 1816 für Hardenberg gestaltet hatte, wurde nun auch Schinkel unter Vertrag genommen und mit dem Umbau des Gutshofs in eine klassizistische Villa beauftragt. Peu à peu kaufte Carl in den nächsten Jahren Land hinzu, bis das Terrain etwa 100 ha umfasste. Zusammen mit Schinkel und Lenné schuf der Prinz – begeistert und leidenschaftlich – ein abwechslungsreiches Gartenkunstwerk mit vielen eingestreuten Kleinarchitekturen.

Lenné konzipierte den Garten dreiteilig, von Süd nach Nord, als Blumengarten, Pleasureground und Landschaftspark: Den Haupteingang bildet das **Johannitertor** (1), geschmückt mit Carls Spiegelmonogramm sowie geflügelten Greifen, Granaten und dem Johanniterkreuz. Das Kreuz erinnert an Carls segensreiche Tätigkeit als 31. Herrenmeister der Johanniter. Sein ältester Bruder hatte den Orden neu gegründet und mit der Aufgabe betraut, Krankenhäuser zu bauen und zu betreiben.

1827 beendete Schinkel den Umbau des Hardenbergschen Besitzes in das vornehme, klassizistische **Landschlösschen Klein-Glienicke** (2; Öffnungszeiten siehe ›Tipps & Adressen‹: Museen und Schlösser), wie es sich heute noch darbietet. Die hufeisenförmige Anlage gliedert sich in einen Mittelbau, die westlichen Privaträume des Prinzen und einen östlichen Hofdamenflügel. Die tiefgezogenen Fenster und Fenstertüren mit ihren Jalousieläden und Sonnensegeln geben dem Anwesen einen südlich-ländlichen Charakter. Vom Balkon über dem Gartensaal blickt man auf das zwischen Bäumen durchschimmernde Jagdschloss Glienicke vis-à-vis.

Beim Betreten des intimen **Schlosshofs** überrascht eine einzigartige Atmosphäre: Die nördliche Begrenzung bildet der lang gezogene Kavalierflügel mit einem Turm, in der königlichen Familie ›der gute Carl‹ genannt. Ein Laubengang mit blühenden Ranken; Lorbeer und Buchsbaum, Myrte und Orangenbäumchen schaffen eine heitere Note, dazu das pompejanische Pflaster, die vielen antiken Spolien in den Wänden, und in die absolute Stille hinein gluckst ein Gartenbrunnen – man glaubt sich mitten in Italien. In der Remise des Schlosses kocht Franz Raneburger, der früher das Restaurant Bamberger Reiter betrieb (Öffnungszeiten siehe ›Tipps & Adressen‹: Essen und Trinken).

Im Park vor dem Schloss bietet das **Stibadium** (4), die von Schinkel und Friedrich Wilhelm IV. geliebte halbrunde Sitzbank, eine herrliche Aussicht auf die Kuppel der Nikolaikirche – ein eindrucksvol-

Schloss Klein-Glienicke wirkt imposant durch die große Löwenfontäne, bei der Schinkel sich an der Villa Medici in Rom orientierte

ler, wohlgeplanter Blick, verwandt mit der Sicht vom Garten der Villa Medici auf den Petersdom! Schon von der Königstraße aus fällt der Blick auf die große **Löwenfontäne** (5) vor dem Schloss. Schinkel verwendete sie, um die Wirkung der Anlage ins Imposante zu steigern. Die Flankierung eines Brunnens durch zwei vergoldete Löwen auf hohen Säulenpostamenten kannte er aus der Villa Medici in Rom.

Direkt an die Parkgrenze zur Königstraße gerückt ist die **Kleine Neugierde** (6), ein antikisierender Teepavillon mit wertvollem Mosaikfußboden und zarten pompejanischen Wandmalereien nach Schinkels Entwurf. Die auffälligen antiken **Säulentrümmer** im Rasen stammen unter anderem vom Poseidontempel auf Kap Sunion. Im ganzen Garten sieht man antike Spolien, Kunstwerke und Findlinge aus dem Mittelmeerraum, die Carl herbeischaffen oder kopieren ließ.

Große Neugierde im Schlosspark Klein-Glienicke

An der Ecke zur Glienicker Brücke ragt die **Große Neugierde** (7), eine überdachte Rotunde, in die Landschaft. Von hier aus erschließt sich dem Besucher das Potsdamer Panorama vom Babelsberg über die Stadt und den Pfingstberg bis nach Sacrow. Da fast alle Reisenden von Berlin und Charlottenburg nach Potsdam die Glienicker Brücke passieren mussten, diente die Große Neugierde gelegentlich auch als Beobachtungsposten der damals sprunghaft steigenden ›Verkehrscirculation‹. Die Villa direkt auf der Gegenseite der Glienicker Brücke bewohnte Carls Hofmarschall von Schöning.

Das **Casino** (8) nahe am Havelufer baute Schinkel 1824 aus einem Billardhaus um. Mediterranes Flair schaffen die lange Weinpergola und die kleinen Terrassen. Die Parkseite des Hauses zeigt eine auffallende Marmorbank unterhalb einer Ädikula. Gegen ein geringes Eintrittsgeld kann man hier auf Filzpantoffeln über die kostbaren Marmorböden gleiten und das Mobiliar aus der Schinkelzeit betrachten (Öffnungszeiten siehe ›Tipps & Adressen‹: Museen und Schlösser).

Der **Klosterhof** (10) wurde 1850 nach Carls Plänen durch Ferdinand von Arnim errichtet. Für seine Sammlung frühchristlich-byzantinischer Kunstwerke holte der Prinz Architekturteile eines zum Abbruch verkauften Klosters auf der Insel Certosa bei Venedig und ließ sie hier wieder aufbauen. Der Klostervorhof, mit dem Markuslöwen auf der schlanken Säule, bildet die Überleitung zwischen Pleasureground und dem weitläufigen Landschaftspark. Im nördlichen Kreuzgang steht eine spätgotische Büste Gottvaters, im südlichen Teil ein Kaisertondo aus dem 12. Jh.; der eine ist Herrscher über den Kosmos, der andere über Byzanz. Blickfang im Klosterhof sind die kostbaren, bunten Cosmatenarbeiten, in Marmor dekorierte Glasmosaikstreifen. Eines seiner kostbarsten Sammelstücke, den mittlerweile stark verwitterten Sarkophag des italienischen Philosophen Pietro d'Abano (um 1250–1315) aus der Grabeskirche des heiligen Antonius in Padua, ließ Carl in die Ostwand einfügen.

Prinz Carl, der sehr sportlich und ein begeisterter Reiter war, gründete 1823 die Berliner Hubertusjagd. Die Pferde und die große Hundemeute unterhielt er im nördlichen Parkareal, wo ihm Schinkel 1828 den **Jägerhof** (14) erbaute.

Schloss Klein-Glienicke, Casinosaal mit Mobiliar aus der Schinkelzeit

Glienicker Brücke und ›Enklave‹ Klein-Glienicke – Agententausch und Schweizerhäuser

Die Glienicker Brücke

Bei der Rückkehr über den **Jungfernsee-Uferweg** endet der Spaziergang an der Glienicker Brücke. Unter den sieben mit dem Auto passierbaren Nahtstellen, die die Insel Potsdam mit dem Umland verbinden, erlangte sie eine besondere Symbolkraft für die Trennung und

Glienicker Brücke ☆☆ Sehenswert als Symbol für die Zeit der deutschen Teilung

Einheit der Deutschen. Oben markiert sie die Stadtgrenze zwischen Potsdam und Berlin und unten scheidet sie die Glienicker Lake vom Jungfernsee. Die Straße, die über die Brücke führt, war die erste kurfürstliche Landschaftsallee und spätere Reichsstraße 1, die heute quer durch Deutschland, Polen und Litauen verläuft, von Aachen bis nach Königsberg. Von hier eröffnen sich mehrere Sichtachsen: nach Süden zum Schloss Babelsberg, nach Norden zur Sacrower Heilandskirche und nach Osten zum nahen Schloss Glienicke.

Bevor sich Karl Friedrich Schinkel 1831 daran begeben konnte, die moderne, 178 m lange Ziegelbrücke zu bauen, musste er erst eine hölzerne Klappkonstruktion aus der Zeit des Großen Kurfürsten beseitigen. Nach dem Bau des Teltow-Kanals jedoch reichte Schinkels schlichter Zweckbau wegen des zunehmenden Schiffsverkehrs nicht mehr aus. Deshalb baute die preußische Wasserbauverwaltung 1905 im Auftrag Kaiser Wilhelms II. eine 22,50 m breite Stahlbrücke. Freilich war damit die fein abgestimmte Harmonie zwischen Natur und Bauwerk dahin, denn die markante Tragwerkkonstruktion zerschnitt das Landschaftsbild. Um die Nüchternheit aufzulockern, zierte man auf Wunsch des Kaisers die Brückenköpfe mit mythologisierenden Flussgöttern auf der Berliner und ziemlich unpassenden neubarocken Sandsteinbalustraden auf der Potsdamer Seite. »Wie bestellt und nicht abgeholt«, so eine kürzliche Zeitungsmeldung, denn die den Havelkolonnaden des Potsdamer Stadtschlosses nachempfundenen Säulenreihen wirken wie Fremd-

Die Glienicker Brücke

körper auf der Stahlkonstruktion. Wilhelm aber wünschte, dass der Potsdam-Besucher gleich beim Eintritt in die Havelresidenz wissen solle, was hier Sache sei!

In den letzten Kriegstagen Ende April 1945 sprengten deutsche Soldaten die Brücke: Sie barst exakt in der Mitte; die Potsdamer Hälfte ragte steil in den Himmel, die Berliner versank halb im Wasser. In ihrer Autobiografie ›Berlin Glienicker Brücke‹ erzählt die UFA-Schauspielerin Maria Milde, wie sie mit zwei Freunden das zerbrochene Stahlfragment in einer halsbrecherischen Kletterpartie überquerte.

1950 wurde die Brücke wieder repariert und in Brücke der Einheit umgetauft; ein Name, der sich elf Jahre später wie ein schlechter Witz anhörte, denn mit dem Mauerbau am 13. August 1961 war es aus mit der Einheit! In den folgenden Jahrzehnten versperrten Schranken und Wachhäuschen der Amerikaner und Sowjets den Weg. Ausschließlich alliierte Militärfahrzeuge durften passieren. Auf Potsdamer Seite endete die stolze Berliner Straße mit ihrer über 300-jährigen Alleebaumbepflanzung im Nichts. Getrennt wurden Menschen, zerschnitten eine großartige Kulturlandschaft mit Schlössern, Seen und Wäldern.

Die Glienicker Brücke wurde zum spektakulären Spalt im Eisernen Vorhang: Bei Nacht und Nebel tauschte man 1962 den U2-Piloten Garry Powers gegen den Sowjetspion Rudolf Abel aus und 1985 den sowjetischen Bürgerrechtler Schtscharanski gegen KGB-Spione. Als in der Nacht des 9. November 1989 die Mauer fiel, war auch die Glienicker Brücke Zeitzeugin der turbulenten Wiedersehensfreude zwischen Ost- und Westdeutschen. Seitdem bildet auch die Potsdamer Kulturlandschaft wieder eine Einheit!

Jagdschloss Glienicke

Unterhalb des Böttcherbergs liegt das Jagdschloss Glienicke (16; siehe Karte S. 230), dessen älteste Mauerteile noch von 1662 stammen, als der Große Kurfürst entweder Philipp de Chieze (1629–73) oder Charles Philippe Dieussart († 1696) mit dem Schlossbau beauftragte. Zur Zeit des Soldatenkönigs wurde es gelegentlich als Lazarett genutzt, danach als Tapetenfabrik und Waisenhaus.

1859 gelangte das Schloss an Prinz Carl, der es für seinen Sohn Friedrich Carl (1828–85) vergrößern und modernisieren ließ. Der Architekt, Ferdinand von Arnim, schmückte es innen und außen weitaus reicher als zuvor mit barocken Zierelementen. Carl hatte wohl ein umfassendes Kunstwerk im Sinn, als er zusätzlich die umliegenden Häuser des alten Dorfes Klein-Glienicke für die Bediensteten seines Sohnes im hochaktuellen ›Schweizer-Styl‹ herrichten ließ. Carls Enkel, der skandalumwitterte Prinz Friedrich Leopold (1865 bis 1931), ließ 1889 ein Neorenaissance-Schloss daraus machen. Um ein unbeobachtetes Leben führen zu können, verpasste er dem Park rundherum eine abweisende Mauer. Sie bildete nach 1961 einen Abschnitt der innerdeutschen Staatsgrenze – das Jagdschloss gehörte zum Westen, das Dorf zum Osten!

1964 baute der Berliner Architekt Max Taut (1884–1967) die Anlage in eine internationale Seminartagungsstätte um, wobei er das gesamte Gebäude entkernte. Diese Torturen über mehr als drei Jahrhunderte sieht man dem gepflegten und durchaus stimmungsvollen, aber mittlerweile verbauten Jagdschloss besonders am Eingang deutlich an.

›Enklave‹ Klein-Glienicke – die Schwärmerei für den Schweizerhaus-Stil

Die Geschichte der ›Enklave‹ Klein-Glienicke ist eng verbunden mit der deutsch-deutschen Teilung. Von 1961 bis 1989 war hinter dem Friedhof die Welt zu Ende

Schweizer Familien sind seit jeher in der Mark Brandenburg keine Fremdlinge gewesen. Schon der Große Kurfürst hatte sie 1685 durch das Potsdamer Edikt ins Land geholt, denn es kamen nicht nur gebürtige Franzosen, sondern auch französische Familien aus der Schweiz nach Potsdam.

Die Nachahmung ihrer traditionellen Holzbauweise ist in Potsdam hie und da zu beobachten, am markantesten in Klein-Glienicke, einer kleinen, eigenartig stillen Ansiedlung, die nach dem Mauerbau wie ein vorwitziges Gebilde in den West-Berliner Volkspark Klein-Glienicke hineinragte. Sie ist zwar weniger bekannt als die benachbarte Berliner Exklave Steinstücken, übertrifft sie aber bei weitem an kulturhistorischer Bedeutung. Die 28-jährige Insellage im Sperrgebiet führte zu einer starken Abwanderung der Bewohner. Das Leben hier verlor an Attraktivität, denn sogar Verwandte durften erst nach wochenlanger Anmeldungszeit zu Besuch kommen.

Auf der Nordseite der Waldmüllerstraße, in der Louis-Nathan-Allee 7 und neben der Kapelle in der Wilhelm-Leuschner-Straße sind noch vier bildschöne **Häuser im ›original‹ alpenländischen Stil** zu bewundern – leider nur die Reste einer Siedlung von zehn Häusern. Die anderen ließen die DDR-Grenzkommandos abreißen, denn das Gelände sollte übersichtlicher werden, damit sie es besser sichern konnten.

Als Prinz Carl das alte Dorf 1859 erneuern ließ, beauftragte er Ferdinand von Arnim (1815–66) mit der Errichtung von Wohnhäusern im ›Schweizer Styl‹. Verputztes Fachwerk auf einem Kalkbruchsteinsockel und nach Schablonen ausgesägte Holzornamente sind die Merkmale dieses ländlichen Haustyps. Schon im 18. Jh. war der urige Stil von deutschen Baumeistern diskutiert worden, doch die maßgeblichen Impulse kamen aus der Literatur. Als Friedrich Schiller 1804 seinen ›Wilhelm Tell‹ veröffentlichte und die naturverbundene Schweizer Lebensart zum Symbol für Freiheit, Treue und Bürgertugend erhob, wurde die alpenländische Bauweise salonfähig. Dass man einen Stil importierte, der in einer völlig anderen Landschaft verwurzelt und von ihr geprägt war, störte nicht: Gerade in Potsdam

Klein-Glienicke, Schweizerhaus in der Louis-Nathan-Allee

hatte man ja schon Griechisches, Italienisches, Holländisches, Ägyptisches, Chinesisches und Russisches nachgebaut!

Die auffallende **Kapelle** in Klein-Glienicke (sporadisch geöffnet) war eine Schenkung Prinz Carls und seines Bruders Karl Wilhelm I. an die Einwohner, damit sie den weiten Weg nach Nikolskoe nicht mehr zu machen brauchten. Das niedliche rote Backsteindächlein mit den grün glasierten Ziegeln wurde nach Plänen von Reinhold Persius errichtet und am Reformationstag 1881 eingeweiht. Nach dem Mauerbau wussten die DDR-Behörden notwendige Reparaturen zu verhindern, da von hier aus mehrfach Handwerkern die Flucht gelungen war. Die Kapelle verfiel zusehends und war 1979 schließlich unbenutzbar. Seit 1992 wird sie wieder restauriert.

Den kleinen verwilderten **Friedhof** am Ende der Wilhelm-Leuschner-Straße schenkte Friedrich der Große schon 1781 den Glienicker Kolonisten. Gleich am Eingang steht der Holzglockenstuhl für die 1936 ausrangierte Glocke der Persius-Kapelle, die jetzt wieder dorthin zurückgekehrt ist.

Links davon befindet sich das von einem schmiedeeisernen Zaun umfriedete **Erbbegräbnis Türk.** Die vorletzte Grabplatte verweist auf Wilhelm Carl Christian von Türk (1774–1846), den ›preußischen Pestalozzi‹. Die Inschrift »Lasset uns Gutes thun und nicht müde werden« erinnert an Türks Verdienste um eine Reform des preußischen Erziehungswesens. Durch eine Kinderkrankheit halbblind und taub, verbrachte der intelligente Jurist und Freund Wilhelm von Humboldts sein Leben seit 1817 als Schulrat in Potsdam. Hier gründete er ein Lehrerseminar, eine Schwimmanstalt, das Civil-Waisenhaus und die Baugewerkschule. Im Jagdschloss Glienicke hatte Türk ursprünglich ein Kinderheim eingerichtet, das dann aber in das Gebäude des Feierabendheims gegenüber der Kirche umziehen musste. Türk lebte ganz in der Nähe auf seinem Neubabelsberger Anwesen, Virchowstraße 1–5.

Weiter hinten rechts steht der Grabstein des Kunsthistorikers **Friedrich Sarre** (1865–1945), dem Begründer der islamischen Kunstgeschichtsforschung in Deutschland. Seine Forschungsreisen führten ihn nach Vorderasien, Persien und Turkestan. Die Grabinschrift, ein Zitat aus Goethes ›Westöstlichem Diwan‹, erinnert an seine Tätigkeit als Direktor der islamischen Abteilung des Pergamonmuseums: »Gottes ist der Orient, Gottes ist der Occident, nord und südliches Gelände, ruhn im Frieden seiner Hände.« Auch Sarre wohnte in einer Neubabelsberger Villa, in der Spitzweggasse 6.

Dass hier bis 1989 die Welt zu Ende war, zeigt noch der sandige Grenzstreifen, der hart an den hinteren Gräberreihen vorbeiführt.

Loggia Alexandra auf dem Böttcherberg

Loggia Alexandra auf dem Böttcherberg: die zuletzt entstandene preußisch-russische Gedenkstätte

Nur wenige Minuten Fußweg weiter, südlich der Königstraße, auf der Höhe des immerhin 66 m hohen Böttcherbergs, steht mitten im Wald eine letzte Gedenkstätte für die preußisch-russischen Familienbeziehungen, die Loggia Alexandra (17; s. Karte S. 230). Prinz Carl, der sehr an seiner Schwester Charlotte, der Zarin Alexandra Feodorowna, hing, widmete ihr das kleine Bauwerk erst 1869, neun Jahre nach ihrem Tod. Die Ursache für diese Verzögerung lag vermutlich in der häufigen kriegsbedingten Abwesenheit des Prinzen. Carls Hofbildhauer, der Rauch-Schüler Alexander Gilli († 1880), vollendete 1870 den kleinen Aussichtspavillon im Stil der Florentiner Renaissance. Die Innenwände sind mit feinen Wandmalereien nach pompejanischer Art geschmückt. Anstelle der verschwundenen Marmorskulptur Alexandras stellte die Denkmalpflege 1987 eine 1818 von Christian Daniel Rauch geschaffene Bronzebüste der Zarin auf.

Zwar ist der Zugang zur oberen Aussichtsterrasse auf dem Dach durch ein Gitter verwehrt, doch bietet auch der Vorplatz eine schöne Aussicht auf Schloss Babelsberg und das südliche Potsdam.

Caputh – ein Haus für Albert Einstein

Caputh ☆
Besonders sehenswert: Schloss Einsteinhaus

Der Weg von Potsdam nach Caputh (mit langem ›u‹) führt auf der Templiner Straße linker Hand an der Marien-Quelle vorbei. Friedrich Wilhelm IV. ließ sie 1855 als **Wildtränke** nach dem Vorbild des Heiligen Grabes in Jerusalem erbauen.

Die Gemeinde Caputh liegt an der Havelenge zwischen dem Templiner- und dem Schwielowsee, etwa 7 km südwestlich von Potsdam. Theodor Fontane verbrachte auf seinen ›Wanderungen durch die Mark Brandenburg‹ 1872 eine Nacht in Caputh und beobachtete lie-

Schloss Caputh

bevollen Blickes vom Frühstückstisch aus das still geschäftige Leben im Dorf: »Junges Volk, die Sense auf der Schulter, eilte zur Mahd hinus; Kinder mit Erdbeeren kamen aus dem Walde; Schifferleute, in weiten Teerjacken, schritten auf den See zu. Ein anmutiges Bild.« Tatsächlich hatten die Caputher keine Fischereirechte, deshalb spezialisierten sie sich auf den Bau von Kähnen – daher auch die Teerjacken – und auf die Verschiffung von Gütern nach Berlin. Dies war dann mit dem Bau der Eisenbahnstrecke vorbei, und man stellte auf Obstbau um.

Aber nicht erst seit Fontane ist Caputh eine kleine Berühmtheit – genau 250 Jahre zuvor schenkte der Große Kurfürst die Ruine eines alten Gutshofs seinem Kammerjunker Philipp de Chieze (1629–73), einem gebürtigen Holländer, der kurz zuvor an den brandenburgischen Hof gekommen war und als Generalquartiermeister und Ingenieur das Bauwesen beaufsichtigte. Wahrscheinlich wirkte er in dieser Funktion auch am Potsdamer Stadtschloss mit. Da es keine gute Land-, wohl aber eine Schiffsverbindung über den Templiner See zum Anlegepier am Potsdamer Stadtschloss gab, konnte de Chieze jeden Morgen direkt an seiner Arbeitsstätte anlegen! Die alte Gutsruine verwandelte der Holländer in das erste **Schloss** außerhalb Potsdams (Öffnungszeiten siehe ›Tipps & Adressen‹: Museen und Schlösser) – ein einfaches Rechteck mit neun Fensterachsen. Mit Rücksicht auf den hohen Grundwasserspiegel so nahe am Templiner See musste das eigentliche Erdgeschoss im Souterrain als Keller dienen.

Nach de Chiezes Tod vermachte der Große Kurfürst das Schloss seiner zweiten Gattin, Dorothea von Holstein-Glücksburg (1636–89). Sie ließ zwei Seitenflügel und die geschwungene Freitreppe auf der Gartenseite anbauen. Durch Stuckdecken, Deckengemälde und große Wanddekorationen zog höfischer Glanz ein. Im Souterrain ist noch der **Sommerspeisesaal** erhalten, ein Raum, der mit etwa 7000 blauweißen holländischen Fayencefliesen vollkommen ausgekleidet ist.

1690 vermachte der Sohn des Großen Kurfürsten, Friedrich III., das Schlösschen seiner Gemahlin Sophie Charlotte, die sich in dieser Abgeschiedenheit aber nicht wohl fühlte. Für prunkvolle Gesellschaften, die die Kurfürstin so liebte, war das Schlösschen zu klein. Als sie 1699 in das Berliner Schloss Charlottenburg umzog, nahm sie auch ihre berühmte Porzellansammlung mit, die hier begründet worden war. Ein letzter Glanzmoment in der Schlossgeschichte war das Dreikönigstreffen am 8. Juli 1709, als Friedrich III., August der Starke und Friedrich IV. von Dänemark eine Havelfahrt mit der königlichen Lustyacht ›Liburnica‹ vom Potsdamer Stadtschloss nach Caputh unternahmen.

In der Folgezeit blieb das Schloss zwar in fürstlichem Besitz, wurde aber recht abenteuerlich genutzt: Erst arbeitete hier die Türkisch-Garn-Fabrik, danach die königliche Baumschule, anschließend eine Stiftung für Invaliden der Garde-Unteroffiziere-Compagnie und in sozialistischen Zeiten schließlich die Zentrale Berufsschule des Kreises Potsdam-Land – der Öffentlichkeit jedenfalls war Schloss Caputh nie zugänglich, bis die Stiftung Preußische Schlösser und Gärten Berlin-Brandenburg es nach gründlicher Restaurierung im Herbst 1998 als Schlossmuseum eröffnete. Zu sehen sind unter anderem die Wohnräume der Kurfürstin Dorothea, eine Art Appartement mit

Caputh, Sommerspeisesaal im Souterrain des Schlosses. 7000 blau-weiße holländische Fliesen kleiden den Raum vollständig aus

Caputh, Einsteinhaus. Hier verbrachte der Physiker von 1929 bis 1932 die Sommerferien

wunderschönen Stuckaturen und Deckenfresken sowie kostbarem Mobiliar und einer beachtlichen Gemäldesammlung. Ihr Schlafgemach mit dekorativer Alkovenrahmung wurde 1686 von einem Reisenden »als einer Königin würdig« bewundert.

In dem völlig verwahrlosten **Schlossgarten,** der sich bis zum Templiner See hinunter zieht, haben Grabungen der Gartendenkmalpflege Aufschlüsse über die Geschichte der Anlage erbracht. Auf Dauer soll auch der Park wieder neu erstehen, denn kein Geringerer als Peter Joseph Lenné hatte ihn 1820 als Landschaftspark gestaltet. Der Kunstgeschichte gilt Schloss Caputh, neben den Residenzen in Köpenick und Oranienburg, als wichtigstes erhaltenes Beispiel des Barock in Brandenburg vor der Zeit Andreas Schlüters.

Gegenüber liegt die **Dorfkirche,** eine dreischiffige Backsteinbasilika mit italianisierendem Glockenturm, die 1852 von Friedrich August Stüler anstelle eines Vorgängerbaus errichtet wurde. Auftraggeber war Friedrich Wilhelm IV.; er wünschte das Gotteshaus im Zuge seiner Landesverschönerung rund um Potsdam (Öffnungszeiten siehe ›Tipps & Adressen‹: Kirchen).

Die Caputher Dorfkirche stammt von dem Schinkelschüler Friedrich August Stüler

Der berühmteste ›Caputher‹ ist eigentlich **Albert Einstein** (1879–1955), der hier von 1929 bis 1932 die Sommermonate verlebte. Sein kleines, braungebeiztes Holzhaus mit den weißen französischen Fenstern liegt besonders versteckt im Grünen, Am Waldrand 15–17, und ist nur über einen holprigen Waldweg zu erreichen (Öffnungszeiten siehe ›Tipps & Adressen‹: Museen und Schlösser).

Einstein war damals Direktor des Kaiser-Wilhelm-Instituts für Physik in Berlin und hielt als Mitglied der Preußischen Akademie der Wissenschaften Vorlesungen an der Humboldt-Universität. In dem Buch ›Der Wachsmann-Report‹ von Michael Grüning erinnert sich der Bauhausarchitekt Konrad Wachsmann, wie er zufällig in der Zeitung las, dass die Stadt Berlin dem Nobelpreisträger zu seinem 50. Geburtstag ein Landhaus schenken wolle: »Wichtig an der ganzen Zeitungsnotiz war für mich nur ein Satz: Einstein wünscht sich ein Holzhaus. Als ich das gelesen hatte, stand für mich fest: Dieses Haus baut Konrad Wachsmann!« Ohne Einstein überhaupt zu kennen, fuhr er nach Berlin und erklärte der sprachlosen Elsa Einstein an der Haustür, er sei der neue Architekt und habe einiges mit dem Professor zu besprechen.

»Das Größte, oder soll ich sagen, das Liebste in Caputh war uns die Natur. Der Albert und ich sind viel allein in den Wald gegangen. Er hat mir immer etwas erklärt, was sonst kein Mensch verständlich erklären konnte. Vater Albert hatte die Gabe, auch die kompliziertesten Sachen in ganz einfachen Worten zu sagen.«

Margot Einstein

Dem bescheidenen Einstein war nur wichtig, dass Schlaf- und Arbeitszimmer von anderen Räumen getrennt lagen, denn er schnarchte laut und brauchte Ruhe zum Arbeiten. In Caputh empfing er namhafte Wissenschaftler und Künstler, wie Anna Seghers, Max Planck, Rabindranath Tagore, Max von Laue, Gerhart Hauptmann, Erwin Schrödinger und Arnold Sommerfeld.

1933 enthoben die Nazis Einstein seines Direktorats und bürgerten ihn aus. Kaum war die Familie nach Princeton/USA emigriert, wurde das Haus konfisziert. Ab 1979 diente es, auf Wunsch von Einsteins Tochter Margot, der Akademie der Wissenschaften der DDR als Laboratorium für theoretische Physik und als Gästehaus. Seit der Wende befindet es sich in der Verwaltung der Gemeinde Caputh. So macht das Fremdenverkehrsamt regelmäßig Führungen duch Haus und Garten. Dabei gibt es im ganzen Haus nicht einen persönlichen Gegenstand von Einstein, sogar der Schreibtisch im rotbraun getäfelten Arbeitszimmer ist ein Nachbau.

Das Caputher Holzhaus ist das einzige Wohngebäude in Deutschland, das noch an Albert Einstein erinnert, sein Geburtshaus in Ulm ist ausgebombt, die Berliner Wohnung in der Haberlandstraße 5 zerstört.

Petzow – der Tipp für Sommerfrischler

Petzow ☆
Malerisch vom Wasser umgeben: eines der besterhaltenen märkischen Ensembles aus der ersten Hälfte des 19. Jh.

Der schönste Weg zur Weiterfahrt nach Petzow führt mit der tuckernden **Seilzugfähre** (tgl. 8–20 Uhr) vom Caputher Fährhaus über das Caputher Gemünde hinüber nach Klein Wentdorf, dann entlang der Geltower Straße An der Baumgartenbrücke Richtung Petzow.

Das Dorf Petzow selbst liegt ein wenig abseits des Weges, an drei Seiten von Wasser umgeben. Das Zusammenspiel von Schloss, Gutshäuschen, Kirche und den Schilftortürmen rund um den **Haussee** mit seinen wild wachsenden Lilien ergibt eines der schönsten ländlichen Ensembles aus der ersten Hälfte des 19. Jh.

Von 1437 bis zur Säkularisation gehörte Petzow zu Kloster Lehnin, bis es 1623 die aus Böhmen zugewanderte Familie Kaehne erwarb. Das kastellähnliche **Schloss** mit seiner hellgelb leuchtenden Fassade gleicht einem englischen Herrensitz im Tudorstil. Ob der Gutsbesitzer Carl Friedrich August Kaehne es tatsächlich vom befreundeten Schinkel erbauen ließ, ist nicht sicher.

Schloss Petzow. Im Jahr 1623 erwarb die aus Böhmen stammende Familie Kaehne den Besitz. Sprichwörtlich wurde die Schießwut der Gutsherren gegenüber harmlosen oder weniger harmlosen Eindringlingen. Kurt Tucholsky kommentierte die gefährliche Familienneurose 1922 in der ›Weltbühne‹ auf seine Weise: »Du dämlicher Hund liegst blutend im Wald. Ein preußischer Adliger machte Dich kalt. Zitternd stand Dein Junge dabei – Mensch, Du warst die Nummer 103! Wälz Dich im Dreck – aber mach keine Szene. Auf Dich schoß nicht schlecht Waidgerecht: Kaehne ...«

In den kommenden Jahren soll das Schloss, in dem sich schon zu DDR-Zeiten das **Schlosshotel Petzow** etabliert hatte, total renoviert und zu einem Tagungshotel für 250 Gäste umgebaut werden (Adresse siehe ›Tipps & Adressen‹: Unterkunft im Grünen).

Bei der Gestaltung des wunderbar weitläufigen Landschaftsparks hatte höchstwahrscheinlich Lenné seine Hand im Spiel, jedenfalls bildete Petzow den südlichsten Ort seines Landschaftsverschönerungsplans um Potsdam. Der Park liegt direkt am Schielowsee und wird daher gern zum Baden aufgesucht. Direkt hinter dem Schlosshotel hat Petzow eine eigene Dampferanlegestelle, die von der Weißen Flotte angefahren wird. Die schnurgerade **Dorfstraße** trägt den Namen des Petzower Architekten und Musikers Karl Friedrich Zelter (1758–1832), der als Begründer der Berliner Liedertafel und Komponist vieler Goethe-Gedichte berühmt wurde.

Gegenüber begleitet eine kurze Lindenallee den Fußweg zur **Dorfkirche** (Öffnungszeiten siehe ›Tipps & Adressen‹: Kirchen) auf dem **Grelleberg.** Auf Wunsch Friedrich Wilhelms IV. errichteten Friedrich August Stüler und Gustav Emil Prüfer (1805–61) diese neuromanische Hallenkirche mit separatem Turm nach Schinkels Entwurf. Ungewöhnlich ist die Wegführung – sie geht nicht auf das Portal, sondern direkt auf die halbrunde Apsis zu. Der Grund ist die schöne Aussicht über den Haussee, den man auf dem Weg zum Kircheneingang von der Südseite aus genießen sollte.

In der **Alten Schmiede**, die direkt in einer scharfen Kurve der Fercher Straße liegt, wird heute das gleichnamige Café betrieben.

Märkisches Ziegelmuseum Glindow – eine wahre Fundgrube in den Glindower Alpen

Glindow ☆
Ziegeleimuseum mit dem letzten erhaltenen Ringofen der Mark Brandenburg

Seit dem vorigen Jahrhundert wird die Gegend zwischen Petzow und Glindow allen Ernstes Glindower Alpen genannt. Weniger aufgrund ihrer bizarren Gipfel, sondern der reichen Tonvorkommen wegen, die noch heute emsig abgebaut werden – was die karge und zerklüftete Landschaftsform zur Folge hat.

Schon der Ortsname Glindow – ein wendisches Wort – bedeutet ›Lehmdorf‹. 1462 wird der Tonabbau in Glindow erstmals schriftlich erwähnt, als Abt Arnold von Kloster Lehnin dem Magistrat der Stadt Brandenburg jährlich zehn Kähne voll Ziegelerde zu holen gestattet. Bis Mitte des 18. Jh. wuchs die Zahl der Ziegeleien rund um Glindow und Werder auf 30 an. Gern brüstete man sich mit dem Hinweis, ›halb Berlin‹ sei aus dem gelblich grünen ›Glindower‹ erbaut. 1848 bekam auch die Provinz die Folgen der Berliner Barrikadenkämpfe zu spüren. In der unruhigen Zeit kam die Großstadtbautätigkeit zum Erliegen, viele Glindower Ziegeleiarbeiter wurden entlassen, die sozialen Spannungen spitzten sich zu.

Von all den Ziegeleien der Gegend ist nur die **Glindower Ziegelei** in der Alpenstraße 47 geblieben. 1868 wurden hier zwei kreisrunde Ringöfen nach dem Patent von Friedrich Eduard Hoffmann errichtet. Der eine steht still und wurde nun zum technischen Denkmal

Märkisches Ziegeleimuseum im Musterturm der Glindower Ziegelei

erklärt; der andere wurde in den 60er Jahren saniert und in 14 Kammern unterteilt. Seitdem wird das Feuer Tag und Nacht rundum von Kammer zu Kammer getrieben.

Als nach dem Mauerbau im Jahr 1961 die Plattenbauweise angesagt war, wurden keine Ziegel mehr gebraucht, stattdessen verlegte man sich auf die Herstellung der porösen, schwarzen Kohlepresslinge und der Pflanzenaufzugstöpfe für Gärtnereien. Seit 1991 qualmt der Schornstein wieder für edlere Zwecke, denn die Denkmalpflege benötigt die originalen, handgestrichenen Glindower Ziegel zur Restaurierung zahlreicher Gebäude im ganzen Land. Glindow ist eines der wenigen Unternehmen in Deutschland, das noch in traditioneller Weise fertigt. Formsteine, Terrakotten, Ziegel und keramische Fußbodenplatten für Bauten aus dem 12. bis 19. Jh. können originalgetreu in Gefüge und Farbe nachproduziert werden – alles Unikate. Vom Kloster Chorin über das Rathaus in Stralsund bis zum Holländischen Viertel in Potsdam: Glindow führt eine lange Referenzliste.

Auf dem gleichen Gelände am Ufer des Glindower Sees wurde 1993 ein winziges **Ziegeleimuseum** in einem gut hundert Jahre alten Musterturm eingerichtet. Etage für Etage klettert man hier hinauf, bekommt die Geschichte der Ziegelei sowie die Arbeits- und Lebensbedingungen der Ziegler erläutert und hat abschließend den schönsten Rundblick über die Region. Bei einer Führung durch die Werkstätten können kleine und größere Gruppen außerdem die Ziegelherstellung von der Tonaufbereitung bis zum fertigen Stein miterleben (Öffnungszeiten siehe ›Tipps & Adressen‹: Museen und Schlösser).

Fontane freilich, der die Arbeitsweise der Brennöfen in seinen ›Wanderungen durch die Mark Brandenburg‹ feinstens beschrieben hat, ließen die über 50 himmelwärts strebenden Schornsteine erschauern. Er befand, sie gäben dem Dorf ein »Proletariat«.

Werder – das Naturwunder Baumblüte

Werder ☆
Inselort mit einer Kirche des Schinkelschülers Friedrich August Stüler sowie Wohnhäusern aus dem 18. und 19. Jh.

Berühmt ist Werder vor allem als alljährlich überfallartig heimgesuchtes Ausflugsziel für Berliner, Märker und andere Interessierte. Zur Zeit der Baumblüte, wenn das Havelland allmählich aus seinem Winterschlaf erwacht, findet das **Baumblütenfest** in der letzten April- und ersten Maiwoche statt, ein Vergnügen mit über hundertjähriger Tradition: 1879 kam der Werderaner Obstzüchter Wilhelm Wils auf die Idee, seinen Obstweinausschank in der Zeitung bekannt zu geben. Um die Jahrhundertwende dann schossen an den Osthängen des Kesselberges oberhalb der Stadt die Schankwirtschaften wie Pilze aus dem Boden. Eine der beliebtesten war die ›Bismarckhöhe‹, betrieben von Gustav Altenkirch (1855–1906), mit einer riesigen Aussichtsterrasse, von der man einen herrlichen Blick über die Inselstadt bis zum Potsdamer Wildpark hatte.

Werder, Blick auf die Inselstadt

Im Lauf der Zeit entwickelte sich eine traditionelle ›Feststrecke‹; sie verläuft vom Hohen Weg über die Straße Unter den Linden bis zum Marktplatz der Inselstadt. Bald hatte sich die ganze Stadt auf das Baumblütenfest eingestellt. Sogar das kaiserliche Postamt öffnete an den Wochenenden seine Schalter, um die 4–5 Zentner Ansichtskarten pro Tag befördern zu können. Busse, Dampfer und Eisenbahnen brachten Abertausende von Gästen und oft musste die Polizei Betrunkene in Gewahrsam nehmen.

Dies alles hatte im 13. Jh. begonnen, als Mönche der Zisterzienserabtei Lehnin die sonnigen Hänge mit französischen Weinsorten bepflanzten. Der frostbeständige Müller-Thurgau war Exportschlager dieses nördlichsten Weinanbaugebietes Europas. Mitte des 19. Jh. überfiel eine so schlimme Reblausplage die Weinstöcke, dass die gebeutelten Winzer allmählich auf Obstanbau umsattelten. Seitdem fungiert Werder als Obst- und Gemüsekammer der Mark Brandenburg: Ende Juni beginnt die Saison mit Erdbeeren, es folgen die dunklen, süßen Kirschen, Johannis-, Stachel- und Himbeeren. Mitte August bringen die Aprikosen, Sauerkirschen und Pfirsiche einen neuen Aufschwung, bevor im September die Pflaumen reifen und die Weintrauben im Oktober das Jahr beschließen. Während des ganzen Sommers bieten die Händler das frische Obst körbeweise auf selbstgebastelten Markttischen am Straßenrand an (weitere Einkaufsmöglichkeiten siehe ›Tipps & Adressen‹: Einkaufen, Obst und Gemüse).

Die kleine, idyllische **Insel** im Havelstrom ist der älteste Teil der Stadt: Nur wer von hier stammt, ist ein ›echter‹ Werderaner. Aufgrund der Insellage war man früher von vielerlei Unbill abgeschirmt: »Der Dreißigjährige Krieg zog wie ein Gewitter, das nicht über den Fluss kam, an Werder vorüber, die Brücke war weislich abgebrochen«, berichtet Fontane. Leicht krittelnd merkt er an, dass die Uhren hier schon immer etwas anders getickt haben müssen, und attestiert »den Werderschen« wenig schmeichelhaft einen »harten, selbstsüchtigen« Charakter. Zudem glaubt er verlässlich zu wissen: »Sie werden selten krank und bei ihrer Lebensart sehr alt.«

Das huppelige **Straßenpflaster** in der Altstadt stammt noch aus der Zeit des Soldatenkönigs. Fontane erzählt, wie Friedrich Wilhelm I. im September 1736 dem 3. Bataillon seiner Leibgarde zwecks Kasernenwechsels einen Marsch von Brandenburg nach Potsdam befahl – und zwar über Werder. 150 ›Blaue‹ machten bis zum Herbst in Werder Station, und so kam der Monarch, um eine »Special-Revue« abzunehmen. Ein Zeitgenosse berichtet: »Es war die unglücklichste Jahreszeit: Die Karosse des Königs blieb mitten auf dem Markt im Moraste stecken, ein Parademarsch wurde zu einem Unding, und die Ungnade des Königs, wenn dergleichen nicht wieder vorkommen sollte, wandelte sich von selbst in eine Gnade um: Werder wurde gepflastert.«

Johann Sigismund Elßholtz, Hofarzt und Botanikus des Großen Kurfürsten, berichtet über die Werderaner Weine, dass sie »auf keinen rauhen Kalkgrund, sondern auf klaren Sandhügeln wachsen und daher zwar nur leichte Weine sind, aber doch keine zusammenziehende Säure, sondern vielmehr nur angenehme Lindigkeit, bevorab in guten Weinjahren haben«.

Am Marktplatz steht das **alte Rathaus** mit seinem schönen Schweifgiebel. Die Bausubstanz geht auf 1778 zurück, zu der Zeit diente es als Schulhaus. Ende des 19. Jh. wurde es stark im neubarocken Stil verändert.

Wahrzeichen der Stadt ist die **Heilig-Geist-Kirche** mit ihrer schiefergedeckten Turmspitze und den vier Fialtürmchen. Friedrich August Stüler hatte das neugotische Gotteshaus 1858 auf Wunsch Friedrich Wilhelms IV. auf dem Mühlenberg, der höchsten Erhebung des Ortes, erbaut (im Sommer zu Gottesdiensten und zum Baumblütenfest geöffnet). Der erste Vorgängerbau war um 1250 von den Lehniner Mönchen gegründet worden, musste dann 1736 aber einem barocken weichen.

Typisch für Stüler ist die bemalte flache Holzdecke und das blaugoldene Sterngewölbe über dem Altar. Im rechten Seitenschiff hängt eine **Tafelmalerei** von etwa 1630, die – seltsam fremd – Christus als Seelenapotheker zeigt. Hinter dem Rezepturtisch mischt er ein Heilmittel aus Gnade, Hilfe, Liebe, Geduld, Friede, Beständigkeit, Hoffnung und Glaube. Ein geöffneter Sack mit Kreuzwurz liegt daneben. Fontane empörte sich sehr über die Trivialität dieser Handlung und bezeichnete das Bild als »so abnorm, so einzig in seiner Art«, dass er mutmaßte, es könne nicht »aus katholischer Zeit« stammen, da sie »solche Geschmacklosigkeiten nicht gekannt hat«.

Auf dem **Friedhof** liegt die Grabstätte des gebürtigen Werderaner Landschafts- und Marinemalers **Karl Hagemeister** (1848–1933), ein Schüler Friedrich Prellers d. Ä. Zwischen 1873 und 1885 bildete er sich mit Reisen quer durch Europa und kehrte später nach Werder zurück. Seine großformatigen Werke mit breiter Strichführung zeigen den Einfluss der französischen Impressionisten.

Gleich nebenan streckt eine **Bockwindmühle** ihre ausgreifenden Flügel in den Himmel. Heimatverbundene Werderaner bauten sie 1985 im nahen Klossa ab und mit viel Akribie bis 1991 hier wieder auf. Innen ist das alte technische Instrumentarium zu besichtigen (Anfrage im Museum).

Im ehemaligen Stadtgefängnis befindet sich das 1959 gegründete **Obstbaumuseum** in der Kirchstraße 6–7 (Öffnungszeiten siehe ›Tipps & Adressen‹: Museen und Schlösser). Dieses einzige deutsche Museum seiner Art präsentiert die Geschichte der Stadt, ihrer Fischerei, des Wein- und Obstbaus sowie der dazugehörigen Gewerke Böttcherei und Korbflechterei. Arbeitsgeräte und Transportmittel werden auf Wunsch demonstriert.

Paretz – Königin Luisens Musterdörflein

Paretz ☆ Lieblingssitz von Königin Luise: eine einheitliche siedlungsgeschichtliche Schöpfung des Frühklassizismus durch David Gilly

Paretz, am Nordwestrand der Potsdamer Kulturlandschaft gelegen, ist eine Erinnerungsstätte an Friedrich Wilhelm III. und Königin Luise. Die Geschichte dieses frühklassizistischen Ensembles von Schloss, Gutshof, Dorf, Park, Kirche und Bauernhöfen ist typisch für das Schicksal vieler brandenburgischer Herrenhäuser – die Zukunft dieser Gesamtanlage gestaltet sich dafür umso spannender:

Zwei Jahre nach seiner Vermählung erwarb das königliche Paar 1797 durch Vermittlung des Generals Johann Rudolf von Bischoffwerder (1740–1803) aus dem nahen Marquardt das Gut Paretz von Heinrich Leopold August Graf von Blumenthal (1765–1830). An der Stelle eines Vorgängerbaus errichtete der Berliner Architekt David Gilly (1748–1808), Vater des Schinkel-Lehrers Friedrich Gilly, das **Schloss.** Gilly bevorzugte eine einfache, kubische Form. Die glatte Fassade gliederte er sparsam mit je acht Fensterachsen zu beiden Seiten der mittleren Türgruppe. So bekam das Schloss den Charakter eines gehobenen märkischen Gutshauses.

Von 1797 bis 1805 verlebte die königliche Familie alljährlich sechs Spätsommerwochen auf dem Besitz. Friedrich Wilhelm und Luise liebten den kontemplativen Landaufenthalt. Sie genossen das echte Familienleben mit den Kindern und den ungekünstelten Umgang mit den Dorfbewohnern. Paretz lag nur 15 km vom politischen Zentrum entfernt und war doch den Regierungsgeschäften weit entrückt. Die Abgeschiedenheit des Ortes trug ihm den schönen Beinamen ›-Schloss-still-im-Land‹ ein.

Die ältesten Teile der hübschen, kleinen **Dorfkirche** (Öffnungszeiten siehe ›Tipps & Adressen‹: Kirchen) stammen von etwa 1200. Im Jahr 1797 gestaltete Gilly die Kirche neu, und 1856/57 wurde sie nochmals u. a. von August Stüler überarbeitet. Eine Restaurierung des gesamten Innenraums, vermutlich in Anlehnung an die Neugotik Gillys, ist geplant. In der **Königsloge** sieht man ein Tonrelief zum Gedenken an Königin Luise, das Johann Gottfried Schadow kurz nach ihrem Tod im Jahr 1810 modellierte. 1961 wurden hinter dem Altar und in der Königsloge Malereien entdeckt, die von 1797 stammen.

Des Weiteren gestaltete Gilly in den Jahren bis 1805 das gesamte Dorf neu, errichtete Bauernhöfe und stellte Kleinarchitekturen in dem vom Hofgärtner David Garmatter (1764–1821) angelegten englischen Landschaftspark auf. Dieser Landschaftspark gliederte sich in drei durch Pflasterstraßen voneinander getrennte Teile, den Schloss-, Kirch- und Rohrhausgarten.

Königin Luise weilte am 20. Mai 1810, zwei Monate vor ihrem Tod, zum letzten Mal in Paretz. Zur Erinnerung an diesen Tag wurde 1811 die **Luisenpforte** aus Berliner Eisenguss errichtet. Fährt man dorfauswärts am Friedhof vorbei Richtung Ketzin, so trifft man auf der linken Straßenseite, gleich vor dem Paretzer Ortsausgangsschild, auf die Königin-Luise-Gedenktafel, welche die Position dieser filigranen neugotischen gusseisernen Toranlage markiert. Überreste der Torgrundmauern sind noch auf dem Abhang darüber zu sehen. Die Tafel wurde im Gedenken an Hans Friedrich Sutter († 1993), den Seniorchef der Essener Telefonbücher- und Gelbe-Seiten-Verlagsgruppe A. Sutter, gestiftet, der eine Dependance seines Potsdamer Unternehmens in Paretz ansiedelte und zu einem großen Förderer bei der Wiederherstellung des Ortes wurde.

Vier Jahre nach dem Tod seiner Gemahlin nahm Friedrich Wilhelm III. die Tradition der Paretz-Aufenthalte wieder auf. In ähnlicher Weise pflegten auch die Nachfolger, Friedrich Wilhelm IV. und seine Gemahlin Königin Elisabeth, die Beziehungen zu diesem Ort.

Um die Wende zum 19. Jh. verbrachten König Wilhelm III. und Königin Luise jedes Jahr sechs Wochen in Petzow. Den Höhepunkt ihres Aufenthaltes bildete das berühmte Paretzer Erntefest, von dem Fontane in seinem Band über das Havelland aus den ›Wanderungen durch die Mark Brandenburg‹ so liebevoll berichtet, indem er den teilnehmenden General von Köckritz zitiert: »Ein besonderer Festtag aber war das Erntefest. Die Königin mischte sich in die lustigen Tänze. Hier war Freiheit und Gleichheit; ich selbst (…) tanzte mit.«

Paretz, Kirche

Der König möblierte das Schloss teilweise um, die Zimmer der Eltern aber blieben bis 1945 unangetastet. 1945 wurde das Schloss von der Roten Armee besetzt und in der Folge die gesamte Einrichtung verschleppt. Einzig die exotischen, teils handbemalten, teils bedruckten Blütentapeten, die den künstlerisch wertvollsten Bestandteil der Inneneinrichtung ausmachten, wurden nach Potsdam in die Römischen Bäder des Parkes Sanssouci hinübergerettet; sie kehren nach ihrer Reinigung nach Paretz zurück. 1948 bis 1950 musste der Außenbau Änderungen über sich ergehen lassen, wegen der Nutzung durch eine Bauernhochschule. Damit war Gillys Ausgewogenheit der an sich schon nüchternen Fassade zerstört, ja, banalisiert! 1965 erfolgte ein Innenumbau für die VVB Tierzucht, die oberste Tierzuchtbehörde der DDR.

Die Bedeutung der Paretzer Anlage mit Schloss, Park, Dorf, Gutsbezirk und Kirche liegt in der einheitlichen Gestaltung Gillys – Paretz ist ein Gesamtkunstwerk. Der Architekt hatte ideale Bedingungen: Er war nicht durch Rücksichtnahme auf Bestehendes eingeengt; Störendes wurde abgetragen oder überbaut. Meisterhaft verband Gilly ästhetische Ansprüche des Frühklassizismus mit denen einer funktionierenden Landwirtschaft – nicht umsonst war das Schatullgut von 1797 bis 1945 durchgehend verpachtet!

Aus dem Park- und Dorfensemble ist – und dies nicht nur zu DDR-Zeiten – einiges verschwunden: chinesisches Teehaus, Luisenpforte und eine Tempelruine wurden abgerissen, das gotische Rohrhaus zu Brennholz verarbeitet und die korrodierte Gusseisenbrücke abgetragen. Auch der Belvedere-Turm auf dem 5 km entfernten Hohensberg wurde 1947 abgebrochen.

Die **Schmiede** jedoch ist noch vorhanden – als Gaststätte ›Gotisches Haus‹ –, außerdem gibt es noch das **Amtshaus,** daneben den **Schüttboden, Mehlwaage, Spritzenhaus,** das **Planteurhaus** direkt links neben dem Schloss, das **Hofgärtnerhaus** zwischen der Straßenecke nach Uetz und dem Gotischen Haus, das so genannte **Familienhaus; Torhäuschen**, acht der zehn **Bauernhöfe** und das **Mittelkreuz** neben der Dorfkirche. Insgesamt ist von dem wertvollen Dorfensemble nicht so viel verloren wie immer behauptet! Eine etappenweise Wiederherstellung des Ortsbildes scheint möglich. Der Verein Historisches Paretz e. V. macht sich dafür stark und wird dabei von der Stiftung Preußische Schlösser und Gärten Berlin-Brandenburg unterstützt. Bis zum Jahr 2001 sollen das Schloss und auch das aus vielen Abbildungen bekannte Pappelrondell vor dem Haupteingang nach dem Vorbild von 1797 wieder hergestellt sein. Auch ein Schlossmuseum wird in den königlichen Wohnräumen seinen Betrieb aufnehmen. Die anderen Teile des Schlosses sowie die Nebengebäude wird die Fachhochschule Potsdam nutzen.

Schloss Marquardt – einst das ›Kempi‹ auf dem Lande

Schloss Marquardt ☆ Neubarock überformtes Schloss mit Lennéschem Landschaftspark über dem Schlänitzsee. Die idyllische Atmosphäre ist das Besondere

Am Ufer des Schlänitzsees, halb versunken hinter Bäumen, liegt Schloss Marquardt mit seiner Geschichte voller Geschichten, eines der anziehendsten märkischen Anwesen um Potsdam überhaupt.

Schon vor dem frühen Mittelalter existierte hier das Altslawendorf Schorin. 1704 machte es Friedrich I. seinem verehrten Oberhofmarschall und Geheimen Etatsrat Marquard Ludwig von Printzen (1675–1725) zum Geschenk. Der reich bedachte Günstling beantragte beim König eine Namensänderung und seitdem hieß das Dorf Marquardt. Das vorhandene Herrenhaus wurde zu einem Barockschloss ausgebaut, doch schon vier Jahre später war Marquard der Sache überdrüssig und verkaufte. Unruhige Zeiten bescherten dem Schloss noch mehrfach neue Besitzer, bis 1791 ein verheerender Brand halb Marquardt auslöschte.

1795 verschenkte Friedrich Wilhelm II. das Anwesen an seinen Günstling, den Generalmajor und Kriegsminister Hans Rudolf von Bischoffwerder (1740–1803). Ein großzügiger, wenn auch leichtgläubiger Mann, der zur Unheilabwehr ständig ein Pülverchen in einem rotseidenen Beutel auf der Brust trug. Er baute alle Bauernhöfe, das Gut und das Schloss wieder auf und legte einen weitläufigen Landschaftspark bis hinunter zum See an. Der Sohn, Hans Rudolf Ferdinand (1795–1858), musste lange unter der Fuchtel seiner ehrgeizigen Mutter ausharren. 1823 ließ er den idyllischen Garten von Peter Joseph Lenné überformen. Ungewöhnlich für Lennés Entwürfe, führt die Zufahrt direkt auf das Schloss zu, und auch das von auffallend vielen Wegen durchzogene Gartengelände lässt nur schmale Sichten auf den See frei und nicht auf die Architekturen, die Lenné hier mit dichten Anpflanzungen umhüllte.

1892 erwarb Geheimrat Louis Ravené (1866–1942), der schwerreiche ›Berliner Eisenkönig‹, das Schloss und ließ neubarocke Pracht einziehen. Das Gebäude wurde aufgestockt, offene Terrassen, schmiedeeiserne Gitter, Putten, Vasen und Balustraden angefügt. Auch die erlesene Holztäfelung in der Haupthalle und dem Treppenhaus stammen aus der Zeit. Eigens für die Hochzeit seiner Tochter Ursula ließ Ravené 1913 den großen ovalen Tanzsaal anbauen. In diesen Jahren soll auch der später von den Nazis ermordete Reichsaußenminister Walther von Rathenau (1867–1922) hier gesellschaftlich verkehrt haben.

Völlig überschuldet, musste Ravené den Besitz 1932 an das Berliner Hotel Kempinski verpachten. Am Ufer des silbrig glänzenden Schlänitzsees entstand nun ein vornehmes Ausflugsziel für die Berliner Crème de la Crème, die zum Wochenende mit dem Automobil hier heraustuckerte. Hummer- und Kaviar-Köstlichkeiten wurden auf der Gartenterrasse serviert. Der berühmte Bornimer Staudenzüchter

Schloss Marquardt

Karl Foerster pflegte den Lenné-Park. Nach langer, peinvoller Nötigung durch die Nazis mussten Kempinskis 1938 aufgeben; ein Jahr noch wurde der Betrieb ›arisiert‹ weitergeführt, bevor man ein Kriegslazarett daraus machte. Nach 1945 diente Schloss Marquardt als Kinderheim, Gehörlosenschule und als Institut für Obstbau der Berliner Humboldt-Uni.

»Ein Badestrand mit neuerrichteter Badeanstalt, Tennisplätze, Garagen und Stallungen (...) vervollständigen den Lebenskomfort dieses Havelparadieses (...), eine Attraktion, die ihrer drei Sterne im neuen Baedeker unbedingt sicher sein darf.«

Aus dem Werbeprospekt der Firma Kempinski 1932

Nach der Wende sprachen über hundert Interessenten bei der Treuhandliegenschaftsgesellschaft (TLG) vor und wollten Landhotels, Bildungszentren, Kurkliniken, Restaurants oder Stiftungssitze daraus machen, doch alle Vorhaben scheiterten an der Fragwürdigkeit der Finanzierungskonzepte. Erst im Sommer 1998 unterschrieb der Investor Wolfram Jürgens vom bayerischen Schloss Possenhofen bei München den Kaufvertrag für das Schloss, und im Sommer 2000 soll der Umbau zu einem Hotel-, Residenz- und Gesellschaftscenter der gehobenen Klasse beginnen. Von der ursprünglichen Innenausstattung blieben die Vertäfelung und gewölbte Decke der Halle, die Holztreppe, der Kamin und der Saal mit Stuckdecke erhalten.

Der gut 3 ha große Park, in dem man bei Sonnenschein wunderbar faulenzen und picknicken kann, gehört der 950-Seelen-Gemeinde. Er wird weiterhin der Öffentlichkeit zugänglich bleiben und soll auf lange Sicht unter Aufsicht der Denkmalpflege in alter Schönheit nach Lennés Vorgaben rekonstruiert werden.

Mitten im Park, zwischen Schloss und See, vermutet man die legendäre Blaue Grotte, eine unterirdische Höhle, die Fontane noch gesehen haben mag – jedenfalls beschrieb er sie recht fantasievoll: »Der Eingang barg sich hinter Gesträuch. Das Innere der Grotte war mit blauem Lasurstein mosaikartig ausgelegt und von der Decke herab hing ein Kronleuchter. In diese blaue Grotte, deren Licht- und Farbeneffekt ein wunderbarer gewesen sein soll, trat man ein und alsbald wurden Stimmen laut; leiser Gesang, wie von Harfentönen begleitet. Dann stellte der König Fragen und die Geister antworteten [...].« Tatsächlich besuchte Friedrich Wilhelm II. seinen Minister Bischoffwerder gern zur Dämmerstunde über den schnurgeraden Königsweg, eine Buchenallee, die es ihm erlaubte, inkognito zu reisen. Beide Männer waren Mitglieder im Geheimbund der Rosenkreuzer und sollen hier spiritistische Sitzungen abgehalten haben. Die Suche nach der wundersamen Grotte blieb bisher erfolglos. Auch die vergessene Gruft der Eheleute Bischoffwerder senior soll irgendwo im Park liegen.

Zu sehen ist noch die amüsante Gartenplastik **Silen mit Nymphen** von Walter Schott (1861–1938), ein Werk der Berliner Bildhauerschule. Ravené hatte sie den Hochzeitsgästen seiner Tochter als Überraschung präsentiert.

Hinter dem Gutshof, in einer Krümmung der Dorfstraße, erhebt sich die romanisierte **Backsteinkirche** mit dem spitzen Turm, ein Werk des Berliner Architekten Paul Stegmüller. 1901 hatte Louis Ravené den Bau großzügig spendiert. Auf dem historischen Kirchhof findet sich das gusseiserne **Grabkreuz Bischoffwerder juniors** – »Der Letzte seines Namens«, wie die rückseitige Inschrift informiert.

Erläuterung der Fachbegriffe

Ädikula: kleiner, tempelartiger Aufbau zur Unterbringung einer Statue oder Nischenumrahmung, auch Motiv zur Gliederung großer Mauerflächen an Außenbauten

Altan: (ital. Altana = Söller) Austritt aus oberem Stockwerk, im Gegensatz zum freitragenden Balkon bis zum Erdboden unterbaut und mit Brüstung versehen

Basilika: durch Säulen- oder Pfeilerstellungen in drei bis fünf Schiffe unterteilte Kirche, bei der das Mittelschiff breiter und höher ist als die Seitenschiffe und in den Hochwänden Fenster hat

Exedra: halbkreisförmige Sitzgelegenheit auf öffentlichen Plätzen

Galvanoplastik: durch Elektrolyse mit Metall überzogene Skulptur

Haustein: an allen Seiten behauener Naturstein, im Gegensatz zum unbearbeiteten Bruchstein oder zum rohen Feldstein

Karyatide: Skulptur einer Mädchengestalt mit korb- oder polsterförmigem Kopfputz, die anstelle tektonischer Stützen das Gebälk einer Architektur trägt

Laterne: Licht einlassender Aufsatz einer Kuppel

Mittelrisalit: vorspringender Bauteil in der Mitte eines Baukörpers; kann auch höher sein, oft mit eigenem Dach

Monopteros: kleiner, von einem Säulenkranz umgebener, offener Rundbau

Pilaster: ein der Wand vorgestellter Pfeiler

Rundbogenstil: im Historismus verwandte byzantinische Bauform, gemischt mit Elementen der italienischen Romanik und Renaissance

Saalkirche: Kirche, deren Innenraum ein nicht durch Stützen unterteilter Saal ist (mit Ausnahme der Emporenpfeiler)

Stibadium: eine Ruhebank in geschwungener Form

Spolie (lat.): wiederverwendeter Bauteil eines abgetragenen Gebäudes

Talutmauer: Begrenzungsmauer gegen Erdrutsch bei künstlich angelegten Terrassierungen

Tambourkuppel: Kuppel mit Fenstern zur Belichtung des Innenraums über einem zylinderförmigen Unterbau

Treillage-Architektur: Parkelement; spantenähnlich verflochtenes Lattengerüst, evtl. mit plastischen Verzierungen

Zwerchhaus: der nicht zurückgesetzte Dachaufbau über einer Fassade

Abbildungsnachweis

Abbildungen

Ansgar Koch, Berlin: Titel, Umschlaginnenklappen, S. 12, 20, 68, 72, 75, 83, 89, 93, 94, 97, 101, 103, 107, 113, 117, 118, 121, 125, 126, 129, 130, 131, 133, 135, 138, 142, 143, 145, 149, 154, 155, 157, 160, 162, 163, 167, 172, 173, 177, 178, 180, 181, 182, 183, 184, 185 beide, 187, 191, 192, 197, 198, 204, 206, 207, 209, 213, 214, 215 beide, 219, 222, 225, 227, 231, 232, 234, 237, 239, 241, 243, 244, 246, 249, 252

Archiv für Kunst und Geschichte, Berlin: S. 16, 25, 37, 48f., 51, 63, 150, 189 rechts, 210

Bildarchiv Preußischer Kulturbesitz, Berlin: S. 41, 42, 85

Deutsches Filminstitut - DIF, Frankfurt/M.: S. 201

Filmpark Babelsberg (Pressestelle), Potsdam: S. 202

Karl-Foerster-Stiftung, Berlin: S. 168

Christiane Petri, Berlin: S. 1, 77, 86, 91, 100, 137, 169, 221

Stiftung Preußische Schlösser und Gärten Berlin-Brandenburg, Potsdam: S. 19, 27 beide, 30 beide, 33, 104, 114, 152, 164, 216, 233, 240

Ullstein Bilderdienst, Berlin: S. 5, 26, 39, 54, 61 beide

Archiv des Verlags: S. 6f., 36, 57, 59, 66f., 78, 140, 141, 146, 189 links, 253

Privatbesitz: S. 161

S. 147 beide aus: Günter Grützner, Manfred Ohlsen, Schloss Cecilienhof und das Kronprinzenpaar, Museums- und Galerie-Verlag, Berlin

Kartografie

Cartomedia, Karlsruhe, © DuMont Buchverlag, Köln

Zitatnachweis

S. 26 (2), 28 aus: 1000 Potsdam. Das Buch zum Stadtjubiläum mit dem Festprogramm, Hg. Sigrid Grabner und Knut Kiesant, Frankfurt/M. - Berlin 1992

S. 34 aus: Dieter Schulte, 1000 Jahre Potsdam. Blätter aus der Stadtgeschichte, Teil II, Hg. Rat der Stadt Potsdam, 1989

S. 35, 71, 124, 153, 164 aus: Friedrich Mielke, Potsdamer Baukunst. Das klassische Potsdam, Propyläen Verlag, Berlin 1981

S. 36 aus: Günter Bransch, Liberalität und preußischer Protestantismus. Kaiser Friedrich III. zum 100. Todestag, o. A.

S. 47 aus: Wolf Jobst Siedler, Abschied von Preußen, Siedler Verlag, Berlin 1991

S. 56 aus: Andreas Nachama, Der Große Kurfürst. Preußische Köpfe, Stapp Verlag, Berlin 1989

S. 62 aus: Heinz Ohff, Fürst Hermann Pückler. Preußische Köpfe, Stapp Verlag, Berlin 1982

S. 102 aus: Wolfgang Wirth, Mozart und Potsdam, Edition Babelturm, 1991

S. 121 aus: Louis Ferdinand Prinz von Preußen, Im Strom der Geschichte, Ullstein Verlag, Berlin 1991

S. 137 aus: Wichard Graf von Harrach, Auguste Fürstin von Liegnitz, Stapp Verlag, Berlin 1987

S. 168 aus: Karl Foerster, Ein Garten der Erinnerung, Buchverlag Union, Berlin 19923

S. 183, 242 aus: Michael Grüning (©), Der Wachsmann-Report, Berlin 1986, Carl Hanser Verlag, München

S. 193, 194 aus: Heinrich Hamann, Der Park Babelsberg. Aufsatz in der Märkischen Volksstimme, Potsdam 1989

S. 208 aus: Harry S. Truman, Memoiren, Bd. 1, Scherz Verlag, Bern - München 1955

S. 223 aus: Eva Börsch-Supan, Ludwig Persius. Das Tagebuch, Deutscher Kunstverlag, München 1980

S. 229 aus: Hermann Georg, Spaziergang in Potsdam, Kupfergraben Verlag, Berlin 1929

S. 242 aus: Michael Grüning, Ein Haus für Albert Einstein, Verlag der Nationen, 1990

S. 243 aus: Kurt Tucholsky, >Die Weltbühne< vom 9.3.1922, Berlin, © Rowohlt Verlag, Reinbek

Wir danken den Verlagen für die Abdruckgenehmigung. Sollten wir trotz unserer Bemühungen Urheberrechte verletzt haben, bitten wir die Rechteinhaber, sich zu melden.

Tipps und Adressen

Alle wichtigen Adressen und Öffnungszeiten

Tipps & Adressen von A bis Z

Inhalt

Tipps & Adressen von A bis Z

Touristeninformation, Kartenverkauf, Führungen, Stadtrundfahrten

Potsdam Tourismus GmbH
Am Alten Markt
Friedrich-Ebert-Straße 5
14467 Potsdam
Fax 2 75 58 99
info@potsdam.de
www.potsdam.de

Unterkünfte:
Tel. 03 31/ 2 75 58 55

Stadtrundfahrten, Stadtspaziergänge, Gruppenprogramme:
Tel. 2 75 58 77

Kartenvorverkauf für Veranstaltungen:
Tel. 2 75 58 88

Prospekte, Souvenirverkauf:
Tel. 27 55 80
Öffnungszeiten:
Apr.–Okt. Mo–Fr 9–20,
Sa 9–18, So 9–16 Uhr,
Nov.–März Mo–Fr 10–18,
Sa–So 10–14 Uhr

URANIA »Wilhelm Foerster« Potsdam e.V.
Brandenburger Straße 38
14467 Potsdam
Tel. 03 31/29 17 41
Fax 29 36 83
verein@urania-potsdam.de
www.urania-potsdam.de
Anspruchsvolle und gut vorbereitete Führungen, häufig auch in ansonsten der Öffentlichkeit nicht zugänglichen Einrichtungen, Mo–Do 8–18, Fr 8–13 Uhr

Astronomie

Sternwarte Babelsberg und Astrophysikalisches Institut
An der Sternwarte 16
14482 Potsdam-Babelsberg
Nur im Rahmen von Führungen zu besichtigen:
Tel. 03 31/2 88 10 21 oder
2 88 10 40
oder über die URANIA, s. o.

Wissenschaftspark mit Einsteinturm auf dem Telegrafenberg
Albert-Einstein-Straße
Tel. 03 31/2 88-0
Führungen nach Anmeldung durch die URANIA, s. o.

Bundesgartenschau-Gelände

Volkspark auf dem Buga-Gelände
Georg-Hermann-Allee
An der Biosphäre
Tel. 03 31/27 19 80
etbf-potsdam@t-online.de
www.volkspark-potsdam.de
tgl. 5–23 Uhr

Biosphärenhalle am Buga-Park
Georg-Hermann-Allee 99
Tel. 03 31/55 07 40
Fax 5 50 74 20
info@biosphaere-potsdam.de
www.biosphaere-potsdam.de
Mo–Fr 9–18 Uhr, Sa-So, Fei 10–19 Uhr, letzter Einlass jeweils eineinhalb Stunden vorher

Essen und Trinken

Arco Im Nauener Tor
Hegelallee/Ecke Friedrich-Ebert-Straße
Tel. 03 31/ 2 70 16 90.
Modernes und anspruchsvolleres Galeriecafé und Trattoria, *Cucina italiana* für das dicke Portemonnaie.

Barokoko
Friedrich-Ebert-Straße 30
Tel. 03 31/2 80 14 38
tgl. 12 bis mindestens 23 Uhr warme Küche.
Pasta und Steinofenpizza, Tagesmenü, dunkel-gemütliche Atmosphäre mit Deckenfresko und leicht barockem Touch.

Café im Drachenhaus
Maulbeerallee im Park Sanssouci
Tel. 03 31/5 05 38 08
Apr.–Okt. tgl. 11–19, Nov.–März Di–So 11–18 Uhr.
Kuchen in der kleinen Pagode, ideal für eine kleine Stärkung während des Parkspaziergangs, am Wochenende stets überlaufen.

Café Heider
Friedrich-Ebert-Straße 29
Tel. 03 31/2 70 55 96
Mo–Fr ab 8, Sa–So ab 10 Uhr bis ultimo.
Wiener-Kaffeehaus-Stil mit Torten von Rabien, im ältesten und heute sehr beliebten Café Potsdams, verführerische Patisserie-Zuckereien, aber auch herzhafte Kleinigkeiten, Sonntagsbrunch, junges Publikum.

Creperie La Madeleine
Lindenstraße 9
Tel. 03 31/2 70 54 00
Mo–Do, So 12–23 Uhr,
Fr–Sa 12–24 Uhr.
Französische Leckereien in total netter Atmosphäre: Pfannkuchen aus Weizen- und Buchweizenmehl, Quiches, Salate, Kuchen, Eis und Cidre, auch mit Kindern gut zu machen.

Gut Schloss Golm
Am Zernsee 1
14476 Golm
Tel./Fax 03 31/50 05 21
Apr.–Okt. Do–So 12–21.30 Uhr (Reservierung immer empfohlen), in der Wintersaison auf Anfrage geöffnet
www.gutschlossgolm.de
Alte Villa der 20er Jahre, wohltuend individuell möbliert, jahreszeitliche Küche mit Zutaten aus biologischem Anbau, selbstgebackener Blechkuchen, zauberhafter Garten direkt am Ufer des Großen Zernsees, Hochzeiten, Seminare, Tagungen.

Juliette
Jägerstraße 39
Tel. 03 31/2 70 17 91
tgl. 12–22.30 Uhr
Zauberhaftes Restaurant mit intimer Atmosphäre, ideal für ein sehr persönlich gewünschtes Tête-à-tête bei Kerzenschein oder ein Geschäftsessen, das auf keinen Fall daneben gehen darf, gehobene französische Küche, Reservierung zu empfehlen.

Kleines Schloss
im Park Babelsberg
Tel. 03 31/70 51 56

sommers tgl. 11–21, winters tgl. 11–18 Uhr.
Gepflegte Küche mit umfangreichem Kaffe- und Kuchenangebot, an Wochenenden meist ziemlich überfüllt.

Maison Charlotte
Mittelstraße 20
im Holländischen Viertel
Tel. 03 31/2 80 54 50
tgl. 12–23 Uhr.
Le gourmet de Potsdam! Erschwingliche französische Landhausküche, von Elsässer Flammkuchen über Bretonische Fischsuppe bis zu Rosenberggarnelen kommt hier alles Französische handfest und deftig auf den Tisch. Innen rustikale Gemütlichkeit, sommers spendet der alte Nussbaum im Gärtlein hinter dem Haus Schatten.

Meierei Brauhaus im Neuen Garten
Im Neuen Garten 10
Tel. 03 31/7 04 32 11
www.meierei-potsdam.de
Di–Fr 11–23, Sa 10–23, So 10–22 Uhr (Anfahrt über die Straße Am Neuen Garten).

Restaurant Friedrich Wilhelm im Relais & Chateaux Hotel Bayrisches Haus
Im Wildpark 1
Tel. 03 31/5 50 50
www.bayrisches-haus.de
tgl. 7–23 Uhr.
Mehrfach ausgezeichnet für seine leichte und elegante Küche, im ehemaligen Jagdhaus Friedrich Wilhelm IV. und seiner bayerischen Gemahlin, tief im Wald gelegen, nur mit Auto oder Fahrrad erreichbar.

Ristorante Villa Kellermann
Mangerstraße 34
Tel. 03 31/291572
Di–So 12–23 Uhr (Ostern bis Okt. auch Mo ab 18 Uhr).
Alte Villa in paradiesisch-naturhafter Atmosphäre direkt am Ufer des Heiligen Sees, Terrassen- und Gartenbetrieb, Patron Max bringt gute italienische Küche und Weine auf den Tisch, der Sommertipp!

Schlossrestaurant im Schlosshotel Cecilienhof
Im Neuen Garten
Tel. 03 31/3 70 50
tgl. 12–23 Uhr
Lunchen, Kaffeetrinken oder Dinieren im sehr ernsten und dunkel holzgetäfelten Familien-Speisezimmer des letzten deutschen Kronprinzenpaares Wilhelm und Cecilie, für das wohl gefüllte Portemonnaie, mit Gartenterrasse, auch Kaffee und Kuchen, hauseigene Patisserie, Reservierung empfohlen.

Seeblick
Friedrich-Ebert-Straße 30
Tel. 03 31/2 80 14 48
tgl. 19 Uhr, open end.
Der Eigentümer Wolfgang Joop lässt hier die feinsten Cocktails der Stadt kreieren, im Sommer schöne Terrasse zum Nauener Tor.

Waage Potsdam
Am Neuen Markt 12
in der Mitte des Platzes
Tel. 03 31/2 70 96 75
tgl. 12–23 Uhr.
Frische, regional und jahreszeitlich bestimmte Küche, deutsche, russische und französische Gerichte in gepflegtem

Ambiente, 120 Weine à la carte, in der alten Magistratswaage, kleine Sommerterrasse.

Film

Filmpark Babelsberg
August-Bebel-Straße 26–53
14482 Potsdam-Babelsberg
Eingang Großbeerenstraße
Information: Tel. 03 31/ 7 21 27 55, Fax 7 21 27 37
Gruppen: Tel. 7 21 27 50
Apr.–Okt. tgl. 10–18 Uhr, in der Wintersaison auf Anfrage, Filmpark-Restaurant Prinz Eisenherz, Tel. 7 21 27 17,
info@filmpark.de
www.filmpark.de

Friedhöfe

Jüdischer Friedhof
Puschkinallee 18
So 10–13 Uhr
Führungen sind mit der Jüdischen Gemeinde zu verabreden:
Schloßstraße 1
14467 Potsdam
Tel. 03 31/23 11 140
(männliche Personen benötigen eine Kopfbedeckung!).

Stahnsdorfer Waldfriedhof
(Südwest-Kirchhof der Berliner Stadtsynode)
Bahnhofstraße /Ecke Rudolf-Breitscheid-Platz
14523 Stahnsdorf
Tel. 0 33 29/61 41 06 oder 6 23 15
Apr.–Sept. tgl. 7–20 Uhr,
Okt.–März tgl. 8–17 Uhr

Kirchen

Bornimer Kirche
Ev. Kirchengemeinde Bornim, Rückertstraße 1
Tel. 03 31/52 03 12
Pfarrer i.R. Oswald Schönherr

Bornstedter Kirche
Kirchengemeinde Bornstedt, Ribbeckstraße 17
Tel. 03 31/52 05 68
Pfarrer Friedhelm Wizisla Mo, Do, Fr 8–12, Di 14–18 Uhr
Kirche: Sa, So 13–18 Uhr,
Friedhof: tgl. rund um die Uhr

Caputher Dorfkirche
Potsdamer Straße 46
Tel. 03 32 09/7 04 05
Pfarrer Johann Kiertscher

Französische Kirche
Französisch-Reformierte Gemeinde Potsdam
Gutenbergstraße 77
Tel. 03 31/29 12 19
Pastorin Hildegard Rugenstein
geöffnet im Sommer zu Gottesdiensten und Konzerten

Friedrichskirche Babelsberg
Schulstraße 8c
Tel. 03 31/70 88 62
Pfarrer Stefan Flade

Kapelle des Stahnsdorfer Waldfriedhofs (Südwest-Kirchhof der Berliner Stadtsynode)
Bahnhofstraße /Ecke Rudolf-Breitscheid-Platz
14523 Stahnsdorf
Tel. 0 33 29/61 41 06 oder 6 23 15,
an Wochenenden meist geöffnet

Nikolaikirche
St.-Nikolai-Kirchengemeinde
Am Alten Markt
Tel. 03 31/2 70 86 02
Pfarrerin Susanne Weichenhan
Gottesdienst So 10–11.30 Uhr, geöffnet Mo 14–17, Di–So 10–17 Uhr

Paretzer Dorfkirche
auf dem Dorfanger Paretz
Auskunft über die Ev. Kirchengemeinde Werder
Tel. 0 33 27/ 42 691
tgl. geöffnet

Petzower Dorfkirche
Dorfkirche Petzow
Auf dem Grelleberg
März–Okt. Fr 13–18 Uhr, Sa–So 11–18 Uhr; Nov.– Febr. Sa–So 13–17 Uhr

Sacrower Heilandskirche
Fährstraße,
auf der Halbinsel Sacrow
März–Apr. 11–17 Uhr,
Mai–Okt. 11–18 Uhr,
Nov–Febr. Sa–So 11–16 Uhr,
Anmeldung zur Gruppenführungen unter
Tel. 03 31/2 70 58 50 (Nobert Greger) oder 03 31/50 38 27 (Frau Schulz)

St.-Peter-und-Paul-Kirche
Hegelallee 55
Potsdam
Pfarramt Tel. 03 31/2 30 79 90 oder 2 30 79 99 (aktuelle Angaben zu Gottesdiensten)
Propst Klaus-Günther Müller

St. Peter und Paul auf Nikolskoe
Nikolskoer Weg
Berlin-Wannsse
www.kirche-nikolskoe.de
Tel. 0 30/8 05 21 00
tgl. 11–16 Uhr
Pfarrer Claus Marcus

Krankenhäuser

Heinrich-Heine-Klinik
Fachklinik für Innere Erkrankungen, Psychosomatik und Physikalische Medizin
Am Stinthorn 42
4476 Neu Fahrland
Patientenservice
Tel. 03 32 8/5 66 14

Multikulturelles

Kulturhaus Potsdam (Altes Rathaus)
Am Alten Markt
14467 Potsdam
Tel. 03 31/29 19 83
Di–So 10–18 Uhr

Krongut Bornstedt
Ribbeckstraße 6/7
14469 Potsdam-Bornstedt
tgl. ab 10 Uhr
Tel. 01 80/5 76 64 88 oder 03 31/55 06 50
www.krongut-bornstedt.de

Nikolaisaal Potsdam
Wilhelm-Staab-Str. 10/11
144 67 Potsdam
Tel. 03 31/2 88 88 28
ticket-galerie@potsdam.de
www.nikolaisaal.de

Museen, Schlösser und Gärten

Die **Stiftung Preußische Schlösser und Gärten Berlin-Brandenburg** ist zuständig für alle Belange von Schlosspark Sanssouci, des Neuen Gartens, des Schlossparks Babelsberg, des Dampfmaschinenhauses in der Moschee, von Jagdschloss Stern, Schloss Caputh, Schloss Paretz, Park Glienicke und der Pfaueninsel.
Zentrale der Stiftung
Tel. 03 31/96 94-0.
Besucherzentrum
An der historischen Mühle
Postfach 60 14 62
14414 Potsdam
Apr.–Okt. tgl. 8.30–17 Uhr,
Nov.–März tgl. 9–16 Uhr
Fax: 96 94-107
Besucher-Info:
Tel. 03 31/96 94-202
Gruppenservice
Tel. 03 31/96 94-200/201
Öffnungszeiten und Preise:
Tel. 03 31/96 94-203/204

Alexandrowka-Museum
www.alexandrowka.de
Eröffnung im Frühjahr 2004

Belvedere auf dem Klausberg im Park Sanssouci
1.Apr.–31. Okt. Sa,So, Fei
10–17 Uhr, ohne Führung

Belvedere auf dem Pfingstberg (mit Turmbesteigung)
Tel. 03 31/270 19 72
(Förderverein Pfingstberg e.V.)
www.pfingstberg.de
März und Okt.–Nov. Sa, So
10–16 Uhr, Apr.–Mai und Sept. tgl. 10–18 Uhr, Juni–Aug. 10–20 Uhr, Dez.–Febr. Winterpause

Pomonatempel am Belvedere auf dem Pfingstberg
Tel. wie Belvedere
Mai–Sept. Sa, So, Fei 15–18 Uhr

Bildergalerie im Park Sanssouci
Tel. 03 31/9694-181
15. Mai–15.Okt. Di–So 10–17 Uhr, Pause 12.30–13 Uhr

Botanischer Garten Potsdam – Gewächshäuser und Freiland
Tel. 03 31/9 77 19 62
Apr.–Sept. Mo–So 9.30–17 Uhr,
Okt.–März Mo–So 9.30–16 Uhr
(Freiland geschlossen)

Casino im Park Klein-Glienicke
15. Mai–15. Okt., Sa, So, Fei
10–17 Uhr,
ohne Führung

Chinesisches Teehaus im Park Sanssouci
Tel. 03 31/96 94-2 22
15. Mai–15. Okt. Di–So 10–17 Uhr, Pause 12.30–13 Uhr, ohne Führung

Dampfmaschinenhaus in der Moschee
Tel. 03 31/96 94-2 48
15. Mai–15. Okt. Sa, So 10–17 Uhr, Pause 12.30–13 Uhr, in den Wintermonaten geschlossen,
nur mit Führung

Filmmuseum Potsdam
Breite Straße
Im Marstall,
Tel. 03 31/2 71 81 12
www.filmmuseum-potsdam. de
tgl. 10–18 Uhr

Führung nach Anmeldung, festes und ausstellungsbegleitendes Programmkino mit alten Klassikern, am jeweils letzten Wochenende des Monas ist Stummfilmabend mit Orgelbegleitung auf der Welte-Kinoorgel.

Flatowturm im Schlosspark Babelsberg
Tel. 03 31/96 94-2 49
1. Apr.–19. Juli Di–So 10– 17 Uhr, 20. Juli–31. Okt. Sa, So, Fei 10–17 Uhr, Pause 12–13 Uhr, in den Wintermonaten geschlossen

Freundschaftsinsel
Lange Brücke
Infos über den Potsdam Tourismus Service
Tel. 03 31/27 55 80

Friedenskirche mit Mausoleum im Park Sanssouci
Tel. 03 31/97 40 09 (Büro der Friedenskirche)
15. Mai–15. Okt. tgl. 10–18 Uhr, in den Wintermonaten geschlossen

Gedenkstätte gegen politische Gewalt
(ehemaliges Gefängnis der Staatssicherheit)
Lindenstraße 54
Tel. 03 31/2 89 61 36
Di, Do 9–17 Uhr sowie jeden 1. und 3. Sa im Monat 9–17 Uhr, Führung nach Anmeldung

Handweberei Henni Jaensch-Zeymer
Am Wasser 19
14542 Geltow
Tel. 0 33 27-5 52 72
www. handweberei-geltow. de
Feb.–Mitte Dez. Di–So 11–17 Uhr, im Winter geschlossen
Gruppen nach Vereinbarung, Leitung: Ulla Schünemann

Historische Windmühle im Park Sanssouci
Maulbeerallee (hinter Schloss Sanssouci)
Tel. 03 31/ 96 94-28 4 (Herr Rüdiger Müller, vorherige Anfrage erbeten)
Apr.–Okt. Sa–Do 10–18 Uhr, Nov.–März Sa, So 10–16 Uhr und nach Vereinbarung

Haus der Brandenburgisch-Preußischen Geschichte
Kutschstall Am Neuen Markt
Tel. 03 31/2 01 39 49
www.hbpg.de
Di, Do–So 10–18 Uhr,
Mi 10–20 Uhr
(Sonderausstellungen in Kooperation mit dem Potsdam Museum)

Jagdschloss Stern
nur im Rahmen von Führungen nach telefonischer Voranmeldung in Schloss Babelsberg, Tel. 9694-2 50, Fax 9694-2 40

Jan Bouman Haus
Mittelstraße 8
Im Holländischen Viertel
Tel. 2 80 37 73
Fax 2 80 58 72
Mai–Sept. Mo, Fr 13–19 Uhr, Sa, So, Fei 11–19 Uhr,
Okt.–Apr. Mo, Fr 13–18 Uhr, Sa, So, Feiertag 11–18 Uhr, Führungen nach Anmeldung

Karl-Foerster-Garten in Bornim
Am Raubfang 6
14469 Potsdam-Bornim

täglich von Sonnenaufgang bis Einbruch der Dunkelheit
Führungen über URANIA
Brandenburger Straße 38
14457 Potsdam,
Tel. 03 31/29 17 41
Die dazugehörige Gärtnerei für Privat- und Großkunden: vom Frühjahr (etwa Mitte März) bis Frosteinfall (etwa Anfang November) Mo–Sa 9–19 Uhr, So 11–14 Uhr
Tel. 03 31/5 67 26 15 (Einkaufsgarten) oder 52 02 94 (Büro)

Marmorpalais im Neuen Garten
Tel. 03 31/96 94-2 46
1. Apr.–31. Okt. Di–So 10–17 Uhr, 1. Nov.–31. März Sa, So 10–16 Uhr, Pause 12.30–13 Uhr, mit und ohne Führung

Museumshaus ›Im güldenen Arm‹
Hermann-Elflein-Straße 3
Tel. 03 31/2 70 87 69 oder 2 89 61 01
(Amt für Denkmalpflege)
Di–So 10–17 Uhr, am 1. Mo im Monat 10–17 Uhr eintrittsfrei geöffnet

Naturkundemuseum Potsdam
Breite Straße 13
Tel. 03 31/2 89 67 01/ 07
Di–So 9–17 Uhr

Neue Kammern im Park Sanssouci
Tel. 03 31/96 94-2 06
1. Apr.–14. Mai Sa, So, Fei 10–17 Uhr, 15. Mai–15. Okt. Di–So 10–17 Uhr, Pause 12.30–13 Uhr,
mit und ohne Führung

Neues Palais im Park Sanssouci
Tel. 03 31/96 94-255
Apr.–Okt. Sa–Do 9–17 Uhr, Nov.–März Sa–Do 9–16 Uhr, Pause 12.30–13 Uhr
Wohnräume und Festsäle aus der Zeit Friedrichs des Großen mit und ohne Führung, Wohnungen Friedrichs II., des Prinzen Heinrich (so genannte Königswohnung)

Normannischer Turm
15.Mai–15. Okt. Sa, So, Fei 10–17 Uhr, ohne Führung

Pesne Galerie im Neuen Palais
Apr.–Okt. Sa, So 9–17 Uhr,
Werke des Malers Antoine Pesne,
mit und ohne Führung

Schlosstheater im Neuen Palais
Tel. 03 31/96 94-255
Besichtigung nur auf Anfrage

Obstbaumuseum Werder
Inselstadt
Kirchstraße 6–7
14542 Werder/Havel
Tel. 0 33 27/78 33 74 oder 4 31 10
1. Apr.–15. Okt. Mi 9–16, Sa, So 13–17 Uhr, für Gruppen ganzjährig nach Vereinbarung

Orangerieschloss
Tel. 03 31/9694-280
15. Mai–15. Okt. Di–So 10–17 Uhr, Pause 12.30–13 Uhr,
nur mit Führung

Potsdam Museum – Museumshaus im Holländischen Viertel
Benkertstraße 3

Tel. 03 31/2 89 68 00
(Gemälde, Fotosammlungen, Sonderausstellungen)
Sa–Mi 10–18 Uhr

Potsdam und der 20. Juli 1944
(Dependance des Potsdam Museums)
im Ministerium für Stadtentwicklung, Wohnen und Verkehr
Henning-von-Tresckow-Str. 2–8/Ecke Hoffbauerstraße
geöffnet während der Dienstzeiten Mo–Fr 9–17 Uhr, ohne Führung, Anmeldung und Information über Potsdam Museum (s. o.)

Turm im Orangerieschloss
1. Apr.–14. Mai Sa, So, Fei 10–17 Uhr, 15. Mai–15. Okt. Di–So 10–17 Uhr, Pause 12.30–13 Uhr,
ohne Führung

Schloss Babelsberg
Tel. 03 31/96 94-2 50
1. Apr.–31. Okt. Di–So 10–17 Uhr, 1. Nov.–31. März Sa, So 10–16 Uhr, Pause 12.30–13 Uhr, mit und ohne Führung
2004 wegen Renovierung geschlossen!

Schloss Caputh
Tel. 03 32 09/7 03 45
15. Mai–15. Okt. Di–So 10–17 Uhr, 16. Okt.–14. Mai Sa, So 10–16 Uhr,
mit und ohne Führung

Schloss Cecilienhof
(Historische Gedenkstätte des Potsdamabkommens)
Tel. 03 31/96 94-2 44, Anfragen für Schülergruppen Tel. 03 31/96 94-1 97
1. Apr.–31. Okt. Di–So 9–17 Uhr, 1. Nov.–31. März Di–So 9–16 Uhr, Pause 12.30–13 Uhr,
mit und ohne Führung

Wohnung des Kronprinzenpaares im Schloss Cecilienhof
ganzjährig Di–So, nur im Rahmen einer Führung um 11 und 14 Uhr

Schloss Charlottenhof
Tel. 03 3 1/96 94-2 28
15. Mai–15. Okt. Di–So 10–17 Uhr, Pause 12.30–13 Uhr,
nur mit Führung

Römische Bäder am Schloss Charlottenhof
Tel. 03 31/96 94-2 24
15. Mai–15. Okt. Di–So 10–17 Uhr, Pause 12.30–13 Uhr,
ohne Führung

Schloss Klein-Glienicke
Tel. 0 30/8 05 30 41
15. Mai–15. Okt. Sa, So, Fei 10–17 Uhr,
mit und ohne Führung

Schloss Paretz
Tel. 03 32 33/7 36 10
15. Mai–30. Nov. Di–So 11–16 Uhr, 1.Dez.–14. Mai Sa, So, Fei 11–16 Uhr, im Winter nur mit Führung

Schloss Pfaueninsel
Tel. 0 30/80 53 04 2
Apr.–Okt. Di–So 10–17 Uhr, Pause 13–13.30 Uhr,
mit Führung
Fähre zur Pfaueninsel
Mai–Aug. 8–20 Uhr, Apr. und Sept. 8–18 Uhr, März und Okt. 9–17 Uhr, Nov.–Febr. 10–16 Uhr

Schloss Sacrow
zeitweilige Sonderausstellungen, Informationen unter
Tel. 03 31/96 94-2 02

Schloss Sanssouci
Tel. 03 31/96 94-1 90
Apr.–Okt. Di–So 9–17 Uhr,
Nov.–März Di–So 9–16 Uhr,
Pause 12.30–13 Uhr,
nur mit Führung

Damenflügel im Schloss Sanssouci und
Schlossküche Sanssouci
Tel. 03 31/96 94-1 84/1 86
15. Mai–15. Okt. Sa, So 10–17 Uhr, Pause 12.30–13 Uhr,
ohne Führung

Sommerhaus Albert Einstein in Caputh
bis auf weiteres wegen Renovierung geschlossen. Infos über Fremdenverkehrsverein Schwielowsee,
Tel. 03 32 09/7 08 86

Ziegeleimuseum Glindow
Alpenstraße 47
14542 Glindow
Tel. 0 33 27/66 93 95 (Förderverein im Museum) März–Okt. Mi–So 10–16 Uhr, im Winter nur nach Vereinbarung

Obst- und Gemüsemarkt

Potsdamer Wochenmarkt Bassinplatz
Potsdam
Mo–Fr 7–14 Uhr, Sa 7–13 Uhr
Obst und Gemüse aus der Umgebung, Blumen, Milchprodukte, Fleisch, Kurzwaren und allerlei Schnickschnack.

Schifffahrt

Fahrgastschifffahrt Weiße Flotte
Tel. 03 31/2 75 92 10/20/30
www.schiffahrt-in-potsdam.de

Spielbank

Spielbank Potsdam
Jokers Garden
Schlossstraße 14, Nähe Hotel Mercure
Tel. 03 31/2 90 93 00
www.spielbank.potsdam.com
tgl. 15–03 Uhr
Automatenspiel 11–03 Uhr

Theater, Musik, Tanz

Fabrik Potsdam – Theater für zeitgenössischen Tanz und Neue Musik
Schiffbauergasse 1
Tel. 03 31/2 80 03 14
www.fabrikpotsdam.de

Hans-Otto-Theater
Am Alten Markt
Tel. 03 31/9 81 18
ticket-service@hot.potsdam.de
www.hot.potsdam.de

Kabarett Obelisk
Charlottenstraße 31
Tel. 03 31/29 10 69
www.kabarett.potsdam.de

Lindenpark
Stahnsdorfer Straße 76-78
Tel. 03 31/74 79 70
www.lindenpark.de
(Partys, Konzerte, Theater)

Musikfestspiele Potsdam Sanssouci
Tel. 03 31/2 88 88 28
ticket-galerie@nikolaisaal. de
www.musikfestspiele-potsdam.de

Theaterschiff
In der Alten Fahrt
Tel. 03 31/2 80 01 00
(Livemusik, Kabarett, Theater, Kino)
www.theaterschiff-potsdam.de

Waschhaus
Schiffbauergasse 1
Tel. 03 31/27 15 60
www.waschhaus.de
Pop, Rock, Jazz, Tanz, Theater

Bitte schreiben Sie uns, wenn sich etwas geändert hat!
Alle in diesem Buch enthaltenen Angaben wurden vom Autor nach bestem Wissen erstellt und von ihm und dem Verlag mit größtmöglicher Sorgfalt überprüft. Gleichwohl sind – wie wir im Sinne des Produkthaftungsrechts betonen müssen – inhaltliche Fehler nicht vollständig auszuschließen. Daher erfolgen die Angaben ohne jegliche Verpflichtung oder Garantie des Verlages oder des Autors. Beide übernehmen keinerlei Verantwortung und Haftung für etwaige inhaltliche Unstimmigkeiten. Wir bitten dafür um Verständnis und werden Korrekturhinweise gerne aufgreifen:

DuMont Buchverlag, Postfach 10 10 45, 50450 Köln

E-Mail: Info@dumontreise.de

Literaturverzeichnis in Auswahl

Arlt, Klaus: Der Bornstedter Friedhof in Potsdam. Hrsg. als Heft der Mitteilungen der Gesellschaft: Denkmalpflege im Kulturbund der DDR, Bezirksvorstand Potsdam. Potsdam 1984

Arlt, Klaus: Grabstätten auf Potsdamer Friedhöfen. Berlin 1988. (Schrifttum der Pressestelle der Evangelisch-Lutherischen Kirche in Thüringen)

Badstübner-Gröger, Sibylle: Die Friedenskirche zu Potsdam. Berlin 1986[5] (Reihe Das christliche Denkmal, Band 85)

Bartoschek, Gerd: Die Bildergalerie von Sanssouci. Hrsg. v. d. Generaldirektion der Staatlichen Schlösser und Gärten Potsdam-Sanssouci. Potsdam 1987

Baur, Max, und Friedrich Mielke: Potsdam wie es war. Ein Bildwerk. Berlin 1963

Bau- und Kunstdenkmale in Potsdam. Stadtkreis und Landkreis. Hrsg. vom Institut für Denkmalpflege. Berlin 1990

Betthausen, Peter: Karl Friedrich Schinkel. Berlin 1987

Blumert, Norbert, und Gerd Streidt: Das Holländische Viertel. Potsdam 1990

Börsch-Supan, Helmut: Die Pfaueninsel. Hrsg. von der Verwaltung der Staatlichen Schlösser und Gärten Berlin. Berlin 1989[8]

Buske, Stefan: Wilhelm Salzenberg, Katalog des Stadtmuseums Münster. Münster 1992

Casanova, Giacomo: Erinnerungen, Bd. 10. München/Leipzig 1908

Der Große Kurfürst. Sammler, Bauherr, Mäzen. 1620–1688. Katalog der Ausstellung im Neuen Palais, Potsdam-Sanssouci. Hrsg. von der Generaldirektion der Staatlichen Schlösser und Gärten Potsdam-Sanssouci. Potsdam 1988

Eckardt, Götz: Schloss Sanssouci. Potsdam-Sanssouci 1989[16]

Eckardt, Götz: Die Orangerie im Park von Sanssouci. Hrsg. von der Generaldirektion der Staatlichen Schlösser und Gärten Potsdam-Sanssouci. Potsdam 1988[13]

Eckhardt, Götz: Sanssouci. Die Schlösser und Gärten. Berlin 1990

Engelmann, Gerhard: Alexander von Humboldt in Potsdam. Potsdam 1969 (Veröffentlichungen des Bezirksmuseums Potsdam. 19)

Ev. Kirche St. Peter und Paul. Wichern-Verlag, Berlin 1989

Fischer, Bernd Erhard: Marquardt – Ein Schloss im Norden von Potsdam. Berlin 1992

Fischer, Bernd Erhard: Petzow – Ein Landsitz am Schwielowsee. Berlin 1991

Foerster, Eva (Hrsg.): Ein Garten der Erinnerung. Berlin 1982

Fontane, Theodor: Wanderungen durch die Mark Brandenburg, Bd. 3: Havelland. Berlin 1880

Gertler, Carljürgen: Die Nikolaikirche zu Potsdam. Berlin 1987[2] (Das christliche Denkmal, 123)

Gespräche Friedrichs des Großen: Tagebuch des Marchese Lucchesini. Leipzig 1885

Giersberg, Hans-Joachim: Neues Palais. Hrsg. v. d. Generaldirektion der Staatlichen Schlösser und Gärten Potsdam-Sanssouci. Potsdam 1988[11]

Giersberg, Hans-Joachim: Die Ruhestätte Friedrichs des Großen zu Sanssouci. Berlin 1991

Globisch, Rainer: Stadtplanung in Potsdam vor und nach der Wende, in: Stadt Bauwelt 48 vom 27. 12. 1991, S. 2569–2572

Gottschalk, Wolfgang: Der Südwestfriedhof Stahnsdorf. Berlin 1991[2]

Grüning, Michael: Der Wachsmann-Report. Berlin 1986

Günther, Harri, und Heinz Schönemann: Cecilienhof und der Neue Garten. Potsdam-Sanssouci 1990

Haider, Edgar: Versunkenes Deutschland. Auf den Spuren kriegszerstörter Residenzen und Palais. Wien/Köln 1989

Haffner, Sebastian, und Wolfgang Venohr: Preußische Profile, Frankfurt a. M./Berlin 1986

Hamann, Heinrich: Der Park Babelsberg. Potsdam-Sanssouci 1989

Harrach, Wichard Graf von: Auguste Fürstin von Liegnitz. Ihre Jahre an der Seite König Friedrich Wilhelms III. von Preußen (1824–1840). Berlin 1987. (Preußische Köpfe, 101)

Heine, Heinrich: Gesammelte Werke, Bd. 8. Berlin 1893

Heise-Schirdewan, Rosemarie: Schloss Cecilienhof, Gedenkstätte. Hrsg. von der Generaldirektion Staatliche Schlösser und Gärten Potsdam-Sanssouci. Berlin 1991

Hermann, Georg: Spaziergang in Potsdam. Berlin 1926. 1966

Hoffmann, Hans: Schloss Charlottenhof und die Römischen Bäder. Neubearbeitung von Renate Möller. Hrsg. v. der Generaldirektion der Staatlichen Schlösser und Gärten Potsdam-Sanssouci. Potsdam 1991[3]

Kalesse, Andreas, Matthias Kartz und Peter Petersen: Denkmalpflege in einem Gesamtkunstwerk, in: Stadt Bauwelt 48 vom 27. 12. 1991, S. 2548–2557

Kitschke, Andreas: Kirchen in Potsdam. Berlin 1983

Kopisch, August: Die Königlichen Schlösser und Gärten zu Potsdam. Berlin 1854

Kotsch, Detlef: Potsdam. Die preußische Garnisonstadt. Braunschweig 1992

Krosigk, Klaus von, und Heinz Wiegand: Glienicke. Berlin 1992[2] (Berliner Sehenswürdigkeiten, 6)

Limberg, Jörg: Die Villenkolonie Neubabelsberg, in: Kulturbauten und Denkmale. Potsdam, ein Kunst- und Kulturdenkmal, Heft 2, 1991, S. 13–17

Louis Ferdinand Prinz von Preußen: Im Strom der Geschichte. Frankfurt a. M. 1991

Massenbach, Heinrich Freiherr von: Die Hohenzollern einst und jetzt. Rosenheim 1990[14]
Mielke, Friedrich: Potsdamer Baukunst. Das klassische Potsdam. Frankfurt a. M./ Berlin 1991[1]
Milde, Maria: Berlin Glienicker Brücke. Babelsberger Notizen. Frankfurt a. M./ Berlin 1991
Mitteilungen des Vereins für die Geschichte Potsdams, 1.1864–5.1872; N. F. 1.1875. 1904/08; 5.1917– 7.1933; 8.1941
Nachama, Andreas: Der Große Kurfürst, Berlin 1989 (Preußische Köpfe, 24)
Nicht, Jutta: Das chinesische Teehaus im Park von Sanssouci. Hrsg. von der Generaldirektion der Staatlichen Schlösser und Gärten Potsdam-Sanssouci. Potsdam 1986[4]
Ohff, Heinz: Fürst Hermann Pückler. Berlin 1982 (Preußische Köpfe, 9)
Ohff, Heinz: Karl Friedrich Schinkel. Berlin 1981 (Preußische Köpfe, 2)
Ohff, Heinz: Peter Joseph Lenné. Berlin 1989 (Preußische Köpfe, 26)
Otto, Karl-Heinz: Alexandrowka und Alexander-Newski-Kirche, Potsdam 1991. Kulturhistorischer Führer in Wort und Bild (Potsdam-Mosaik, 2)
Persius, Ludwig: Das Tagebuch. Hrsg. von Eva Börsch-Supan. München 1980
Peter Joseph Lenné. Volkspark und Arkadien. Katalog der Ausstellung. Hrsg. im Auftrag der Senatsverwaltung für Stadtentwicklung und Umweltschutz von Florian von Buttlar. Berlin 1989
Potsdam in alten und neuen Reisebeschreibungen. Ausgewählt von Inge Hoeftmann und Waltraud Noack. Düsseldorf 1992
Potsdam Museum. Kleiner Führer. Hrsg. von der Direktion des Potsdam Museums. Potsdam o. J.
Schendel, Adelheid: Jagdschloss Stern. Hrsg. von der Generaldirektion der Staatlichen Schlösser und Gärten Potsdam-Sanssouci. Potsdam 1987
Seiler, Michael, und Jörg Wacker: Insel Potsdam. Ein kulturhistorischer Begleiter durch die Potsdamer Parklandschaft. Berlin 1991 (Berlin-Brandenburger Topographien)
Schmelz, Ulrich: Das Holländische Viertel in Potsdam. Potsdam 1992
Schönemann, Martin: Das Wilhelminische Sanssouci. Potsdam 1990 (Sanssouci-Bildhefte, 6)
Schulte, Dieter, Klaus Brandt und Ursula Köhler: 1000 Jahre Potsdam. Blätter aus der Stadtgeschichte. Zwei Teile. Hrsg. vom Rat der Stadt Potsdam. Potsdam 1987 und 1989
Siedler, Wolf Jobst: Abschied von Preußen. Siedler Verlag 1991
1000 Jahre Potsdam. Das Buch zum Stadtjubiläum mit dem Festprogramm. Hrsg. v. Sigrid Grabner und Knut Kiesant. Frankfurt a. M./ Berlin 1992
Vogler, Günter: Zur Geschichte der Weber und Spinner von

Nowawes, 1751 bis 1787. Potsdam 1965 (Reihe: Veröffentlichungen des Bezirksmuseums Potsdam, Band 7)
Volz, G. B.: Die Werke Friedrichs des Großen. Berlin 1913
Wacker, Jörg: Die Potsdamer historischen Gärten und Probleme ihrer Erhaltung, in: Kulturbauten und Denkmale. Potsdam, ein Kunst- und Kulturdenkmal, Heft 2, 1991, S. 23–31
Wernicke, Thomas: Staats-Sicherheit. Ein Haus in Potsdam. Potsdam 1991
Wirth, Wolfgang: Mozart und Potsdam. Hrsg. von Gunnar Porikys. Potsdam 1991
Zailonow, Anton: Freymütige Bemerkungen über den preußischen Staat. Leipzig 1806

Personenregister

Ortsregister

Hans-Günter Semsek
Ägypten
und Sinai
Ingrid Nowel
Berlin
Bernd Wurlitzer
Mecklenburg-Vorpommern
Klaus Zimmermanns
Toscana
Anke Kausch
Seidenstraße
DUMONT KUNST

DUMONT RICHTIG REISEN

»Den äußerst attraktiven Mittelweg zwischen kunsthistorisch orientiertem Sightseeing und touristischem Freilauf geht die inzwischen sehr umfangreich gewordene, blendend bebilderte Reihe ›Richtig Reisen‹.
Die Bücher haben fast schon Bildbandqualität, sind nicht nur zum Nachschlagen, sondern auch zum Durchlesen konzipiert.
Meist vorbildlich der Versuch, auch jenseits der ›Drei-Sterne-Attraktionen‹ auf versteckte Sehenswürdigkeiten hinzuweisen, die zum eigenständigen Entdecken abseits der ausgetrampelten Touristenpfade anregen.«

Abendzeitung, München

»Die Richtig Reisen-Bände gehören zur Grundausstattung für alle Entdeckungsreisenden.«

Ruhr-Nachrichten

Umschlagvorderseite: Schloss Sanssouci
Umschlagklappe vorn: Chinesisches Teehaus im Schlosspark Sanssouci
Umschlagklappe hinten: Sacrower Heilandskirche
Umschlagrückseite oben: Schlosspark Babelsberg; unten: Tabakskollegium. Gemälde, 1737, Georg Lisiewski zugeschrieben

Vignette S. 1: Monogramm Friedrich Wilhelms IV. am Parkgitter von Sanssouci

Über die Autorin: Dr. phil. Christiane Petri, 1961 in Duisburg geboren, studierte Kunstgeschichte in München und Münster. Um an dem aufregenden Neuorientierungsprozess Ostdeutschlands nach dem Fall der Mauer teilzunehmen, zog sie 1989 nach Berlin. Heute lebt und arbeitet sie als freie Journalistin am Ammersee in Oberbayern.

1. Auflage 2004

Satz und Druck: Rasch, Bramsche
Buchbinderische Verarbeitung: Bramscher Buchbinder Betriebe
Printed in Germany
ISBN 3-7701-6042-8